U0890720

21世纪普通高等教育“十四五”规划教材·工商管理系列

人力资源管理

（第二版）

龚　峰　主编

上海财经大学出版社

图书在版编目(CIP)数据

人力资源管理/龚峰主编．—2 版．—上海：上海财经大学出版社，2022.8

(21 世纪普通高等教育"十四五"规划教材・工商管理系列)

ISBN 978-7-5642-3913-8/F・3913

Ⅰ.①人… Ⅱ.①龚… Ⅲ.①人力资源管理-高等学校-教材 Ⅳ.①F243

中国版本图书馆 CIP 数据核字(2021)第 234991 号

□ 责任编辑　袁　敏
□ 特约编辑　徐贝贝
□ 封面设计　张克瑶

人力资源管理
(第二版)

龚　峰　主　编
阳　琼　副主编

上海财经大学出版社出版发行
(上海市中山北一路 369 号　邮编 200083)
网　　址：http://www.sufep.com
电子邮箱：webmaster@sufep.com
全国新华书店经销
上海景条印刷有限公司印刷装订
2022 年 8 月第 2 版　2022 年 8 月第 1 次印刷

787mm×1092mm　1/16　18.5 印张　474 千字
印数：11 001—15 000　定价：49.00 元

21世纪普通高等教育“十四五”规划教材

21 SHIJI PUTONG GAODENG JIAOYU “SHISIWU” GUIHUA JIAOCAI

编委会

BIAN WEI HUI

前 言

知识经济时代，知识成为经济增长的内动力，而掌握知识的人才则是推动经济发展的第一资源。人们创造知识、运用知识、共享知识的能力和效率成为影响一个企业的外部竞争力，乃至一个国家国际竞争力的关键因素。党的十九大报告提出要坚定实施人才强国战略。人才资源是第一资源。充分发掘人才资源宝库，努力形成人人渴望成才、人人努力成才、人人皆可成才、人人尽展其才的良好局面。坚定实施人才强国战略，应坚持问题导向，充分发挥人才资源的引领和支撑作用，培育和造就一支具有国际竞争优势的人才队伍，为中华民族强起来提供坚实的人才支撑。党的十九大报告给国家和企业人力资源管理指出了未来的战略方向，指明了人力资本投资是获取企业竞争力乃至国家竞争力的重要手段，无论政府还是企业都应该在各自范畴的人力资源管理活动中重视人力资本投资的问题，树立人才是“第一资源”的理念，探索人才发展新路径，开创人才资源开发的新局面，迎接新世纪的挑战。

人力资源管理是全国高等院校工商管理类专业课程设置中的一门重要的专业核心课程，也是我国企业领导干部工商管理培训中的正式课程之一。本书主要是作为我国高等院校经管类专业本科生和专科生的教材来编写的，其内容可供 32～64 学时课程使用。本书也可作为企业领导和管理人员的培训资料和参考书，或供管理人员自学。

本次修改版在原书基础上删除了一部分内容，保留的内容共九章，主要内容包括人力资源与人力资源管理概述、工作分析与工作设计、人力资源战略与规划、员工招聘、员工录用、员工培训、绩效管理、薪酬管理、员工关系与职业生涯管理。第一章中人力资源组织结构部分新增了人力资源三支柱的内容。第四章员工招聘章节的内容做了较大调整，新增了招聘中的营销策略思维的内容，丰富了网络招聘和校园招聘的内容。第九章员工关系与职业生涯管理中新增了员工离职管理的内容。

本书有以下特点：

第一，内容系统、全面。本书系统阐述了人力资源管理的背景、发展历程和各职能活动的理论基础和实践操作技巧，并对人力资源管理的新发展进行了探索，有利于读者系统学习。

第二，注重案例研究。本书编写了丰富的案例，每章均以导入案例对本章核心内容进行画龙点睛的说明，每章结尾均附有耐人寻味的案例及其讨论题，便于读者思考。

第三，实用性强。书中注重人力资源管理的使用方法和技巧，便于读者掌握理论在实际操作中的灵活运用。

本书由龚峰主编负责全书的整体框架和结构，并完成全书的审阅、统稿、修订及审校工作。

本书在编写过程中，参阅了许多专家、学者的著作和论文，引用了其中的一些观点和文字，已尽可能在参考文献中列出，在此向这些论文和书籍的作者表示感谢！

由于编者经验和水平有限，书中难免有不足之处，恳请专家和读者批评指正。

龚　峰

2022年1月

目 录

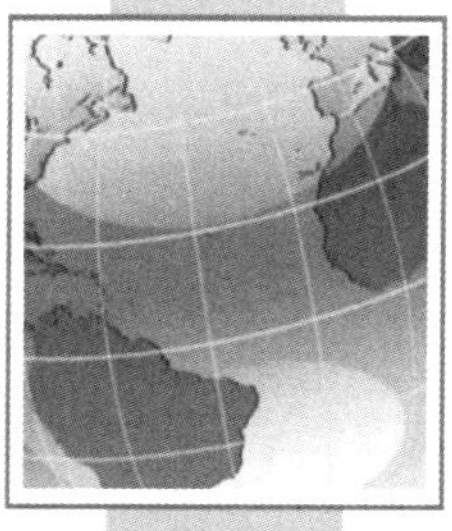

第一章 人力资源与人力资源管理概述

【引导案例】

万兴科技的人力资源战略行动

在2020年，数字创意软件龙头万兴科技率先在业内吹响“数字创意赋能”新号角，并与荣耀、Pond5、视觉中国牵手合作，战略投资中国开发者社区CSDN、战略控股国内最大在线原型设计平台墨刀，不断提升产品力与服务力，逐渐成长为数字创意行业的领军企业，未来将加速朝着“全球领先的新生代数字创意赋能者”方向奔跑。

继2020年逆势扩招成为招聘中的黑马企业之后，万兴科技(300624.SZ)2021年又有大动作！刚开年，万兴科技便紧锣密鼓地开启大规模招聘，面向业界招募200余位精英人才，部分岗位最高年薪可达百万元，整体招聘规模、层次远超以往。自1月22日起，万兴科技正式开启2021春招官网投递入口，并在深圳北、深圳福田、长沙南、株洲西、湘潭北、岳阳东、衡阳东、怀化南等高铁站上线大屏招聘广告。此轮广告覆盖整个春节假期，并延续至“金三银四”招聘季，乘客可在候车大厅上方醒目的广告屏中看到招聘广告，扫码即可在线投递简历。根据招聘信息显示，万兴科技此次聚焦“引才入湘”，向全球精英抛出橄榄枝。此外，还大力推行“拿深圳同等高薪，住长沙宜居房子，干全球软件事业”的人才引进策略，旨在以一线城市的薪资，匹配一线大厂的薪酬福利，吸引高端人才到长沙安家置业。

作为一家全球化布局的深圳企业，万兴科技早年便进军长沙。2020年以来，万兴科技更加大“拓长沙、谋全球”布局，斥资近1.8亿元在中国(长沙)信息安全产业园建设可容纳上万人的万兴大厦，拟将其打造成万兴科技全球运营总部。事实上，跻身新一线的长沙近年来发展势头强劲，2020年更大力推进“软件再出发”，吸引了腾讯、华为等各领域龙头企业入驻。预计到2022年，长沙软件和信息技术服务业营业收入将突破1 500亿元，企业数量达到3万家，从业人员达到30万人。长沙逐步成为软件产业发展的新高地，“安家长沙”正成为时下软件人才流动的新动向。万兴科技董事长吴太兵在接受媒体采访时表示，长沙软件产业发展全面驶入“快车道”。长沙产业集群效应日益凸显，具备让企业快速发展的长足优势。长沙将成为万兴科技布局未来10年的重要阵地。借力长沙，万兴科技将把公司业务、团队推向更高台阶。

近年来，得益于高速发展的业务需求，万兴科技连年扩招。2020年，万兴科技在职员工人数由原来的700多人增加到1 000多人。较之以往，此次招聘的亮点，除了规模大之外，层次之高、福利之优也前所未有。此次招聘岗位以产品、研发和增长运营类人才为主，涵盖产品规划、产品策划、架构师、应用开发、底层开发、营销策划、线上推广等岗位，高端职位超过200个。在福利待遇方面，为吸引和集聚更多IT精英，万兴科技开出优厚薪资，更不乏年薪百万元岗位，可自由选择工作城市，全国同岗同薪。公司还将对核心技术与业务人员实行股权激励，新老员工皆可与企业同富裕、共发展。

值得一提的是，为响应公司“拓长沙，谋全球”的号召，员工入职长沙，不仅可享深圳同等高薪、免息贷款“普惠安居计划”、股权相关激励计划等福利政策，还可在半年内获得长沙购房资格——比普通流程快18个月——实现快速安家置业。对于此次招聘，万兴科技董事长吴太兵强调指出，“比起数量，公司更重视人才‘密度’”。他指出，伴随公司规模和国际化团队快速扩张，今年万兴科技将加大高端人才引入，聚焦产品创新人才和专家型人才，以及能在公司平台上快速成长的高潜人才。

在人才队伍的强大支撑下，万兴科技在数字创意赛道上一往直前。2003年，万兴科技从深圳莲花山脚起步，把“中国智造”的数字创意软件产品逐步带到了全球200多个国家和地区。如今，万兴科技更收获了2亿用户的信赖，旗下明星产品包括万兴喵影、亿图图示、亿图思维导图、墨刀、万兴优转、Wondershare Filmora、Wondershare Filmstock、Wondershare Fotophire，逐步成长为A股创意软件龙头企业。

（资料来源：人力资源管理案例网，http://www.hrsee.com/。）

第一节　人力资源概述

一、人力资源的概念

（一）资源

资源，《辞海》将其解释为“资财的来源”。从经济学的角度来看，资源是指能给人们带来新的使用价值和价值的客观存在物。它泛指社会财富的源泉，主要包括自然资源和人力资源。从财富创造的角度来看，资源是指为了创造物质财富而投入生产过程的一切要素。其中，人力资源是最为活跃、涉及面最广、影响最为深远的资源，是一切资源中最为重要的资源。由于人力资源的特殊性和重要性，经济学家称其为“第一资源”。

（二）人力资源的定义

1954年，著名管理学大师彼得·F. 德鲁克（Peter F. Drucker）在其名著《管理的实践》中指出了管理的三个更为广泛的职能：管理企业、管理经理人员和管理员工及其工作。在讨论管理员工及其工作时，德鲁克首次提出了“人力资源”的概念。德鲁克之所以提出这一概念，是想表达传统人事所不能表达的意思。他认为，与其他资源相比，人力资源拥有独特的“协调能力、融合能力、判断力和想象力”，必须通过有效的激励机制才能开发利用，并为企业带来可观的经济价值。德鲁克指出，经理们必须考虑人力资源这一“特殊资产”。

德鲁克虽然提出了人力资源的概念并指出了其重要性，但未对人力资源做出详细的定义。20世纪60年代以后，随着西奥多·W. 舒尔茨（Theodore W. Schultz）提出人力资本理论，人力资源的概念更加深入人心，对人力资源的研究也越来越多。到目前为止，对于人力资源的含义，学者们给出了多种不同的解释。根据研究角度的不同，可以将这些定义分为两大类：一类是从能力的角度来解释人力资源的含义；另一类是从人的角度来解释人力资源的含义。

第一类主要是从能力的角度来解释人力资源的含义，例如：

（1）所谓人力资源，是指能够推动整个经济和社会发展的劳动者的能力，即处在劳动年龄的、已直接投入建设和尚未投入建设的人口的能力。

（2）所谓人力资源，是指包含在人体内的一种生产能力，它是表现在劳动者的身上、以劳动者的数量和质量表示的资源，对经济起着生产性的作用，并且是企业经营中最活跃、最积极的生产要素。

（3）人力资源是指人类可用于生产产品或提供各种服务的活力、技能和知识。

（4）所谓人力资源，是指劳动过程中可以直接投入的体力、智力、心力总和及其形成的基础素质，包括知识、技能、经验、品性与态度等身心素质。

（5）人力资源是指企业员工所天然拥有并自主支配使用的协调力、融合力、判断力和想象力。

第二类主要是从人的角度来解释人力资源的含义，例如：

（1）人力资源是指一定社会区域内具有劳动能力的适龄劳动人口和超过劳动年龄的人口

的总和。

(2)人力资源是指企业的内部成员及外部的顾客等人员，即可以为企业提供直接或潜在服务及有利于企业实现预期经营效益的人员的总和。

(3)人力资源是指能够推动社会和经济发展的具有智力和体力劳动能力的人的总称。

(4)人力资源是指存在于人体的智力资源，是指人类进行生产或提供服务，推动整个经济和社会发展的劳动者的各种能力的总称。

(5)人力资源是指人拥有的知识、技能、经验、健康等“共性化”要素，个性、兴趣、价值观、团队意识等“个性化”要素，以及态度、努力、情感等“情绪化”要素的有机结合。

本书观点：所谓人力资源，是指人所具有的对价值创造起贡献作用，并且能够被组织所利用的体力和脑力的总和。这个含义包括以下几个要点：

(1)人力资源的本质是人所具有的脑力和体力的总和，可以统称为劳动能力；

(2)这一能力要能对财富的创造起贡献作用，成为社会财富的源泉；

(3)这一能力还要能够被组织所利用，这里的“组织”可以大到一个国家或地区，也可以小到一个企业或作坊。

(三)人力资源的数量和质量

作为一种资源，人力资源也具有量和质的规定性。由于人力资源强调依附于人身上的劳动能力，是与劳动者密不可分的，因而我们可以用劳动者的数量和质量来反映人力资源的数量和质量。

1. 人力资源的数量

人力资源的数量又分为绝对数量和相对数量两种。

人力资源的绝对数量的构成，从宏观上看，指的是一个国家或地区中具有劳动能力、从事社会劳动的人口总数，是一个国家或地区劳动适龄人口减去其中丧失劳动能力的人口，加上非劳动适龄人口之中具有劳动能力的人口。它包括以下几个方面：

(1)尚未达到劳动年龄、已经从事社会劳动的人口，即“未成年劳动者”或“未成年就业人口”。

(2)适龄劳动人口，即处于劳动年龄之内、具有劳动能力的人口。这部分人口又可分为就业人口和待业人口两部分。就业人口是指处在劳动年龄段内、正在从事社会劳动的那部分人口，占据人力资源的大部分，可称为适龄就业人口。待业人口是指处在劳动年龄段内，但是没有从事社会劳动的那部分人口。待业人口可以分为失业人口、就学人口、家务人口和其他人口。

(3)已经超过劳动年龄、继续从事社会劳动的人口，即“老年劳动者” 或“老年就业人口”。

以上三个部分构成了就业人口的总体。

(4)处于劳动年龄之内、具有劳动能力并要求参加社会劳动的人口，这部分可以称作“求业人口”或“待业人口”。

(5)处于劳动年龄之内、正在从事学习的人口，即“就学人口”；正在从事家务劳动的人口、正在军队服役的人口，可称为“暂时不能参加社会劳动的人口”。

(6)处于劳动年龄之内的病残人口和其他人口。

人力资源的相对数量即人力资源率，是指人力资源的绝对量占总人口的比例，是反映经济实力的一个重要的指标。一个国家或地区的人力资源率越高，表明该国家的经济越具有某种优势。因为，在劳动生产率和就业状况既定的条件下，人力资源率越高，表明可投入生产过程

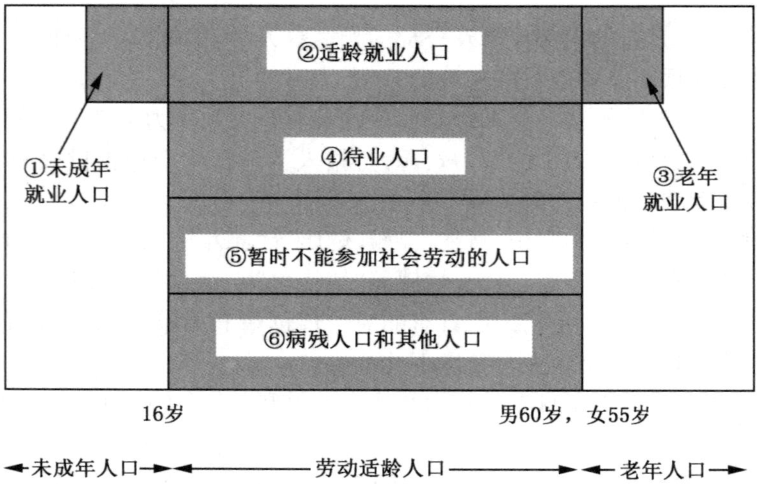

说明:潜在的人力资源数量由阴影的六个部分构成。
现实的人力资源数量由①②③三个部分组成。

图 1—1 人力资源数量构成

中的劳动数量越多,从而创造的国民收入也就越多。影响人力资源数量的因素主要有四个方面:

(1)人口总量及人口增长状况。由于人力资源的数量体现为劳动人口的数量,而劳动人口是人口总体中的一部分,因此,人力资源的数量首先取决于人口总量。同时,人口的增长状况会影响当前和未来的人口数量,即影响人力资源数量的变化。从这个意义上说,人口的状况就决定了人力资源的数量。我国在实行计划生育政策期间,人口增长速度逐渐下降,因此,未来人力资源的增长速度也会相应放缓。

(2)人口的年龄结构。人口的年龄构成是影响人力资源数量的一个重要因素。在人口总量一定的情况下,适龄劳动人口占总人口的比例直接决定了人力资源数量在总人口中的比例,而未成年的人口数量就是未来人力资源的数量。

(3)人口迁移。人口迁移可以使得一个地区的人口数量发生变化,继而使得这些地方的人力资源的数量发生变化。人口迁移包括永久性迁移和暂时性迁移。永久性迁移包括移民、异地移居等。如我国三峡工程建设使得沿江地带的人口分布发生重大变化,继而使得这些地方的人力资源也发生重大变化。暂时性迁移是指异地务工、求学、入伍等。这些都能使一定时期内、一定范围内的人力资源数量发生变化。例如,我国内地省份的青年到沿海地区打工,使沿海地区的人力资源短期内迅速增加。

(4)社会和经济发展状况。在特定的社会和经济发展时期,由于经济结构的失衡,人力资源相对过剩或短缺,这就需要对劳动人口年龄规定进行调整。例如,为了应对人口老龄化带来的养老金支付危机,大多数国家选择了延长退休年龄的做法将本为 60 岁左右的法定退休年龄,逐渐推迟到 65 岁或 67 岁。

2. 人力资源的质量

人力资源的质量是指劳动者所具有的体质、智力、知识、技能、态度和价值观等方面的状况。

体质是指劳动者的体力和健康状况，与劳动者的遗传及其他先天条件、营养条件、卫生状况等因素密切相关。劳动者的体质水平往往可以用平均寿命、婴儿死亡率、每万人口拥有的医务人员数量、人均日摄入热量等健康卫生指标来衡量。

智力、知识和技能与劳动者的教育状况相关。人力资源的质量既取决于国家科技发展水平，也取决于国家对教育的投入和父母对子女教育及个人对自身教育的投入。智力虽然受一定的先天因素影响，但更重要的是后天的教育开发。劳动者的智力、知识水平可以用人均受教育年限、每万人中大学生拥有量、大中小学入学比例等来衡量。劳动者的技能水平可以用劳动者技术职称等级的比例、每万人中高级职称人员所占的比例等来衡量。

态度是指劳动者对所从事工作的努力程度、负责程度和合作程度，这取决于劳动者的需求层次和强度以及劳动者接受激励的强度和对工作的满意程度，可以用对工作的满意程度、工作的努力程度、工作的负责程度、与他人的合作性等劳动态度指标来评价。而价值观则是在态度上形成的理念，它受教育背景、文化背景等因素的影响。比如，企业往往通过建立企业文化影响员工，使员工形成与企业战略目标相一致的价值观。

与人力资源的数量相比较，人力资源的质量显得更为重要。随着社会生产的发展，现代科学技术对人力资源的质量提出了更高的要求。人力资源质量的重要性还体现在其内部的替代性方面。在人力资源对经济发展的贡献中，智能因素的作用越来越大，体能因素的作用逐渐降低；智能因素中，科技知识的作用在不断上升，经验知识的作用相对下降。就现代科学知识和技术能力而言，存在着“老化”和“更新”速度不断加快的规律性，与这一趋势相适应，劳动者的类型也发生了变化。一般来说，人力资源的质量对数量的替代性较强，而其数量对质量的替代性较弱，有时甚至是不能替代的。因此，人力资源开发的目的在于提高人力资源的质量，对社会经济的发展起着更大的作用。

二、与人力资源相关的概念

人口资源是指一个国家或地区所拥有的人口总量，主要表现为人口的数量，是一个基本的底数。

劳动力资源是一个国家或地区具有的劳动力人口的总称，是人口资源中拥有劳动能力的那一部分人，通常是16～60岁的人口群体。这一人口群体必须具备从事体力劳动或脑力劳动的能力。劳动力资源偏重的是数量概念。

人力资源是一个国家或地区能够作为生产要素投入社会经济活动中，为社会创造物质财富和精神文化财富的劳动人口。它包含数量和质量两个概念，其总量由人力资源的数量和质量的乘积表示。

人才资源是指一个国家或地区中具有较多科学知识、较强劳动技能，在价值创造过程中起关键或重要作用的那部分人。

天才资源是指在某一领域具有特殊才华的人，他们在自己的这一领域具有十分独特的创造发明能力，能在这一领域起领先作用，并具有攀登顶峰的能力。

对于人力资本的含义，被称为“人力资本之父”的西奥多·W.舒尔茨认为，人力资本是体现在人身上的技能和生产知识的存量。我们之所以称这种资本是人力的，是由于它已经成为人的一部分，又因为它可以带来未来的满足或者收入，所以称其为资本。人力资本是劳动者身上所具备的两种能力：一种能力是通过先天遗传获得的，是由个人与生俱来的基因所决定的；另一种能力是后天获得的，由个人努力经过学习而形成的。需要强调的是，我们可以将人力资

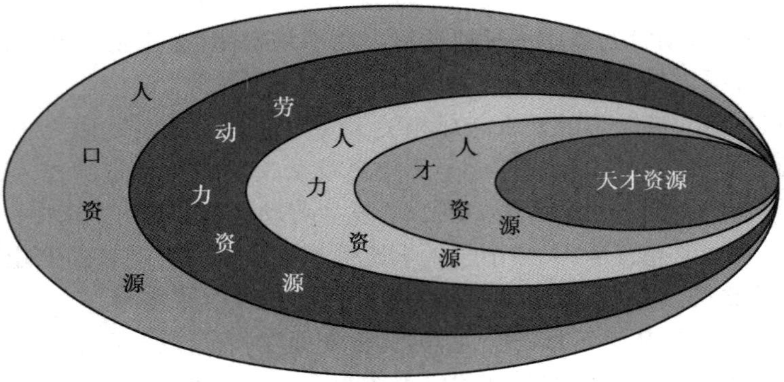

图 1—2　人口资源、劳动力资源、人力资源、人才资源、天才资源的数量关系

本视为人力资源的核心。

应当说，这五个概念的关注重点是不一样的。人口资源、劳动力资源偏重的是数量概念，人力资源包含数量和质量。而人力资本更关注对人力资源的投资，表现为投入教育培训、迁移和健康等方面的资本在人身上的凝结。

三、人力资源的性质和作用

(一)人力资源的性质

作为一种特殊的资源形式，人力资源具有不同于自然资源的特殊性质，主要表现为以下六个方面。

1. 能动性

人力资源是劳动者所具有的能力，而人总是有目的、有计划地使用自己的脑力和体力，这也是人与任何其他动物的本质区别。在价值创造过程中，人力资源总是处于主动地位，是劳动创造过程中最积极、最活跃的因素，与自然资源相比，人既是价值创造的客体，也是价值创造的主体。在价值创造过程中，自然资源服从于人力资源。

2. 时效性

人力资源表现为人的脑力和体力，因此它与人的生命周期是紧密相连的。人的生命周期分为发育成长期、成年期、老年期三个大的阶段。人在发育成长期，体力和脑力处于积累阶段，不足以创造价值，因此不能称为人力资源；进入成年期后，体力和脑力的发展都达到了可以从事劳动的程度，可以对价值创造起贡献作用，因而形成现实的人力资源；进入老年期后，劳动能力逐渐丧失，也就不能称为人力资源了。生命周期和人力资源呈倒“U”型关系，这种关系决定了人力资源的时效性。人力资源的时效性决定了人力资源无法存储，因此需要前瞻性、有计划并适时地运用人力资源，发挥人力资源的作用。

3. 增值性

与自然资源相比，人力资源具有明显的增值性。一般来说，自然资源是不会增值的，它只会因为不断地消耗而逐渐贬值。人力资源则不同，人力资源在使用过程中其体质虽然有下降的趋势，但是其知识和技能在不断提高，而体质的下降在经过休息后可以得到恢复，所以，劳动者个体的人力资源价值在劳动过程中会不断增值。更为重要的是，由于知识的积累和传承，人们的生产活动经验会越来越丰富，从而提高生产技术，改进管理方式，使人力资源的总体价值逐步增加。在一定的范围内，人力资源是不断增值的，创造的价值也会越来越多。

4. 可变性

人力资源的使用过程表现为人的劳动过程，而人在劳动过程中会因为自身心理状态不同而影响劳动效果。人力资源作用的发挥具有一定的可变性，在相同的外部条件下，人力资源创造的价值大小可能会不同。人力资源的生成不是自然而然的过程，需要人们有组织、有计划地培养与开发。

5. 社会性

自然资源具有完全的自然属性，不会因为所处的时代、社会的不同而有所变化。人力资源则不同，人力资源在其形成过程中明显会受到时代和社会因素的影响。人从一生下来就置身于既定的生产力和生产关系中，社会发展水平从整体上制约着人力资源的素质。与此同时，人力资源创造的财富为全社会共同享用，提高了全社会人力资源的价值。

6. 可开发性

与自然资源一样，人力资源具有可开发性。教育和培训是人力资源开发的主要手段。人力资源开发具有投入少、产出大的特点。人力资源因其再生性而具有无限开发的潜能和价值。人力资源的使用过程就是开发过程，可以连续不断地开发与发展。

(二)人力资源的作用

无论对社会还是对企业而言，人力资源都发挥着极其重要的作用，因此我们必须对人力资源给予足够的重视，创造各种有利的条件，以保证其作用的充分发挥，从而实现财富的不断增加、经济的不断发展和企业的不断壮大。

人力资源具有以下重要的作用：

1. 人力资源是财富形成的关键要素

首先，人力资源是构成社会经济运动的基本前提。人力资源是能够推动和促进各种资源实现配置的特殊资源。它和自然资源一起构成了财富的源泉，在财富形成过程中发挥着关键性的作用。其次，人力资源在自然资源向财富转化过程中起了重要的作用，使自然资源转变成社会财富，同时人力资源的价值也得以转移和体现。最后，人力资源的使用量决定了财富的形成量，在其他要素可以同比例获得并投入的情况下，人力资源的使用量越大，创造的财富就越多；反之，则越少。

2. 人力资源是经济发展的主要力量

人力资源不仅决定着财富的形成，也是经济发展的主要力量。随着科学技术的不断发展、知识技能的不断提高，人力资源对价值创造的贡献力度越来越大，社会经济发展对人力资源的依赖程度也越来越深。经济学家认为，知识、技术等人力资源的不断发展和积累直接推动物质资本的不断更新和发展。统计数据表明，知识和技术在发达国家的国民收入中占的比重越来越大。目前，世界各国都非常重视本国的人力资源开发和建设，力图通过不断提高人力资源的质量来实现经济和社会的快速发展。

3. 人力资源是企业的首要资源

企业是指集中各种资源，如土地、资金、技术、信息、人力等，通过有效的方式加以整合和利用，从而实现自身利益最大化并满足利益相关者要求的组织。现代社会，企业是组成社会经济系统的细胞单元，是社会经济活动中基本的经济单位，是价值创造最主要的组织形式。企业要想正常运转，就必须投入各种资源，而在企业投入的各种资源中，人力资源是首要的资源；人力资源的存在和有效利用能够充分激活其他物质资源，从而实现企业的目标。

四、人力资源的分布与结构

人力资源的分布和结构主要表现为人力资源载体的分布和结构。对国家而言，是指劳动力人口的分布和结构。对企业而言，是指员工的分布和结构。通过对人力资源的分布和结构进行分析，我们可以更加深入和具体地把握国家和组织的人力资源的状况和特点，从而有针对性地进行人力资源的开发和管理，实现人力资源的有效利用。

（一）国家的人力资源分布和结构

对国家的人力资源分布和结构进行分析时，主要针对现实的人力资源，即从事劳动的人口，可考察的指标有：

年龄构成，是指各年龄段的劳动人口在整个劳动人口中所占的比重；产业分布，是指第一、第二和第三产业的劳动人口在整个劳动人口中所占的比例。此外，国家的人力资源分布和结构还有地区分布、行业分布、学历构成等多种指标。

2019 年年末，全国大陆总人口 140 005 万，比上年末增加 467 万，其中城镇常住人口为 84 843 万，占总人口比重（常住人口城镇化率）为 60.60%，比上年末提高 1.02 个百分点。其中，0～15 岁人口为 24 977 万，占 17.8%；16～59 岁人口为 89 640 万，占 64.0%；60 岁及以上人口为 25 388 万，占 18.2%，其中 65 岁及以上人口为 17 603 万，占 12.6%，65 岁及以上人口较 2011 年人口普查数上升 3.74%，中国老龄化比例在不断上升。

表 1—1　　2019 年我国人力资源的年龄构成

类　别	所占比例
未成年劳动人口（15 岁以下）	17.8%
适龄劳动人口（16～64 岁）	69.6%
老年劳动人口（65 岁以上）	12.6%

数据来源：国家统计局网站。

随着中国经济发展和产业结构调整，第一产业就业人员比例大幅下降，第三产业就业人员比例有较大提高。截至 2019 年年末，全国就业人员 7.7 亿，其中城镇就业人员 4.4 亿。全国就业人员中，第一产业就业人员占 25.1%，第二产业就业人员占 27.5%，第三产业就业人员占 47.4%。第三产业就业人员占比连续 5 年上升，比 2015 年提高 5 个百分点。

（二）企业的人力资源分布和结构

一般来说，企业的人力资源的分布和结构主要有以下几种形式：

（1）年龄构成，是指企业各个年龄段的员工在员工总数中所占的比例。年龄构成不同的企业，其人力资源管理活动的重点和具体内容也会有所不同。例如，在年轻化的企业中，由于大多数员工比较年轻，实际工作经验不足，因此对员工的技能培训任务可能就会比较繁重，而在年龄构成相对老龄化的企业中，培训的任务可能相对较轻，但是由于自然减员的存在，招聘录用新员工的任务就会加重。

（2）学历构成，是指企业中各个学历层次的员工在员工总数中所占的比例。学历构成在一定程度上可以反映出企业员工的素质水平。

（3）职位构成，是指企业中各个职位层次的员工在员工总数中所占的比例。按照经典的组织理论，员工的职位分布应当是金字塔形的，这样组织才会稳定和具有效率。

（4）部门分布，是指各个部门的员工在员工总数中所占的比例。由于不同性质的部门对企业价值创造的贡献是不同的，因此从这一角度来看，那些直接创造价值的部门，员工的人数应当较多；那些提供辅助支持的部门，员工的人数应当较少，这样才比较合适。

(5)素质构成，是指企业中各个员工所具备的素质，包括个性、品性、能力、知识和体质等方面。素质构成一般可以通过语言描述和分数描述两种形式加以表现。

此外，企业人力资源的分布和结构还有性别构成、工龄构成、职称构成及专业构成等。

第二节　人力资源管理概述

一、人力资源管理的含义

(一)管理的本质

管理就是在特定的环境下，对组织所拥有的各种资源进行计划、组织、领导、控制，并使其协调一致，保证以有效的方式实现组织既定目标的过程。

(二)管理的目标

管理的目标是为了实现“一个中心，两个基本点”：一个中心就是组织的目标，两个基本点就是效率和效果。管理活动就是要在组织目标的指引下，增进管理的效果、提高管理的效率。

效率(efficiency)是指投入与产出的关系。组织的投入包括资金、技术、信息、劳动力、原材料和时间等；而产出是指生产经营活动的结果，包括产品或服务，当然，这些产品或服务必须是合格的或有效的。

效果(effect)则与组织的目标有关，是指实现目标的有效程度。当管理实现或有助于实现组织的目标时，我们就可以说它是有效果的；否则，管理就是无效果的。

效果和效率的侧重点是不同的，效果涉及是否“做正确的事”(do the right things)，而效率则涉及组织是否“正确地做事”(do the things right)。

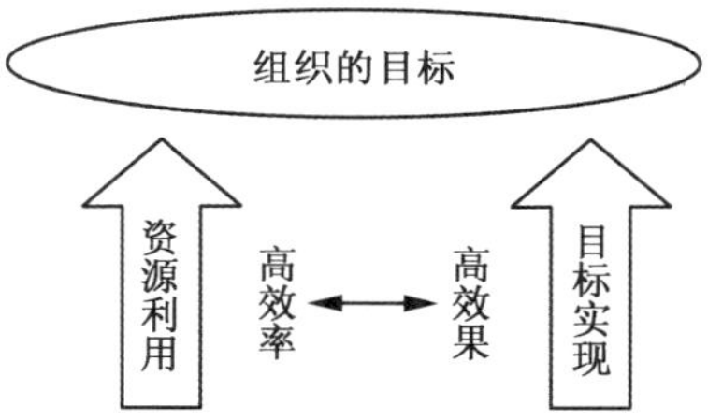

图 1—3　效率、效果和组织目标的关系

(三)人力资源管理的概念

人力资源管理指企业为了获取、开发、保持和有效利用在生产和经营过程中必不可少的人力资源，通过运用科学、系统的技术和方法进行各种相关的计划、组织、领导和控制活动，以实现企业的既定目标的管理过程。

人力资源管理包括人力资源的战略和规划、工作分析、人员招聘与选拔、员工培训、职业生涯管理、绩效管理、薪酬管理与员工福利等方面的工作。

(四)人力资源管理的特点

人力资源管理具有以下特点：

1. 综合性

人力资源管理是一门综合性很强的学科。由于管理的对象是人，而人的行为要受到政治、文化、经济、组织、心理、生理等诸多因素的影响，所以人力资源管理也会涉及多门学科的知识，可以说，人力资源管理是多学科的融合。

2. 实践性

人力资源管理是一门实践性很强的学科。它的理论来源于实际管理工作中的经验总结和概括。它的产生也是现代工业社会化发展和市场竞争的需要。如今，人力资源管理强调组织与员工之间的“共同利益”，并注重发掘员工更大的主动性和责任感。

3. 整体性

人力资源管理在运作过程中具有整体性，这种整体性主要体现在两个方面：一方面，人力资源管理的顺利进行必须依赖整个组织中各个部门的共同支持；另一方面，人力资源管理的各项职能在实施过程中应当保持一致性。

4. 社会性

人力资源管理有其特殊的社会性，它受文化、历史、制度、民族等社会因素的影响。因为人的行为会受到社会系统中各种因素的制约，所以，对人力资源进行管理，必须考虑到人力资源所处的社会环境。

二、人力资源管理的功能

人力资源管理的功能是指它自身所具备或应该具备的作用，这种作用并不是对于其他事物而言的，而是具有一定的独立性，反映了人力资源管理自身的属性。

人力资源管理的功能主要体现在四个方面：吸纳、开发、激励、维持(见图 1—4)。

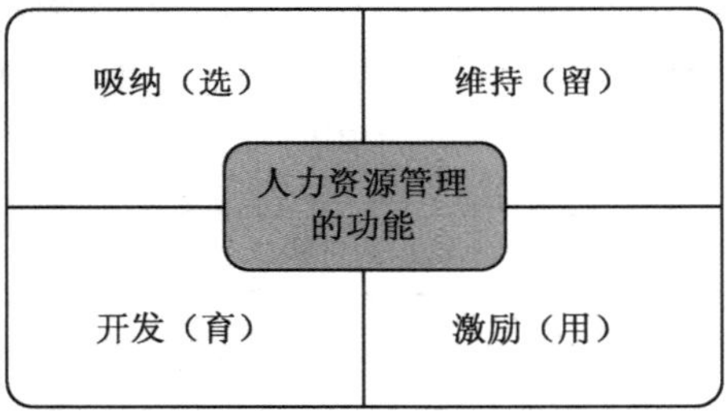

图 1—4 人力资源管理的功能

(一)吸纳(选)

吸纳功能主要是指吸引并让优秀的人才加入本企业，即运用科学的方法引入最适合的岗位人选，是通过对职位和人员进行测评，选拔出与组织中的职位最为匹配的任职人员的过程。

选人是人力资源开发与管理的首要环节，这个环节将决定组织可以获得什么样的人力资源。更进一步说，选人工作效果的好坏将直接影响到组织生存与发展的能力。

第一，选择合适的选人者。要为组织选拔到合适的人才，选人者首先要具备慧眼识珠的能力，要能够鉴别应聘者的真实能力，因此，要选择具有较高的职业素质和专业知识的人充当选人者。

第二，选人需要遵循一定的程序。通常的招聘程序是：发布招聘广告、收集应聘资料、对应聘资料初选、约见面试、填写公司要求的履历表、参加招聘单位主持的笔试(专业知识、外语的笔试)、心理测试，以及技能测试、人力资源部和用人单位的面试、背景调查、录取试用。通过一定的程序，可以全面了解应聘者的实际能力，减少选人失误。

第三，能岗匹配。人力资源是具备一定能力的人，组织获取人力资源时需要付出相应的成本，组织选人是为了获得人力资本创造的组织需要的价值，因此，并非越优秀就越需要，这样只会造成人力资源浪费和增加组织用人成本，只有能力与岗位需要相匹配的人才是组织真正需要的人。

(二)开发(育)

开发功能是指让员工保持能够满足当前及未来工作需要的技能，即通过教育、培训、训练，使员工知识、技能及综合素质得到提高，保持其竞争力，是通过提高员工在知识、技能以及能力等各方面的素质，实现人力资本保值增值的过程。

第一，组织要有育人意识。对员工进行培养和开发的直接效果是提高员工的个人能力，这会使一些组织忽视育人带来的组织整体绩效的提高，这种意识是不对的。通过组织培育和开发，可以使员工与组织一起成长，就算员工跳槽了，对整个社会也是有益的。树立组织的育人意识，不仅可以促进组织发展，还可以推动整个社会的进步。现在，对员工的培养和开发已逐渐被大多数公司所重视，尤其是短期培训，因为可以收到立竿见影的效果。

第二，要建立有效的员工培育系统。一个有效的培育系统包括以下几个方面：①了解育人需求。对部门人力资源培育和开发申请(需求)进行调查，也要主动对整个组织各职能系统进行需求评估。②实施。针对组织发展和员工个人提升的需要实施员工的培育与开发。③考核。分理论知识和岗位表现两部分，考核成绩应当公布，必要时可颁发证书。④应用。根据考核成绩做出岗位资格和任职资格的确认，作为今后晋升的必备资格。

第三，组织育人要有针对性。组织的培训，一要针对人，即什么人需要培育和开发，需要提升和完善什么知识与技能，怎么对他们进行培育和开发；二要针对事，组织对员工培育的目的是要通过员工能力的提升来促进组织整体绩效的提高，因此，要与员工的实际工作联系起来，有针对性地开展育人工作。

(三)激励(用)

激励功能是指让员工在现有的工作岗位上创造出优良的绩效。用人要用其所长、量才录用，还要知人善任，只有把员工放到最适合发挥自身优势的岗位上，才能充分实现员工的价值，最终实现组织目标。

第一，知人善任。每个人都是优点与缺点并存、长处与短处并存，组织在用人时，要用其所长，避其所短，根据岗位需要与员工能力相匹配的原则进行人员分配，使其在合适的岗位上最大限度地发挥才能，要尽量避免乱点"鸳鸯谱"。

第二，充分授权。组织对员工的充分信任，是员工的最好奖赏。组织既然在用人，就要对他表示信任，不能轻易地对他产生怀疑，应通过完善的规范和制度而不是主观判断来约束员工行为，对员工报以总体信任的态度，给予员工自主工作的空间。现代组织注重对员工的柔性管理，对员工的授权也逐渐增多，因此，组织在用人过程中要做到"用人不疑"，充分尊重员工，从而发挥员工的积极性和创造力。

第三，科学激励。激励就是对员工的激发和鼓励，调动员工工作的积极性。组织绩效与员工的积极性密切相关，用科学的方法激励员工，可以提高员工为组织工作的热情，从而提高工作绩效。

(四)维持(留)

维持功能是指让加入的员工继续留在本企业工作。核心员工的流失不仅会造成组织增加选人、育人和用人的成本，而且会影响组织工作的连续性，对组织绩效产生严重影响，因此，留住核心员工是组织良好发展和保持竞争力的根本。

第一，待遇留人。俗话说："军无财，士不来；军无赏，士不往。"给予员工必要的物质报酬和奖励是留住人才的基础。待遇是组织为员工工作支付的劳动代价，也是满足员工物质生活追求的基础，良好的薪酬和福利可以使员工愿意留在组织中工作。有竞争力的薪资福利体系包括高薪、员工持股、医疗保健、保险、公积金、劳动保护、带薪休假等。

第二，感情留人。优厚的待遇固然重要，但独特的组织文化和人性化的管理以及强烈的归属感也是组织留住人才的关键要素。组织要形成对员工充分尊重、信任和关怀的氛围，使其逐渐增强对组织的认同，从而使其产生强烈的归属感和与企业共同成长的期望。

第三，事业留人。事业留人就是以组织发展和满足人才不断成长和发展来稳定人才。员工的工作过程也是自我实现的过程，事业留人的关键在于创造条件使员工充分发挥才能，以组织发展来促进和实现员工的职业生涯规划，满足员工的成就感。

上述人力资源管理的几项功能不是孤立无关的，而是密切联系、相辅相成、彼此配合。组织在某一方面的决策常常会影响其他方面。

在人力资源管理实务中，还存在着另外一个功能——裁。

裁，即裁员，我国《劳动法》规定的裁员专指经济性裁员，是因用人单位的原因解除劳动合同的情形。指的是用人单位在法定的特定期间依法进行的集中辞退员工的行为。实施经济性裁减人员的企业，可以裁减因生产经营状况发生变化而产生的富余人员。

企业在两种情况下可以裁减人员：一种情况是濒临破产，被人民法院宣告进入法定整顿期间；另一种情况是生产经营发生严重困难，达到当地政府规定的严重困难企业标准。此外，企业裁减人员，还应当严格依照法律和有关规章规定的程序进行。企业只有具备了法定条件并严格按照法定程序进行，裁减人员才是合法的，以裁减人员的方式与职工解除劳动合同才是有效的。

三、人力资源管理的目标与基本职能

（一）人力资源管理的目标

人力资源管理的目标应当从最终目标和具体目标两个层次来理解。最终目标是要有助于实现企业的整体目标，而具体目标要支持最终目标的达成。

最终目标：实现企业的整体战略和目标。

具体目标：保证价值源泉中人力资源的数量和质量；为价值创造营造良好的人力资源环境；保证员工价值评价的准确有效；实现员工价值分配的公平合理。

（二）人力资源管理的基本职能

（1）人力资源规划。主要包括的活动有：对组织在一定时期内的人力资源需求和供给做出预测；根据预测的结果制订出平衡供需的计划；等等。

（2）职位分析。主要包括的活动有：一是对组织内各职位所要从事的工作内容和承担的工作职责进行清晰的界定；二是确定各职位所要求的任职资格，例如学历、专业、年龄、技能、工作经验、工作能力以及工作态度等。职位分析的结果一般为职位说明书。

（3）招聘录用。这一职能主要包括招聘和录用两个部分。招聘是指通过各种途径发布招聘信息，将应聘者吸引过来；录用是指从应聘者中挑选出符合要求的人选。

（4）绩效管理。即根据既定的目标对员工的工作结果进行评价，发现其工作中存在的问题并加以改进，包括制订绩效计划、进行绩效考核以及实施绩效沟通等。

(5)薪酬管理。主要包括的活动有:确定薪酬的结构和水平,实施职位评价,制定福利和其他优惠的标准以及进行薪酬的测算和发放。

(6)培训与开发。主要包括的活动有:建立培训体系,确定培训需求和计划,组织实施培训过程,对培训效果进行反馈、总结等。

(7)员工关系及职业生涯管理。这一职能除了要协调劳动关系、进行企业文化建设以创造融洽的人际关系和良好的工作氛围外,还要对员工的职业生涯进行设计和管理。

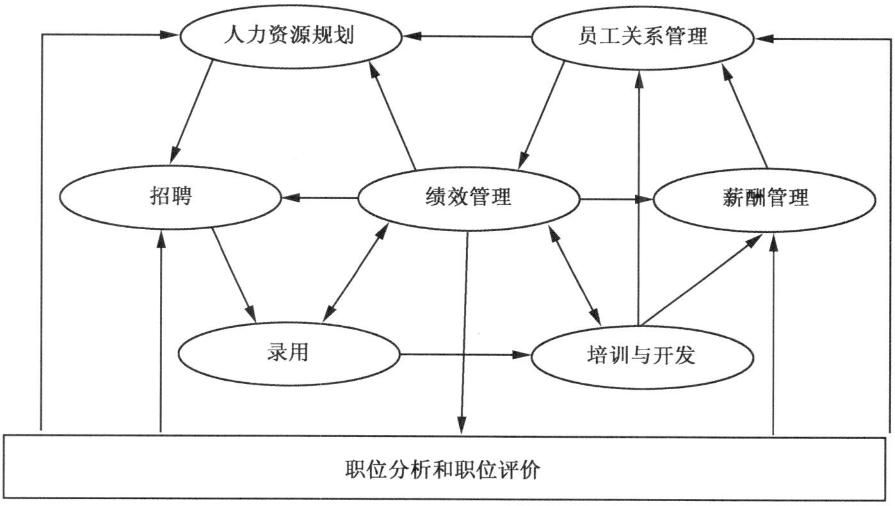

图 1—5　人力资源管理职能之间的关系

四、人力资源管理的演进与发展

(一)产业革命阶段(18 世纪末至 19 世纪末)

产业革命阶段是人力资源管理的萌芽时期。该时期的人力资源管理称为人事管理,其特点是一切以工作或生产为中心,把人看成机器,忽视人性的存在,绝大多数劳动者在强权的逼迫下被迫接受恶劣的工作条件与低廉的劳动报酬,对人的管理方式是以强权管理为主。这一管理方式在该阶段的后期才有所松动。

(二)科学管理阶段(19 世纪末至 1920 年)

科学管理的最根本假设是认为存在着一种最合理的方式来完成一项工作,这种最好的工作方式最有效率、速度最快、成本最低。为此,需要将工作分拆为最基本的机械元素并进行检验,然后再将它们以最有效的方式重新组合起来。在这一时期,被称为"科学管理之父" 的泰罗(W. Taylor)倡导科学管理,他运用"时间—动作分析"的方法进行了大量的试验,提出了"劳动定额""工时定额""工作流程图""计件工资制"等一系列科学管理制度和方法,使劳动工具、操作方法、工作环境、原材料等实现标准化。他主张人事相宜,根据工作挑选工人,并对挑选出来的工人进行培训,凡是达到定额的工人按高工资率计算工资。"泰罗制"的推行,使美国当时的劳动生产率提高了 3 倍。以泰罗等人为代表的科学管理学派的兴起,也使管理学开始走向科学。通过对人在提高生产率方面的重要作用的研究,客观上促进了劳动关系的改善和劳资矛盾的缓和。为了改善劳资关系,一些工厂主开始给工人增加福利,如工厂设置澡堂和食堂、提供医疗保健服务、修建娱乐健身设施，甚至派代表到工人家中嘘寒问暖并提供营养和卫生方面的咨询。于是，工厂里出现了专门管理工人的工资、医疗保健、工作关系的部门，这就是人事管理部门。

在泰罗等倡导的科学管理运动和时间动作研究的基础上，美国的企业于第一次世界大战期间开始实行工作分析制度，1920 年这一制度得到美国国家人事协会的正式肯定并开始推广。到 20 世纪 20 年代前后，人事管理的内容不断扩大和完备，“人事管理”一词开始流行起来。该阶段的另外两个代表人物是法约尔(H. Fayol)和韦伯(M. Weber)。被称为“管理过程理论之父”的法约尔提出了管理的基本职能，即对人、财、物的计划、组织、指挥、协调、控制等，并提出了管理的“十四项原则”；被称为“组织理论之父”的韦伯则提出了理想的行政管理体制，具有熟练的专业活动、明确的权责划分、严格的规章制度以及金字塔式的等级服从关系等特征，是一种系统的管理技术体系。

尽管泰罗、法约尔、韦伯等人的侧重点不同，但在以下几个方面是一致的：均认为员工是理性人，是只有经济需求的“经济人”；组织是一个封闭的系统，个人也是一个独立封闭的系统；由于员工是一个理性人，组织应有“理性的”规章制度来严格约束员工；组织机构要层次化，组织的制度与组织中的时间及作业都必须科学化；员工必须接受培训；由于员工的“经济性”“独立性”(封闭性)，员工无社会心理的需求；员工要与工作匹配；对员工必须实行奖惩措施。

科学管理理论阶段，人被看作只有经济需求的“经济人”，偏向于机械性方面的效率，忽视了人性价值的存在，这使得员工对工作产生不满情绪，激励效果不甚理想。

(三)人际关系阶段(1920 年至第二次世界大战)

美国心理学家和管理学家、哈佛大学教授梅奥(Mayo)和他的助手于 1927 年到 1932 年在美国西方电器公司的霍桑工厂进行了一系列的试验，结果发现人际关系的重要性，即人性的相互尊重、人与人之间的相互作用及其归属意识比原来人们想象的要重要得多。这就是著名的霍桑实验(Hawthorne Experiment)。通过霍桑实验，梅奥等人发现，在组织这样一个社会性系统内，员工除了有经济利益的需求外，还存在对社交与友谊、信任与尊重等高层次社会情感的需要，员工不再是单纯的“经济人”，而是有更多社会需求的“社会人”，满足员工这些需要则可大大提高劳动生产率。泰罗等人认为组织是一个技术经济系统，而梅奥认为组织是一个社会系统，组织除了要提供员工满意的工作环境和条件外，还应当加强员工间、领导者与被领导者间的合作和交流，应当给予员工更多的关怀、尊重与温暖，这样才能提高员工的工作积极性。梅奥等人尤为强调的是，组织中“非正式组织”的存在有利于员工间的合作与沟通，而组织领导者的领导能力则表现在通过提高员工的满意度，激励员工的士气，从而达到提高劳动生产率的目的。梅奥等人的研究成果成为人际关系学说的基础，梅奥在霍桑实验的基础上创立了人际关系学派。

(四)行为科学阶段(第二次世界大战至 20 世纪 70 年代)

20 世纪 50 年代初，美国管理学界产生了一种新的学科——组织行为学。它是一门由社会心理学、工业心理学、社会学、文化人类学、经济学等综合而成的交叉学科，主要用来研究组织中人的行为规律，以激励员工和增强组织的竞争力。组织行为学是人际关系学派的延伸，将人际关系学派的研究内容更加丰富化，研究了人的本性的复杂性，研究了在群体层面上的群内与群际的行为规律，进一步探讨了组织结构与文化、组织变革与发展等问题，逐渐形成行为科学学派。

行为科学阶段是人力资源管理思想长足发展的阶段。在该阶段，人力资源管理理论不断深化和发展。其主要代表人物与理论成果有亚伯拉罕·马斯洛(Abraham Maslow)及其"人类需要层次论"、弗雷德里克·赫茨伯格(Frederick Herzberg)及其"双因素理论"、道格拉斯·麦格雷戈(Douglas M. McGregor)及其"X-Y 理论"、威廉·大内(William Ouchi)及其"Z 理论"等。行为科学主张运用事实验证的科学方法来研究人的行为、社会现象和心理现象等。其主要方面有:①组织内外环境因素对人类行为的影响;②从开放系统的角度来考虑组织的人事管理;③从组织的整体行为来探索组织的人事管理;④重视薪资报酬制度的合理化;⑤强调工会的地位与作用;⑥激励组织中的员工参与管理;⑦强调对员工的培训与开发教育;⑧重视劳资之间或劳动者与管理者之间关系的协调与和谐。

行为科学时期以人际关系为出发点,对组织的人事管理进行全方位的开放式管理,全面革新旧的人事管理方式,使组织中的人事管理由对员工的监督制裁转到重点对员工的个性激发;由消极的惩罚到积极的激励;由独裁式的领导到民主式的管理与领导;由唯我一家之言到意见、信息的沟通;由权力控制到以德服人;由只重视对员工的索取性使用到培训与开发和使用相结合;由劳资或劳动者与管理者之间的对立关系到协调、和谐,以求人与事之间和人与人之间的最理想的协调。

(五)人力资本管理阶段(20 世纪 70 年代以来)

20 世纪 70 年代以来,伴随着第三次技术革命的迅猛发展,人力资源管理的思想和方法也出现了新的飞跃。其一,人力资源管理中心不断转移,由以物为中心转向以人为中心;其二,人力资本理论成为人力资源管理的基础理论,并开始被全面应用到企业管理中。这种飞跃的背景有:①20 世纪 50 年代末期由 W. 舒尔茨创立的人力资本理论,越来越多地被人们所认识和接受;②以计算机技术、现代通信革命为代表的信息科学,使世界经济全球化进入了前所未有的时代,企业实力的竞争就是科学技术的竞争、人才的竞争;③系统科学与管理学的结合,使人力资本经营战略在企业整体发展战略和企业管理中处于核心位置。所有这些变化,标志着人力资源管理从传统的人事管理阶段进入人力资本管理阶段。

(六)战略人力资源管理

战略人力资源管理产生于 20 世纪 80 年代。1981 年,Devanna、Fombrum 和 Tichy 在《人力资源管理:一个战略观》一文中提出并深刻分析了企业战略和人力资源的关系。标志着战略人力资源管理的产生。1984 年 Beer 等人的《管理人力资本》一书的出版标志着人力资源管理向战略人力资源管理的飞跃。简单地说,战略人力资源管理就是系统地将人与企业联系起来。它将人力资源视为一种获取竞争优势的首要资源,强调通过人力资源规划、政策及具体实践,获取能与企业战略垂直匹配并能在企业内部活动间水平匹配的具有竞争优势的人力资源配置,并强调所有的人力资源活动都是为了达到企业目标。与以前的人力资源管理相比,战略人力资源管理认为人力资源是决定企业成败的关键因素,其核心职能是参与企业战略决策,根据内外环境的需要倡导并推动变革,进行企业整体的人力资源规划和实践活动,与战略规划是一种动态的多方面的持续的联系,其职能直接融入企业战略形成和执行的过程中。

五、人力资源管理面临的挑战

(一)环境带来的挑战

1. 全球经济一体化带来的挑战

随着信息技术的迅速发展,全球经济一体化的趋势越来越明显,并正在以前所未有的高速度向前发展。随着区域性合作组织如欧盟、北美自由贸易区、亚太经合组织等的产生,国与国之间的界限已经越来越模糊。这种趋势在过去几年中迅速在全球蔓延,使世界经济形成“牵一发而动全身”的整体。当今的世界,国与国之间不仅是竞争,更重要的还是一个相互联系、相互制约、相互依存的整体。一个地区、一个国家的经济和社会动荡,很快就会影响全球的经济,甚至影响其他国家的安定与发展。世界经济格局的这一重大变化,对全球的劳动力市场是一个巨大的冲击。随着全球经济一体化的逐步形成,作为全球经济一体化的必然产物——跨国公司将不得不面对不同的政治体制、法律规范和风俗习惯,管理者将会经常遇到不同国籍、不同文化背景、不同语言的员工,如何才能更好地完成工作、如何才能进行更好的交流与沟通、如何才能确立完善的管理制度等,这些很现实的问题都摆在管理者面前。

随着经济的蓬勃发展,中国已经成了许多跨国公司投资的热点。中国企业不仅要面对国内的竞争者,还要面对全球竞争者的挑战。人力资源作为企业管理的一个重要组成部分,同样面临着非常激烈的挑战。中国的企业管理者如何确保自己的人才不会流失,如何保持长期的竞争优势,这是每一个有责任感的管理者都应该深思和解决的问题。

世界经济的一体化已经使人才竞争与人才流动国际化变成了现实。如今,企业家的竞争和热门技术人才的竞争已趋于白热化,只有那些能够吸引人才、留住人才并能够对人才进行规范开发和合理激励的企业,才能真正营造核心竞争优势。

2. 技术进步带来的挑战

通常来说,技术进步必然带来两种结果:一是能够使组织更有实力、更具竞争性;二是改变了工作的性质。比如说,网络的普及使许多人在家办公已经成为一种可能,然而,这种高科技的使用必然对员工的素质提出更高的要求,在这种自由宽松的工作秩序下,如何对员工进行考评已成了一个新的课题。事实上,随着技术的进步,其对组织的各个层次都产生了重要的影响,劳动密集型工作和一般事务性工作的作用将会大大削弱,技术类、管理类和专业化工作的作用将会大大加强。这样一来,人力资源管理工作就面临着结构调整等一系列重大变化。

3. 组织的发展带来的挑战

随着全球经济一体化的发展,组织作为社会的基本单元已经发生了很大的变化,如今的时代,灵活开放已经成了组织发展的一种趋势。竞争的加剧、产品生命周期不断缩短以及外部市场的迅速变化,这些都要求组织要有很强的弹性和适应性。现代企业要想参与市场竞争,就必须具有分权性和参与性,要以合作性团体来开发新的产品并满足顾客需求,这就对人力资源管理提出了新的要求:现代企业的人力资源部门必须具备良好的信息沟通渠道;现代企业的人力资源管理部门对员工的管理要做到公平、公正和透明,要对员工有更加有效的激励措施;要求组织内的每一位管理者都要从战略的高度重视人力资源管理与开发,从而不断适应组织变革的需要。

4. 人口结构变化带来的挑战

人口数量的变化具有明显的地域差别。在欧美发达国家,由于经济文化、思想观念等因素的影响,人口的出生率普遍偏低,人力资源供应相对不足;在亚非国家,因为人口出生率没有得到有效控制,所以普遍偏高,人力资源相对供大于求。

劳动力的结构也发生了巨大变化。相对亚非国家来说,欧美国家人口老龄化问题比较突出,而亚洲由于劳动力过剩,年轻劳动力的比例远远高于发达国家。相对来说,人才短缺仍然是世界各国普遍存在的问题。比如,我国在很长一段时期内,由于缺乏人才培养战略与市场需求导向,造成人才结构严重不平衡,部分专业人才过剩,而部分专业人才严重缺乏,这对我国经济的发展带来了很大的影响。

与此同时，员工对自身价值的认识也有了一定的提高，表现在员工不仅对物质层次的要求有了明显提高，更重要的是，在物质层次得到满足后，员工开始具有更高的需求层次，他们希望被尊重、被认可，希望参与组织管理并实现自身价值。

(二)人力资源管理自身发展的挑战

1. 企业员工个性化发展的挑战

即企业员工日益跨文化化、多样化、差异化、个性化，要求人力资源管理必须提供个性化、定制式人力资源产品、服务和关系管理，在人力资源管理中恰当平衡组织与员工个人的利益。

2. 工作生活质量提高的挑战

即员工不再仅仅追求工资、福利，而是对企业在各个方面所能满足自己日益增多的各种需求的程度越来越高，人力资源管理必须提供更加全面周到的人力资源产品、服务。

3. 工作绩效评估的挑战

即员工考核与报酬日益强调以工作绩效考评为基础，并形成绩效、潜力、教导三结合的功能。

4. 人员素质的挑战

即对企业家、各类管理人员的素质要求日益提高，培训、教育、考核、选拔、任用越来越重要。

5. 职业生涯管理的挑战

员工日益重视个人职业发展计划的实现，因此，企业必须加强职业管理，为员工创造更多的成功机会和发展途径，让员工获得个人事业上的满意。

6. 人力资源要素发展变化的挑战

要求人力资源管理必须不断提高人力资源管理的预测性、战略规划与长远安排。

7. 部门定位的挑战

例如，人力资源部门如何在众多的企业职能部门中发挥其作用或显示其特别绩效，人力资源管理应担当哪些角色以保证人力资源的有效利用。

8. 雇佣环境多元化的挑战

随着互联网的普及和推广，网络求职平台日益增多，有效解决了传统人才招聘的地域限制，并给雇佣双方带来了更加丰富的资源。面对这一形势，企事业单位要及时转变人才管理理念，创新人才招聘机制，从而招聘到更加专业的人才。

9. 求职群体趋向年轻化的挑战

当下人才市场上“90 后”“00 后”已经成为求职人才的主要力量。年轻一代的思想观念发生了变化，且对雇佣环境有较高的要求，这就会影响到人力资源管理。所以，企事业单位要充分考虑这一变化，改革人力资源管理模式。同时，还要及时采取措施应对这一挑战，确保能进一步提升人力资源管理水平。

10. 人力资源管理模式不断创新

就以往的人力资源管理模式来说，主要包括东方管理模式、西方管理模式两种。其中，东方管理模式侧重招聘、培训等，西方管理模式侧重薪资报酬、人员流动等。在经济全球化、数字经济不断发展的背景下，人力资源管理模式也在不断创新、发展。显然，人力资源管理模式必须随着人力资源管理模式的改变而改变，只有这样，才能充分发挥出人力资源管理的优势。

第三节　人力资源管理的理论基础

一、人性假设理论

人性假设理论，是管理科学学者根据自己对人性问题的探索研究的结果，对管理活动中的“人”的本质特征进行的理论假定。这些理论假定是进一步决定人们的管理思想、管理制度、管理方式和管理方法的根据和前提。例如，西方以泰勒为代表人物的管理理论流派，提出了人是“经济人”的理论假设，认为人努力劳动或工作，都是出于对经济利益、对金钱的追求。以此为根据，他们就大力提倡用“X”管理理论进行管理。正如美国管理心理学家麦克雷戈在《企业中的人性方面》一书中指出：“每项管理的决策与措施，都是依据有关人性与其行为的假设。”

由于对人性的基本看法从根本上影响着人们的管理思想、管理制度与管理的方式和方法，所以，对人性问题的理论探讨，几乎是伴随着管理科学的产生和发展进行的。自 19 世纪末以来，随着管理科学的长足发展，西方先后出现了以下人性假设理论：19 世纪末到 20 世纪初，出现了以泰勒为代表人物的“经济人”的人性假设理论；20 世纪 30 年代，出现了以梅奥为代表人物的“社会人”的人性假设理论；20 世纪 50 年代，出现了以马斯洛、阿基里斯等人为代表人物的“自我实现”的人性假设理论；20 世纪 60 年代，出现了以史克思为代表人物的“复杂人”的人性假设理论；20 世纪 70 年代，出现了以西蒙等人为代表人物的“决策人”的人性理论观点；20 世纪 80 年代，又逐渐形成了一种“文化人”的人性理论观点。

(一)“经济人”人性假设及其相应的管理理论

1.“经济人”的人性假设理论的含义

“经济人”也称作“唯利人”或“实利人”。这种人性观产生于早期管理学阶段，当时，管理学者开始从经济的角度寻求人工作的最主要的动机，不再把人看作完全被动的“工具人”。对于“经济人”的特征，美国组织心理学家沙因在 1965 年进行了如下概括：

(1)人是由经济诱因来引发工作动机的，人谋求最大的经济效益。

(2)在组织的控制下，人是被动地受组织的操纵、激发和控制而工作的。

(3)人的情感是非理性的，必须善于干涉他所追求的私利。

(4)组织必须设法控制个人的情感。

2. X 理论的基本内容

这里所说的 X 理论，是一种建立在“经济人”的人性理论假设基础上的管理理论，而不是一种人性理论。X 理论阐述的是：假设人都是“经济人”，那么管理者应如何进行相应的管理。X 理论是麦克雷戈 1965 年在对“经济人”人性假设指导下的管理工作进行理论概括后提出来的，其内容要点有：

(1)大多数人天生是懒惰的，他们尽量逃避工作。

(2)多数人是没有雄心壮志的，不愿意负任何责任，心甘情愿受别人指挥。

(3)多数人的个人目标与管理目标是相互矛盾的，只有采取强制的、惩罚的办法，才能迫使他们为达到组织目标而工作。

(4)多数人干工作是为了满足自己的生理和安全需要，因此，只有金钱和其他物质利益才能激励他们努力工作。

(5)人大致可分为两类：大多数人具有上述特性，属于被管理者；少数人能够自己鼓励自己，能够克制感情冲动而成为管理者。

3. 与“经济人”的人性理论和X理论相一致的管理措施和方法

在“经济人”的人性理论与X理论影响下出现的管理模式有以下几个特点：

(1)实行的是任务管理。实行任务管理的管理者认为，管理就是计划、组织、经营、指导、控制、监督。他们只重视提高生产效率，完成任务指标，从根本上忽视了人的情感、需要、动机、人际交往等心理因素在管理中的作用。

(2)管理只是少数管理者的事，与广大职工无关，不允许工人参加管理，强调工人只是服从命令、听从指挥、接受管理、拼命工作。

(3)在管理方法上主张用金钱来刺激工人的生产积极性，用惩罚来对付工人的消极怠工行为。通俗地说，就是采取“胡萝卜加大棒”的政策。泰勒制就是“经济人”观点的典型代表。泰勒所提倡的“时间—动作”分析，虽有其科学性的一面，但他的出发点是考虑如何提高劳动生产率，而对工人的思想感情则注意甚少。泰勒甚至对于工人不像牛那样愚蠢而感到遗憾。他认为，如果工人真能像牛那样愚蠢，就可以让他们俯首帖耳地按照他所设计的那套标准动作进行工作，工作效率也许会更高。

(二)“社会人”人性假设及其相应的管理理论

1.“社会人”的人性假设理论的含义

“社会人”的人性假设理论认为，工人不是机械的、被动的动物，对工人的劳动积极性产生影响的也绝不只是工资、奖金等经济报酬，工人还有一系列社会的、心理的需求，如工人对尊重、对良好的人际关系的需求等。因此，满足工人的社会性需求，往往更能激励工人的劳动积极性。这个理论的代表人物梅奥教授还认为，人们在工作中得到的物质利益只是次要的，更重要的是人际关系，良好的人际关系是调动人的积极性的决定性因素。因此，梅奥教授等人认为，管理中的人不是“经济人”，而是“社会人”。

2.“社会人”的人性假设理论与霍桑实验

“社会人”的人性假设理论的形成和确立与霍桑实验有着极其密切的关系。关于霍桑实验，这里值得特别提出的是，霍桑实验后期的谈话实验的作用，这次谈话实验又称疏导实验。梅奥在霍桑工厂进行了一次大规模的调查。他用了两年多时间，找工人谈话两万多人次，并规定调查人员在谈话过程中要做详细的书面记录，对工人的讲话要耐心听，不反驳、不训斥、不报复。这项实验收到了意想不到的效果，霍桑工厂的产量直线上升。工人经过谈话后，发泄了不满，心情舒畅，使产量大幅度提高。

根据霍桑实验，尤其是根据谈话实验的结果，梅奥批评“经济人”的人性假设理论，确立了“社会人”的人性假设理论。他在《工业文明中的问题》一书中，以霍桑实验的结果来批评“经济人”的人性理论及其管理思想。他写道：①传统管理把人假设为“经济人”，认为金钱是刺激积极性的唯一动力。霍桑实验认为，人是“社会人”，影响人的生产积极性的因素，除物质条件外，还有社会、心理因素。②传统管理认为，生产效率主要取决于工作方法和工作条件。霍桑实验认为，生产率的提高或降低，主要取决于职工的“士气”，而士气则取决于家庭和社会生活，以及企业中人与人之间的关系。③传统管理只重视正式群体的问题，诸如组织机构、职权的划分、规章制度等。霍桑实验还注意到正式集体中存在着某种“非正式群体”。这种无形的组织有着一种特殊的规范，影响群体成员的行为。④霍桑实验还提出新型领导的必要性。领导者在了解人们合乎逻辑的行为的同时，还需了解其不合乎逻辑的行为；要善于倾听和沟通职工的意见，使正式组织的经济需要与非正式组织的社会需要取得平衡。

3."社会人"的人性假设及其相应的管理理论影响下的管理活动的特点

在"社会人"的人性假设理论影响下产生的管理思想及其管理措施,主要有以下四个特点:

(1)管理人员不能只注意完成生产任务,而应把注意的重点放在关心人、满足人的需要上。

(2)管理人员不能只注意指挥、监督、计划、控制和组织,更应该重视职工之间的关系,培养和形成职工的归属感和集体感。

(3)在实行奖励时,提倡集体奖励制度,而不主张个人奖励制度。

(4)管理人员的职能也应有所改变,他们不应只限于制订计划、组织工序、检验产品等,而应在职工与上级之间起到联络人的作用。一方面,要倾听职工的需求和了解职工的思想感情;另一方面,要向上级反映职工的呼声。

在"社会人"的人性假设理论影响下,西方管理心理学提出了"参与管理"的新型管理方式。"参与管理"是指在不同程度上让职工或下级参加决策的研究和讨论。"参与管理"的典型——"斯坎伦计划"的巨大成功表明,"参与管理"是一种符合管理活动中职工心理规律的管理方式,其效果显著优于传统的"任务管理"。

(三)"自我实现人"的人性假设及其相应的管理理论

1."自我实现人"的人性假设理论与Y理论的含义

"自我实现人"的人性假设理论,其代表人物是美国心理学家马斯洛。"自我实现人"的人性假设理论是建立在马斯洛的"需要层次理论"基础上的。

马斯洛认为,人类需要的最高层次就是"自我实现"。所谓"自我实现",是指人所具有的发挥自己的潜力、表现自己的才能的需要。只有人的才能充分表现出来,人的潜力充分发挥出来,人才感到最大的满足,即"每个人都必须成为自己所期望的那种人"。马斯洛的基本意思是说,人都有积极努力、充分发挥自己的能力、取得优良成绩(效)的内在心理基础和可能性,这种可能性能否变为现实性,主要看有没有适宜的外部环境条件。

麦克雷戈总结和概括了马斯洛等人的"自我实现人"的人性假设理论,提出了一种与X理论相对立的理论——Y理论。这种理论认为:

(1)一般人都是勤奋的,如果环境条件有利的话,人们工作起来就像游戏和休息一样自然。

(2)控制和处罚不是实现组织目标的唯一方法,人们在执行工作任务中能够自我指导和自我控制。

(3)在正常情况下,一般人不仅乐于接受任务,而且会主动寻求责任。

(4)人群中存在着广泛的、高度的想象力和智谋以及解决组织问题的创造性。

(5)在现代工业条件下,一般人的潜力只利用了一部分,人蕴藏着极大的潜力。

2."自我实现人"的人性假设与Y理论影响下管理活动的特点

在管理思想和管理措施方面,"自我实现人"的人性假设理论与"经济人""社会人"等人性假设理论所产生的影响也有很大不同。其主要特点是:

(1)在"经济人"的人性假设影响下产生的管理思想只重视物质因素和任务的完成,轻视人的作用和人际关系。在"社会人"的人性假设影响下产生的管理思想和管理措施与此相反,重视人的作用和人际关系,而把物质因素放在次要地位。"自我实现人"的人性假设又把注意的重点从人的身上转移到工作环境上,但重视环境因素,不是把重点放在计划、组织、指导、监督、控制上面,而是要创造一种适宜的工作环境、工作条件,使人们能在这种环境、条件下充分挖掘自己的潜力,充分发挥自己的才能,也就是说,能够充分自我实现。

(2)管理人员职能的改变。从"自我实现人"的人性假设出发,管理者的主要职能既不是生产的指导者,也不是人际关系的调节者,而是一个采访者。他们的主要任务在于如何为发挥人的才智创造适宜的条件,减少或消除职工自我实现过程中所遇到的障碍。

(3)奖励方式的改变。在“经济人”的人性假设影响下产生的管理思想,主张依靠物质刺激来调动人的积极性。在“社会人”的人性假设影响下产生的管理思想,主张依靠搞好人际关系来调动职工的积极性。这些都是从外部来满足人的需要,而且主要是满足人的生理、安全和归属(交往)的需要。麦克雷戈则认为,对人的奖励可分为两大类:一类是外在奖励,如加工资;另一类是内在奖励,内在奖励是指人们在工作中获得知识、增长才干,充分发挥自己的潜力后心理上的满足和愉悦。只有内在奖励才能满足人的自尊和自我实现的需要,从而极大地调动人的积极性。

(4)管理制度的改变。从“自我实现人”的人性假设来看,管理制度也要做相应的改变。管理制度应保证职工能充分展示自己的才能,达到自己所希望的成就。

(四)“复杂人”的人性假设及其相应的管理理论

1. 理论形成的历史背景

以上介绍的“经济人”“社会人”“自我实现人”的假设理论,都是从某一个侧面来认识被管理者的属性,虽然都具有其合理的一面,在管理发展的不同阶段也起到过一定的积极作用,但各自也都有比较大的局限性。随着管理心理学研究的不断深入,管理科学学者发现,人类的需要和动机并非那样简单,而是复杂多变的。人的需要在不同的情境、不同的年龄,其表现形式是有差别的。人的需要和潜力随着年龄的增长、知识的积累、地位的变化,以及人际关系的变化,也在不断地变化。“复杂人”的人性假设理论,就是在这些认识的基础上,于20世纪60～70年代提出的。这个理论的创始人是沙因等人。

2.“复杂人”的人性理论的基本内容

“复杂人”的人性假设理论的基本内容主要有以下几点;

(1)人的需要是多种多样的,随着人的自身发展和社会生活条件的变化而发生变化,并且需要的层次也不断改变,因人而异。

(2)人在同一时期内有各种需要和动机,它们发生相互作用,并结合成一个统一的整体,形成复杂的动机模式。例如,两个人都想得到高额奖金,其动机可能不一样。一个人可能是为了改善物质、文化生活,另一个人可能是把得到高额奖金看成自己取得高的技术成就的标志。

(3)一个人在不同单位或同一单位的不同部门工作,会产生不同的需要。例如,一个人在工作单位可以表现出很不合群,而在业余时间和非正式团体中却可以满足交往的需要。

(4)人可以依据自己的动机、能力和工作性质,来适应各种不同的管理方式。但是,没有一种万能的管理方式适用于各种人。

3. 超Y理论的意义

前面讲到过,麦克雷戈在《企业中的人性方面》一书中把根据“经济人”的人性假设提出的管理思想概括为X理论,把根据“自我实现人”的人性假设提出的管理思想概括为Y理论。摩尔斯(J. Malse)和赖斯克(J. W. Larsch)则根据沙因的“复杂人”的人性假设提出了新的管理理论——权变理论。这个理论又称超Y理论。它既区别于X理论,又不同于Y理论,倡导企业管理方式要根据企业所处的内外条件而随机应变。它认为,根本不存在一成不变的普遍适用的“最好的”管理原则和管理方法。

权变理论并不是不同意其他人性假设理论,而是要求根据具体的人的不同情况,灵活地采取不同的管理措施。这就是说,要因人而异、因事而异,不能千篇一律,要求管理人员要善于观察职工的差异，根据具体情况采取灵活多变的管理方法。

从以上介绍中我们不难看出，管理理论对人性的认识，从“经济人”的人性假设理论到“社会人”“自我实现人”“复杂人”的人性假设理论，经历了一个不断发展、逐步深化的过程。与各种人性假设理论相对应的管理理论，如X理论、人际关系理论、Y理论、超Y理论等，都经历着不断适应变化了的客观情况，不断克服片面性、接近客观性的过程。

二、激励理论

按照研究层面的不同，激励理论可以分为三种类型：内容型激励理论、过程型激励理论和综合型激励理论。

（一）内容型激励理论

内容型激励理论，主旨是确定有哪些因素能够促使员工努力工作，并根据这些因素，设计并实施相应的措施和手段，从而达到激励的目的。

1. 需要层次论

需要层次理论是由美国著名的心理学家亚伯拉罕·马斯洛教授在1943年出版的《人类的动机理论》一书中提出的，这一理论的基本内容是：

（1）人有多种需要，共分为五个层次

生理需要：是人基本的需要，在各层次需要中居于基础地位，是维持生命所必需的，包括人们的衣、食、住、行。该需要得不到满足，也就谈不上其他的需要。只有生理需要得到满足后，人们才会关注更高层次的需要，即所谓“仓廪实而知礼节，衣食足而知荣辱”。

安全需要：是指保护自己免受生理和心理伤害的需要。

社交需要：也称归属需要。人是社会动物，是社会关系的总和。任何人都不可能孤立生存和工作，总希望与别人交往，在交往中受到关注、接纳、关心、友爱等，要求在感情上有所归属。

尊重需要：人们并不仅仅满足于作为组织的一员，总是希望自己的重要性得到认可，希望自己的成就、人品、才能等得到较高的评价；希望自己拥有一定的声望，有一定的影响力。内部尊重因素，如自尊、自立和成就；外部尊重因素，如地位、认可和关注。

自我实现需要：这是最高层次的需要，在上述需要满足后，这个需要就凸显了。自我实现的需要就是一种追求个人能力极限的内驱力，包括成长、发挥自己的潜能和自我实现。

（2）人的行为产生的原因是未满足的需要

马斯洛认为这五种需要是有层次之分的，分为较低层次需要（生理需要、安全需要）和较高层次需要（社交需要、尊重需要和自我实现需要）。人在不同的时期其需要是不同的，在同一时期也有不同的需要，在各种需要中，只有占主导地位的需要才能支配人的行为。

2. 双因素理论

双因素理论是由美国心理学家弗雷德里克·赫茨伯格提出的，该理论也称为激励—保健理论。

（1）保健因素

保健因素也称为环境因素，主要包括除工作本身之外的外界环境因素，如公司政策、人际关系、监督、工作环境、薪金、地位等。他认为，当这些工作环境和工作条件不具备时，会使员工感到不满意，从而降低员工的工作积极性和热情；如果具备这些条件，就不会降低其工作热情，能够维持员工已有的现状，但不会因此提高其积极性。

（2）激励因素

激励因素主要是工作本身的因素，包括工作本身的挑战性、工作成就的认可、工作责任、晋升等。他认为，这些工作本身因素的改善，能够激发和调动员工的积极性和热情，从而会经常性地提高员工的工作效率。如果这些因素没有处理好，就可能引起员工的不满，但影响不是很大。

赫茨伯格修正了传统的关于满意与不满意的观点，认为满意的对立面是没有满意，不满意的对立面是没有不满意。

3. ERG 理论

ERG 理论是由耶鲁大学的阿尔德佛提出的。该理论某种程度上是对马斯洛的需要层次理论和赫茨伯格的双因素理论的一种延伸和扩展，但是他对于人类需要的研究成果与实际情况更为接近。他把人的需要归结为三种：生存(existence)的需要、相互关系(relatedness)的需要和成长(growth)的需要。所以该理论被称为 ERG 理论。

(1)生存的需要就是人们的物质生存需要，相当于马斯洛的生理需要和安全需要，属于低层次需要。

(2)相互关系的需要相当于马斯洛的社会交往的需要和尊重需要的外在部分。

(3)发展的需要相当于马斯洛尊重需要的内在部分和自我实现需要。

ERG 理论与马洛斯需要层次理论之间既有联系又有区别。ERG 理论也认为人的需要具有层次性和发展性，生存、发展、成长需要是逐层发展的，低层次的需要得到较好的满足，个体便会增强对较高层的需要。与马斯洛不同的是，阿尔德佛认为，人在同一时刻可能存在多种需要，如果高层次需要的满足受挫，那么人就会转而向下，其低层次需要就会变得更强烈。

ERG 理论还倡导一种"受挫—回归"的维度。马斯洛认为，如果一个人在某层次的需要未得到满足，那么他的需要就会待在这个层次上，直到满足为止。ERG 理论认为，当一个人高层次需要得不到满足时，其低层次需要的强度就会增加。

4. 成就需要理论

成就需要理论是由美国哈佛大学教授麦克利兰于 20 世纪 50 年代提出的。他认为，人有三种基本的需要：友谊需要、权力需要和成就需要。这些需要并不是先天的本能欲求，而是通过后天的学习获得的。

(1)友谊需要，即建立友好和亲密的人际关系的愿望。具有高度归属需要的人，比较注重与他人保持一种融洽的社会关系，渴望他人的喜爱和接纳，喜欢与他人保持密切友好的关系和相互理解与沟通，并且更喜欢合作而非竞争的环境。

(2)权力需要，即控制他人的愿望和驱动力。具有较高权力需要的人喜欢承担责任，并努力影响他人，喜欢置身于具有竞争性的工作环境中和工作岗位上。与有效的绩效相比，他们更关心自己的威望和影响力。

(3)成就需要，即把事情做得更好、追求成功的愿望。具有成就需要的人，他们有强烈的求得成功的愿望，也有同样强烈的对失败的恐惧；他们渴望挑战，爱为自己设置一些有一定难度但经过努力能够实现的目标；他们追求的往往是成功本身，而不是成功后的奖赏与报酬。

麦克利兰认为，不同的人对成就、权力和友谊的需要程度、层次排列不同。个体行为主要取决于那些被环境激活起来的需要，这三种需要与管理工作有特定的联系。经过大量、广泛的研究，他得出以下结论：第一，具有高成就需要的人，往往力求把事情做得更好，而且往往做得更好，他们喜欢具有个人责任、能够获得工作反馈和适度冒险精神的环境；第二，高成就需要的人并不一定是一个优秀的管理者;第三,归属需要和权力需要与管理者的成功密切相关;第四,可以通过培训激发员工的成就需要。

(二)过程型激励理论

过程型激励理论关注的是动机的产生以及从动机产生到采取具体行为的心理过程,试图揭示出用于解释激励行为的普遍的过程。由于这类理论研究的重心是激励过程而非激励的具体内容,所以其适用性更广泛。

1. 公平理论

公平理论是由美国心理学家亚当斯于 1963 年提出的,也称社会比较理论。该理论主要讨论报酬的公平性对人的工作积极性的影响,即人除了关注自己报酬的绝对量外,还关注与相关的他人的报酬相比较的相对量。该处的比较有横向比较和纵向比较之分。

(1)横向比较:将自己与别人相比较来判断自己所获报酬的公平性。

横向比较所用公式如表 1—2 所示。

表 1—2　　公平理论横向比较公式说明

比率比较	感觉(公平与否)
$W_S/I_S<W_O/I_O$	不公平(本人报酬低)
$W_S/I_S=W_O/I_O$	公平
$W_S/I_S>W_O/I_O$	不公平(本人报酬高)

注:W_S/I_S 表示本人的报酬与投入之比;W_O/I_O 表示相关他人的报酬与投入之比。

在感觉到不公平存在的情况下,个人主体就会采取措施。在第一种不公平下,他可能要求:一是增加自己的报酬绝对量或者减少自己的投入量;二是减少他人的报酬绝对量或者增加他人的投入量。在第二种不公平下,他可能自己主动多做些工作(但时间一长就不太可能了),但不会主动要求减少自己的报酬。

(2)纵向比较:将自己当前的报酬与过去的报酬相比较。

2. 期望理论

期望理论是由美国心理学家弗鲁姆于 1964 年提出的。该理论认为,人们在采取一定的行为之前,总是要对自己行为所指向的目标的价值及成功的概率进行一番估计。当他认为行为指向的目的物正是自己所期望的,对自己的价值较大时,其行动的激发力量就会增大;反之则相反。同时,当他估计到自己的行为成功的可能性较大时,其激发力量也会增大;反之,如果成功的概率微乎其微或者根本不可能,那么他的激发力量也就微乎其微或者为零。用公式表示如下:

$$M(\text{激励力量})=V(\text{效价})\times E(\text{期望值})$$

可以看出,V 和 E 任何一个出现值变小的情况,则 M 的值都将变小。

根据该理论,在实际管理中,应处理好以下几个方面的关系:

第一,努力与绩效之间的关系:只有当预期达到目标的概率较高时,才能激发很强的工作力量。

第二,绩效与奖励之间的关系:只有当预期完成绩效能获得奖励时,人才有较高的工作热情。

第三,奖励与个人目标之间:如果获得奖励正是个人所期望的,即对个人的价值较大,则激发的工作力量也较大。

3. 强化理论

强化理论是由美国心理学家斯金纳于20世纪70年代提出的。该理论主要研究人的行为与外部因素之间的关系，是以学习的强化原则为基础的关于理解和修正人的行为的一种学说。人们为了实现自己的目标，必须采取一定的行为。行为产生结果，结果作用于环境，环境对结果做出评价，该评价对人以后的行为产生影响。好的评价会加强该行为，使其重复出现；不好的评价或者不进行评价，则该行为将会减弱甚至消失。环境所起的就是强化作用。

利用强化方式改造行为，一般有四种基本方式。

(1)正强化：对于积极的、符合组织目标的行为进行奖赏，如奖金、表扬、提升、改善工作关系等。受到正强化的行为得到加强，就会重复出现，从而有利于组织目标的实现。

(2)负强化：对于那些消极的、与组织目标偏离或者背道而驰的行为进行惩罚，如扣奖金、批评、降级等。消极的行为得到负强化，就会减弱或消失。

(3)自然消退：指对某种行为不予回应，以表示对该种行为的轻视或某种程度的否定，从而减少这种行为。比如，有经验的教师往往对上课扮鬼脸的淘气的学生佯装未见，使其自讨没趣而自行收敛。

(4)惩罚：用批评、降职、罚款等带有强制性、威胁性的结果，创造一种令人不快甚至痛苦的环境，以表示对某些不符合要求行为的否定，从而消除这些行为重复发生的可能性。

上述基本强化方式中，正强化是影响行为的最有力手段，能够增强或增加有效的工作行为。自然消退只能使员工知道不应该做什么，而不能使其知晓应该做什么。

4. 目标设置理论

洛克于20世纪60年代提出该理论。管理实践表明，目标对人的行为具有导向作用，目标为员工的行为指明了方向，告诉他们应该做什么以及需要付出多大的努力才能达到目标。在管理中，目标的价值是有目共睹的。目标的明确与否，对员工行为的激发力量的大小是不同的。在明确目标的指引下，通常来说，员工的行为是高效率的，而模糊的目标则会导致员工行为的盲目性，从而效率低下。另一方面，有一定难度的目标总是比容易的目标更能激发员工付出更大的努力，效率也更高。

实践还证明，对于参与制定的目标，员工的努力程度总是比对上级指定的目标所付出的努力大，也更容易为员工所接受。所以，对于困难的目标，应该积极吸引员工参与其中。在实现目标的过程中，反馈与否，对员工的效率有很大的影响。反馈可以告诉员工已经取得的成绩与所要达到的目标之间的差距，从而促使他们及时完善策略、提高效率。自我效能感也会对人的行为产生影响。自我效能感是指个人对自己胜任工作的信心。自我效能感越高，其行为效率越高，实现目标的可能性越大；反之则相反。对于不同的反馈，具有不同效能感的人，其反应也是不同的。自我效能感高的人，对于消极的反馈，其反应是积极的；而自我效能感低的人则相反。

(三)综合型激励理论

波特和劳勒于1968年提出了新的综合型激励模式，从而将行为主义的外在激励和认知派的内在激励综合起来。在这个模式中含有努力、绩效、个体品质和能力、个体知觉、内部激励、外部激励和满足等变量。

在这个模式中，波特与劳勒把激励过程看成外部刺激、个体内部条件、行为表现、行为结果相互作用的统一过程。一般人认为，有了满足才有绩效。而他们则强调，先有绩效才能获得满足，奖励是以绩效为前提的，人们对绩效与奖励的满足程度反过来又影响以后的激励价值。人们对某一作业的努力程度，是由完成该作业时所获得的激励价值和个人感到做出努力后可能获得奖励的期望概率所决定的。很显然，对个体的激励价值越高，其期望概率越高，则他完成作业的努力程度也越大。同时，人们活动的结果既依赖于个人的努力程度，也依赖于个体的品质、能力以及个体对自己工作作用的知觉。

波特和劳勒的激励模式还进一步分析了个人对工作的满足与活动结果的相互关系。他们指出，对工作的满足依赖于所获得的激励同期望结果的一致性。如果激励等于或者大于期望所获得的结果，那么个体便会感到满足；如果激励与劳动结果之间的联系减弱，那么人们就会丧失信心。

三、人力资源管理环境

人力资源管理环境主要是指能够对人力资源管理活动产生影响的各种因素。按照系统管理学派的观点，将环境划分为企业外部环境和企业内部环境。

(一)企业外部环境

1. 政治因素

(1)政治环境的影响。政治环境不一定能直接作用于企业内部的人力资源管理活动，但是能够影响整个企业系统，进而影响企业人力资源管理子系统。

(2)政府管理方式和方针政策的影响。政府管理方式和方针政策能够直接影响甚至决定企业人力资源管理的很多活动。如果政府管理方式和方针政策经常发生变化，那么企业的人力资源管理也必须随之变化，这就会造成人力资源管理活动和政策的频繁变动，不仅会影响企业人力资源管理的效果，还不利于企业的经营发展。

(3)工会的影响。工会通过自己的努力，可以影响政府相关政策法规的制定。工会通过不同层次的劳资协商和集体谈判，可以影响或参与企业人力资源管理的相关决策，从而对企业的人力资源管理活动产生影响。

2. 经济因素

(1)经济体制的影响。经济体制的不同会造成人力资源管理方式的不同。计划经济下，人力资源管理的很多决策是由政府做出的，企业是执行政府政策。市场经济下，政府不再统一制定各种具体的人力资源政策，不再对人力资源进行统一的配置，而是由企业根据内外部的各种因素来自行做出决策，职能性和战略性工作成为人力资源管理的主体。

(2)经济发展状况和劳动力市场状况的影响。经济发展状况决定了企业的未来前景，从而影响企业人力资源的需求，人力资源的供给预测则要考虑外部劳动力市场的状况。外部劳动力市场的状况也是影响企业各个职位具体薪酬水平的重要因素。在进行招聘录用、辞退解雇等其他人力资源管理活动的时候，也要考虑到经济发展以及劳动力市场的状况。

3. 法律因素

企业作为社会组织的一种重要形式，在日常的经营活动中必须遵守国家有关法律法规，因此，法律对企业人力资源管理活动的影响就主要体现在约束和规范作用上。

我国有关人力资源管理的主要法律法规：《中华人民共和国劳动法》《失业保险条例》《企业职工奖惩条例》《企业劳动争议处理条例》《劳动保障监察条例》《劳动合同法》和《劳务派遣暂行规定》。

4. 文化因素

因为文化能够影响人们的思维方式和行为方式，所以会对人力资源管理产生重要的影响。在不同的文化传统下，人力资源管理的模式也是不同的。

5. 技术因素

信息化、数字化对人力资源管理工作的影响是深远的。人力资源数字化有三个阶段,第一阶段的信息化,需要用系统来打通数据互联进入第二阶段的平台化,再经过云计算＋大数据的发展,形成第三阶段的智能化。而数字化的 HRSSC 是人力资源转型的基础,集成的 HR 服务中心可以为主管和员工提供一站式的高效专业服务,全方位提升员工体验。从目前的发展趋势来看,人力资源数字化转型是新形势下人力资源管理的必然选择,有利于企业实现管理变革,增强综合实力。云在线办公、线上招聘＋面试、线上线下融合式学习、在线绩效管理等产品如雨后春笋般冒出,当下的数字化氛围已打造到高峰,我们很难对这些新技术和新功能视而不见。

6. 竞争者

在新经济时代,企业之间的竞争日益激烈,而几乎所有的竞争都可归结为人力资源的竞争,可以说人力资源竞争的成败将决定企业竞争的成败。在所有人力资源管理活动中,受竞争对手因素影响最大的应当是薪酬管理,这里所讲的薪酬除了工资、奖金等外在报酬外,还包括培训、晋升等内在报酬。企业为了将优秀的人才吸引进来,就必须提供比竞争对手更优越的薪酬待遇。

(二)企业内部环境

企业内部环境包含企业发展战略、企业组织结构、企业生命周期和企业文化四个方面。

1. 企业发展战略

企业发展战略就是指企业为了收益而制订的与组织使命和目标一致的最高管理层的计划,作为企业经营发展的最高纲领,战略对企业各方面的工作都具有重要的指导意义。

简单地说,企业发展战略是用来解决企业在一定时期内发展方向和发展目标问题的。发展战略一般有三种类型:①成长战略,又可分为内部成长战略和外部成长战略。内部成长战略是指企业主要依靠自身的资源和积累来实现经营规模或经营领域的扩大;外部成长战略则是指企业借助兼并收购,主要依靠外部资源来实现经营规模或经营领域的扩大。②稳定战略是指企业保持目前的经验规模和经营领域,既不扩大也不缩小,力求实现企业的稳定运行。③收缩战略是指企业要缩小自己经营的规模或减少自己经营的领域。

针对不同的外部环境和自身状况,企业应当选择不同的发展战略,而在不同的发展战略下,企业人力资源管理各项职能活动的重点也是不同的,如表 1—3 所示。

表 1—3　　不同发展战略下的人力资源管理活动

		成长战略		稳定战略	收缩战略
		内部成长战略	外部成长战略		
企业的着眼点		不断增强自身力量	兼并/收购公司	做好目前的事情	紧缩
人力资源管理活动	招聘配置	雇佣和晋升	人员的重新配置	内部调配	留住核心员工
	培训开发	多样化的培训	冲突的解决	提高现有技能	态度和士气的提高
	薪酬管理	目标激励	管理实践的统一	内部公平	与公司业绩相联系
	绩效管理	结果导向	管理实践的统一	强调工作的质量	行为导向

2. 企业组织结构

企业组织结构是指企业内部部门和岗位的设置以及组合方式。不同的组织结构,其岗位和部门的设置及组合方式是不同的，而人力资源管理一个很重要的目标就是要实现人与岗位的匹配，因此，不同的组织结构会导致人力资源管理的实践活动有所不同。

首先，要根据自己的目标确定现实目标需要的活动，并对这些活动进行分类，形成不同的部门。其次，再将部门的活动做进一步细分，形成不同的岗位。部门和岗位形成以后，将这些岗位和部门按照一定的方式组合，就形成了一定的组织结构。

企业的组织结构存在各种各样的类型，如直线制、职能制、分部制、矩阵制、网络制等，但是根据企业的复杂化、正规化和集权化的不同，我们可以将它们归结为两种不同性质的组织结构类型：机械式组织和有机式组织。

表 1—4　　机械式组织和有机式组织的特点比较

机械式组织	有机式组织
严格的层级关系	合作
固定的职责	不断调整的职责
高度正规化	低度正规化
正式的沟通渠道	非正式的沟通渠道
集权的决策	分权的决策

对于不同的组织结构，其所对应的人力资源管理中的各项活动也有差别。以机械式组织和有机式组织为例：

表 1—5　　机械式组织与有机式组织中人力资源管理活动比较

	机械式组织	有机式组织
职位分析	工作职责清晰界定，且相对固定	大致界定工作范围
招聘和录用	按岗位职责选人	考察应聘者的能力和素质
培训与开发	按岗位要求进行针对性培训	强调培训的通用性和灵活性
绩效管理	基于个人实施	基于团队实施
薪酬管理	基于个人实施	基于团队实施
制度建设	严格制定规章制度	规章制度和企业文化建设
信息分享	集中于高层	高度共享

3. 企业生命周期

企业的发展大多要经历大致相同的几个阶段，这些阶段共同形成了企业的生命周期。企业生命周期对人力资源管理的影响可以从静态和动态两个角度来理解。

从静态的观点看，在生命周期的各个阶段，由于内外环境的不同，企业具有不同的特点，包括发展目标、组织结构、管理方式等，因此，随着企业在生命周期中所处阶段的不同，作为企业管理子系统的人力资源管理也是不同的。

从动态的观点看，生命周期是一个发展演进的过程，企业只有顺利地从一个阶段过渡到下一个阶段，才能够持续生存并发展下去，而这种极端的转化需要企业内部各方面的支持，其中，自然也包括人力资源管理。因此，随着企业的发展，人力资源管理也必须进行调整。

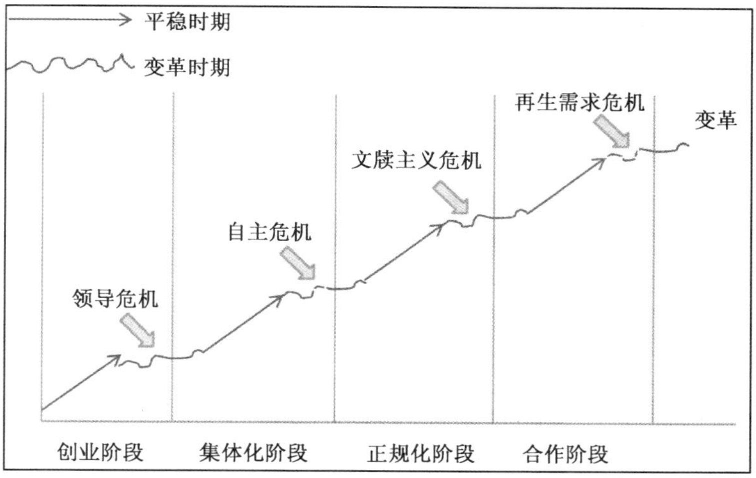

图 1—6　企业生命周期

4. 企业文化

企业文化就是指企业在发展过程中逐步形成的企业成员所共同具有的价值观念、道德准则等观念形态的综合。企业文化一般是企业创始人或企业高层管理者价值观念的直接体现，反映了他们对事、对人的基本看法以及基本价值取向，当这些价值观念在企业成员之间达成共识后，就形成了企业文化。而人们的观念意识又决定了他们的行为，因此，不同的企业文化必然会导致管理方式的不同。

企业文化对人力资源管理的影响主要表现在它能够影响甚至决定人力资源管理的方式、内容等。在不同的企业文化下，人力资源管理的具体活动是不同的。

(1)如果一个企业的控制程度比较高，就意味着管理者对员工更多地进行直接的监督控制，管理者的个人因素在管理中就占据着主导地位，这会大大降低人力资源管理的复杂程度。

(2)当企业的开放程度比较高时，招聘录用就会从内外两个渠道来进行；反之，企业员工则不太欢迎外部人员。

(3)在强调个人的企业中，薪酬管理和绩效管理都是以个人为基础来设计的；而在重视集体的企业中，工作是以团队进行的，因此，在薪酬和绩效上就会以团队为基础。

(4)如果企业更看重员工的工作结果，那么绩效和薪酬都会以结果为导向；如果企业看重员工的工作过程，那么就会在考核中设置与之相关的指标来引导和约束员工的行为。

(5)当管理以"事"为出发点时，那么人力资源管理的重点就是强调"人"要匹配"事"；当管理以"人"为出发点时，那么人力资源管理的重点就是强调"事"要适合"人"。

(6)如果企业文化以绝对的观念来看待公平，那么管理就会更多地追求结果公平；如果以相对的观念来看待公平，那么管理注重的是过程公平，强调付出与获得的平等。

(7)在单向命令式的管理中，管理者处于指挥地位，员工不能参与人力资源管理的决策，人员配置、绩效目标、培训计划都由上级决定；而双向互动的管理则注重管理者和员工的相互沟通，在很多方面会参考员工的意见和建议。

第四节 人力资源管理者和人力资源管理部门

一、人力资源管理者和部门的出现

早期的人力资源管理的活动大多是与现场的生产管理交织在一起并由一线管理人员承担的，后来才出现专门的人力资源管理人员。随着实践的发展，企业对人事专职人员的要求也越来越高，需要具有专门知识和技能的人事专家来从事招聘、录用、培训和工作设计等方面的工作。人事专职人员和人事专家的增加，使得组织需要设立专门的部门来进行管理并赋予这个部门相应的职能。

二、人力资源管理者和部门承担的活动与任务

表 1—6 人力资源管理部门承担的活动

活　动	具体内容
战略规划	国际人力资源预测、规划以及并购等
雇佣与培训	面试、招募、测试以及临时性人员调配等
培训与开放	上岗培训、绩效管理技能培训以及生产率强化等
报酬	薪酬管理、职位描述、高级管理人员的报酬、激励工资以及职位评价
福利	保险、休假管理、退休计划、利润分享以及股权计划等
雇员服务	雇员援助计划、雇员的重新安置以及被解雇雇员的新职介绍
员工关系与社区服务	员工态度调查、劳工关系、劳工法的遵守以及惩戒等
健康与安全	安全检查、毒品测试以及健康维护
人事记录	信息系统和记录等

我们可以将人力资源管理者和部门所从事的活动划分为三大类：

(1)战略性和变革性的活动：涉及整个企业，包括战略的制定和调整、组织变革的推动等内容。严格来讲，这些活动都是高层的职责，但是人力资源管理者和部门必须参与到这些活动中，要从人力资源管理的角度为这些活动的实施提供有力的支持。

(2)业务性的职能活动：包括前面提到的人力资源管理的各个职能。

(3)行政性的事务活动：内容相对比较简单，如员工工作纪律的监督、员工档案的管理、各种手续的办理、人力资源信息的保存、员工服务、福利发放等活动。

在实际运作过程中，行政性的事务活动占用了大量的工作时间，但其产生的附加值相对较低，而战略性和变革性的活动投入的时间和产生的附加值刚好是反向的。那么人力资源管理者和部门所从事的活动还有很大的改进余地和提升空间，如果他们想要提高自己的价值，做出更大的贡献，就必须改变自己的工作层次，把大量的精力和时间投入战略性和变革性的活动中，尽量少做一些行政性的事务工作。随着计算机、网络技术的发展和专业人事代理服务公司的出现，人力资源管理者和部门可以省去大量的行政性事务工作，或剥离出部分的业务性职能工作，这使人力资源管理者们改变自己的工作层次成为可能。

三、人力资源管理者和部门角色

美国国际人力资源管理学会认为，人力资源管理者应该承担四种角色：业务合作伙伴、变革推动者、领导者和人力资源管理专家。

密歇根大学的戴夫·乌里奇教授也将人力资源管理者和部门划分为四种角色：

(1)战略伙伴，是指人力资源管理者和部门要参与企业战略的制定，并且要确保企业所制定的人力资源战略得以有效实施。

(2)管理专家，是指人力资源管理者和部门要进行各种人力资源管理制度和政策的设计和执行，要承担相应的职能管理活动。

(3)员工激励者，是指人力资源管理者和部门要构筑起员工与企业之间的心理契约，通过各种手段激发员工的献身精神，使其更加积极、主动地工作。

(4)变革推动者，是指人力资源管理者和部门要积极推动组织各项变革的实施，人力资源管理者和部门要成为变革的助推器。

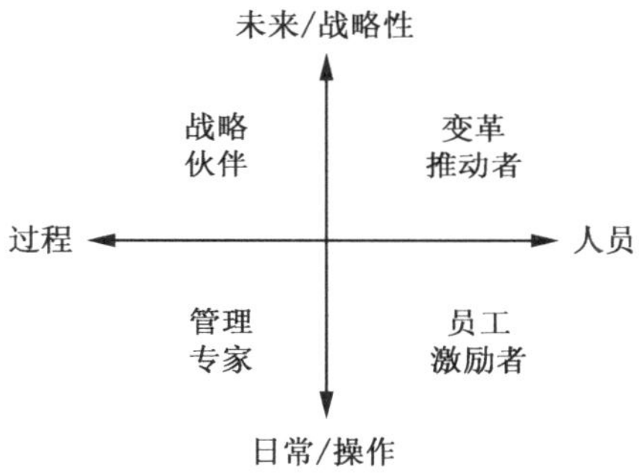

图 1—7　人力资源管理者和部门的角色

四、人力资源管理者的责任

所有的管理者都要承担人力资源管理的责任。企业制定的各种人力资源管理制度和政策、做出的各种人力资源管理决策必须反映本企业的实际，从而要求人力资源部门要能够充分了解企业的状况和各部门的需要。这一方面需要人力资源部门去调查研究，另一方面也需要各个部门及时、准确地反映情况，只有这样才能保证制度、政策和决策具有可行性。企业的各种人力资源管理制度和政策的实施，只依靠人力资源管理部门是不够的，还需要各个部门的支持和配合，只有这样，制定出来的制度和政策才能有效落实。

表 1—7　人力资源管理部门和非人力资源管理部门的分工

职　能	人力资源管理部门	非人力资源管理部门
职位分析	·根据其他部门提供的信息，编制职位说明书 ·与其他部门进行沟通，修订职位说明书	·向人力资源管理部门提供信息 ·配合人力资源管理部门修订职位说明书
人力资源规划	·汇总各部门的需求计划，综合平衡预测公司的人员需求 ·预测公司的人员供给 ·拟订平衡供需计划	·向人力资源管理部门提出人员需求计划

续表

职　能	人力资源管理部门	非人力资源管理部门
招聘录用	· 根据规划确定招聘的时间、范围 · 发布招聘信息 · 对应聘人员进行初步筛选 · 配合其他部门对应聘者进行测试，确定最终人选 · 为新员工办理各种手续	· 提出人员需求的条件 · 在人力资源管理部门的配合下确定最终的人选
培训与开发	· 制定培训体系，包括培训的形式、项目、责任等 · 汇总各部门的需求，平衡并形成公司的培训计划 · 组织实施培训计划 · 收集反馈意见	· 向人力资源管理部门提出培训的需求 · 参加有关培训项目 · 提出意见
绩效管理	· 制定绩效管理体系，包括考核内容的类别、周期、方式和步骤等 · 指导各部门确定考核指标的内容和标准 · 对管理者进行考核培训 · 组织考核实施 · 处理员工对考核的申诉 · 保存考核结果 · 根据考核结果做出相关的决策	· 具体确定本部门考核指标的内容和标准 · 参加考核者的培训 · 具体实施本部门的考核 · 与员工进行沟通，制订绩效改进计划 · 根据考核的结果向人力资源管理部门提出相关的建议
薪酬管理	· 制定薪酬体系，包括薪酬的结构、发放方式、确定的标准等 · 核算员工的具体薪酬数额 · 审核各部门的奖惩建议 · 办理各种保险	· 向人力资源管理部门提出相关的奖惩建议
员工关系管理	· 制订企业文化建设方案并组织实施 · 建立沟通的机制和渠道 · 听取员工的各种建议 · 规划员工的职业生涯	· 具体实施企业文化建设方案 · 向人力资源管理部门提出员工职业生涯发展的建议 · 直接处理员工的有关意见

人力资源管理的实质是要提高员工的工作技能，激发员工的工作热情，从而推动企业目标的实现，因此，人力资源的管理活动是要贯穿于员工的日常管理之中的，而员工是分散在各个部门的，这就需要直线管理者能够承担起这部分的责任。

五、人力资源部门的组织结构

这里所讲的组织结构是指人力资源部门在整个企业组织架构中的位置以及自身的组织形态，人力资源部门的组织结构在一定程度上反映了人力资源管理部门的地位，体现了人力资源管理的工作方式。人力资源管理部门的传统的组织结构往往是按照直线职能制来设置的，也就是按照人力资源管理的职能设置相应的部门和岗位。

(一)传统的人力资源部门的组织结构

对于小型企业来说，由于工作量不大，因此往往没有设置独立的人力资源管理部门，而是将这部分职能合并到其他部门，多数在行政管理部门，如总经理办公室、综合管理部门，但是一般会有专门的人力资源管理人员(见图1—8)。

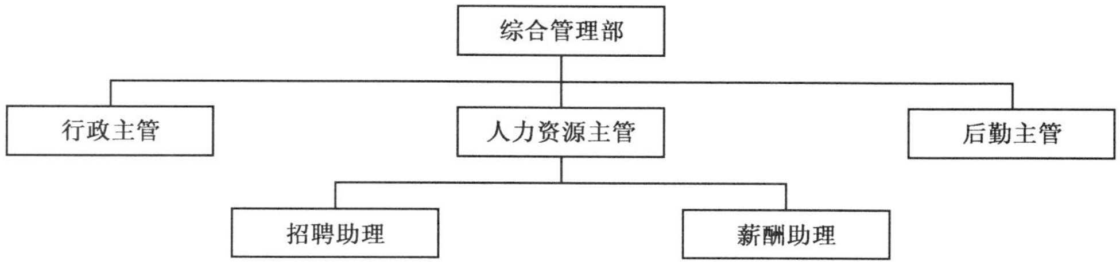

图 1—8　小型企业人力资源部门的组织结构

对于大中型和特大型企业来说，人力资源管理部门往往是单独设立的，分为两种情况：一种是人力资源管理部门层次只有一个（见图 1—9），大中型企业多是这种情况；另一种是人力资源管理部门有多个层次（见图 1—10），特大型企业多是这种情况。

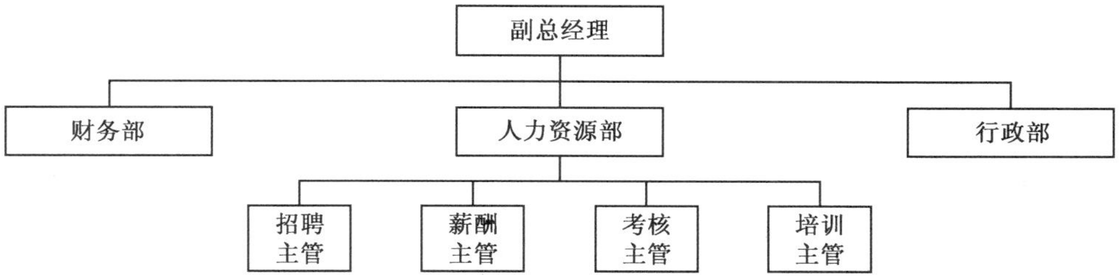

图 1—9　大中型企业人力资源部门的组织结构

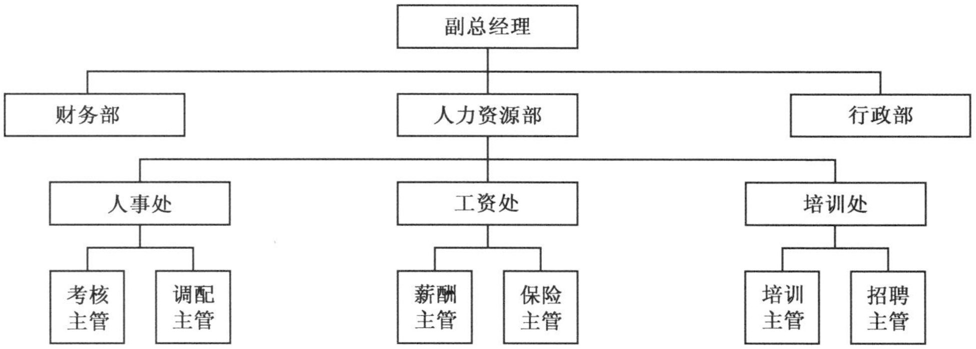

图 1—10　特大型企业人力资源部门的组织结构

这种组织结构的设置，可以使人力资源管理工作的分工比较明确，有利于经验的积累，但是也存在着一系列的问题：首先，这种设计容易使各个职能的衔接脱钩，导致整个人力资源管理工作不成系统，不利于发挥人力资源管理的整体效应；其次，它混淆了人力资源管理各个层次的工作，不利于人力资源管理地位的转变；最后，这种设计没有真正以客户为导向，不利于发挥人力资源管理对企业经营的支持作用。

（二）人力资源管理组织结构的新模式——HR 三支柱模型

HR 三支柱模型是戴维·尤里奇在 1997 年提出的，即 HRSSC（人力资源共享服务中心）、

HRBP(人力资源业务合作伙伴)、COE(人力资源专家中心)。以三支柱为支撑的人力资源体系源于公司战略,服务于公司业务,其核心理念是通过组织能力再造,让 HR 更好地为组织创造价值。

1. 人力资源共享服务中心

将企业各业务单元中所有与人力资源管理有关的基础性行政工作统一处理。比如把员工招聘、薪酬福利核算与发放、社会保险管理、人事档案、人事信息服务管理、劳动合同管理、新员工培训、员工投诉与建议处理、咨询服务等集中起来,建立一个服务中心来统一进行处理。

HRSSC 的角色有以下三种:

(1)员工呼叫中心:支持员工和管理者发起的服务需求。

(2)HR 流程事务处理中心:支持由 COE 发起的主流程的行政事务部分(如发薪、招聘)。

(3)HRSSC 运营管理中心:提供质量、内控、数据、技术(包括自助服务)和供应商管理支持。

HRSSC 是 HR 效率提升的驱动器,其使命是为 HR 服务目标群体提供高效、高质量和成本最佳的 HR 共享服务。为此,HRSSC 通常需要一个分层的服务模式来提升工作效率。

2. 人力资源业务合作伙伴

HRBP 是人力资源内部与各业务经理沟通的桥梁。HRBP 既要熟悉 HR 各个职能领域,又要了解业务需求;既能帮助业务单元维护员工关系,处理各业务单元日常出现的较简单的 HR 问题,又能协助业务经理使用各种人力资源管理制度和工具管理员工。

同时,HRBP 也能利用自身的专业素养来发现业务单元日常 HRM 中存在的种种问题,提出和整理发现的问题并交付给人力资源专家,从而运用专业和有效的方法解决问题或设计更加合理的工作流程完善所在业务单元的运营流程。

HRBP 的角色和职责有以下五种:

(1)战略伙伴:在组织和人才战略、核心价值观传承方面推动战略的执行。

(2)解决方案集成者:集成 COE 的设计,形成业务导向的解决方案。

(3)HR 流程执行者:推行 HR 流程,支持人员管理决策。

(4)变革推动者:扮演变革的催化剂角色。

(5)关系管理者:有效管理员工队伍关系。

HRBP 往往贴近业务进行配置,通过"指导员配到连队",确保管理人员得到有效支持。业界往往根据 HRBP/全职员工服务率配置 HRBP;不同的组织 HR 对业务的支持程度和业务的复杂度不同,HRBP 服务率存在差异。

3. 人力资源专家中心

人力资源专家主要职责是为业务单元提供人力资源方面的专业咨询。包括人力资源规划、人事测评、培训需求调查及培训方案设计、绩效管理制度设计、薪酬设计和调查等专业性较强的工作,同时帮助 HRBP 解决在业务单元中遇到的人力资源管理方面的专业性较强的难题,并从专业角度协助企业制定和完善 HR 方面的各项管理规定,指导 HRSSC 开展服务活动。

COE 的角色和职责有以下三种:

(1)设计者:运用领域知识设计业务导向、创新 HR 的政策、流程和方案,并持续改进其有效性。

(2)管控者:管控政策、流程的合规性,控制风险。

(3)技术专家:对 HRBP/HRSSC、业务管理人员提供本领域的技术支持。

对于全球性/集团型的大型公司来说,由于地域/业务线的复杂性,COE 需要为不同的地域/业务线配置专属资源,以确保设计贴近业务需求。其中,总部 COE 负责设计全球/全集团统一的战略、政策、流程和方案的指导原则,而地域/业务线 COE 则负责结合地域/业务线的特点进行定制化,这样的 COE 设置可以实现在全公司统一的框架下,允许业务所需的灵活性。

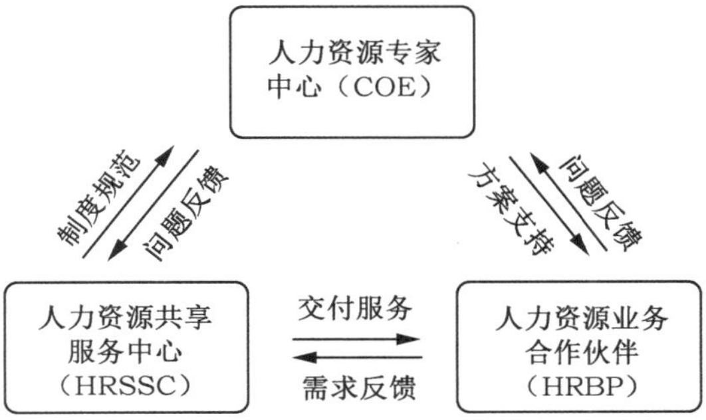

图 1—11　HR"三支柱模型"内部关系

六、人力资源管理部门的绩效

对人力资源管理部门的绩效进行衡量,具有重要的意义,它可以使企业的高层和其他部门更加直观、具体地看到人力资源管理部门的工作业绩,以及对企业经营业绩的贡献。这有助于强化对人力资源管理的重视,提升人力资源管理部门在企业中的地位。

(一)评价人力资源部门本身的工作

在评价人力资源管理部门本身的工作时,从理论上讲,应当将它所承担的各项工作分解成一系列可以量化的指标,用这些定量的指标来反映它的工作业绩。人力资源管理部门的各项工作,从不同的角度出发可以设置许多指标。对于具体的企业而言,不一定要面面俱到,可以根据自己的实际情况来确定既便于操作又具有效度的指标。

同时,又因为人力资源部门的一些工作很难用定量的指标衡量,所以要借助一些定性的指标。在使用定性指标时,应该给出每个指标的评价等级,并对每个等级进行定义,保证评价的公正性。

表 1—8　人力资源管理部门绩效的定量评价指标(举例)

职能活动	定量评价指标举例
招聘甄选	·收取简历的份数 ·组织考试、面试的人数 ·填补空缺职位的平均天数 ·招聘员工的平均成本 ·应聘人数与录用人数比例 ·招聘人员的平均在职时间

续表

职能活动	定量评价指标举例
培训与开发	· 每类员工接受培训的人数占该类员工总数的比例 · 员工平均培训经费 · 总的培训人次数 · 各类员工的平均培训时间
绩效管理	· 对绩效考核本身提出异议的员工人数和比例 · 接受绩效考核培训的人数 · 员工以及部门的工作业绩变化 · 绩效考核工作平均实施的时间
薪酬管理	· 薪酬开支占企业总体开支的比例 · 提出重新划分工资等级的员工的人数和比例 · 企业工资的平均水平与同行业平均水平的比较 · 福利开支占薪酬总开支的比例 · 薪酬发放出错的次数和比例 · 薪酬发放拖延的次数
员工关系	· 辞职率 · 缺勤率 · 员工抱怨的人次数 · 晋升员工占员工总数的比例 · 各个职位空缺由内部人员填补和由外部人员填补的比例

(二)衡量人力资源部门的工作对整体绩效的贡献

这个方面的评价难度相对要大一些,这是因为人力资源部门的工作成效一般很难直接体现在企业的经营业绩上,往往需要通过中间的变量加以传递或者转化。从目前的情况来看,使用较多的中间变量主要是工作满意度这一指标。对工作满意度的测量,一般是通过标准化的问卷来完成的。

除了工作满意度的测量以外,衡量人力资源部门的工作对企业整体绩效的贡献还可以使用其他一些指标,如组织承诺度、人力资源有效性指数、人力资源指数等。

案例分析

VCUA 时代京东人力资源管理的创新

随着 VCUA[Volatility(易变性)、Uncertainty(不确定性)、Complexity(复杂性)、Ambiguity(模糊性)]时代的来临,企业的人力资源管理受到了极大的挑战。如何能更好地支撑企业的业务发展和战略目标落地,如何能更有效地为员工赋能,成了一道摆在每位 HR 面前的重大难题。

针对竞争对手阿里巴巴提出的新零售战略主张,京东也提出了自己的战略主张——无界零售。具体来讲,按照隆雨的描述就是京东将从"零售商"向"服务全社会的零售基础设施服务商"转型。这一战略的制定,势必会带来京东在组织管理和架构上的调整与革新。京东为了能快速响应客户及市场的需求,提高内部的响应速度和效率,对京东商城研发的平台架构进行了调整,建立了清晰的前、中、后三层次划分的平台架构。

改革后,京东商城研发平台架构最大的特点就是授权前移,将决策权向与客户业务需求直

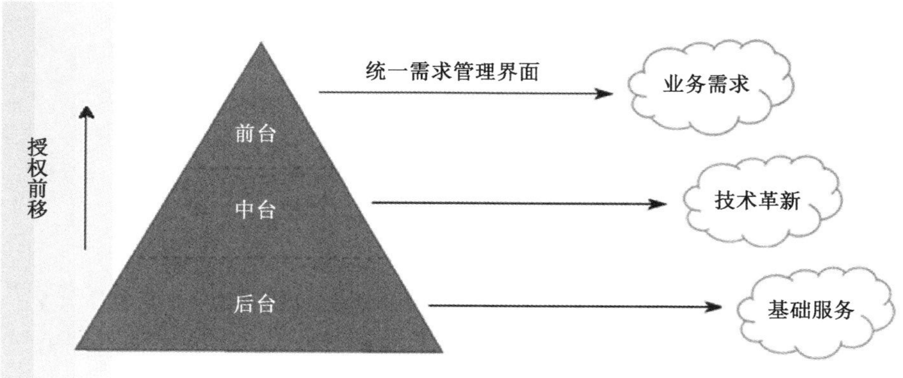

京东商城研发平台架构

接对接的“前台”倾斜。这个改变所带来的效果必将是响应客户效率与客户满意度的双提升，即“让听得见炮火的一线人员来做决策”。现在这种指挥权、决策权前移，向一线人员授权的做法越来越受到企业的重视。

除了上述变化之外，京东在这次组织管理上的创新还涉及以下两点：

1. 参考 HRBP 建立 TBP(Technical BP，技术业务伙伴)团队。TBP 团队由前台研发抽调优秀的产品经理和项目经理组成，直接面对业务，深入理解业务需求，且有 60%的考核由业务部门决定，考核的主要指标就是前台客户满意度。

2. 建立内部任务市场。京东将客户需求进行分解，分解成一个个的工作任务，然后将任务发布到统一的任务管理平台。公司中任何人都可以跨部门组成虚拟团队在任务平台上认领并完成任务，从而获得评价和奖励。

京东要想打造无界零售，成为服务全社会的零售基础设施服务商，就需要对外界进行组织开放。如今，京东在人才培训及管理的举措上已经迈出了坚实的一步。京东发起并创立了人才生态联盟(Talent Eco Link)，处于人才生态联盟中的成员可以分享工作经验，也可以在员工之间进行轮岗。联合利华、红星美凯龙、沃尔玛、宝洁、惠普等知名企业已经加入了人才生态联盟。2017 年，联合利华和京东的两名优秀骨干就实现了到对方企业进行轮岗。据悉，目前京东已经开放了 50 个岗位，意味着会有超过 50 名外部员工前来京东轮岗，京东也有可能会送出去 50 名员工。根据京东大学执行校长李庆欣的介绍，京东将进一步打破组织界限，通过人才生态联盟实现人才的无界选用、无界招聘等。以上这一系列的创新举措，彰显着京东对未来发展的勃勃雄心，同时也显示出了这家企业对于改革的勇气和决心。京东的快速发展和成功也不是偶然。

(资料来源：中国人力资源开发网，http://www.chinahrd.net/。)

问题：VCUA 时代京东的人力资源创新有哪些具体内容？人力资源管理策略如何同企业总体经营战略相匹配？

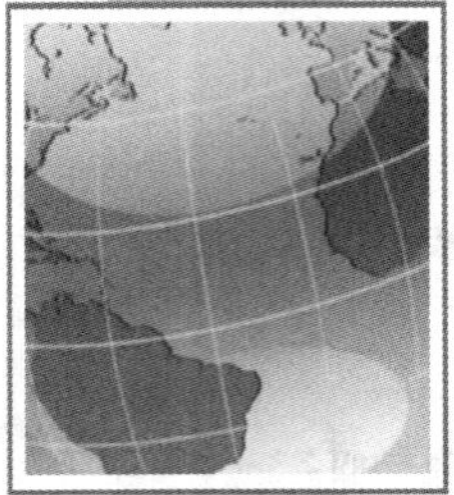

第二章 工作分析与工作设计

【引导案例】

工作职责分歧

一个机床操作工把大量的液体洒在机床周围的地板上，车间主任叫操作工把洒在地板上的液体打扫干净，操作工拒绝执行，理由是任职说明书里并没有包括清扫的条文。车间主任顾不上去查任职说明书上的原文，就找来一名服务工来做清扫工作。但服务工同样拒绝，他的理由是任职说明书里同样也没有包括这一类工作，这项工作应由勤杂工来完成，因为勤杂工的职责之一是做好清扫工作。车间主任威胁服务工说要解雇他，因为这种服务工是分配到车间来做杂务的临时工。服务工勉强同意，但是干完以后就立即向公司投诉。

有关领导看了投诉以后，审阅了这三类人员的任职说明书：机床操作工、服务工和勤杂工。机床操作工的任职说明书规定：操作工有责任保持机床的清洁，使之处于可操作的状态，但并未提及清扫地板；服务工的任职说明书规定：服务工有责任以各种方式协助操作工，如领取原料和工具、随叫随到、即时服务，但也没有包括清扫工作；勤杂工的任职说明书里确实包括了各种形式的清扫工作，但他的工作时间是从正常工人下班以后开始。如果你是该领导，你会如何处理这件事情？

（资料来源：黄淮学院人力资源管理精品课程网站。）

第一节　工作分析概述

我们已经知道，人力资源管理是对人进行的管理。在组织内部，这种管理并不是抽象的，它总是以组织所承担或所从事的活动为基础来进行的，而一个组织所进行的活动最终都要落实在具体的职位上，表现为职位所对应的工作。因此，为了更好地进行人力资源管理，首先必须对组织内部各个职位的工作活动进行充分的了解，而这正是工作分析所要完成的任务。

一、工作分析的概念及基本术语

（一）工作分析的概念

工作分析，也可以称作职位分析、岗位分析，简单来说，就是人力资源管理在短时间内，用于了解有关工作信息与情况的一种科学手段。它是指了解组织内的一种职位并以一种格式把与这种职位有关的信息描述出来，从而使其他人能了解这种职位的过程。具体来说，工作分析是分析者采用科学的手段与方法，直接收集、比较、综合有关工作的信息，为组织特定的发展战略、组织规划，为人力资源管理以及其他管理行为服务的一种管理活动。工作分析的最终产出表现为职位说明书。理解工作分析的定义可以从以下三个方面进行：

第一，工作分析是一个过程。通过选用合适的方法，全面收集与工作相关的信息。

第二，这里的信息主要围绕两个方面：一是“某一职位是做什么事情的”，这一问题与职位上的工作活动有关，包括职位的名称、工作的职责、工作的要求、工作的场所、工作的时间以及工作的条件等一系列内容；二是“什么样的人来做这些事情最适合”，这一问题则与从事该职位的人的资格有关，包括专业、年龄、必要的知识和能力、必备的证书、工作经历以及心理要求等内容。

第三，工作分析的最终产出为职位说明书，是采用书面的方式系统地表达工作描述和工作规范的内容。

具体来说，工作分析需要从九个要素着手，掌握八个方面的信息，表述如下：

who：谁从事此项工作，责任人是谁，对人员的学历及文化程度、专业知识与技能、经验以及职业素质等资格要求。

what：做什么，即该项工作的工作内容是什么，需要承担哪些责任。

for who：为谁做，即客户是谁。这里的客户包括外部客户和内部客户。内部客户是指组织内与从事该工作的人有直接关系的人员——上级、下属、同级、客户等。

why：为什么做，即从事该项工作的目的是什么。

when：该项工作的时间要求。

where：该项工作的地点、环境要求等。

how：如何从事该项工作，也就是工作的程序、规范等方面的内容。

how much：为该项工作需支付的费用、报酬等。

skill：所需技术如何（程度）。

（二）基本术语

由于工作分析与职位以及职位对应的工作活动是紧密联系在一起的，因此，有必要澄清与之相关的一些术语。进行工作分析涉及的具体术语包括行动、任务、职责、职位、职业和职业生涯等。

1. 行动（action）

行动是指工作活动中不便再继续分解的最小单位。比如，秘书接听电话前拿起电话是一个行动，司机开车前插入钥匙也是一个行动。

2. 任务（task）

任务是指工作活动中为达到某一目的而由相关行动直接组成的集合，是对一个人从事的事情所做的具体描述。比如复印文件，为了达到最终的工作目的，复印员必须从事以下具体行动：①启动复印机；②将复印纸放入复印机内；③将要复印的文件放好；④按动按钮进行复印。也就是说，复印文件这一任务，是上述四项行动直接组成的一个集合。

3. 职责（responsibility）

职责是指由某人在某一方面承担的一项或多项任务组成的相关任务集合。比如，监控员工的满意度是人力资源经理的一项职责，这一职责由下列五项任务组成：①设计满意度的调查问卷；②进行问卷调查；③统计分析问卷调查的结果；④向企业高层反馈调查的结果；⑤根据调查的结果采取相应的措施。

4. 职位（position）

职位是指由一个人完成的一项或多项相关职责组成的集合，又称岗位。例如，人力资源部经理这一职位承担的职责有以下几个方面：员工的招聘录用；员工的培训与开发；企业的薪酬管理；企业的绩效管理；员工关系的管理；等等。

在组织中的每一个人都对应着一个职位或岗位，因此，从理论上说，职位的数量应该等于人员的数量，组织有多少人员，相应地就有多少职位。

5. 职务(headship)

职务是指主要职责在重要性和数量上相当的一组职位的统称。比如,人力资源部设有两个副经理的职位:一个主要分管招聘录用和培训与开发,另一个主要分管薪酬管理和绩效管理。虽然这两个职位的工作职责并不完全相同,但是就整个人力资源部来说,这两个职位的职责重要性和数量比较一致,因此,这两个职位可以统称为副经理职务。与职位不同,职位与员工是一一对应的,职务却并非一一对应。一个职务可能不止一个职位,如上面所举的例子,副经理职务就有两个职位与之对应。

6. 工作(job)

工作是指一个或一组职责类似的职位所形成的组合。一项工作可能只涉及一个职位,也可能涉及多个职位。例如,在企业中,产品销售是一项工作,是由销售员、销售经理等职位组成的。

7. 工作族(occupation)

企业内部具有非常广泛的、相似内容的相关工作群,又被称为职位族、工作群。比如,企业内所有从事技术的职位组成技术类工作族,所有从事销售工作的职位组成销售类工作族。

8. 职业(profession)

职业是指由不同组织中的相似工作组成的跨组织工作集合。比如,教师职业、秘书职业等。

9. 职业生涯(career)

职业生涯是指一个人在其工作生活中所经历的一系列职位、工作或职业。例如,某人刚参加工作时是学校的教师,后来去了政府机关担任公务员,最后又到了公司担任经理,那么教师、公务员、经理就构成了这个人的职业生涯。再比如,某人的职业和工作单位虽然没有发生过变化,但是他从办事员开始,经过主管、副经理、经理,一直到副总经理,那么办事员、主管、副经理、经理、副总经理也形成了这个人的职业生涯。

二、工作分析的战略价值

(一)工作分析的意义

总的来说,工作分析的意义主要体现在以下五个方面:

(1)为人力资源管理各项功能决策提供依据。

(2)通过对人员能力、个性等条件的分析,达到"人尽其才"的效果。运用工作分析的结果可以在"合适的时候将合适的人放在合适的职位上",避免"大材小用、小材大用" 的现象发生。

(3)通过对工作职责、工作流程的分析,达到"才尽其责"的效果。个人在岗位上能够发挥最大的作用,避免人力资源的浪费,提高工作效率。

(4)通过对工作环境、工作设备的分析,使人与物相互配合、相互协调。个人能够得到完成工作必需的支持条件,而组织提供的条件也正好适合个人的工作要求。

(5)科学评估员工的绩效,有效激励员工。

(二)工作分析的作用

工作分析是人力资源管理活动中一项重要的基础性工作。工作分析的结果可以运用到人力资源规划、招聘与甄选、人员配置、晋升、职业生涯设计等各个环节上并具有重要作用。

1. 人力资源规划方面

人力资源规划是指合理分析和预测组织对人力资源的需求和供给情况,并据此制订出相应的计划和方案,以保证组织在适当的时候获得适当数量、质量和种类的人员补充,满足组织和个人的需求。在市场和社会环境不断变化的情况下，一个组织究竟需要多少职位、这些职位目前的人员配备能否达到工作的要求、今后几年内将发生哪些变化、人员增减的趋势如何、单位的人员结构应做哪些相应的调整、后备人员的素质应达到什么水平等问题，都可以依据工作分析的结果做出适当的处理和安排。

2. 员工招聘与甄选方面

通过工作分析，能够明确规定工作职务的近期和远期目标，掌握工作任务的静态和动态特点，明确职位承担者所需的知识、能力等任职资格要求，在此基础上，确定选人用人的标准。

3. 员工的任用与配置方面

人力资源部门在任用与配置现有员工时，需要在工作分析的指导下去了解某个职位需要哪些知识或技术、哪些人具备哪些技能，辅以心理测评和工作考核，选拔和任用符合工作需要和职位要求的合格人员，从而完成把最合适的人安排到适当的职位上的任务。

4. 员工培训方面

通过工作分析，可以明确从事某项工作应具备的技能、知识和各种心理条件。这些条件和要求，并非人人都能够满足和达到，需要不断培训、不断开发。因此，通过工作分析，根据实际工作要求和聘用人员的不同情况，有区别、有针对性地安排培训内容和方案，可以有效促进员工改善工作技能、提高工作效率。

5. 绩效考核方面

绩效考核是将每个员工实际的工作业绩与业绩标准进行比较，根据工作分析的结果，可以制定各项工作职责的客观标准和考核依据，使得绩效评估和工作有章可循。通过工作分析，可以为各种类型的各种任务确定合理的工作定额，有利于客观评价个人的工作表现。

6. 薪酬设计方面

工作分析信息在评估某项工作的价值以及支付合适的报酬方面具有重要意义。这是因为薪酬(比如薪水或奖金)通常是按照工作所需要的技能、教育水平、安全性、责任大小等因素来决定的，而所有这些因素都可以通过工作分析获得。通过工作分析，可使薪酬的制定更加合理。

7. 职业生涯设计

职业生涯设计的内容就是把个人的技能和愿望与组织内已经存在的或者将来会出现的机会匹配起来。这种匹配过程要求负责职业生涯规划的人了解每一种工作的技能要求，这样才能帮助员工从事各种他们能够获得成功、得到满足的工作。

三、工作分析的原则

为了提高工作分析的科学性与合理性，在组织实施工作分析的过程中应遵循以下原则：

(一)目的原则

在工作分析中，要明确工作分析的目的。不同的目的决定工作分析的侧重点不同。如果工作分析是为了明确工作职责，则分析的重点在于工作范围、工作职能、工作任务的划分；如果其目的在于选聘人才，则分析的重点在于任职资料的界定；如果目的在于确立薪酬标准，则分析的重点在于工作责任、工作量、工作环境、工作条件等因素的界定。

(二)职位原则

工作分析应以职位为出发点，分析职位本身的内容、性质、关系、环境及人员胜任特征，而不是分析承担该职位的人员如何，这样才不会因为人员更替导致职责等内容的变化，影响组织目标的实现。

(三)参与原则

工作分析尽管由人力资源部门主持开展,但需要各级管理人员和员工的积极参与,尤其需要高层管理者的重视,以及其他相关部门大力配合才能成功。

(四)经济原则

工作分析是一项非常费心、费力、费钱的事,涉及组织的各个方面。因此,应当根据工作分析的目的,本着经济的原则选择工作分析的方法。

(五)系统原则

每一个组织都是一个系统。因此,在对组织内某一岗位进行分析时,要注意该岗位与其他岗位的关系,从总体上把握该岗位的特征及对人员的要求。

(六)动态原则

工作分析的结果不是一成不变的。要根据企业的战略意图、环境的变化、业务的调整,经常性地对工作分析的结果进行调整。

第二节　工作分析的程序

工作分析是一项技术性很强的工作,需要做周密的准备,同时还需具有科学的、合理的操作程序。一般来说,整个工作分析分为以下几个阶段:工作分析准备阶段、调查阶段、分析阶段、完成阶段、工作分析运用阶段、工作分析反馈与调整阶段(见图 2—1)。

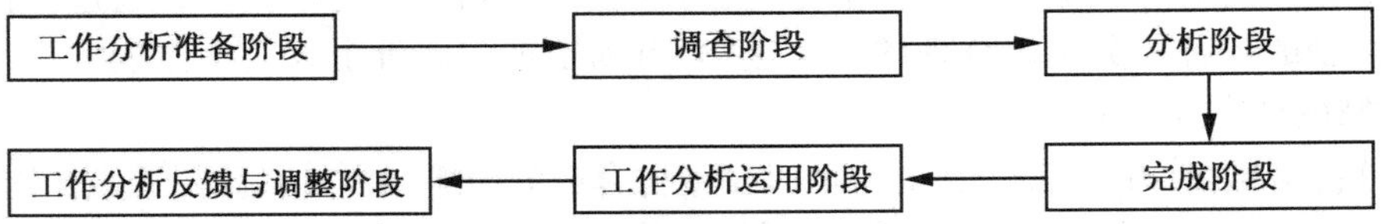

图 2—1　工作分析流程

将工作分析各流程的任务进行详细的描述,并用图形来表示,即形成如图 2—2 所示的模型。此图从整体上概括了工作分析任务的全部内容。

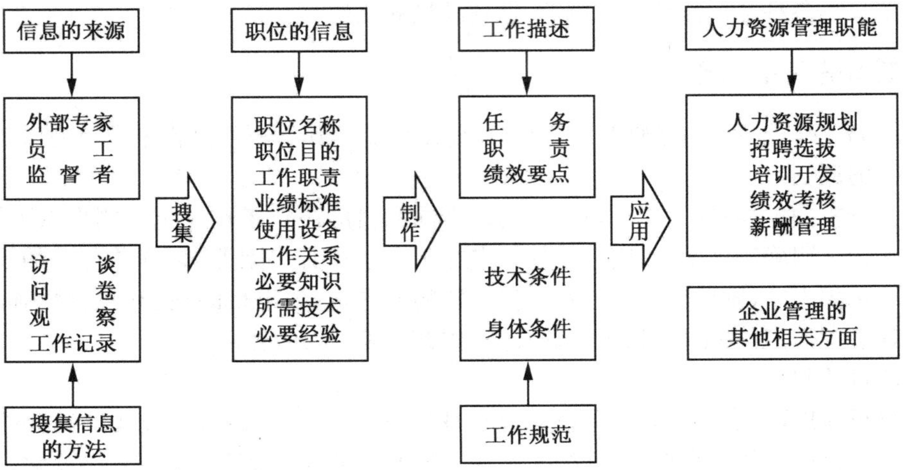

图 2—2　工作分析系统模型

一、准备阶段

在工作分析正式实施之前，有很多准备工作要做，主要有确定工作分析目的、组建工作分析小组并进行有关培训等相关工作。

(一)确定工作分析目的

工作分析的价值对于不同需求对象是不一样的。在企业管理过程中，解决不同的管理问题(如员工缺席率高、事故多、劳动生产率低、培训效果甚微、太多的牢骚等)所需要的信息及其组合各不相同。因此，在进行工作分析时，首先要明确目的，做到有的放矢。

工作分析的目的就是工作分析所获得信息的用途，直接决定了需要搜集何种类型的信息，以及使用何种方法来搜集这些信息。工作分析一般是为了达到以下目的：①对各种特定工作进行如实的描述，正确认识这些工作；②对工作进行设计或再设计，编制或修订工作说明书；③明确对工作的岗位任职者资格、素质的要求，制定招聘标准和招聘测试方案；④制订有关工作任职者的培训计划，提高培训的针对性和培训的效果；⑤明确工作任务、职责、权利及与相关工作的关系，杜绝争权和推诿责任，实现协调合作；⑥进行工作比较，平衡薪资待遇，实现公平、公正；⑦工作绩效评价，提高评价的客观性、公正性；等等。目的不同，所需要采集、处理的工作信息内容和工作分析的工作量不同，工作分析人员的选择不同，所需费用也不同。因此，进行工作分析首先需要明确工作分析的目的。

(二)组建工作分析小组

工作分析的顺利进行需要工作分析人员有较高的专业知识和技能，而工作分析人员的数量和专业知识、经验结构则视工作分析的目的、任务、工作量而定。企业在进行工作分析时，通常要选择工作分析人员并成立工作分析小组来对整个工作分析的过程和结果负责。工作分析是一项复杂的系统工程，不是人力资源部门单独所能解决的，必须获得企业高层及各级管理人员的认可和支持。因此，工作分析小组的构成，除了工作分析人员之外，一般会由企业高层领导担任组长，而且部分核心部门的负责人也会参与进来，以使工作分析在组织内获得最大限度的支持。

工作分析人员就是那些接受专门培训以系统地搜集和分析工作信息的个体。工作分析人员通常接受过一种或多种工作分析方法的正式培训。工作分析人员既可能是组织内部成员，也可能是从组织外部聘来的工作分析专家。当使用内部工作分析者时，他们通常来自人力资源部门或者其他相关部门，而外部工作分析者则往往是专业的咨询顾问。使用经过专门训练的、有能力的工作分析人员的主要的优点，就是由于他们所经受的专业训练，可以使他们比那些完全没有经过正规训练的工作分析人员所得的分析结果更客观、有效和可信。

工作分析人员通常由三种类型的人员组成：工作分析专家(咨询顾问)、主管和任职者。三种人员各有优点和缺点。工作分析专家在分析过程中的优点是客观、公正，能保持信息的一致性，在分析方法的选择上有专长；缺点是价格昂贵，而且他们可能会因对企业的情况缺乏了解而忽略工作中某些无形的方面。主管人员参与工作分析的优点是对所要分析的工作具有全面深入的了解，搜集信息的速度也比较快；缺点是需要对他们进行工作分析方法、技巧等方面的培训，而且工作分析需要占用他们大量的时间，从而影响他们的积极性，使分析的客观性没有保证。由任职者分析的优点是他们对工作最为熟悉，搜集信息的速度也快；缺点是所搜集到的信息的标准化程度和职责的完整性较差，而且如果不是承担该类工作的所有员工都承担分析任务，那么就会引起那些被要求分析的员工的抵触。正常情况下，在工作分析小组中至少需要一名工作分析专家，他应该具有良好的专业知识技能和相当丰富的工作分析经验，这是工作分析有效进行的基本保证。

（三）对工作分析人员进行培训

在工作分析小组组成之后，需要对他们（尤其是在工作分析过程中承担实际操作任务的成员）就如何进行工作分析进行培训。培训时，主要由专家对工作分析的意义、使用工具的特点进行讲解，对项目用语的标准含义、施测指导语、施测过程的引导和控制进行统一规定，回答成员的质疑，并对有歧义的地方进行讨论和确定。在培训过程中，应提供给每位分析人员有关操作的书面材料，此外还要组织他们实际分析一份他们熟悉的、与正式分析无关的工作，如足球运动员、舞蹈演员等，这样能够帮助工作分析人员更好地使用工作分析工具及处理分析过程中出现的各种问题。

（四）做好其他必要的准备

例如，由各部门抽调参加工作分析小组的人员，部门经理应对其工作进行适当的调整，以保证他们有充足的时间进行这项工作；在企业内部对这项工作进行宣传，消除员工不必要的误解和紧张。

二、调查阶段

（一）制订计划进度表

制订工作分析的时间计划进度表，以保证这项工作能够按部就班地进行。

（二）选择工作分析方法

根据工作分析的目的，选择搜集工作内容及相关信息的方法。工作分析的方法有很多，我们将在下一节进行详细的介绍。

（三）搜集工作背景资料

搜集工作的背景资料，包括公司的组织结构图、工作流程图以及国家的职位分类标准，如果可能的话，还应当找来以前保留的工作分析资料。组织结构图指明了某一职位在整个组织中的位置，以及上下级隶属关系和左右的工作关系。工作流程图指出了工作过程中信息的流向和相关的权限，这些都有助于更加全面了解职位的情况。职位分类标准和以前的工作分析资料也有助于了解职位的情况，但是在使用这些资料时要注意绝对不能照搬照抄，而应当根据企业现时的具体情况，有选择地加以利用。

（四）搜集职位的相关信息

（1）选择信息来源。一般包括员工、主管、顾客、分析专家、词典、文献汇编等。选择信息来源时应该注意：①不同层次的信息提供者所提供的信息存在不同程度的差别；②分析人员应站在公正的角度听取不同的信息，不要存有偏见；③使用各种职业信息文件时，要结合实际，不可照搬照抄。

（2）选择搜集信息的方法。这由分析人员根据企业的实际需要灵活运用。搜集信息的方法主要有观察法、访谈法和问卷调查法等。针对不同的工作内容，工作人员应该选取不同的方法。

（3）确定搜集信息的原则。需要任职人员就调查项目进行如实填写或回答，信息要齐全、准确，不能残缺、模糊，当采用某一调查方法不能将工作信息搜集齐全时，应及时用其他方法补充。

（4）确定信息搜集的内容：①工作活动信息，包括员工必须进行的与工作有关的活动有哪些，他们是如何来执行工作中所包括的每一项活动的，为什么要执行，何时执行；②工作中的行为信息，主要是指感知、沟通、决策、撰写等方面的信息，包括工作中对任职者的体力要求，如需要消耗多少能量、走多远路途等；③工作中所使用的机器、工具、设备以及其他辅助工具信息，指工作生产加工的对象和材料，员工需要运用的知识、提供的服务等；④工作的绩效标准信息，包括工作的质量、数量，或工作的每一方面所耗费的时间等，主要确定用什么标准对担任这一工作的人进行评价；⑤工作背景信息，包括工作的物理环境、工作时间表、工作的组织形式和社会环境、经济激励和非经济激励等；⑥对工作人员的要求信息，是指工作本身对任职者的知识或技能（包括教育水平、培训经历、工作经验等）和个人特征（包括才能、生理特征、人格品行、兴趣等）等方面的要求。

三、分析阶段

在搜集完与职位相关的信息之后，就要进入工作分析的下一个阶段，即分析阶段。在这一阶段需要进行以下几项工作：

（一）整理资料

将搜集到的信息按照工作说明书的各项要求进行归类整理，看是否有遗漏的项目，如果有要返回到上一个步骤，继续进行调查搜集。

（二）审查资料

资料进行归类整理以后，工作分析小组的成员要一起对所获工作信息的准确性进行审查，如有疑问，就需要找相关的人员进行核实，或者返回到上一个步骤，重新进行调查。

（三）分析资料

如果搜集的资料没有遗漏，也没有错误，那么接下来就要对这些资料进行深入分析，也就是说，要归纳总结工作分析的必需材料和要素，揭示出各个职位的主要成分和关键因素。在分析的过程中，一般要遵循以下几项基本原则：

（1）对工作活动是分析而不是罗列。工作分析是反映职位上的工作情况，但不是一种直接的反映，而要经过一定的加工。分析时，应当将某项职责分解为几个重要的组成部分，然后再将其重新进行组合，而不是对任务或活动的简单列举和罗列。例如，对公司前台小姐转接电话这项职责，经过分析后应当这样描述，“按照公司的要求接听电话，并迅速转接到相应的人员那里”，而不应该将所有的活动都罗列上去，“听到电话铃响后，拿起电话，放到耳边，说出公司的名字，然后询问对方的要求，再按下转接键，转接到相应的人员那里”。

（2）针对的是职位而不是人。工作分析并不关心任职者的全部情况，只关心职位的情况。目前的任职者被涉及的原因，仅仅是他通常最了解情况。例如，某一职位本来需要本科学历的人来从事，由于各种原因，现在只是由一名中专生担任这一职位，那么在分析这一职位的任职资格时就要规定为本科，而不能根据现在的状况将学历要求规定为中专。

（3）分析要以当前的工作为依据。工作分析的任务是为了获取某一特定时间内的职位情况，因此，应当以目前的工作现状为基础来进行分析，而不能把自己或别人对这一职位的工作设想加入分析中。只有如实反映出职位目前的工作状况，才能够据此进行分析判断，发现职位设置或职责分配上的问题。

根据实践经验，在分析资料的过程中，如果觉得分析起来比较困难，这说明对职位情况的了解还不够深入，或者搜集的资料还不够全面，也许要返回到上一个阶段，再继续了解和搜集。

(四)分析内容

这个阶段是核心。分析主要包括四个方面的内容：

(1)工作名称分析，包括对工作特征的分析与概括、名称的选择与表达。该名称必须明确，使人一看到工作名称就可以大致了解工作内容。

(2)工作规范分析，是指对工作任务、工作责任、工作关系与工作强度等方面的分析。

(3)工作环境分析，包括对物理环境、安全环境与社会环境的分析。物理环境包括室内、室外、湿度、温度、灰尘等，安全环境包括工作危险性、劳动安全卫生条件、易患的职业病、患病率及危害程度等，社会环境则包括与上下级之间的隶属关系以及协作关系等。

(4)从事工作条件分析，是指对从事某项具体工作的员工必备的知识、经验、技能和心理素质的分析。一般包括工作知识、智力要求、熟练及精确度、经验、教育与训练、身体要求、工作胜任能力等方面。工作分析的内容很多，分析人员可以视不同的目的，选择其必要的项目进行分析。

四、完成阶段

在对搜集的资料进行分析整理之后，就进入工作分析结果产出的完成阶段。这一阶段的任务是：

(一)编写工作说明书

根据对资料的分析，首先，要按照一定的格式编写工作说明书的初稿；其次，反馈给相关的人员进行核实，意见不一致的地方要重点进行讨论，无法达成一致的还要返回到第三个阶段，重新进行分析；最后，形成工作说明书的定稿。通常工作分析的结果以工作描述、工作规范、业绩指标、薪酬标准等书面形式来表示。至于工作说明书如何编写，我们将在下面进行详细的说明。

(二)进行总结

对整个工作分析过程进行总结，找出其中成功的经验和存在的问题，以利于以后更好地进行工作分析。

(三)工作分析中应注意的问题

在进行工作分析及工作说明书编写活动时，必须很好地处理下列一些问题，从而保证此项工作的顺利进行。

(1)管理层的支持。没有管理层的认同和支持，无法有效地完成工作分析及工作说明书的编写。组织的人事部门应协助管理层筹划建立政策和确定方向，并将这个信息传递给整个组织，以获得一致的支持。有关的信息不需要包括详细的程序、表格或方法，但应包括：①此项活动的目的；②负责带领及管理活动的人、部门或小组；③完成活动的时间表；④如果遇到争执的局面或疑难问题，谁会负责解释及做出最终决定(通常是由总经理做出最后决定)。

(2)管理层与下属的合作。组织不同层次的主管与下属一起直接参与工作说明书的编写活动。因为主管需要策划及分配每一位直接下属的岗位职权和任务，并与人力资源部门合作完成各岗位的工作说明书。三者往往需反复磋商，才能敲定一份说明书。主管的具体工作就是将描写工作说明书的工作任务告之下属，要详细地向下属说明编写工作说明书的目的、方法、程序及说明书对个人、机构的影响。组织应鼓励主管与下属进行沟通，编写彼此理解及愿意接受的说明书，因为以后个人工作表现的评估在很大程度上是以工作说明书为依据的。主管可选择以下途径完成编写职位说明书工作：

途径一：给予下属指导后（必要时由人力资源部门负责人一起给予下属指导）由下属自己编写工作说明书。其后由管理者收集，与下属讨论、分析、修订，再由人力资源部门确认，呈交高层领导审核。途径一可以让下属有被尊重的感觉，会产生较大的工作投入感和积极性。但主管需要有耐心，容忍下属的错误及花时间多次沟通给予指导，这种具有民主性及互相沟通的从属关系会令下属有完成自己所定工作目标的强烈责任感，对工作的开展有意想不到的好处。

途径二：主管自己负责编写所有直接下属的岗位，完成后与下属讨论，经修订同意后再由人力资源部门确认并呈交高层领导审核。途径二的好处是较省时，但主管必须充分了解下属的工作性质、范畴及应有的表现，还要获得下属对所分派工作的认同，才可以在日后顺利开展工作。

无论组织采取哪种方法，人力资源部门主管都应负以下责任，以保证工作说明书对组织的贡献：①协助有关的主管及其下属了解如何编写工作说明书；②跟进编写工作说明书的工作进度；③向最高管理层反映编写工作说明书过程中遇到的困难，同时提供解决问题的建议；④工作说明书系统建立后，确保人力资源部门会妥善存放每份说明书，而且会随组织或机构的改变而更新换代。

要注意的是，一份工作说明书并不会随任职者的去留而改变，因为有关职位的性质及要求并没有变更。人力资源部门仍会按照原来的要求聘用新员工。

五、工作分析运用阶段

此阶段是对工作分析的验证，只有通过实际的检验，工作分析才具有可行性和有效性，才能不断适应外部环境的变化。此阶段的工作主要有两部分：

(1)培训运用工作分析结果的人员。他们在很大程度上影响着工作分析结果运行的准确性、速度及费用，因此，对他们进行培训可以增强管理活动的科学性和规范性。

(2)根据分析的结果制定各种具体的应用文件，比如职位说明书、薪酬制度、考核制度等。

六、工作分析反馈与调整阶段

由于组织面临的情况总是在不断变化，组织中的职位、职责也需要在适当的情况下进行调整，这势必会影响到先前所获得的各种工作分析成果的有效运用。因此，经过工作分析形成职位说明书等成果后并非就一成不变了。对职位说明书的管理，是一个动态的过程，贯穿工作分析的始终。

分析人员在平时也应当时刻关注工作内容的最新变化与调整，搜集相关的工作信息，特别是在组织结构调整或组织变革的时期，更是需要不断获取各种反馈意见，修正或更新工作说明书以及其他工作分析的成果。

第三节　工作说明书的撰写

工作分析的直接产出是形成工作说明书，一是工作描述，反映了职位的工作情况，是关于职位所从事或承担的任务、职责以及责任的目录清单，也可称作 TRDS；二是工作规范，反映了职位对承担这些工作活动的人的要求，是人们为了完成这些工作活动应具备的知识、技能、能力和其他特征的目录清单，也可称作 KSAOS。

一、工作描述

（一）工作描述的含义

工作描述表现为有关工作流程与行为的描述，反映该项工作区别于其他工作的信息，说明有关工作是什么、为什么做、怎样做、在哪里做等。

工作描述的主要功能是让员工了解工作概要，建立工作程序与工作标准，阐明工作任务、责任、职权，有助于员工的聘用、考核和培训等。

（二）工作描述的主要内容

工作描述的主要内容包括职位标识、职位概要、履行职责、业绩标准、工作关系、使用设备、工作环境和工作条件等方面。

1. 职位标识

这就如同职位的一个标签，让人们能够对职位有一个直观的印象，一般要包括以下几项内容：职位编号、职位名称、所属部门、直接上级和职位薪点。

职位编号主要是为了方便职位的管理，企业可以根据自己的实际情况来决定应包含的信息。例如，在某企业中，有一个职位的编号为 HR 03-06，其中 HR 表示人力资源部，03 表示主管级，06 表示人力资源部全体员工的顺序编号；再比如 MS-04-TS-08，其中 MS 表示市场销售部（market 和 sales 的首字母缩写），04 表示普通员工，TS 表示职位，属于技术支持类，08 表示市场销售部全体员工的顺序编号。

职位名称确定时应当简洁、明确，尽可能反映职位的主要职责内容，让别人一看就能够大概知道这一职位主要是干什么的；职位名称中还要反映出这一职位的职务，如销售副总经理、人力资源经理、招聘主管、培训专员等。在确定职位名称时，最好要按照社会上通行的做法来做，这样既便于人们的理解，也便于在薪资调查时进行比较。

职位薪点是工作评价所得到的结果，反映了这一职位在企业内部的相对重要性，是确定这一职位基本工资标准的基础。薪点如何得到，在“薪酬管理”一章中会进行具体的介绍。

2. 职位概要

职位概要就是用一句或几句比较简练的话来说明这一职位的主要工作职责，要让一个对这一职位毫无了解的人一看职位概要就知道它大概要承担哪些职责。例如，人力资源部经理的职位概要可以这样描述：“制定、实施公司的人力资源战略和年度规划，主持制定、完善人力资源管理制度以及相关政策，指导解决公司人力资源管理中存在的问题，努力提高员工的绩效水平和工作满意度，塑造一支敬业、团结协作的员工队伍，为实现公司的经营目标和战略意图提供人力资源支持。”而公司前台的职位概要则要这样描述：“承担公司前台服务工作，接待客户的来电、来访，负责员工午餐券以及报刊的发放和管理等行政服务工作，维护公司的良好形象。”

3. 履行职责

履行职责就是职位概要的具体细化，要描述这一职位承担的职责以及每项职责的主要任务和活动。在实践过程中，这一部分是相对较难的，要经过反复的实践才能准确把握。首先，要将职位所有的工作活动划分为几项职责，其次，再将每项职责进一步细分，分解为不同的任务，这一过程可以用图 2－3 来表示。

如果我们将教师看成一个职位的话，那么来看一下这个职位的职责是如何分解的。首先，要将教师所从事的活动划分成几项职责，即教学、研究、学生指导和学校服务等。其次，继续对

图 2—3　职位履行职责的分解

每项职责进行细分，例如，教学这项职责可以细分为课前备课、课堂讲授、课后批改作业和期末进行考试这四项任务；研究这项职责也可以细分为在刊物上发表论文、编写著作书籍和参加学术研讨会三项任务。

将职位的活动分解完之后，就要针对每项任务进行描述。描述时一般要注意下面几个问题：

（1）要按照动宾短语的格式来描述，即按照“动词＋宾语＋目的状语”的格式进行描述。动词表明这项任务是怎样进行的；宾语表明了活动实施的对象，可以是人也可以是事情，宾语有时也可以是双宾语；目的状语则表明了这项任务要取得什么样的结果。例如，“监督和控制部门年度预算，以保证开支符合业务计划要求”，其中，“监督和控制”是动词，“部门年度预算”是宾语，“以保证开支符合业务计划要求”是目的状语；再比如，“指导下属制订招聘计划，以保证各部门的人员需求”，在这里，“指导”是动词，“下属”和“制订招聘计划”就是一个双宾语，“以保证各部门的人员需求”是目的状语。在美国劳工部的工作分析手册中，对这种职责描述的格式有详细的说明，在实际描述中可以作为参考。

（2）要准确使用动词。当使用动宾短语进行描述时，动词的使用是最为关键的部分，一定要能够准确地表示出员工是如何进行该项任务的，以及在这项任务上的权限，而不能过于笼统。

先来看几个例子，“负责公司的预算工作……”“负责公司的培训工作……”“负责公司的保卫工作……”，这是国内大多数企业在编写工作说明书时常用的语句，虽然也使用了动宾短语的格式，但是由于动词的使用不准确，因此，并没有清楚地揭示出任务应当如何来完成。“负责”这个动词表面上看起来比较清楚，但是深究起来问题很多，拿“负责公司的培训工作”来说，什么是负责，是指导别人来完成培训叫负责呢，还是自己亲自完成培训叫负责呢，根本没有说清楚，因此，要尽量避免使用“负责”这类模糊不清的动词，根据实际情况来准确选择和使用动词。还以这个例子来说，如果是人力资源经理，可以这样描述，“制订公司的培训计划……”；如果是培训主管，则可以这样描述，“具体实施培训计划……”，通过使用“制订”和“实施”这样的动词，就清楚表明了经理和主管分别是如何来完成培训这项任务的。

在工作分析中，针对不同的任务和主体，应当选择使用不同的动词，下面就列举一些例子供大家参考，见表 2—1。

表 2—1　　工作分析中常用的动词举例

对象或主体	动　词
针对计划、制度	编制、制定、拟定、起草、审定、审查、转呈、转交、提交、呈报、存档、提出意见
针对信息、资料	调查、搜集、整理、分析、归纳、总结、提供、汇报、通知、发布、维护管理

续表

对象或主体	动　词
思考行为	研究、分析、评估、发展、建议、参与、推荐、计划
直接行动	组织、实行、执行、指导、控制、采用、生产、参加、提供、协助
上级行为	主持、组织、指导、协调、指示、监督、控制、牵头、审批、审定、批准
下级行为	核对、收集、获得、提交、制作
其他	维持、保持、建立、开发、准备、处理、翻译、操作、保证、预防、解决

为了让大家能更直观地理解上面所讲的内容，我们来看一个具体的例子，见表 2—2。

表 2—2　　履行职责描述的示例

职　责	任　务
设备保养	1. 根据保养时间要求更换零部件以及添加润滑剂 2. 保持对机器设备所做保养的所有记录 3. 定期检查机器设备上的量器和负荷指示器，以发现可能表明设备出现问题的不正常现象 4. 根据要求完成非常规性保养任务 5. 承担对执行维护任务的操作工进行监督和培训的任务
设备修理	1. 对设备进行检查并提出报废或修理某一零部件的建议 2. 如果设备需要被修理，则需要采取必要的措施来使该零部件恢复正常工作，其中包括使用各种手工工具和设备来对该零部件进行部分或者全部的重组，最主要的是内燃机和水压机的全面大修以及故障排除
测试与批准	1. 确保所有要求完成的保养和维修工作均已完成，并且必须是按照设备生产商所提供的说明书来进行的保养和维修 2. 批准或否决某设备已经达到在某工作中被使用的条件
库存保持	1. 保持设备保养和维修所需要的库存零部件 2. 以最低的成本采购令人满意的零部件
其他职责	上级分配的其他临时性任务

资料来源：[美]雷蒙德・A. 诺伊等. 人力资源管理[M]. 北京：中国人民大学出版社，2001：146.

在履行职责部分，还有一个问题需要注意，如果某一职位是由多项职责组成的，那么就要将这些职责按照一定的顺序进行排列，而不能胡乱地堆砌。在排列职责时有两个原则：

(1)按照这些职责的内在逻辑顺序进行排列。也就是说，如果某一职位的职责具有逻辑上的先后顺序，那么就要按照这一顺序进行排列。例如，人力资源部培训主管这一职位由拟订培训计划、实施培训计划、评估培训效果和总结培训经验等几项职责组成，这些职责在时间上有一个先后顺序，因此，在排列时就要依次进行。

(2)按照各项职责所占用时间的多少进行排列。如果有些职位的职责没有逻辑顺序，就要按照完成各项职责所用的时间多少进行排列，当然，这一时间比例并不需要非常准确，只是一个大概的估计，一般来说，以 5%作为最小单位。

在实践中，对各项职责所占用的时间进行估计，还有助于衡量职位的工作量是否饱满。如果某一职位的大量时间分配给了非常简单的职责，那么就说明它的工作量是不饱满的；相反，一些本来应该占用很多时间的职责在某一职位那里只被分配了很少的时间，那么就说明这一职位的工作量有些超负荷。例如，对于人力资源部的招聘主管，“拟订招聘计划”这项职责占到了全部工作时间的 40%，则说明这一职位的工作量是不饱满的，因为按照正常的情况，“拟订招聘计划”根本就用不了那么多时间。再比如财务部的会计,“编制会计报表”这项职责只占了全部工作时间的 10%,在其他职责的时间分配比较合理的情况下,就说明这一职位的工作量超负荷了,因为按照正常的情况,“编制会计报表”这一职责不应该只用那么少的时间,这说明分配给这一职位的其他职责太多了。通过职责占用的时间进行工作量的衡量,必须要对这些职责非常了解才行。

逻辑顺序与时间顺序相比较,排列职责时应当优先考虑逻辑顺序,然后再考虑时间顺序。

4. 业绩标准

业绩标准就是职位上每项职责的工作业绩衡量要素和衡量标准。衡量要素是指对于每项职责,应当从哪些方面来衡量它是完成得好还是完成得不好;衡量标准则是指这些要素必须达到的最低要求,这一标准可以是具体的数字,也可以是百分比。

例如,对于销售经理这一职位,工作完成的好坏主要表现在销售收入、销售成本方面,因此,其业绩衡量要素就是销售收入和销售成本,至于收入要达到多少、成本要控制在多少就属于衡量标准的范畴了,可以规定销售收入每月 100 万元,销售成本每月 30 万元。再比如,对于人力资源部的薪酬主管,衡量其工作完成的好坏主要看薪酬发放是否准确、及时,因此,其业绩衡量要素就是薪酬发放的准确率和及时性,至于准确率要达到多少、及时性如何表示就是衡量标准的范畴了,可以规定准确率要达到 98%,薪酬迟发的时间最多不能超过 2 天。

5. 工作关系

工作关系是指某一职位在正常工作的情况下,主要与企业内部哪些部门和哪些职位发生工作关系,以及需要与企业外部哪些部门和人员发生工作关系。这个问题比较简单,需要注意的是,偶尔发生联系的部门和职位一般不列入工作关系的范围之内。

6. 使用设备

使用设备就是工作过程中需要使用的各种仪器、工具和设备等。

7. 工作环境和工作条件

工作环境和工作条件包括工作的时间要求、工作的地点要求以及工作的物理环境条件等。

工作描述是否清楚明了,可以用一个简单的方法来测试。编写工作描述的分析人员可以问自己:“一个从来没有接触过这一职位的人看了工作描述之后,如果让他来从事这一职位,他是否知道自己要干什么以及如何去干?”如果不能得到肯定的回答,则说明这份工作描述还需要继续修改。

二、工作规范

(一)工作规范的含义

工作规范,又称为任职资格,是工作分析结果的一个组成部分,主要说明从事某项特定工作的人员需要具备的基本素质和条件,规定了完成工作所需要的最低要求。由于工作规范对任职者的个人特征做出了详细说明,因此,对组织进行人员招聘和员工培训等方面的工作具有重要的指导作用。

(二)工作规范的主要内容

工作规范的内容主要包括四个方面:①一般条件,如性别、年龄、学历、专业等;②生理素质,如健康状况、运动的灵活性、感官的灵敏度等;③心理素质,如领导能力、组织计划能力、判断分析能力、团队精神、创造性、事业心等;④工作经验与必要技能,如工作经验、业务培训、外语要求等。表 2—3 是某房地产公司为招聘销售经理编写的工作规范。

表 2—3　　某房地产公司销售经理的工作规范

职位名称	销售经理	
任职条件	必备条件	理想条件
性别	男女不限	男性
年龄	30～45 岁	30～40 岁
学历与专业	大学本科以上学历 房地产经营/市场营销/工商管理	硕士研究生以上学历 房地产经营/市场营销/MBA
工作经验	5 年以上销售经验	5 年以上房地产销售经验
基本素质	领导能力、组织计划能力、判断分析能力、团队精神、创造性、事业心、责任心	
其他要求	身体健康，英语六级以上	

任职资格要求的确定，有些内容是硬性的，必须遵守国家和行业的有关规定，例如电焊工，必须要持有劳动部门颁发的焊工证书；再比如司机，不能是色盲，同时还必须持有相应车型的驾驶执照。其他内容的要求则可以根据工作的内容和工作的绩效通过两种方法来确定：一是判断的方法，就是根据实际的情况或者主管人员的经验判断来确定任职资格要求；二是统计的方法，就是首先设定影响工作绩效的要素，然后利用统计分析的方法验证这些要素与绩效之间的关系，以此来确定任职资格要求。一般来说，与工作内容有关的要求，如专业、学历水平和身体状况等，应当通过第一种方法来确定；与工作绩效有关的内容，如能力、知识和素质等，应当通过第二种方法来确定。但是，由于第二种方法比较复杂，因此，在目前的实践中，与工作绩效有关的内容的要求，也大多是用第一种方法确定的。不过，随着人力资源管理在我国的深入发展，使用第二种方法来确定任职资格的要求会越来越普遍。

在编写工作说明书时，一般要按照一定的格式来进行。这里我们介绍几种工作说明书的格式，分别见表 2—4、表 2—5 和表 2—6。

表 2—4　　工作说明书范例一

职位名称		部　门	
工作内容：			
任职资格： 1. 学历要求： 2. 工作经验要求： 3. 必要的知识和能力： 4. 综合素质要求： 5. 其他要求：			
工作环境： 1. 工作地点： 2. 工作条件：			

表 2—5　　工作说明书范例二

<table>
<tr><td>职位名称：</td><td colspan="2">所在部门：</td></tr>
<tr><td>职位编码：</td><td colspan="2">编制日期：</td></tr>
<tr><td colspan="3">职位概要：</td></tr>
<tr><td colspan="3">职位职责</td></tr>
<tr><td colspan="3">1.（职责一）
1.1
1.2</td></tr>
<tr><td colspan="3">2.（职责二）
2.1
2.2</td></tr>
<tr><td colspan="3">关键绩效指标（KPI）</td></tr>
<tr><td colspan="3"></td></tr>
<tr><td colspan="3">任职资格</td></tr>
<tr><td>项　目</td><td>必备要求</td><td>期望要求</td></tr>
<tr><td>学历及专业要求</td><td></td><td></td></tr>
<tr><td>所需资格证书</td><td></td><td></td></tr>
<tr><td>工作经验</td><td></td><td></td></tr>
<tr><td>知识要求</td><td></td><td></td></tr>
<tr><td>技能要求</td><td></td><td></td></tr>
<tr><td>能力要求</td><td></td><td></td></tr>
<tr><td>个性要求</td><td></td><td></td></tr>
<tr><td colspan="3">主要关系</td></tr>
<tr><td>关系性质</td><td colspan="2">关系对象</td></tr>
<tr><td>直接上级</td><td colspan="2"></td></tr>
<tr><td>直接下级</td><td colspan="2"></td></tr>
<tr><td>内部沟通</td><td colspan="2"></td></tr>
<tr><td>外部沟通</td><td colspan="2"></td></tr>
<tr><td colspan="3">职位环境和条件</td></tr>
<tr><td>工作场所</td><td colspan="2"></td></tr>
<tr><td>工作设备</td><td colspan="2"></td></tr>
<tr><td>工作条件</td><td colspan="2"></td></tr>
<tr><td colspan="3">备　注</td></tr>
<tr><td colspan="3"></td></tr>
</table>

表 2—6　　　　　　工作说明书范例三

职位编号		职位名称		所属部门	
职位类型		上级职位		编写日期	
职位概要					
履行职责及考核要点					
履行责任				占用时间	绩效标准
工作关系	直接下属人数		间接下属人数		
	内部主要关系				
	外部主要关系				
工作条件	工作场所				
	工作时间				
	使用设备				
职位关系	可转换的职位	部门：	职位：		
		部门：	职位：		
	可晋升的职位	部门：	职位：		
		部门：	职位：		
	职位关系图				
任职资格要求					
一般条件	最佳学历		最低学历		
	专业要求				
	资格证书				
	年龄要求		性别要求		
必要知识和工作经验	必要知识				
	外语要求				
	计算机要求				
	工作经验				
必要的业务培训					
必要的能力素质	能力				
	素质				
其他事项					

表 2—4 是一种相对简单的描述式的工作说明书，而表 2—5 和表 2—6 则是一种相对复杂的表格式的工作说明书，此外，还有其他格式的工作说明书。不管格式如何变化，工作说明书

都要包括两大部分的内容：一是工作描述；二是工作规范。

三、工作说明书的科学编制

在编制工作说明书的时候，需要注意以下几个方面：

(一)获得最高管理层的支持

管理层对工作分析和工作说明书的意义的认同和支持对有效完成工作及编写工作说明书具有决定性作用。

(二)员工的参与和配合

企业在编写工作说明书时，各部门的主管以及员工应该积极参加人力资源部组织的相关工作，人力资源部也应做好充分的准备工作，向员工宣传制定工作说明书的意义。

(三)工作说明书应该清楚、明确、具体且简单

在界定工作时，应尽量使用简明的词语来描述工作的目的和范围、责任权限的程度和类型、技能的要求等。另外，文字措辞方式应保持一致，文字叙述应简洁、清晰。

(四)建立动态更新制度

管理者必须随组织机构的变化及时修订工作说明书。如果组织机构改变了，而工作说明书仍是原来的一套，其作用就不能发挥出来。久而久之，工作重叠、职责混淆、管理分配不平衡的问题就会出现，工作效率降低、员工缺乏积极性、利润下降等现象也会相继产生。

四、工作说明书的发展趋势

以上所讲的是传统的工作说明书的编写方法和注意要点，近几年来，工作说明书又有了新的发展趋势。

随着外部竞争环境的日趋激烈，很多企业在改变传统的工作方式，进行以客户为导向的工作流程的改造和重组。在这一浪潮的冲击下，传统的以"命令—执行"为特征的工作方式正转变为以"服务"为特征的工作方式。在这种工作方式中，企业内部的每一个职位都以服务者和被服务者的双重身份出现，需要接受上游职位的工作输入，又要对下游职位进行工作输出，工作的链条关系越来越重要。为了反映这种关系，结合工作流程编写"履行职责"已成为一个趋势。

结合工作流程编写"履行职责"就是在搞清楚工作链相互关系的基础上，在描述职责的任务时加入对象状语，也就是说，加入工作输入和工作输出即可。结合工作流程的描述可以提炼成下面的格式："输入的对象和内容＋动词＋宾语＋输出的对象和内容＋目的状语"。例如，招聘主管拟订招聘计划的职责，结合工作流程可以这样描述："接受各部门的招聘需求信息，拟订招聘计划，提交给经理审批，以保证招聘工作的顺利进行。"

另一个趋势就是企业越来越重视工作规范，尤其是其中的能力和素质要求，以"素质模型"为主要标志的新的招聘标准正在逐步形成。这是因为在新经济条件下，人的因素已经变得越来越重要，拥有优秀的员工已成为企业成功的关键，为了招聘到合格的人员，必须对任职资格条件做出详细的规定，因此，工作规范就变得越来越重要。

第四节 工作分析的方法

工作分析的方法主要是指工作信息搜集的方法。工作分析的内容取决于工作分析的目的与用途，不同的组织所进行的工作分析的侧重点会有所不同。在实践过程中，进行工作分析有很多种方法，这主要是针对搜集与职位有关的信息而言的。依据不同的标准，可以将这些方法划分成不同的类型，例如按照搜集信息的方式，可以划分为结构性的方法和开放性的方法；按照搜集信息的手段，可以划分为直接的方法和间接的方法。这里，按照搜集信息的性质，将工作分析方法分为定性的方法和定量的方法两类。

一、定性的方法

这类方法主要是一些传统的方法，包括资料分析法、观察法、面谈法、问卷调查法、工作实践法、工作日志法等。根据 E. J. 麦考密克（E. J. McCormick）的观点，这类方法搜集的信息多以定性为主，叙述较多，带有较强的主观色彩。

（一）资料分析法

资料分析法主要是为了降低工作分析的成本，应当尽量利用现有的各类资料，以便对每项工作的任务、责任、权利、工作负荷、任职资格等有一个大致了解，为进一步调查奠定基础。资料分析法分析成本低，工作效率较高，不失为一种经济有效的工作分析方法，但这种方法一般不能单独使用，最好与其他方法一起使用。

（二）观察法

1. 含义

所谓观察法，一般是由有经验的人通过直接观察的方法，记录某一时期内的工作内容、形式和方法，并在此基础上分析有关的工作因素，达到分析目的的一种活动。这是工作分析中最简单的一种方法。通过观察，观察人可以对人员的工作过程进行观察，记录工作行为各方面的特点；了解工作中所使用的工具设备；了解工作程序、工作环境和体力消耗等内容。

2. 分类

观察的形式，有公开观察与隐蔽观察、他人观察与自我观察等形式。为了提高观察分析的效率，所有重要的工作内容与形式都要记录下来，而且应选择不同的工作者在不同的时间进行观察。在运用现场观察法时，观察者需要一份详细的观察提纲，这样观察才会全面、准确（见表 2—7）。

表 2—7　　观察提纲范例

被观察者姓名：	日期：
观察者姓名：	观察时间：
工作类型：	工作部分：
观察内容：	
1. 什么时候开始正式工作？ 2. 上午工作多少小时？ 3. 上午休息几次？ 4. 第一次休息时间从____到____。 5. 第二次休息时间从____到____。 6. 上午完成产品多少件？	

续表

7. 平均多长时间完成一件产品？
8. 与同事交谈几次？
9. 每次交谈约多长时间？
10. 室内温度____摄氏度。
11. 上午抽了几支香烟？
12. 上午喝了几次水？
13. 什么时候开始午休？
14. 出现多少次品？
15. 搬了多少次原材料？
16. 工作地点噪音分贝是多少？

3. 运用观察法的原则

一般来说，在运用观察法时需要注意以下几个原则：

(1)稳定原则。被观察者的工作应该相对稳定，即在一定的周期内，工作内容、程序、对工作人员的要求不会发生明显的变化。

(2)信任原则。尽量获得被观察者的信任。

(3)隐蔽原则。一般情况下，观察者应尽可能不要引起被观察者的注意，有特定目的的情况除外。

(4)详尽原则。根据预先确定的目的和观察的内容，详细记录所有观察到的资料。

(5)代表性原则。选择样本时注意样本的代表性。

(6)沟通原则。现场观察完毕之后与被观察者的直接主管沟通观察的结果。

4. 观察法的适用范围

观察法特别适用于分析那些在一段时间内，工作内容、工作程序、对工作人员的要求不会发生明显变化的职务，是搜集非语言行为资料的初步方法。它在搜集非语言行为资料方面明显优于问卷调查法，观察人员通过直接观察工作所获得的资料比通过工作人员自己描述工作更能深入和全面地了解职务工作信息。此外，它还能观察自然环境或工作场合中工人做什么及如何做等情况。在实际应用中，观察法一般适用于标准化、周期短，并且以体力活动为主的工作。

5. 观察法的缺点

第一，分析人员难以控制可能影响职务活动的外部变量，造成观察的结果不准确；第二，适用对象有局限，它容易观察以体力为主的工作特征，对以智力活动为主的工作特征难以观察；第三，观察的结果难以用数量表示，大部分以文字形式表示，不利于统计分析；第四，观察的样本数通常较少，观察研究的样本比问卷的样本少，而且观察所需要的时间较长，因此，影响所搜集信息资料的全面性和时效性。

观察法固有的不足之处导致它不适用于以智力为主的工作，不适用于周期长、非标准化的工作，不适用于各种户外工作，也不适用于高、中级管理人员的工作等，因为这些工作的过程与结果都是不易被观察到的。

(三)面谈法

对于许多工作,分析者不可能实际进行观察(如飞行员的工作),或者不可能去现场观察,或者难以观察到(如建筑师的工作)。在这种情况下,就必须访问工作者,了解他们的工作内容以及为什么这样做和怎样做,由此来获得工作分析的资料。面谈法也称为访谈法,就是通过分析人员与任职人员面对面的谈话来收集工作信息的方法,可以采用一对一的面谈形式,也可以采用集体访谈的形式。

面谈法是工作分析中经常要用到的一种方法。从理论上讲,任职者最清楚本职工作,通过面对面地交换信息,除了了解有关工作的一般信息外,分析人员还可以比较详细地了解有关任职者的工作态度、工作动机等深层次的内容,以运用到具体的管理实践中。

面谈的主要内容涉及工作设置的目的、工作内容、工作性质与范围以及任职者所负的责任等方面。了解组织为什么要设置这样一项工作,根据什么来确立对这一工作的报酬;了解该职位对组织目标的贡献程度有多大;了解工作性质与范围,以及该工作在组织中的地位;了解工作所需的技术知识、管理知识、人际知识、需要解决的问题以及任职者的自主权等内容,这些都是面谈中的核心。

在面谈进行之前,需要确定面谈对象,面谈对象应该是熟悉该职位工作的人员。在实际操作中,可以查阅与整理有关工作职责的现有资料,在大致了解职位情况的基础上,访问这些职位的任职者,一起讨论工作的特点和要求。同时,也可以访问有关的管理者和从事相应培训工作的人员。

面谈法的优点在于对生理特征的分析非常有效,可以相对容易地直接从员工那里获得较为详细的信息,可以与任职者进行双向交流,对任职者的了解较为深入。面谈法还可以发现新的、未预料到的重要工作信息。

首先,面谈法主要的问题是员工在回答问题时有可能会扭曲信息,这可能是被访谈者在无意中造成的,也可能是因为被访谈者有意制造某种歪曲的信息,需要在面谈实践中避免这个问题。其次,面谈法耗时较多、成本较高。最后,面谈法对分析人员的要求较高,需要有一定经验和能力的人才能担当,分析人员素质的高低将对面谈结果产生重大影响。

由于访谈涉及的问题较多,为了避免遗漏,保证质量,最好事先拟定一份详细的访谈问题目录或访谈提纲,这样便于记录、归纳与比较。

面谈分析法对资料的收集或多或少依赖于调查问题的设计。因此,设计问题便成为一位工作分析者必须具备的一项技能。下面是一些关于问题设计的建议:

(1)要保持设计问题的热情,直到你认为问题已经足够为止;

(2)根据有关的资料和先前的经验检测所设计的问题;

(3)只选择那些与所调查资料直接相关的问题;

(4)把问题按一定的逻辑顺序排列,把那些容易的但又必要的问题放在前面;

(5)修改不清楚和容易使被访问者有偏向的问题。

在进行面谈实践中,请注意面谈的一般过程及技巧,面谈分准备、开局、过程控制和结束四个阶段。

(1)准备阶段:将面谈安排通知到每一位被面谈者,选定能保证面谈私密性的合适场所,不使用表示面谈者与被面谈者的身份标志;事先说明面谈的目标和方法,即在面谈前,分析者应该对面谈什么、为什么要面谈和怎样面谈有一个很明晰的计划;确认面谈的问题会不会让回答者感到难堪、威胁或不舒服。

（2）开局阶段：面谈者先进行自我介绍，建立和睦气氛，使双方都处于自然轻松的气氛之中；然后讲清楚面谈的目的、面谈内容、与被面谈者合作的重要性；引导并鼓励对方谈话。

（3）过程控制阶段：不应探讨如抱怨不满、劳动关系、工资等方面的内容；控制面谈的针对性和时间，若被面谈者离题太远，无针对性时，则面谈者及时把话题拉回。下面是一些使面谈具有针对性的准则：①帮助回答者根据问题的逻辑顺序去思考和交谈；②给回答者足够的时间回答问题；③提供阶段性总结，这样有利于保持谈话的主题。

（4）结束阶段：面谈者用一定的方式表明面谈趋于尾声，如概括从被面谈者那儿获得的资料、已完成的主要面谈内容、本次面谈所获信息的价值作用。

（四）问卷调查法

问卷调查法是指组织相关人员以书面形式回答有关职位问题的调查方法。通常问卷的内容是工作分析人员编制的一些问题或陈述，这些问题或陈述涉及实际的行为和心理素质，要求被调查者对这些行为和心理素质在实际工作中的重要性和频次（经常性）按给定的方法作答。从内容上划分，设计调查问卷可以从职位和人员两个角度考虑，其中职位定向问卷强调工作本身的内容、条件和产出（见表2—8），人员定向问卷则集中于了解工作人员的工作行为和任职资格等方面的内容。

表2—8　　调查问卷范例

姓名： 部门： 主管姓名：	工作名称： 工作编号： 主管职位：
1. 任务综述（请简单说明你的主要工作）	
2. 特定资格要求（说明完成由你承担的职务需要什么学历、证书或许可）	
3. 设备（列举为完成本职工作，需要使用的设备或工具等） 设备名称　　　　平均每周使用小时数	
4. 日常工作任务（请你尽可能多地描述日常工作，并根据工作的重要性和每项工作所花费的时间由高到低排列）	
5. 工作接触（请你列出在公司或公司外所有因工作而发生联系的部门和人员，并依接触频率由高到低排列）	
6. 决策（请说明你的日常工作中包含哪些决策）	
7. 文件记录责任（请列出需要由你准备的报告或保存的文件，并说明文件交给谁）	
8. 工作条件（请描述你的工作环境与条件）	
9. 资历要求（请描述胜任本工作的人最低应达到什么要求）	
最低教育程度	
专业或专长	
工作经历	
工作年限	
特殊培训与资格	
特殊技能	
10. 其他信息（请写出前面各项中没有涉及的，但你认为对本职务很重要的其他信息）	

填表人：　　　　　　　　　　日期：

从形式上划分，调查问卷的设计有封闭式和开放式两种。封闭式问卷也称结构性问卷。在开放式问卷中，员工可以自由回答所提的问题，比如，“请简要叙述你的主要工作任务”。而在结构性的问卷中，员工要从所列答案中选择最合适的答案。在工作分析的实践中，最好根据不同的调查目的，设计介于这两种极端情形之间的问卷，既有结构性问题也有开放性问题。一般来说，如果工作分析的目的是用于薪酬设计，则可考虑多设计些结构化程度高的问题，便于定量评分。

在进行调查问卷设计时，应注意如下问题：第一，明确要搜集哪些信息，将这些信息设计成问题或项目；第二，每个问题的目的要明确，语言应简洁易懂，必要时可附加说明；第三，问卷的问题应根据工作分析的目的加以调整。

问卷调查法的优点在于：可以面面俱到，在短时间内搜集尽可能多的工作信息；比较规范化、数量化，适合于用计算机对结果进行统计分析；可以搜集到准确规范、含义清晰的工作信息；成本低，工作人员比较容易接受，可以随时安排调查。

问卷调查法的不足之处在于：问题事先已经设定，调查难以深入；设计质量难以保证，工作信息的采集受问卷设计水平的影响较大；对任职人员的知识水平要求较高；不能面对面地交流信息，从而了解不到被调查对象的态度和动机等较深层次的信息；不易唤起被调查对象的兴趣；除非问卷很长，否则就不能获得足够详细的信息。

（五）工作实践法

顾名思义，这种方法就是指由工作分析人员亲自从事所需研究的工作，以搜集相关信息的方法。这种方法的优点在于能够获得第一手资料，可以准确了解工作的实际过程，以及在体力、知识、经验等方面对任职者的要求。但是，这种方法只适用于短期内可以掌握的工作或者内容比较简单的工作，如餐厅服务员；不适用于需要进行大量训练和危险的工作。

（六）工作日志法

工作日志法就是由职位的任职者按照时间顺序记录工作过程，然后经过归纳提炼取得所需资料的一种方法。这种方法适用于工作循环周期短、工作状态稳定的职位；适用于确定工作职责、工作关系以及劳动强度等方面的信息。它的优点在于搜集的信息比较全面，一般不容易遗漏；缺点是使用范围较小，同时，信息整理量大，归纳工作烦琐。表 2—9 和表 2—10 是工作日志空白表和工作日志表填写示例。

表 2—9　　工作日志空白表示例

工作日志
姓　名：
职　位：
所属部门：
直接上级：
从事本业务工龄：
填写期限：自　　年　　月　　日至　　年　　月　　日

续表

说明： 1. 在每天工作开始前将工作日志放在手边，按工作活动发生的顺序及时填写，切勿在一天结束后一并填写。 2. 要严格按照表格要求进行填写，不要遗漏任何细小的工作活动。 3. 请您提供真实的信息，以免损害您的利益。 4. 请您注意保管，防止遗失。					
日期		工作开始时间		工作结束时间	
序号	工作活动名称	工作活动内容	工作活动结果	时间消耗	备注

表 2—10　　工作日志表填写示例

日期	6 月 6 日	工作开始时间	9:00	工作结束时间	17:30
序号	工作活动名称	工作活动内容	工作活动结果	时间消耗	备注
1	复印	文件	40 页	5 分钟	存档
2	起草公文	代理委托书	1 200 字	1 小时	报上级
3	参加会议	上级布置任务	1 次	30 分钟	参与
4	请示	贷款数额	1 次	20 分钟	报批
18	录入数据	经营数据	200 条	45 分钟	承办

二、定量的方法

针对定性方法存在的问题，为了搜集到更加量化和客观的信息，在这些方法的基础上又发展出来一些新型的工作分析方法，这类方法主要是一些量化的方法，其中包括职位分析问卷法、职能工作分析法、弗莱希曼工作分析系统法、关键事件法等。

(一)职位分析问卷法

职位分析问卷法(Position Analysis Questionnaire，PAQ)是由心理学家麦考密克耗费 10 年时间所设计的一种利用清单的方式来确定工作要素的方法。该问卷包括 194 个标准化的问项，这些问项代表了从各种不同的工作中概括出来的各种工作行为、工作条件以及工作本身的特点，可以分为六个方面：信息投入、脑力过程、体力过程、同他人的关系、工作环境和其他特点。

对某项工作进行分析时，分析者首先要确定每一个问项是否适用于被分析的工作；其次要根据六个维度对有效问项加以评价，这六个维度是：信息使用度、耗费时间、对工作的重要性、发生的可能性、适用性和特殊计分。将这些评价结果输入计算机中会产生一份报告，说明某项工作在各个维度上的得分情况。

PAQ 的优点在于，可以将工作按照上述维度的得分提供一个量化的分数顺序，这样就可以对不同的工作进行比较，类似于工作评价。但是，这种方法也存在一些问题。西方学者的研究表明，PAQ 只对体力劳动性质的职业适用性好，对管理性质、技术性质的职业适用性较差；

PAQ因为没有对职位的特殊工作活动进行描述，所以无法体现工作性质的差异，如警察和家庭主妇；此外就是PAQ的可读性差，没有受过10～12年的教育无法理解其全部的内容。

（二）职能工作分析法

职能工作分析法（Functional Job Analysis，FJA）有两种：一种是美国劳工部（DOL）的HA系统；另一种是范纳（Fine）的FJA系统。

DOL的HA系统主要目的在于找到一种能够对不同工作进行量化的等级划分以及分类比较的标准化方法。这种方法假设每种工作都包括三种基本的工作职能：数据（data）、人员（person）、事务（task），每种职能都划分出了若干难度等级，见表2－11。

表2－11　　职位承担者的基本职能

	数据	人　员		事　务	
号码	描述	号码	描述	号码	描述
0	综合	0	教导	0	装配
1	协调	1	谈判	1	精确操作
2	分析	2	指导	2	操作控制
3	编辑	3	监督	3	驾驶操作
4	计算	4	转移注意力	4	操纵
5	复制	5	劝说	5	照料
6	比较	6	发出口头信息	6	送进移出
		7	服务	7	驾驭
		8	接受指导帮助		

注：每一项中，0代表最高等级。

具体实施时，首先要指出某项工作在每种职能上的难度等级，如接待员职位的三个方面等级分别为5、6、7；其次再对每种职能赋予一定的时间百分比，三项职能百分比之和为100％，如接待员职位在数据方面的时间比例为50％，在人员方面的时间比例为40％，在事务方面的时间比例为10％。但是，这种方法的结果主要用于工作描述，对任职资格条件是无法确定的。

范纳的FJA系统是在美国劳工部HA系统的基础上形成的，但是它提供的信息更多，这些信息涉及工作的任务、目的以及工作对任职者的培训要求等方面。这两种方法的区别主要在于两个方面：①后者不仅依据信息、人员和事务对工作进行分类，还考虑以下四个因素：在执行工作时需要得到多大程度的指导；执行工作时需要运用的推理和判断能力应该达到什么程度；完成工作所要求具备的数学能力有多高；执行工作时所要求的口头及语言表达能力如何。②后一种FJA还要确定工作的绩效标准及工作对任职者的培训要求。

（三）弗莱希曼工作分析系统法

该系统认为能力是引起个体绩效差异的原因，因此，在分析时主要是对与工作有关的52个能力维度进行评价，这些能力维度见表2－12。

表 2—12　　弗莱希曼工作分析系统法包含的能力因素

1. 口头理解能力	14. 规范灵活性	27. 手—臂稳定性	40. 耐力
2. 书面理解能力	15. 终止速度	28. 手工灵巧	41. 近距视觉
3. 口头表达能力	16. 终止灵活性	29. 手指灵活性	42. 远距视觉
4. 书面表达能力	17. 空间定位能力	30. 手腕—手指速度	43. 视觉色彩区分力
5. 思维敏捷性	18. 目测能力	31. 四肢运动速度	44. 夜间视觉
6. 创新性	19. 知觉速度	32. 静态力量	45. 外围视觉
7. 记忆力	20. 选择性注意力	33. 爆发力	46. 景深感觉
8. 问题敏感度	21. 分时能力	34. 动态力量	47. 闪光敏感性
9. 数学推理能力	22. 控制精度	35. 躯干力量	48. 听觉敏感性
10. 数字熟练性	23. 多方面协调能力	36. 伸展灵活性	49. 听觉注意力
11. 演绎推理能力	24. 反应调整能力	37. 动态灵活性	50. 声音定位能力
12. 归纳推理能力	25. 速率控制	38. 总体身体协调性	51. 语音识别能力
13. 信息处理能力	26. 反应时间	39. 总体身体均衡性	52. 语音清晰性

在实际操作中，首先对能力进行描述，其次沿一条 7 分尺度图来分别对顺序排列的每一能力水平都列举出一个行为基准的例子。

企业在运用这种方法时，需要将这 52 个维度都展示给专家，由专家指出每一个尺度图中的哪一个点数能够代表某一特定工作所要求的能力水平，最后根据评价的结果绘制出某种工作所要求的能力的全图。

(四)关键事件法(CIT)

关键事件法是通过一定的表格，专门记录工作者工作过程中那些特别有效或特别无效的行为，以此作为将来确定任职资格的一种依据。记录的内容大致如下：

(1)导致事件发生的原因；

(2)有效和无效行为的特征现象；

(3)行为的后果；

(4)工作者可以控制的范围；

(5)努力程度的评估。

关键事件的记录可由任职者的直接主管或其他观察者去完成，按照行为发生的顺序来记录。为了给确定任职资格提供事实依据，往往需要大量的有效和无效的关键事件，并把它们划分成不同的类别和等级。实际操作步骤如下：

(1)把每一关键事件打印在卡片上。

(2)让多位有经验的工作分析者对所有卡片进行分类，分类的标准可以统一，也可以不统一，对那些分类有争议的事件要讨论，直到取得一致意见。

(3)对类别予以明确的概括和定义，如表 2—13 所示，将所有放在一起的 8 个关键事件概括为“准确、整洁的工作品性与能力”。

表 2—13 能力概括示例

分析客体：打字员 关键事件： 1. 注意打印稿中不正确的地方，检查并改正 2. 修饰每侧都是方边的稿件，使其看起来像打印版 3. 检查即将寄出的打印文件并纠正错误 4. 当怀疑有不适合的打印时，查阅有关手册 5. 经常将图表放错位置 6. 由于粗心而以颠倒的次序打印，在字形大小、位置及其他专业数据等关键信息上出错 7. 当对某个字的笔画无绝对把握时，不愿意查字典而让顾客自己校对 8. 打印排版错误以致必须重打 600～800 页
概括命名：打字员准确、整洁的工作品性与能力

(4)资格条件比较，从关键事件的分类与概括中，可能得出多个任职资格条件，其中一些可能比另一些重要，重要程度可按下面的标度评分：

1＝很不重要；2＝比较重要；3＝重要；4＝非常重要；5＝极其重要

然后以客体的平均分数值作为各个任职资格条件的权重值。

采用关键事件法时，应注意：①调查的期限不宜过短；②关键事件的数量应足够说明问题，事件数目不能太少；③正反两方面的事件都要兼顾，不得偏颇。

关键事件法的优点在于：被广泛用于人力资源管理的许多方面，例如，甄选标准与培训需求的确定，尤其是绩效评估的行为锚定与行为观察；由于对行为进行观察和测量，故而描述工作行为、建立行为标准更加准确，能更好地确定每一行为的作用。其缺点在于：收集与整理关键事件要花费大量的时间和精力；另外，对中等绩效的员工关注不够。

第五节　工作设计

一、工作设计的概念

根据工作分析形成的工作说明书，对组织岗位的工作要求和任职资格进行了规定，保证了组织工作的职责分明和协调配合，但过细过严的职责描述会限制员工在工作中的自主性和创造力。同时，组织面临的岗位职责变化、人员结构调整、外部环境变化等问题，使得原有的工作安排不一定能继续成为一种有效的工作完成方式。因此，为了有效达成组织目标与满足员工的个人需要，组织根据内外环境变化、组织发展阶段、组织目标等因素对工作任务进行重新组合，设计成符合员工特点的职位，以提升组织绩效，这个过程就是工作设计。工作设计是工作分析的延续，工作设计关注组织绩效与员工工作满意度的结合。良好的工作设计要兼顾组织效率、组织弹性、员工工作有效性、员工激励与职业发展的需要。

二、工作设计的基本原则

工作设计是十分重要的科学管理技术，好的工作设计是做好工作的先决条件。现代工作设计十分强调工作生活质量的改进，力求做到员工与工作的完善配合，在提高工作效率的同时保证较高的工作满意度。为此，在工作设计中必须坚持以下原则：

（一）效率原则

工作设计应使工作活动具有更高的输出效率，有效改进、提高工作效率，通过良好的工作设计，使组织成员明确工作职责与分工范畴，形成良好的工作协调与合作关系，提高组织活动的有序性、均衡性与连续性，创建符合员工个体特性的工作活动模式，促进员工能力的充分发挥。工作的简单化与专业设计有助于员工较快提高工作熟练程度，迅速掌握工作方法、积累工作经验，有助于发挥劳动特长。工作的简单化和专业化曾被视为提高工作效率最有效的法宝。但专业化程度如果太高，就会导致工作单调乏味，令人生厌，进而造成工作效率下降。

（二）工作生活质量原则

工作设计应符合员工对工作生活质量的要求。工作生活质量体现了员工与工作中各方面的关系，反映了员工生理与心理需要在工作中得到满足的程度。工作生活质量的提高，可使员工对工作产生更为满意与向往的心情，增强归属感，并由此形成良好的组织气氛，提高组织的活动效能。工作生活质量要素包括：工作的挑战性和吸引力、工作的自主性与自由度、工作的多样化与丰富化、合理的工作负荷与节奏、安全舒适的工作环境、工作中个人需要与个性特点的满足、员工之间的良好工作关系等。

（三）系统化设计原则

工作设计是一项复杂的系统工程，工作设计应充分考虑工作中各个方面的影响，包括组织体系、工艺技术、管理方式、工作者、工作环境等，努力寻求各方面因素的最佳组合，使之在工作系统中构成良好的协调关系。

三、工作设计的内容

工作设计涉及工作系统的各个方面，所包含的内容包括工作任务、工作职能、工作关系、工作标准与业绩、人员特征、工作环境等。具体来说，工作设计的主要内容包括七个方面。

（一）工作任务

要考虑工作是简单重复的还是复杂多样的，工作要求的自主性程度怎样，以及工作的整体性如何。

（二）工作职能

工作职能是指每项工作的基本要求和方法，包括工作责任、工作权限、工作方法以及协作要求。

（三）工作关系

工作关系是指个人在工作中所发生的人与人之间的联系，包括谁是他的上级，谁是他的下级，他应与哪些人进行信息沟通等。

（四）工作结果

工作结果主要是指工作的成绩与效果，包括工作绩效与工作者的反应。工作绩效是指对工作任务完成所达到的数量、质量和效率等具体指标；工作者的反应是指工作者对工作的满意度、出勤率和离职率等。

（五）对工作结果的反馈

对工作结果的反馈主要是指工作本身的直接反馈（如能否在工作中体验到自己的工作成果）和来自别人对所做工作的间接反馈（如能否及时得到同级、上级、下属人员的反馈意见）。

(六)人员特征

人员特征主要包括对人员的需要、兴趣、能力、个性方面的了解,以及相应工作对人的特性要求等。

(七)工作环境

工作环境主要包括工作活动所处的环境特点、最佳环境条件及环境安排等。一个好的工作设计可以减少单调重复性工作的不良效应,充分调动劳动者的工作积极性,也有利于建立整体性的工作系统。

四、工作设计的一般步骤

为了提高工作设计的效果,在进行工作设计时应按以下几个步骤进行:

(一)需求分析

工作设计的第一步就是对原有工作状况进行调查诊断,以决定是否进行工作设计,应着重在哪些方面进行改进。一般来说,出现员工工作满意度下降和积极性较低、工作情绪消沉等情况,都需要进行工作设计。

(二)可行性分析

在确定要进行工作设计后,还应进行可行性分析。首先,应考虑该项工作是否能够通过工作设计改善工作特征,从经济效益、社会效益看,是否值得投资。其次,应该考虑员工是否具备从事新工作的心理与技能准备,如有必要,可先进行相应的培训学习。

(三)评估工作特征

在可行性分析的基础上,正式成立工作设计小组,负责工作设计小组的成员应包括工作设计专家、管理人员和一线员工,由工作设计小组负责调查、诊断和评估原有工作的基本特征,进行分析比较,提出需要改进的方面。

(四)制订工作设计方案

根据工作调查和评估的结果,由工作设计小组提出可供选择的工作设计方案。工作设计方案中包括工作特征的改进对策以及新工作体系的工作职责、工作规程与工作方式等方面的内容。在确定方案后,可选择适当部门与人员进行试点,检验结果。

(五)评价与推广

根据试点情况对工作设计的效果进行评价。评价主要集中于三个方面:员工的态度和反应、员工的工作绩效、企业的投资成本和效益。如果工作设计效果良好,应及时在同类型工作中进行推广应用,在更大范围内进行工作设计。

五、工作设计的方法

(一)工作专业化

虽然工作过于专业化会使员工们感到厌烦,造成工作效率下降,但工作专业化原则仍继续指导着许多工作设计,如生产工人仍然在装配线上从事简单、重复的工作;办公室职员坐在计算机前执行标准化的任务;甚至护士、会计及其他职业人员也发现,他们的许多任务只要求从事狭窄的专业化活动。

(二)工作轮换

工作轮换就是为减轻对工作的厌烦感而把员工从一个岗位换到另一个岗位。

工作轮换的优点在于:首先,通过丰富员工工作的内容,减少员工的枯燥感,激发员工的工作积极性，提升员工的自身竞争力。其次，它可以为员工提供个体行为适应总体工作的适宜环境，增进员工对自己的最终成果的认识。最后，这种方法能够扩大员工的技能范围，这样，管理人员在安排工作、填补职位空缺时，就具有很大的灵活性。

当然，工作轮换也存在一些不足之处：首先，工作轮换会使培训费用上升。因为，要使员工在不同于以前的岗位上继续保持同样甚至更好的效率是需要对其进行多方面培训和教育的。其次，当员工在原先的岗位上工作效率已经很高时，如果这时将其轮换到另一个工作岗位，势必会影响到组织的现有生产力。最后，当员工的工作环境改变以后，需要调整和适应自己与周围人的关系，这需要管理人员付出更多的精力来处理这些来自人际关系方面的问题。

（三）工作扩大化

增加员工工作任务的横向多样性的另一种早期努力是工作扩大化。这一方案使工作范围增大，也就是增加了一个岗位所完成的任务数目，减少了工作循环重复频率。工作扩大化通过增加一个员工所执行的工作数目，在一定程度上实现了工作的多样性。工作扩大化引致高效率，是因为不必把产品从一个人的手中传给另一个人而节约了时间，从而提高了员工的工作效率。

（四）工作丰富化

工作丰富化就是增加工作的深度。这意味着，工作丰富化允许员工参与对他们的工作的指导和再设计，如他们被获准承担一些通常由他们的主管人员完成的任务。工作丰富化后应当允许工人们以更大的自主权、独立性和责任感从事一项完整的活动，还应该能提供反馈，以便使工作者可以评价和改进自己的工作绩效。

美国花旗银行在工作丰富化方面取得了一些成效。花旗银行发现，在后方办公室处理公司的所有金融交易的员工出现了严重的工作延误和难以接受的高失误率，问题的根源被认定为该领域的工作设计不合理。为使每个人能一再重复地完成一项单一的常规任务，工作被分割得很细。花旗银行的管理当局对这项工作所服务的客户类型进行了工作丰富化设计，任务被组合起来，给予每个员工一项完整地对特定产品领域的一小组顾客进行文件处理和客户服务的任务。在新设计的工作中，员工直接与顾客接触，了解有关情况，并负责采取措施予以解决。结果这一工作丰富化方案不仅改善了工作质量，提高了工作效率，也使员工的积极性和满足感得到提高。

花旗银行的例子并不能作为证明工作丰富化具有各方面优点的证据，该例子只是说明工作丰富化有助于减少怠工，在工作效率这一关键问题上其证据并不具有说服力。在有些场合，工作丰富化提高了生产率；而在另一些场合，工作丰富化使生产率下降了。

（五）其他工作设计方法

此外，还有一些其他的工作设计方法，如建立工作团队、压缩工作周期、实行弹性工作制、工作分享制等。

案例分析

职位说明书的编制要点

Y 公司是 A 股主板上市公司，年营业收入数百亿元，员工总数超过 3 万人，属于工业制造行业，在细分行业中是中国第一品牌，拥有全球最大的产品制造基地。本案例主要呈现 Y 公司的职位说明书编制，下文将通过 Y 公司人力资源中心主任这一职位的职位说明书，说明职位说明书编制的要点。Y公司的职位说明书共分为九个部分，分别是基本资料、职位目的、职位关系图、关键职责描述、关键业绩指标、工作权限、任职要求、工作特点和版本信息。

一、基本资料

基本资料			
职位编码	YTHR-HRC-A0-0001		
职位名称	人力资源管理中心部长	职位族群	人力资源管理
部门名称	人力资源管理中心	职位序列	综合人力资源管理
职位级别	中层管理	职位编制	1人
直接上级	人力资源总监	直属下级	规划经理、招聘经理、培训经理、薪酬经理、绩效经理、员工关系经理

说明：职位编码要有提前确定的统一规则，直接上级和直接下级是职位名称。

二、职位目的

职位目的
根据公司战略发展要求和人力资源政策，构建人力资本与人力资源管理体系，设计运用人力资源管理模式和激励政策，激发员工潜力，实现吸纳人才、培养人才、用好人才、留住人才，支持公司发展战略目标

说明：严格按"三段论：工作依据＋工作内容＋工作成果"，用一句话说明职位存在的意义。

三、职位关系图

人力资源总监

内部协调关系 —— **人力资源管理中心部长** —— **外部协调关系**

体系人力资源经理
体系总监

直接下级
规划经理
招聘经理
培训经理
薪酬经理
绩效经理
员工关系经理

外部人才机构
同业公司
外部顾问机构

说明：展现该职位的上下级职位、内部协调关系的职位，以及外部协调的机构。

四、关键职责描述与关键业绩指标

	关键职责描述	关键业绩指标
1	（规划与流程建设）根据公司战略、人力资源策略和人力资源总监的要求，收集汇总相关数据、拟订人力资源规划，组织建立并完善公司人力资源管理制度流程，在报批后发布、宣贯、执行、检查，确保规划、制度、流程的规范性、专业性	制度流程完备率、人均效率

续表

关键职责描述		关键业绩指标
2	(目标任务的推动落实)根据人力资源总监的工作规划，编制人力资源管理中心的总体工作计划，明确各项任务的目标与要求，指定任务责任人，对其进行指导和监督，推动、落实各项任务，确保在规定的时间内按要求完成各项任务目标	任务完成率
3	(中心日常工作主持)根据人力资源总监的工作指示，制订中心的日常工作计划、进行任务安排并推动实施，主持中心日常工作会议，协调各项资源支持中心工作开展，组织完成上级交办的各项临时任务，确保中心各项工作规范、有序开展	工作计划完备性 工作计划完成率
4	(人事服务管理)根据公司相关的政策和国家法律法规的要求，组织开展并监控公司的员工服务、劳动保护、考勤休假等人事服务工作，提升员工对人事服务工作的满意度	员工满意度
5	(人力资源管理专业能力提升)根据公司人力资源策略，结合行业最佳实践的要求，组织维护各项人力资源管理标准(如职位说明书、任职资格标准等)，帮助各级管理者有效开展人力资源管理活动，提升公司人力资源管理专业能力，促进公司人力资源管理效率的提升	人均台车 人均利润 人均收入 单元工资销售额
6	(HR体系团队建设)根据人力资源管理体系建设要求，组织公司人力资源管理团队的人员选拔、考核评价、培养激励，提升团队的专业性，提高工作效率，确保各项任务按规范完成	各序列任职资格等级员工比例

说明：关键职责按工作模块分解；关键职责的表述严格按“三段论：工作依据＋工作内容＋工作成果”，工作内容体现的是该工作模块内容的简化版流程，工作依据与工作内容的要求紧扣，工作成果是该工作模块的结果性指标；关键业绩指标与关键的各个工作模块对应，体现的是工作绩效的核心构成。

五、工作权限

工作权限(按Y公司的授权体系)
人事权限：对下属员工任免建议权、任务分配权、考核评价权、薪酬建议权
财务权限：对部门费用的审核批准权(权限范围内)
业务权限：公司招聘计划的审核权、公司培训计划的审核权、薪酬发放的审核权

说明：工作权限是完成该职位关键职责所必备的权力要求，要明确权力的范围(如公司内、体系内、部门内、某项目、某事件等)。

六、任职要求

任职要求(最低要求)	
教育背景	本科：企业管理、人力资源管理、汽车、机械制造等相关专业
知识技能	掌握人力资源管理、战略管理等专业知识，具备现代人力资源管理理念和扎实的理论基础，掌握国家、地区及企业关于收入分配、用人机制、保险福利待遇等方面的法律法规及政策，熟悉汽车行业基础知识
工作经验	八年以上人力资源管理或制造业工作经验，三年以上同级别职位工作经验
素质要求	影响能力、组织意识、人际理解能力、主动性、服务精神

续表

培训	参加过人力资源管理师培训
排他条件	工作更换频繁、为人世故、工作环境简单

说明:任何要求是最低要求;教育背景要明确学历和专业要求;知识技能要包括掌握程度以及类别;工作经验包括经验类型和经验长度;素质要求按HAY18选择对职位重要的五项;排他条件是明显不能胜任本职位的特征条件(如情绪控制能力差、口吃、普通话极差等)。

七、工作特点

工作特点	
使用工具	计算机
工作环境	很小风险,很小影响
工作时间特征	偶尔出差,经常加班

说明:工作时间特征从出差和加班两个维度说明,经常和偶尔要有明确定义,如偶尔(每周加班时间≤5小时,每月出差时间≤3天)、经常(每周加班时间>5小时,每月出差时间>3天);工作环境指该职位的工作是否具有危险性(受伤危险)和对身体的损害性(职业病),按照级别分为很小风险、一定风险、很大风险和很小影响、一定影响、很大影响各三个层次,具体的内容要详细写出。

八、版本信息

版本信息	
编制者	
审核人	
批准人	
审核日期	2011年8月15日
版本号	2011—V1.0

说明:编制人一般为该职位任职者,审核人为该职位的直接上级,批准人为公司人力资源负责人。

(资料来源:中国人力资源开发网,http://www.chinahrd.net/。)

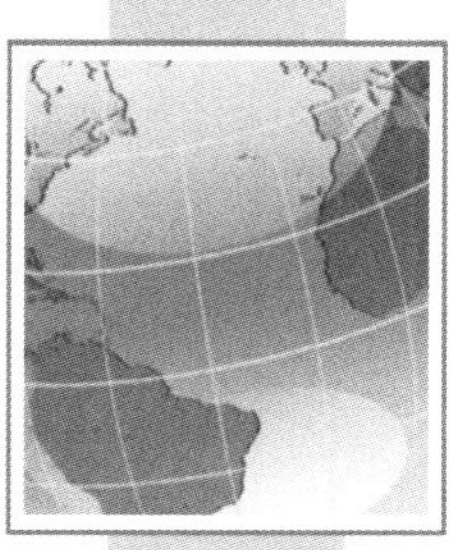

第三章 人力资源战略与规划

【引导案例】

沃尔玛的人力资源规划

对于拥有220万名员工的庞大企业帝国而言，如果缺少人力资源规划，就会发生难以想象的灾难。2015年曾有过报道，美国沃尔玛小时工年均流失率达到了44%，这远远高于它的直接竞争对手开市客(Costco)6%的流失率，这对公司的发展构成了极大的威胁。公司管理层将人力资源规划问题列为研究的重要问题。正因为沃尔玛有了出色的人力资源规划，所以确保了企业发展所需要的员工队伍。

一、人力资源需求预测

沃尔玛进行人力资源需求预测时，首先从超市一线员工开始，其次按照组织结构逐级向上。超市一线员工的流动是非常大的，为了能确保公司业务的正常运转，必须保证足够的人力资源。因此，沃尔玛必须采用自下而上的方式进行分析预测。另外，销售业绩是沃尔玛人力资源需求的重要指标，沃尔玛的人力资源管理根据销售业绩的变化来改变招聘工作。

沃尔玛在全球每家商店都有自己的人力资源经理，他们根据公司的政策及当地商店的需求进行相应的需求预测。这些商店预测的数据被沃尔玛的分析软件收集，并上传到中央数据库中，然后凭借强大的AI智能技术进行趋势分析，预测企业人力资源在整体需求上的变化，从而满足沃尔玛在全球扩张的需要。

沃尔玛一般在开设新的零售商店时会采用德尔菲法对未来的人力资源需求进行预测，专家们就新商店内每种岗位工作所需要的员工数量做出分析和预测，以确保足够的人力资源。

二、人力资源短缺或过剩

沃尔玛很少担心员工出现短缺现象，特别是销售人员，因为前来求职的人员络绎不绝。但当公司业绩出现下滑时，公司就会出现人力资源过剩，这对一直采取成本领先战略的沃尔玛来讲是一个不小的挑战。为了防止人员出现短缺或过剩，沃尔玛采用以下方法：

1. 员工流失率分析
2. 差距分析

沃尔玛在员工流失率分析上，主要对比两组指标：一个是流失率，另一个是招聘率。流失率的计算方法可以参考文章《如何计算员工流失率》(http://www.hrsee.com/?id=710)，对应的招聘率的计算公式也可以进行类似推导。如果员工流失率低于招聘率，沃尔玛的员工数量就会增加；反之，员工数量就会减少。沃尔玛员工数量的增加通常发生在公司扩张或开新店的时候。此外，沃尔玛的人力资源管理使用差距分析来确定人力资源需求和实际招聘能力之间的差距。沃尔玛会设立一个标准的差距阈值，当人力资源缺口大于这个阈值时，公司就会增强招聘力度，而当小于这个阈值时，公司则会减少招聘力度。

三、平衡人力资源供求

沃尔玛通过调整薪酬策略和招聘努力程度来平衡人力资源供求。其中，招聘方面的改变是沃尔玛平衡人力资源供求的主要方法。当供大于求时，沃尔玛可以在不显著影响财务业绩的情况下轻松调整其招聘努力程度，并将招聘的优先级别调到最低。同时，沃尔玛的低薪策略旨在将人工成本支出降到最低，这一策略与该公司的成本领先战略相一致。当供小于求时，沃尔玛将会加强招聘力度，同时提高员工的薪酬福利待遇。

(资料来源：人力资源管理案例网，http://www.hrsee.com/。)

随着经济全球化和以知识为基础的产业的发展，人力资源开始在组织的竞争中扮演越来越重要的角色。组织面临的人力资源管理已经不再是事务性的、操作层面的，而是需要提升到战略的高度来对待。因此，需要对人力资源的各项活动进行规划。

第一节　人力资源战略概述

一、人力资源战略的概念

（一）人力资源战略的定义

长期以来，管理学界对人力资源战略的定义还没有统一的界定。美国人力资源管理学者舒勒和沃克（Schuler & Walker）认为，人力资源战略是“程序和活动的集合，通过人力资源部门和直线管理部门的努力来实现企业的战略目标，并以此来提高企业目前和未来的绩效及维持企业竞争优势”。库克（Cook）则认为，人力资源战略是指员工发展决策以及对员工具有重要的和长期影响的决策，表明了企业人力资源管理的指导思想和发展方向，而这些指导思想和发展方向又给企业的人力资源计划和发展提供了基础。企业人力资源战略是根据企业战略来制定的。科迈斯和麦吉阿（Comez & Mejia）则把人力资源战略定义为：企业慎重地使用人力资源，帮助企业获取和维持其竞争优势，是组织所采用的一个计划或方法，并通过员工的有效活动来实现组织的目标。国内学者李佑颐认为，“人力资源战略是根据企业战略来制定人力资源管理计划和方法，并通过人力资源管理活动来实现企业的战略目标”。盖勇在《人力资源战略与组织结构设计》一书中指出：“所谓人力资源战略，就是指企业根据内部、外部的环境分析，确立企业目标，从而制定出企业的人力资源管理目标，通过各种人力资源管理职能活动来实现企业目标和人力资源目标以及维持和创造企业的可持续发展竞争优势的过程。”

虽然学者们对人力资源战略的定义有差异，但都认为人力资源战略是一种职能战略，通常情况下，与营销战略、竞争战略等一样，从属于组织战略，并支持和服务于组织战略的实现。人力资源战略是指组织中一切与人有关的问题的方向性的谋划，是一种旨在充分合理地运用组织中的各种人力资源，使其发挥出最大竞争优势，以配合组织的战略需求，实现组织目标的各种人力资源使用模式和活动综合。

（二）人力资源战略的特征

人力资源战略与一般性的人力资源管理有着较大的不同，具有以下一些特征：

1. 总括性

人力资源战略提出总体方向，包括各种方案或者活动的计划，涉及多种职能，常常时限会超过一年。

2. 指导性

人力资源战略提出实现组织战略的行动计划的焦点。行动计划包括多种必要的活动及方案，而且每一种活动及方案都有具体的任务和时限。

3. 民主性

人力资源战略与其他组织中的战略一样，通常也要经过自上而下或者自下而上的方式来制定。

二、人力资源战略的类型

人力资源战略是有关人力资源系统和措施的决策模式，指导组织人力资源管理活动的进行，使人力资源管理的各项活动之间能够有效配合，使效率达到最高。不同的人力资源战略的类型对人力资源管理活动有着不同的影响。

(一)建立在雇主—员工交换关系基础上的人力资源战略

这种人力资源战略有两个假设：雇主将员工看作资产，还是看作不变成本；员工关系是内部劳动力市场还是外部劳动力市场。根据这两个假设，舒勒将人力资源战略分为三种类型。

1. 积累型战略

积累型战略是用长远的观点来看待人力资源管理，注重人员培训，通过内部甄选来获取匹配的人才，采用终身雇佣制以公平的原则对待员工。在这种制度下，员工晋升速度慢，常采用职务及年资标准，员工之间的落差不大。

2. 效用型战略

效用型战略是用短期的观点来对待人力资源管理，提供较少的培训。一般在组织的职位出现空缺的时候，立即进行填补，而不是终身雇佣制。在这种制度下，员工晋升速度快，常采用以个人为基础的薪酬制度。

3. 协助型战略

协助型战略介于积累型和效用型战略之间，个人不仅需要具备技术性的能力，同时也要保持良好的人际关系。在培训方面，主要以员工个人的投入为主，组织只是提供协助。

当组织把人力资源作为一项资产的时候，就会给予其更多的培训，如积累型战略；而当组织把人力资源作为组织的成本的时候，则会提供较少的培训从而节约成本，如效用型战略。

(二)建立在雇主监督—控制员工绩效基础上的人力资源战略

美国康奈尔大学的戴尔和霍德从控制的角度提出了三种人力资源战略。

1. 诱引战略

采取诱引战略的组织强调成本控制，管理人员较少，采取一定措施保证连续投入或导致连续产出。组织会通过丰厚的薪酬吸引、诱惑和培养人才，从而形成一支数量少且基本稳定的精英员工队伍。组织强调目标承诺，同时工作职责明确，工作报酬主要参考个人努力程度。一般而言，处于激烈竞争环境的组织常常采用诱引战略。

2. 投资战略

投资战略常被差别化的组织所采用。它会聘用大量员工，建立人才储备库，注重员工的开发和培训，重视员工的发展，将员工作为投资的对象，鼓励员工积累内部知识，并以情感作为联系的纽带维持良好的劳动关系。

3. 参与战略

参与战略强调员工的参与，即员工有一定的自主权、较大的决策权和制度制定权。在战略实施的过程中十分重视团队建设、自我管理和授权管理。

戴尔和霍德认为，人力资源战略主要实现四种目标：承诺、贡献、组合和能力。承诺是指员工对组织的忠诚度；贡献是指对员工绩效水平的期望，比如效率、创造性和创新能力；组合是指员工的构成，如性别结构、技能结构、年龄结构等；能力是指员工的知识和技能水平、员工实现组织战略目标的能力。因此，对于组织中不同层次的员工，组织可以对其采取不同的人力资源战略方式进行管理。组织应该建立起以“参与战略为核心，诱引战略和投资战略为辅”的人力资源战略体系。然而，这一人力资源战略体系能否发挥作用，还取决于人力资源战略与组织战略的整合程度。

三、人力资源战略与组织战略的整合

人力资源战略是组织战略的一项重要的职能战略，以组织战略为依据，同时又影响着组织战略的制定和执行。

（一）组织战略是制定人力资源战略的前提和基础

人力资源战略是组织的职能战略，服务于组织战略，支持组织战略目标的实现。人力资源战略需要组织管理高层的认可，应符合组织内外各方面的利益，且在得到组织全体成员一致认同并在组织发展战略的基础上制定。人力资源战略是在组织战略的大框架下进行设计的，主要考虑人的问题，并且以组织战略中其他职能战略的相关情况作为制定基础和条件。

（二）人力资源战略为组织战略的制定提供信息

人是组织中最重要的资源，而组织在制定战略的时候一定要考虑组织所面临的内外部的资源状况，这也成为组织制定战略时的约束条件。而人力资源战略可以从内部资源状况和外部环境状况两个方面给组织提供相关的信息。当组织决策需要内部信息时，人力资源战略可以提供人力资源的状况，如人力资源素质、人力资源的工作绩效与改进、人力资源培训与开发的效果、组织结构等情况。当组织决策需要外部信息时，人力资源战略可以提供外部劳动力市场上劳动力供给的情况、竞争对手所用的激励或薪酬设计情况、优秀组织的结构管理方式以及劳动法等相关法律方面的信息等。

战略仅仅是一个构想，只有将其实现才能成为现实。制定战略很重要，执行战略更为重要。战略执行程度直接决定着组织战略的成败，而人力资源战略是组织战略目标实现的有效保障。组织战略中所涉及的相关内容都需要相应的人员来完成，人员的调配、激励、调整以及配套的组织结构的调整等都需要人力资源战略的配合。这就要求人力资源战略要从过去作为组织战略的"反应者"向组织战略的"参与制定者"和"贡献者"转变。

美国的管理学者莱文和米切尔（Lewin & Mitchell）指出，人力资源战略与组织战略的整合，可以帮助组织更好地利用机遇来提升组织的内在优势，帮助组织实现其战略目标。表3—1和表3—2列出了当前关于两者关系的两种代表性观点。

表3—1　组织战略、组织要求及人力资源战略

组织战略	组织要求	人力资源战略
防御者战略：产品市场狭窄，效率导向	• 维持内部稳定 • 有限的环境预测 • 集中化的控制系统 • 标准化的运作程序	积累型战略：基于建立最大化员工参与及技能培训，获取员工最大潜能，开发员工的能力、技能和知识
分析者战略：寻求新市场，维持目前存在的市场	• 富有弹性 • 严密且全面的规划 • 提供低成本的独特产品	协助性战略：基于新知识和新知识的创造，获取自我经历的员工，鼓励及支持能力、技能和知识的自我发展，注意正确的人员配置及弹性结构化团体之间的协调
探索者战略：持续寻求新市场，外部导向，产品、市场的创新者	• 不断改变使命 • 广泛的环境预测 • 分析控制系统 • 组织结构的正式化程度低 • 资源配置快速	效用型战略：基于极少的员工承诺及高技能利用，雇用具有岗位所需技能且立即能使用的员工，注意员工的能力、技能和知识与特定的工作相配合

表 3—2　　波特的三种企业竞争战略与人力资源战略的配合

组织战略	组织要求	人力资源战略
成本领先战略	·持续的资本投资 ·严格监督员工 ·严密的、经常的、详细的成本控制 ·低成本的配置系统 ·结构化的组织和责任 ·产品设计以制造上的便利为原则	·高效率的生产 ·明确的工作说明书 ·详细的工作规划 ·强调具有技术上的资格证明和技能 ·强调以工作为基础的薪资 ·用绩效评估作为控制机制
差异化战略	·营销能力强 ·产品的战略与设计 ·基本研究能力强 ·组织以品质或科技的领导者著称 ·组织的环境可吸引高科技员工、科学家或具有创造能力的人	·强调创新和弹性 ·工作类别广 ·松散的工作规划 ·外部招聘 ·以团队为基础的训练 ·强调以个人为基础的薪资 ·用绩效评估作为发展的工具
专一化战略	·结合了成本领先战略与差异化战略，具有一定的战略目标	·结合了成本领先战略与差异化战略下人力资源战略的特点

（三）组织结构与人力资源战略

组织结构是指组织内部各级各类职务、职位的权责范围、联系方式和分工协作关系的整体框架。它是组织得以运转，开展经营管理的体制基础。组织结构是随着生产力和科学技术的进步而不断变化的，组织结构的变化会影响到人力资源战略的变化，而一个适合组织的组织结构也需要相应的人力资源战略的支持和配合。

20 世纪 80 年代，随着社会环境的剧烈变化，组织与组织之间的竞争日趋加剧，组织纷纷展开了一场组织变革的运动，组织结构开始由传统的金字塔式的层级结构转向扁平化、网络化、虚拟化，从而对人力资源战略产生了重大的影响。

组织结构的变化势必会给人力资源战略带来相应的变化，如组织中对员工数量和素质的需求、组织岗位的工作分析、绩效考核、员工报酬、人员培训与开发等人力资源管理的内容会随之变化。组织结构与企业管理哲学以及人力资源决策之间的关系可以用表 3—3 来说明。

表 3—3　　组织结构与人力资源战略

组织结构	管理哲学与价值观念	人力资源决策的含义
金字塔式	·命令与控制	·层级化的、清晰的晋升路线 ·清楚的、详细的工作说明 ·报酬支持、功绩晋升与投入 ·根据工作需要进行培训 ·最高管理者掌握信息
扁平金字塔	·减少层级 ·工作丰富化 ·强调工作小组 ·员工授权	·有限的晋升路径，水平晋升 ·与员工分担事业前程 ·概括性的工作描述 ·报酬强调员工个人与工作小组的业绩 ·培训强调通用性和灵活性 ·与工作小组共享信息

续表

组织结构	管理哲学与价值观念	人力资源决策的含义
网络化联合	·重建与供给者和需求者的边界 ·不强调职能专家 ·强调顾客 ·以工作小组为基础的工作单位	·事业前程由员工自己负责 ·概括性的工作描述 ·根据员工意愿进行培训 ·报酬强调个人的知识和工作小组的业绩 ·信息共享

第二节　人力资源规划概述

人力资源规划是人力资源战略的重要组成部分，是人力资源管理各项具体活动的起点和依据，直接影响着人力资源战略实施的有效程度。

一、人力资源规划的概念

人力资源规划发展到现在已经有几十年的历史，其形式、内容和运作方式都在不断发展和完善中。20 世纪初，人力资源规划主要的关注点集中在实行计件工资的工人上，通过改进工作程序和运用早期的心理学的方法来提高工人的生产率。第二次世界大战期间以及以后的一段时间内，员工生产率的问题得到了进一步的重视，但是由于长时间的战争造成的物资和人才的严重缺乏，使得组织经营者更关心如何获得有能力的、高水平的管理人员。到 20 世纪 60 年代，由于新技术的发展、人们对工作行为的关注和组织的快速发展，人力资源规划的重点放到了人才的供求平衡上，尤其是管理人员、专业技术人员的供求平衡上。而这一时期的人力资源规划也被定义为管理人员的一项工作，即通过制订规划努力让"适当数量和适当种类的人，在适当的时间和适当的地点，从事使组织与个人双方获得最大的长期利益的工作"。20 世纪 80 年代后，人力资源规划被广泛作为大企业和政府组织的一种活动。在内涵上扩大了范围，除了供需平衡和数量预测外，人力资源规划还包括管理接班人计划、人员精简计划、组织再造与兼并收购等事项，人力资源规划制订的方法趋向于将人力资源规划与组织战略相结合并注重实效。

(一)人力资源规划的定义

从广义上讲，人力资源规划是指"预测未来的组织任务和环境对组织的要求，根据组织任务和环境对组织的要求而制定人力资源管理的行动方针的过程"。

从狭义上讲，人力资源规划是指根据组织的战略目标和外部环境的变化，合理分析和预测组织对人力资源的需求和供给状况，并根据这些制订出相应的计划，以保证组织在适当的时候获得适当数量、质量和结构的人力资源，满足组织和个人的需求。数量方面，主要是探求现有的人力资源数量是否与组织所需的数量相匹配；质量方面，主要是分析现有工作人员受教育的程度及所受的培训状况，关键是工作知识和工作能力的高低；结构方面，主要是组织中人员的搭配是否合理有效。

人力资源规划的狭义定义包括三个含义：

1. 人力资源规划制订的依据是组织的战略目标和外部环境

人力资源规划是以组织的战略目标为基础的，当组织战略目标发生变化的时候，人力资源规划也要随之发生变化。组织战略目标不同对人员的要求也不相同，这包括人员的知识结构、年龄结构、管理人员与操作人员的比例、不同专业人员的比例等。组织战略的实现与人力资源规划之间的关系越来越密切，就像人力资源规划专家詹姆斯·沃克(1996)所说："如今，实际上所有的经营问题都有人的因素，所有的人力资源问题都有经营的因素。"所以，人力资源规划需要与组织的战略目标相一致。

组织的外部环境在不断变化，人力资源规划需要对未来可能发生的变化进行预测，对组织的需要进行识别，因此，需要密切关注组织外部环境的变化。组织需要考虑的外部环境因素包括经济发展、技术变革、劳动力的供求、相关法律法规等。

2. 保证人力资源与组织发展的各阶段相适应

为了适应外部环境的变化，组织的人力资源供求也需要动态变化，随着科学技术日益发展，新技术层出不穷，对组织的人员素质有着更高的要求。同时，人员的流动也日趋频繁，越来越多的人在不断尝试新的工作。因此，组织的人力资源规划为了适应各种变化也要不断变化，应该是一个动态的、循环的过程。

3. 人力资源规划要同时考虑组织和个人的利益

组织的人力资源规划要使组织获得合适的人才，也就是与岗位相匹配的人员，即做到"人职匹配"。目前，世界上的竞争已经转变为人才的竞争，谁拥有优秀的人才，谁就获得了竞争的优势。因此，组织要获得长足的发展，就需要最大限度地利用每一位员工的潜能，为他们提供发展的空间，做好职业生涯规划。

(二)人力资源规划应解决的基本问题

人力资源规划是一个制定人力资源管理行动方针的过程，实质上是一个确定目标和实现目标的决策过程。因此，人力资源规划主要解决以下几个基本问题：

(1)组织的人力资源现状、数量、质量、结构。它包括组织中各部门、各层级、各专业的人力资源状况，员工的年龄、性别、教育程度、工龄、司龄(进入组织的时间)的构成，存在的优劣势，能否满足目前组织对人员的要求，不能满足组织要求应如何弥补。通过对现有人力资源的分析找出差距所在，为制订人力资源规划找出依据。

(2)组织为实现战略目标对人力资源的要求。它包括组织的战略发展目标是什么和对组织的人员有什么要求两个方面

(3)如何进行人力资源预测。它包括以下几个问题的解决：组织进行人力资源规划采用什么预测技术？如何预测组织对人力资源的需求？如何预测人力资源的供给？其方法和程序分别是什么？科学的人力资源预测技术与方法是人力资源规划成功与否的关键。

(4)如何弥补组织人力资源现状与理想的差距。人力资源规划是否合理？能否达到目标？如果没有达到，组织应该做出怎样的对策，如何进行调整？如果是因为人力资源规划本身的问题，那么就要重新评价组织的内外部环境，重新设计切实可行的人力资源规划。

二、人力资源规划的内容

组织的人力资源规划按照影响的范围分为两个层次：总体规划和各项业务规划。人力资源总体规划是指在计划期间内人力资源管理的总目标、总原则、总政策、总体的实施步骤和总体预算安排，是连接人力资源战略和人力资源具体行动的纽带。各项业务规划是总体规划的展开和具体化，每一项计划都由目标、任务、政策、步骤、预算等部分构成。各项业务的计划应该能保证人力资源总体规划的实现。

(一)人力资源总体规划

该工作的内容包括：

(1)分析与评价组织人力资源的供需现状，进行组织人力资源供需的静态平衡工作；

(2)根据组织的发展战略和环境变化的趋势，预测组织人力资源供需关系，进行组织人力资源的动态平衡工作；

(3)规划组织人力资源管理程序，包括人员的补充、使用、培训等活动的具体目标、任务、政策、步骤和预算；

(4)保持组织人力资源管理专项业务规划的内在平衡，并确保人力资源总体规划与其他专项规划的相互衔接；

(5)有关人力资源规划效益的内容，如降低成本，创造最好的效益，改变劳动力队伍数量、质量、结构，辅助招聘、培训等其他人力资源政策的实施。

(二)人力资源业务规划

它包括人员补充计划、人员配置计划、人员接替和提升计划、人员培训开发计划、工资激励计划、员工关系计划和退休解聘计划等内容，如表 3—4 所示。

表 3—4　人力资源业务规划的内容

规划名称	目　标	政　策	预　算
人员补充计划	类型、数量、层次对人员素质结构的改善	人员的资格标准、人员的来源范围、人员的起点待遇	招聘选拔的费用
人员配置计划	部门编制、人力资源结构优化、职位匹配、职位轮换	任职条件、职位轮换的范围和时间	按使用规模、类别和人员状况决定薪酬预算
人员接替和提升计划	后备人员数量保持、人员结构的改善	选拔标准、提升比例、未提升人员的安置	职位变动引起的工资变动
人员培训开发计划	培训的数量和类型、提供内部的供给、提高工作效率	培训计划的安排、培训时间和效果的保证	培训开发的总成本
工资激励计划	劳动供给增加、士气提高、绩效改善	工资政策、激励政策、激励方式	增加工资奖金的数额
员工关系计划	提高工作效率、员工关系改善、离职率降低	民主管理、加强沟通	法律诉讼费用
退休解聘计划	劳动力成本降低、生产率提高	退休政策及解聘程序	安置费用

三、人力资源规划的种类

人力资源规划的种类繁多，可以根据实际需要灵活选择。

(一)按照规划的时间来分

人力资源规划可以分为三种：长期人力资源规划、中期人力资源规划、短期人力资源规划。长期人力资源规划一般为 3 年以上的规划，中期人力资源规划为 2～3 年的规划，短期人力资源规划是指 1 年或 1 年以内的规划。计划期长短和环境不确定性的大小的影响因素之间的配合关系如表 3—5 所示。

表 3—5　　不确定性与计划期的长短

短期计划:不确定/不确定	长期计划:稳定/稳定
· 组织面临众多竞争者	· 组织居于有利的市场竞争地位
· 快速变化的社会、经济环境	· 社会经济、政治、技术等环境变化是渐进的
· 不稳定的产品、劳务需求	· 强大的管理信息系统
· 政治法律环境经常变化	· 稳定的产品、服务需求
· 组织规模小	· 管理水平先进
· 管理水平低	

处于高度竞争市场中的组织的人力资源规划周期不宜太长,因为环境的变化使得规划的准确性较差,规划的指导作用难以体现。而在环境比较稳定的市场中的组织,则可以拟订长期的人力资源规划。

(二)按照规划的范围来分

人力资源规划可以分为总体规划和各项业务规划。各项业务规划包括岗位职务规划、人员配置规划、人员补充规划、教育培训规划、薪酬激励规划、职业生涯规划等。

(三)按照规划的性质来分

人力资源规划可以分为战略性人力资源规划和战术性人力资源规划。战略性人力资源规划具有全局性和长远性,常常是人力资源战略的表现形式,包括对企业外部环境的分析,根据组织的战略目标预测未来组织对人力资源的需求,估计远期组织内部人力资源状况,协调需求与供给。战术性人力资源规划一般是具体的、短期的、具有专门针对性的业务计划,包括对组织人力资源需求与供给量的预测,组织现有员工的数量、素质情况,需求数量预测,内外部供给情况,确定净需求量。

四、人力资源规划的作用

人力资源规划的作用体现在两个方面:一是在整体组织运营中具有重要作用;二是在人力资源作业活动中起着统辖的作用。

(一)人力资源规划对组织整体的作用

1. 人力资源规划可以有效地应对组织发展中的人员短缺

组织所处的外部环境始终处于变化之中,例如,新的政府用人政策、人工成本计量办法、最低工资标准的限制等,都会对组织的人力资源需求与供给产生影响。组织内部条件也在不断变化,如技术的变化与提高、管理模式的改变等也对人力资源的需求与供给产生影响,准确把握这些变化并做出预见性的安排是人力资源规划的本意所在。一般来说,低技能的一般员工容易通过劳动力市场获得,或通过对现有员工进行简单培训即可满足工作需要;但对于那些对企业起关键作用的技术人员和管理人员的短缺,则无法立即满足组织的需要。当今组织员工的流动率比较高,组织的人力资源管理部门就必须在很短的时间内招聘新员工,这很容易导致录用标准的下降,结果会招收一些勉强胜任和容易离职的员工,又会导致以后的流动率上升。

对于规模比较大的组织来说,事先进行人力资源规划的必要性更大,原因有二:一是在大规模的组织中,员工分工明细,工作的专业化程度比较高,新进员工的适应期比较长;二是规模大的组织岗位空缺人数一般也比较多,要做到及时填补,必须提早准备。

2. 人力资源规划有利于促进组织战略目标的实现

组织的高层管理者在制定战略目标和发展规划以及选择决策方案时要考虑组织自身的各种资源，尤其是人力资源状况。如果有科学的人力资源规划，就有助于高层领导了解组织内目前各种人才的余缺情况，具有在一定时期内进行内部抽调、培训或对外招聘的可能性，从而有助于他们进行决策。人力资源规划要以组织的战略目标、发展规划和整体布局为依据；反过来，人力资源规划又有助于战略目标和发展规划的制定，并可以促进战略目标和发展规划的顺利实现。

3. 人力资源规划有利于调控人工成本

人工成本控制是成本控制中的一个重要环节，人工成本中最大的支出项目是工资，而企业工资总额在很大程度上取决于企业的人员分布状况，即人员在不同岗位和不同级别上的数量状况。在组织发展的最初阶段，相对来说，低工资的人数较多，但随着组织的发展和员工任职能力的提高，工资成本就会逐渐上升，加上其他因素的影响，这样一来，人工成本很可能超过组织所能承受的能力。人力资源规划就是要对组织内的人员结构、岗位分布等进行合理的调整，从而在一定范围内很好地控制人工成本。

另外，在进行人力资源规划时，应对外部劳动力市场进行详细的调查，如劳动力的供需状况、哪种人力资源稀缺、哪种人力资源很容易获得，相关行业中企业各部门和各岗位的人员数量及其分布如何，为组织劳动力定价提供依据。保持人员适当的流动率，造成一定的竞争压力，可以提高员工的工作效率和劳动生产率，通过降低招聘成本、安置成本和培训成本使人力资源总成本降低，推动组织的发展、扩大和进步。

4. 人力资源规划有利于稳定员工的预期

人力资源规划可以为员工提供较为明确的发展前景与路线，使员工知道该如何在组织中发展自身，例如，职业生涯规划本身就是针对员工的个性化发展方案，可以有效激励员工做长期打算，只有员工预期稳定，对组织保持长期的信心，才能调动其主动性与积极性。

(二)人力资源规划在人力资源管理作业活动中的作用

人力资源规划在人力资源管理作业活动中处于统领的地位，虽然在人力资源管理部门的岗位设置中不会有这个岗位，但它的制定需要各级管理人员的参与，因此，在人力资源管理体系中它是一项全局性的工作。

1. 人力资源规划有利于人力资源管理活动的有序化

人力资源规划是组织人力资源管理的基础，由总体规划和各种业务规划构成，为管理活动，如确定人员的需求量和供给量、调整岗位和任务等提供可靠的信息和依据，进而保证管理活动的有序化。如果没有人力资源规划，那么，企业什么时候需要补充人员、补充哪个层次的人员、如何避免各部门人员提升机会的不均以及如何组织培训等，都会出现很大的随意性和混乱。

2. 人力资源规划是其他人力资源管理业务规划的总纲

在实际制订人力资源规划时，各人力资源管理人员可能会从各自不同的作业活动中提出各种业务规划，但作为总规划是人力资源管理部门的整体安排，所以既要反映各作业活动的内在逻辑联系，防止衔接不上，又要避免重复。例如，如果本规划周期内有外部人员补充规划，那么在培训规划中就必然要有对应的设计，即要安排新员工培训。同理，晋升规划、职业生涯规划往往也伴随着各种不同的培训规划，这种衔接要靠总体的人力资源规划来统筹。

3. 人力资源规划与其他作业活动的具体关系

(1)与薪酬管理的关系

人力资源需求的预测结果可以作为企业制订薪酬规划的依据,由于需求的预测不仅包括数量还包括质量,这样企业就可以根据预测期内人员的分布状况,并结合自身的薪酬政策进行薪酬总额的预测,或者根据预先设定的薪酬总额调整薪酬的结构和水平。此外,企业的薪酬政策也是预测供给时需要考虑的一个重要因素,人员供给的预测是针对有效供给来进行的。先来看外部供给,如果企业自身没有吸引力,那么再大的外部供给市场对它来说也是没有意义的,因此,在进行外部供给预测时需要衡量企业自身的吸引力,而薪酬就是衡量吸引力的一个重要指标。对内部供给来说,各职位的薪酬水平也会影响供给的情况,薪酬水平高的职位供给量肯定会大于薪酬水平低的职位。

(2)与绩效管理的关系

人力资源规划中,绩效考核是进行人员需求和供给预测的一个重要基础,通过对员工工作业绩以及态度能力的评价,企业可以对员工的状况做出判断,如果员工不符合职位的要求,就要进行相应的调整,这样造成的职位空缺就形成了需求预测的一个来源;同时,对于具体的职位来说,通过绩效考核可以发现企业内部有哪些人能够从事这一职位,这也是内部供给预测的一个重要方面。

(3)与员工招聘的关系

人力资源规划与员工招聘有着直接的关系,当预测的供给小于需求,而企业内部的供给又无法满足这种需求时,就要到外部进行招聘,招聘的主要依据就是人力资源规划的结果,这其中包括招聘的人员数量和质量。

(4)与员工配置的关系

员工配置就是在企业内部进行人员的晋升、调动和降职,员工配置的决策取决于多种因素,如企业规模的变化、组织架构的变动以及员工绩效的表现等。而人力资源规划也是其中一个重要的因素,员工配置的一项很重要的作用就是进行内部的人力资源供给,当然这种供给只是针对某个层次而言的。在需求预测出来以后,企业就可以根据预测的结果和现有的人员状况,制订相应的员工配置计划来调整内部的人力资源供给,以实现两者的平衡。

(5)与员工培训的关系

人力资源规划与员工培训的关系更多地体现在员工的质量方面。企业培训工作中关键的一项内容就是确定培训的需求,只有培训的需求符合企业的实际,培训才有可能发挥效果。而供需预测的结果则是培训需求确定的一个重要来源,通过对现有员工的质量与所需员工的质量进行比较,就可以确定培训的需求,这样,通过培训就可以提高内部供给的质量,增加内部供给。

(6)与员工解聘的关系

人力资源规划与员工解聘的关系是比较明显且直接的,在长期内如果需求小于企业内部的供给,就要进行人员的解聘辞退,以实现供需的平衡。

五、人力资源规划的程序

组织的人力资源规划可以分为四个步骤:资料收集阶段、人力资源规划的分析阶段、人力资源规划的制订阶段、人力资源规划的实施和评估阶段。

(一)资料收集阶段

制订人力资源规划需要大量支撑材料,这是后续分析阶段的前提。资料收集阶段需要收集组织内部和外部的各种有关的信息。组织外部信息主要包括政府的政策法规、宏观经济发展趋势、相关技术的发展、本行业的发展前景、主要竞争对手的动向、劳动力市场相关人才的供需状况等。组织内部信息主要包括组织战略、各项经营活动、产品的市场占有率、人力资源战略、组织中人员流动的状况、员工的素质、人力资源的成本及其变动趋势、岗位需求的变化等。

（二）人力资源规划的分析阶段

1. 对组织内外部环境进行分析

在对资料收集的基础上，需要对所收集的资料进行分析。在有些组织中，人力资源部门会直接参与组织战略目标的制定；而在另一些组织中，人力资源部门并没有参与制定组织战略目标，因此，他们需要获取准确、具体的战略目标，以及由战略目标分解后形成的各个战略子目标、各关键部门的战略目标。通过对这些战略目标的分析或参考相关资料来确定组织的业务规划和各项经营活动。同时，要对外部劳动力市场的供给状况和竞争对手的人力资源政策进行了解以便做出对策。这为后面进行供求分析提供了依据和保障，也是整个人力资源规划成功的关键。

表 3—6　　人力资源规划信息

外部环境信息	内部环境信息
宏观经济形势	组织战略规划
行业经济形势	战略规划的战术计划
技术的发展状况	战略规划的行动方案
产品市场的竞争性	组织结构
劳动力市场	组织文化
人口和社会发展趋势	其他部门的规划
政府管制情况	人力资源现状

2. 分析组织现有人力资源状况

在分析了组织内外部环境后，紧接着是确定组织现有人力资源状况，对现有人力资源状况进行分析。在分析的时候，对于各个部门、各个职位、各个层次的人员状况都要进行细致分析，找出他们的优势和劣势。

（三）人力资源规划的制订阶段

在这一阶段，人力资源规划的主要工作是人力资源供给与需求预测。人力资源的供给与需求预测是人力资源规划的核心部分，也是技术要求最高的部分，供需预测的准确性直接决定着人力资源规划的成败。

1. 人力资源需求预测

需求预测首先根据组织战略规划和组织的内外部条件选择预测技术，其次对人力资源需求结构和数量进行预测。影响人力资源需求预测的因素主要有：①组织的业务量或产量；②预期的人员流动率；③提高产品或劳务的质量以及进入新行业的决策对人力需求的影响；④生产技术水平或管理方式的变化对人力需求的影响；⑤组织所能拥有的财务资源对人力需求的约束。通过需求预测可以得出组织在员工数量、组合、成本、新技能、工作类别等方面的需求，以及为完成组织目标所需的管理人员数量和层次的列表。

最简单的人力资源需求预测是先预测组织产品或服务的需求，然后将这一预测转化为满

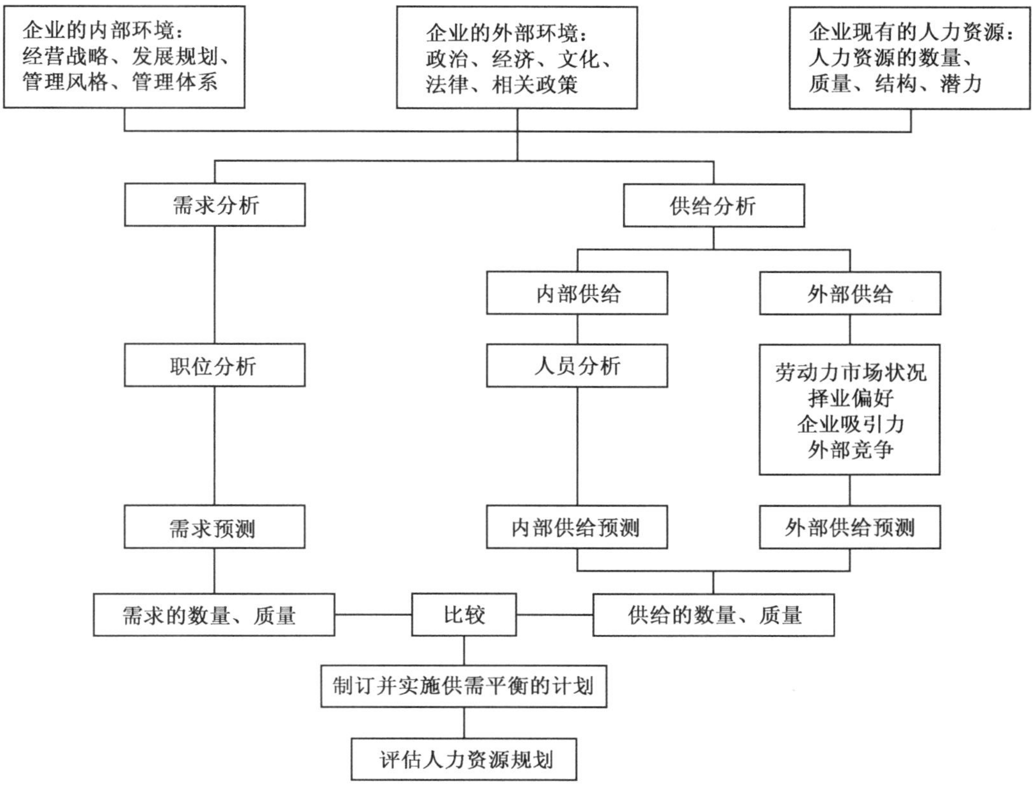

图 3—1　人力资源规划程序

足产品或服务需求而产生的对员工的实际需求。例如，对一家生产计算机的企业来说，满足产品或服务需求的活动，可以被描述为生产产品的数量、销售访问的数量、加工订单的数量等。假设企业的生产率为每周生产 1 000 台计算机，按每周 40 个工作小时计算，可能需要 10 000 个装配工时。10 000 个工时除以 40 小时，得出需要 250 名装配工。更复杂的预测方法将在下面的内容中介绍。

2. 人力资源供给预测

人力资源供给预测也称为人员拥有量预测，是人力资源预测的又一个关键环节，只有进行人员拥有量预测并把它与人员需求量相对比之后，才能制订各种具体的规划。人力资源供给预测包括两个部分：一是内部拥有量预测，即根据现有人力资源及其未来变动情况，预测出各规划时间点上的人员拥有量；二是对外部人力资源供给量进行预测，确定在各规划时间点上的各类人员的可供给量，主要考虑社会的受教育程度、本地区劳动力的供给状况等。

对于内部人员拥有量的预测需要首先对组织内部现有人员的状况进行详细了解，包括现有人员的数量、技能、职责以及薪酬或工资水平等。在了解这些的基础上还需要考虑人员的变动情况，包括员工的辞职和退休情况，以及人力资源培训和开发方面的情况。其作用可归结为四个方面：①检查现有员工填充企业中预计的岗位空缺的能力；②明确指出哪些岗位的员工将被晋升、退休或者辞退；③明确指出哪些工作的辞职率、开除率和缺勤率高得异常或存在绩效、劳动纪律等方面的问题；④对招聘、选择、培训和员工发展需要做出预测，以便能够及时为工作岗位的空缺提供合格的人员补给。

3. 制定人力资源供求平衡政策

在组织员工未来供给和需求预测的基础上，对组织人力资源数量、质量和结构的预测结果与组织同期内的状况进行比较分析，可计算出人力资源净需求。计算出的结果一般有四种情况：①当净需求为正时，即人力资源供不应求，这时组织需要招聘新员工，实行加班、培训、晋升、外包、工作再设计等；②当净需求为负时，即人力资源供大于求，这时组织需要减少临时工数量，实行工作分担制、提前退休，甚至解雇等；③当净需求为零时，即人力资源供求相等。此时可能存在两种情况：供需平衡结构合理和供需平衡结构不合理。但人力资源供需平衡且结构合理的情形相对较少，且都是短期的，任何一个组织都不可能存在长期的均衡，这是由组织内外环境的复杂性所决定的。但是，由于不同组织的生命周期不同，因此，它们的变动趋势也不尽相同，不同竞争格局的组织所选择的应对战略也不同。组织应该根据具体情况制订供求平衡规划。

4. 人力资源规划的制订

人力资源规划的制订就是根据前面对供需的平衡需要制订各种具体的规划，包括前面提到的六种规划，但重点要做好三个方面：①设计新的组织结构，能够吸引、容纳、保留、激励员工，以服务于规划目标。这种组织应该具有以下特征：员工拥有更多的工作自主权力及参与决策和管理的机会；畅通的、全方位的沟通网络；内部激励与外部激励有机结合的激励系统与机制；关心员工工作生活质量与生产率并重；全面考虑员工的技能、知识、个性、兴趣、偏好及与组织特征之间的相互匹配等。②设计有效的替换计划和继任计划。替换计划主要适用于一般员工，并关注近期需要，主要包括：随着新技术、新产品、新市场的发展，哪些不适应的人员需要替换；替换计划表要标明各个任职者的姓名、需要替换的人员姓名、可能替换该任职者的人员的姓名以及需要从外部招聘的人员资质特征等。继任计划主要适用于管理者，具有长期性、开发性和弹性；强调继任的及时性、代与代之间的年龄梯次性和能力的递升性；注重继任者的储备性、差异性。③设计裁员计划。裁员是企业由于各种原因在人力资源供大于需或供不适应需时的重要活动，是人力资源计划的重要组成部分。裁员计划要适当、适度、适时，包括提前退休、外部安置、工资清算、工作技能再培训、提供工作转换机会、员工职业生涯规划设计以及有关的咨询服务等。

（四）人力资源规划的实施和评估阶段

该阶段作为人力资源规划的实施操作过程，需要注意协调好各部门、各环节之间的关系。在实施人力资源规划的同时，如果在实施过程中发现问题要及时记录下来，并根据情况做出适当的调整，还需要进行定期和不定期的评估与审核。对人力资源规划做出评估的原因是：

（1）通过人力资源规划的评估和审核，可以对人力资源规划的执行形成一定的压力，防止规划的实施流于形式。

（2）在评估和审核的过程中，可以广泛听取组织内员工对人力资源管理工作的意见和建议，有利于人力资源规划内容的不断完善。

（3）人力资源规划是一个持续的动态过程，需要根据组织的内外部环境的变化进行不断的调整。因此，需要对人力资源规划进行适当修正，以确保规划的可操作性和滚动发展的衔接。

人力资源规划的评估主要是对整个人力资源规划的有效性进行评估。这是为了了解组织的目标是否已经达到，如果没有达到预期目标，那问题出在哪里，原因是什么，应该采取什么样的措施才能真正实现目标，初期制定的目标是否合理。评估的方法可以采用目标对照审核法，即以原定目标为标准进行逐项的评估审核，还可以采用广泛收集相关数据进行分析的方法，如收集在某一段时间内组织人员的流动状况，员工的生产积极性、满意程度等。为了保证评估结果公正，进行评估审核的人员可以是规划制订者的上级或同级，但不能是规划执行者本人或其下属。

第三节　人力资源需求预测

人力资源需求预测是指人力资源主管根据组织的战略目标、人力资源规划和工作任务，在综合考虑各种因素的影响后，对组织将来人力资源的数量、质量、结构和时间进行预测的活动。

一、影响组织人力资源需求的因素

在进行人力资源需求预测的时候，以下几个影响因素是需要考虑的：

（一）组织外部环境因素

影响组织人力资源需求预测的外部因素有社会、政治、法律、经济、技术革新和外部竞争对手的易变性等。社会、政治、法律因素比较容易预测，但是对于组织的影响较小；经济因素，如组织未来的发展趋势、社会经济发展状况等，这些都对组织人力资源需求的影响较大，但其可预测性较弱；技术革新对组织人力资源需求的影响较大，比如机械化的普及提高了劳动生产率，使得组织对一般性、低层次的操作型员工的需求锐减，而对高层次的技术性操作人员的需求量快速增加；组织外部竞争对手的易变性会使社会对组织产品或服务需求发生变化，这也使得人力资源需求发生变化。

（二）组织内部环境因素

影响人力资源需求预测的内部因素中最重要的是组织的战略目标。首先，组织的战略目标决定了组织的发展状况，也决定了组织新产品的开发和试制以及产品的覆盖率等。其次，组织产品或服务的销售预测以及组织的预算对人力资源需求也有直接影响。当销售预测增加的时候，需要增加相关人员的数量；而如果组织的预算在本年度减少，那么对于人力资源相关的活动也将减少。再次，组织结构的变化也会带来人力资源需求量的变化，尤其当组织增加新的分公司的时候，组织人员的数量和结构将有大的变化。最后，组织的人力资源需求还与劳动定额的先进和合理程度有关。

（三）人力资源本身的因素

组织现有人力资源状况对人力资源需求预测也有重要的影响。比如，组织中退休、辞职人员的数量，合同期满后终止合同的人员数量，死亡、休假、外出培训人数等都直接影响人力资源近期需求的预测。

二、确定人力资源需求的程序

组织人力资源需求预测分为现有人力资源需求预测、未来人力资源需求预测和未来流失人力资源预测三部分。

（一）现有人力资源需求预测

该阶段人力资源部门的人员需要根据职务分析的结果来确定职务编制和相关的人员配置；再进行人力资源盘点，统计出人员缺编、超编以及是否符合职务资格要求等；最后将上面统计的结果与部门主管进行讨论，修正统计结果，得出的数据就是现有人力资源需求。

(二)未来人力资源需求预测

该阶段需要根据组织的战略目标和发展规划,制定各部门的工作量,然后根据工作量的变化情况,确定各部门需要增减的职务和人数,并进行汇总统计。这样统计出的结果就是未来人力资源需求。

(三)未来流失人力资源预测

该阶段首先是对预测期内组织中人员的退休状况进行统计。根据历史数据,对未来一段时间内可能发生的离职情况进行预测,然后将统计和预测结果进行汇总,得出未来流失人力资源预测。将现有人力资源需求、未来人力资源需求和未来流失人力资源的相关数据进行汇总,就可以得出组织整体人力资源需求预测。

组织整体人力资源需求=现有人力资源需求+未来人力资源需求-未来流失人力资源

三、人力资源需求预测的方法

在考虑了上述因素后,可以采取下面几种方法来对人力资源需求进行预测。

(一)经验判断法

经验判断法是一种主观预测的方法,即管理人员凭借自己多年的经验,根据组织过去几年中人力资源的需求状况和自己认为未来一段时间可能发生的变化,来对组织的人员需求进行评估和预测。经验预测法是建立在启发式决策基础上的,这种决策的基本假设是:人力资源的需求与某些因素的变化之间存在着某种关系。就一般情况而言,组织在未来一段时间内可能发生变化的因素有:

(1)组织决定进入新的市场或者决定提高产品质量或服务质量,或者组织决定进行新产品的研发。

(2)随着知识经济的到来,技术变革和管理变革给组织带来的变化。

(3)如何获得新的财力资源。因为这种方法主观性较强,所以预测结果的准确性难以得到保证。

(二)德尔菲法

德尔菲(Delphi)预测技术,也称为集体预测方法,是发现专家对影响组织发展的某一问题的一致意见的程序化方法。这里的专家可以是基层的管理人员,也可以是高层经理;他们可以来自组织内部,也可以来自组织外部。总之,专家应该是对所研究的问题有发言权的人员。德尔菲法是20世纪40年代在兰德公司的“思想库”中发展起来的。这种方法的目标是通过综合专家们各自的意见来预测某一领域的发展状况,适合对人力资源需求的长期趋势进行预测。

德尔菲预测技术的操作要点是:

(1)在组织中广泛地选择各个方面的专家。这些专家都拥有关于人力资源需求预测的知识或专长,每位专家可以是管理人员,也可以是普通员工。

(2)主持者向专家们说明预测对组织的重要性。这一任务一般由人力资源部门来完成,目的是取得专家对这种预测方法的理解和支持,同时通过对企业战略定位的审视,确定关键的预测方向、解释变量和难题。

(3)发放调查问卷。主持者列举出预测小组必须回答的一系列有关人力资源需求预测的具体问题,然后使用匿名填写问卷等方法来设计一个可使各位预测专家在预测过程中畅所欲言地表达自己观点的预测系统,例如邮件、网络等。使用匿名问卷的方法可以避免专家们面对面集体讨论的缺点,因为在专家组的成员之间存在着身份或地位的差别,较低层次的人容易受到较高层次的专家的影响而丧失自己的见解，同时也存在一些专家不愿意与他人冲突而放弃或隐藏自己正确观点的情况。

(4)第一轮意见汇总与反馈。人力资源部门需要在第一轮预测后，将专家们各自提出的意见进行归纳，并将这一综合结果反馈给他们。

(5)重复汇总反馈3～5轮。重复第(4)步，让专家们有机会修改自己的预测并说明原因，直到专家们的意见趋于一致。

运用德尔菲技术时要注意几个问题：

(1)在预测过程中，人力资源部门应该为专家们提供充分的信息，包括已经收集的历史资料和有关的统计分析结果，目的是使专家们能够做出比较准确的预测。

(2)所提出的问题应该尽可能简单，以保证所有专家能够从相同的角度理解员工分类和其他相关的概念而不产生歧义。

(3)对于专家的预测结果不要求精确，但是要专家们说明对所做预测的肯定程度。

(4)组织者要保证专家表达意见的独立性。

(三)转换比率法

这种方法是根据过去的经验，把组织未来的业务活动水平转化为人力资源需求的预测方法，其原理是借助劳动生产率和组织业务总量之间的关系来对所需的人力资源数量进行折算的一种方法，三者之间存在以下关系：

$$\text{业务总量}=\text{人力资源数量}\times\text{劳动生产率} \tag{3—1}$$

对应于不同的业务，公式(3—1)可以变为不同的类型，例如：

$$\text{产量}=\text{人力资源数量}\times\text{人均生产率}$$

或

$$\text{销售收入}=\text{人力资源数量}\times\text{人均销售额}$$

那么，把公式(3—1)进行移项，就可得到我们需要的对人力资源需求量的公式：

$$\text{人力资源数量}=\frac{\text{业务总量}}{\text{劳动生产率}} \tag{3—2}$$

公式(3—2)假定劳动生产率是不变的，那么要考虑劳动生产率的变化，则要进一步修正公式：

$$\text{计划期人力资源需求量}=\frac{\text{现业务总量}+\text{计划期业务的增长量}}{\text{现劳动生产率}\times(1+\text{劳动生产率的增长率})} \tag{3—3}$$

例如：假设某商学院在1999年有MBA学生1 500人，在2000年计划招生增加150人，目前平均每个教师承担15名学生的工作量，生产率保持不变，那么，在2000年该商学院需要的教师数为：

$$2000\text{年教师需求量}=\frac{1\,500+150}{15}=110(\text{人})$$

如果生产率提高10％，则需求量变为：

$$2000\text{年教师需求量}=\frac{1\,500+150}{15\times(1+10\%)}=100(\text{人})$$

但需要指出的是，这种预测方法存在着两个缺陷：一是进行估计时需要对计划期的业务增长量、目前人均业务量和生产率的增长率进行精确的估计；二是这种预测方法只考虑了员工需求的总量，没有说明其中不同类别人员需求的差异。若考虑到不同类别人员需求，其具体做法是：先根据过去的业务活动水平，计算出每一业务活动增量所需的人员相应增量，再把对实现未来目标的业务活动增量按计算出的比例关系折算成总的人员需求增量，然后把总的人员需求量按比例折成各类人员的需求量。例如，某炼油厂根据过去的经验，为增加 1 000 吨的炼油量，需增加 15 人，预计 1 年后炼油量将增加 10 000 吨，折算人员需求量为 150 人。如果管理人员、生产人员、服务人员的比例是 1∶4∶2，则新增加的 150 人中，管理人员为 20 人，生产人员为 85 人，服务人员为 45 人。

（四）回归分析法

在计量分析模型中经常会用到回归分析法，这是一种统计分析的方法，其原理就是找出那些与人力资源需求关系密切的因素，并依据过去的相关资料确定它们之间的数量关系，建立一个回归方程，然后再根据这些因素的变化以及确定的回归方程来预测未来的人力资源需求。其关键在于所找到的与人力资源需求相关的变量的准确性，在统计上要通过相关的一些假设检验，才能有更好的预测效果。但是，在实践中因为管理上数据容量的限制和人的心理因素的高度不确定性，所以管理回归模型的效果远不如宏观经济中的计量模型有效。

最简单的回归分析法是趋势分析法，回归时只考虑一个变量因素，也就是一元回归分析。而多元回归由于涉及的变量较多，所以建立方程时要复杂许多，但是它考虑得比较全面，所以预测的准确度往往要高于一元线性回归。下面举一个一元线性回归的例子。假设一个学校对教师的数量影响最大的因素是学生的数量，经过若干年份的积累，得到以下统计数据（见表 3—7）。

表 3—7　　某学校学生数与教师数统计数据　　单位：人

学生数量	200	240	300	360	390	450	520	550	590	620	680	740	800
教师数量	17	19	27	30	36	42	50	51	56	62	69	73	80

设学生数量是 X，教师数量是 Y，假设两者之间线性相关，回归方程为：

$$Y=a+bX$$

则系数 a 和 b 的计算公式分别为：

$$a=\frac{\sum y}{n}-b\ \frac{\sum x}{n} \qquad b=\frac{n(\sum xy)-\sum x\sum y}{n(\sum x^2)-(\sum x)^2}$$

代入本例中得：$a=-6.32$，$b=0.11$，则回归方程为：

$$Y=-6.32+0.11X$$

其中，系数 a 的 t 检验值为 -5.5，系数 b 的 t 检验值为 49.6，方程相关系数检验值为 $R^2=0.996$，$D\text{-}W$ 检验值为 2.01，均取得了较好的检验效果，假设成立。所以，如果预测未来学生数量增长为 1 000 人时，教师的需求量为：

$Y=-6.32+0.11\times 1\,000=103.68\approx 104$（人）

第四节　人力资源供给预测

人力资源供给预测，是指对组织未来一段时期内外各类人力资源的补充情况进行预测的过程。

一、影响人力资源供给的因素

影响人力资源供给的因素可以分为两大类：地区性因素和全国性因素。

(一)地区性因素

地区性因素具体包括组织所在地区的科技文化教育水平,组织所在地区的人力资源供给状况,组织所在地区的就业水平、就业观念,组织所在地区和邻近地区的人口密度,组织所在地区对人们的吸引力,组织所在地区的交通、住房、生活条件,组织本身对人们的吸引力,竞争对手劳动力的需求状况。

(二)全国性因素

全国性因素包括全国劳动人口的增长趋势,全国对各类人员的需求程度,各类学校的毕业生规模与结构,教育制度变革所产生的影响,国家就业法规、政策的影响。

组织人力资源供给的来源主要有两个方面:组织内部和组织外部。与此相对应的组织人力资源供给预测也包括两个方面:组织内部人力资源供给预测和组织外部人力资源供给预测。

二、外部供给预测

外部供给预测是指组织以外能够提供给组织所需要的人力资源的质和量的预测,主要的渠道是外部劳动力市场。外部供给是解决组织人员新陈代谢和改变人员结构的根本出路,是任何组织都必须面对和采用的人力资源补充渠道,因此,合理地对外部供给进行预测是保证组织正常发展、节省人力购置成本的重要手段。但是,外部供给有一个特点,即不能为组织所掌控,而只能通过信息的收集分析加以利用。

(一)外部人力资源供给的影响因素

外部人力资源供给的影响因素主要有:①宏观经济形势和失业预期;②当地劳动力市场的供求状况,其中大中专毕业生的数量与质量及就业意向是很重要的因素;③行业劳动力市场的供求状况;④人们的就业意识;⑤组织的吸引力;⑥竞争对手的动态;⑦政府的政策、法规与压力。

(二)外部劳动力市场的主要分类

一般意义上,外部劳动力市场可以分为四类:①蓝领员工市场;②职员市场;③专业技术人员市场;④管理人员市场。

我国现阶段并没有建立起全国统一的劳动力大市场,因此,劳动力市场的分类也较为混乱,主要是不同主体举办的劳动力中介组织:①政府主办的劳动力市场,主要是劳动部门主办的职介机构和人事部门主办的人才市场;②行业、团体主办的;③大型企业主办的;④街道社区主办的;⑤民营中介组织。

企业外部人力资源供给的渠道主要有:大中专院校应届毕业生、复转军人、技职校毕业生、失业人员、其他组织人员、流动人员等。

大中专院校及技职校应届毕业生的供给较为确定,主要集中于夏季,且数量和专业、层次、学历均可通过各级教育部门获取,预测工作容易。复转军人也较容易预测。

比较困难的是城镇失业人员和流动人员预测,在预测过程中应综合考虑城镇失业人员的就业心理、国家就业政策、政府对农村劳动力进城务工的控制程序及其他一些因素。

对于其他组织在职人员的预测则需考虑诸如社会心理、个人择业心理、组织本身的经济实力及同类组织人员的福利、保险、工资、待遇等因素。企业应在本单位可能提供的待遇基础上,科学预测外部人员的可供给量。

在劳动力市场上,随着工资率的提高,劳动力供给必然增加,如图 3—2 所示。

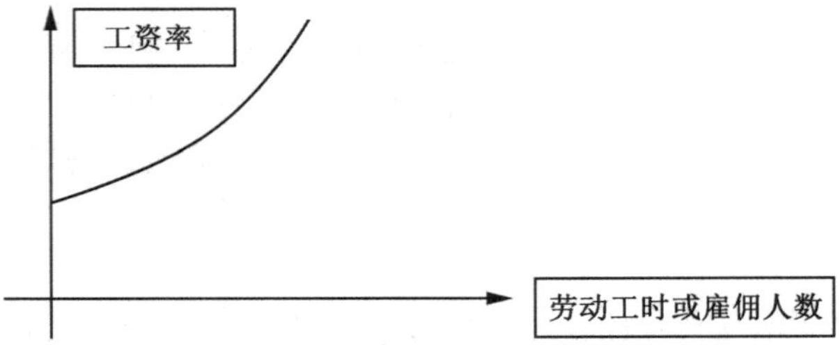

图 3—2　劳动力市场供给曲线

另外，还要考虑到影响劳动力供给的主要因素，如人口政策及人口现状、劳动力市场的发育程度、社会就业意识及择业心理偏好等。严格的户籍制度也制约着企业内部人员的供给。

三、内部供给预测

当组织出现人力资源短缺时，优先考虑的应该是从内部进行补充，因为内部劳动力市场不但可以预测，而且可调控，以有效满足组织对人力资源的需求。影响内部供给的因素主要有：①组织现有人力资源的存量；②组织员工的自然损耗，包括辞退、退休、伤残、死亡等；③组织内部人员流动，包括晋升、降职、平职调动等；④内部员工的主动流出即跳槽等；⑤组织由于战略调整所导致的人力资源政策的变化。人力资源内部供给预测的方法主要有以下三种：

(一)技能清单

这种方法通过对组织现有人力资源质量、数量、结构和在各职位上的分布状况进行检查，掌握组织拥有的人力资源状况。通过一些记录员工信息的资料，可以反映员工的工作经验、受教育程度、特殊技能、竞争能力等与工作有关的信息，以帮助人力资源规划人员估计现有员工调换工作岗位的可能性大小和决定哪些员工可以补充当前的空缺岗位。这一方法常作为一种辅助性的方法，对管理人员置换、人力接续等提供更为详细的质量上的参考，如表 3—8 所示。

表 3—8　　人事资料表

姓名：		部门：	科室：	工作地点：	填表日期：
到职日期：		出生年月：		婚姻状况：	工作职称：
教育背景	类别	学位种类	毕业日期	学校	主修科目
	高中				
	大学				
	硕士				
	博士				
训练背景	训练主题		训练机构		训练时间

续表

技能	技能种类	证书		
志向	你是否愿意担任其他类型的工作？		是	否
	你是否愿意调到其他部门去工作？		是	否
	你是否愿意接受工作轮调以丰富工作经验？		是	否
	如果可能，你愿意承担哪种工作？			
你认为自己需要接受何种训练？	改善目前的技能和绩效：			
	提高晋升所需要的经验和能力：			
你认为自己现在就可以接受哪种工作指派：				

（二）人力接续法

根据工作分析的信息，明确岗位对员工的要求和任职者情况，安排接续/继任计划。一是继任卡方法，主要用于管理者的内部接续管理，一般的继任卡如图 3—3 或表 3—9 所示。二是员工接续计划，主要用于一般员工的接续管理，以进行供给预测，如表 3—10 和图 3—4 所示。该方法强调计划的整体性和一致性，即计划要与组织内外部各个方面协调一致。

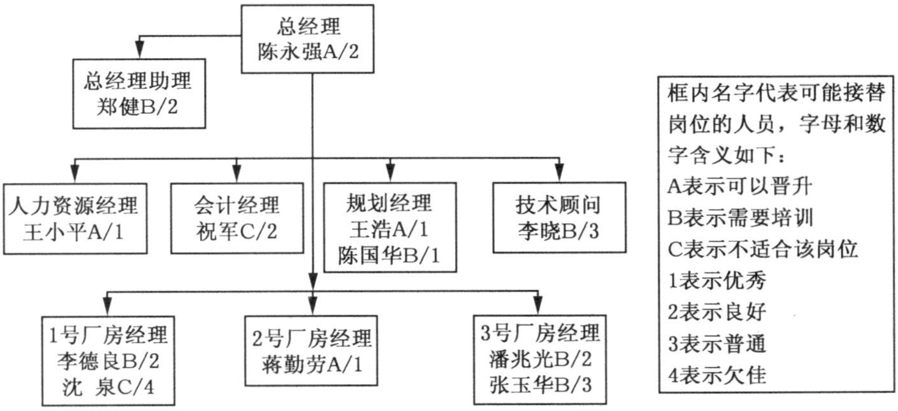

图 3—3　人员替代图

表 3—9　　继任卡

该栏填写现任者晋升的可能性，可以用符号或颜色显示。如 A（红色）表示应该立即晋升；B（黑色）表示随时可以晋升；C（绿色）表示 1～3 年内可以晋升；D（黄色）表示 3～5 年内可以晋升					
该栏填写现任者的职务，如 CEO、部门经理、客户经理等					
该栏填写现任者的年龄，以确定何时退休		该栏填写现任者的姓名		该栏填写现任者任现职的年限	
继任者	继任者 1	姓名	年龄	现任职务	晋升可能性（用符号或颜色表示）
	继任者 2	姓名	年龄	现任职务	晋升可能性（同上）
	继任者 3	姓名	年龄	现任职务	晋升可能性（同上）
紧急继任者		姓名	年龄	现任职务	列入晋升计划的时间

这一方法将每个岗位均视为潜在的岗位空缺，而该岗位上的每个员工均是潜在的供给者。人员替代法以员工的绩效为预测的依据，当某位员工的绩效过低时，组织将采取辞退或调离的方法；而当员工的绩效很高时，将被提升替代他上级的工作。这两种情况均会产生岗位空缺，其工作则由下属替代。通过人员替代图可以清楚地了解到组织内人力资源的供给与需求情况，为人力资源规划提供了依据。

表 3—10　　员工接续表

人力资源输入		组织或职位上现有员工人数	人力资源输出							
外部招聘	内部晋升		辞退	辞职	退休	病残	死亡	晋升	降职	其他
X	Y	M	A	B	C	D	E	F	G	N

表 3—10 表明，该组织或职位上员工的内部供给量＝M－(A＋B＋C＋D＋E＋F＋G＋N)＋(X＋Y)。

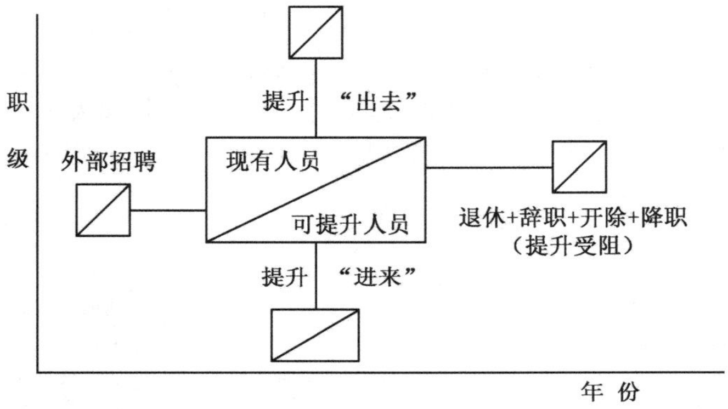

图 3—4　员工接续图

(三)马尔科夫分析法

马尔科夫人力资源供给预测法通常也称为转换矩阵方法，主要用于组织内部人力资源供给预测。其思路是找出过去人力资源供给变化的规律，根据得出的规律来预测人力资源变化趋势；通过不同工作岗位的变动情况来调查员工的发展模式，显示员工留任、升降职、进出比率的人数。对人员变动概率的估计，一般以 5～10 年的长度为一个周期来估计年平均百分比，周期越长，这一百分比的准确性越高。这种方法的第一步是构建员工变动矩阵(见表 3—11 和表 3—12)。其中，A 到 D 由高到低，可以是职务类别、工资级别、业绩考核、学历水平等。起始时间到终止时间的选择也相对比较灵活。如表 3—10 所示，AA 对应数据为 0.70，指 A 在该时间内留住 70％的员工，A 流动到 B 的员工占 10％，A 流动到 C 的员工为 5％，流出企业的员工为 15％，以此类推。从流动趋势来看，D 流出的员工最少，晋升到 C 为 5％；B 流出的员工最多，仅仅留住了 60％，晋升到 A 为 15％，降级到 C 为 5％、到 D 为 10％，流出企业为 10％。表 3—11 中，A 原有员工 62 人，留住 44 人，到 B 有 6 人，到 C 有 3 人，流出 9 人，以此类推。

表 3—11 流动可能性矩阵

工作状态		终止时间(目标状态)				流出率
		A	B	C	D	
起始时间(原有状态)	A	0.70	0.10	0.05	0	0.15
	B	0.15	0.60	0.05	0.10	0.10
	C	0	0	0.80	0.05	0.15
	D	0	0	0.05	0.85	0.10

表 3—12 现任职者矩阵

	原有员工数	A	B	C	D	流出人数
A	62	44	6	3	0	9
B	75	11	45	4	8	7
C	50	0	0	40	2	8
D	45	0	0	2	38	5
终止员工数		55	51	49	48	29

马尔科夫法虽然在一些国际性的大公司中得到广泛应用，但其所估计的人员流动概率与预测期的实际情况可能有差距，因此，使用这种方法得到的内部人力资源供给预测的结果就可能会不精确，其最大的价值在于提供了一种内部人员流动的分析框架。

第五节 人力资源供需的平衡

组织人力资源规划的最终目标是实现组织人力资源需求和供给的平衡，所以在预测出人力资源的需求和供给之后，就要对两者进行比较，根据比较的结果采取相应的对策。组织人力资源需求和供给预测的比较，一般会出现以下几种关系：需求和供给在数量、质量以及结构方面都基本持平；需求和供给在总量上平衡，但结构上不匹配；人力资源供不应求；人力资源供大于求。如果出现第一种情况，当然是最好的，但是现实中出现这种情况的可能性几乎为零。然而，即使出现了第一种情况，组织也不能放松警惕，因为平衡仅仅是一个时刻，而供需是一个不断变化的动态过程，所以需要不断地进行调整。组织常常会出现后面三种情况。

一、需求和供给在总量上平衡，但结构上不匹配

对于结构性的人力资源供求失衡，一般组织会采取下列措施来实现平衡：

(1)可以根据组织未来一段时间内业务的变化来进行人员内部的重新配置，通过晋升、平调、降职等方式来弥补那些空缺的职位，满足部分人力资源需求。

(2)对人员进行有针对性的专门培训，使他们能尽量适应将要从事的空缺职务的工作。

(3)组织可以进行人员置换，解雇一些组织不需要的员工，再补充一些组织需要的人员，来调整人员的结构。

二、人力资源供不应求

人力资源供不应求出现最多的组织是技术和技能要求较高的行业。解决的方法可以是通过构建合理的奖励和激励机制，加强对现有员工的培训、工作再设计等方式来提高现有员工的工作满意度，增加对外界人员的吸引力。

当人力资源出现供不应求的时候，组织可以利用现有组织内部的人力资源和组织外部的人力资源两部分来进行调整。

（一）外部雇用

从外部雇用人员需要考虑外部劳动力市场的状况。如果组织需要的劳动力种类在市场上处于过剩状态，那么获得人力资源比较容易；相反，如果这类人员在市场上处于紧缺状态，那么获得的难度将加大。而组织能否获得它需要的人力资源还取决于组织的实力以及自身的人力资源政策。如果组织实力强大，愿意出高于市场平均价格的工资，即使在人员紧缺的情况下也可能获得组织需要的人员。另外，组织还可以采取返聘退休人员的方法。这一方法最为直接，而且人员上手时间较短。组织在考虑从外部雇用人员的时候还要考虑是选择全职还是兼职。如果需求是长期的，就可以雇用全职；而如果需求是短期的，则可以采用兼职或临时的方法。

（二）提高现有员工的工作效率

提高现有员工的工作效率也是增加供给的一种有效方法。为了提高工作效率，组织可以采取的方法很多，比如改进生产技术；给员工加薪，提供经济上的激励；进行技能培训，提高员工的工作技能，使其在较少的工作时间内可以生产出较多的产品或降低劳动成本；鼓励员工提建议，重新设计工作程序和方法，改进生产设备和工具等，以便提高生产率。

（三）加班

延长工作时间，让员工加班加点来提高生产。

（四）降低员工流失率

员工离职会导致组织岗位出现空缺，致使组织人员短缺。组织采取相应的人力资源政策，减少员工流失率，可以保持组织现有人力资源规模，避免由于人员流失带来的人力资源供给不足。

（五）加强内部流动

当出现人员供不应求时，可以通过加强内部流动来获得人员使用上的满足。组织人员内部流动包括内部晋升和内部调用。当较高一级岗位出现人员不足时，可以晋升一些低级别的员工；当组织内部各部门之间人员配置不均时，可以采用内部调用的方式，将一些部门的富余人员调到人员短缺的工作岗位上，达到人员供给平衡。

解决人力资源供不应求的具体方法如表 3－13 所示。

表 3－13　　供给小于需求的具体解决方案

方　法	速　度	可以撤回的程度
加班	快	高
临时雇用	快	高
外包	快	高
培训后换岗	慢	高

续表

方　法	速　度	可以撤回的程度
减少流动数量	慢	中等
外部雇用新人	慢	低
技术创新	慢	低

三、人力资源供大于求

当组织人力资源出现供大于求时，会产生人员冗余的状况，组织可采用的措施有以下几种：

(一)重新安置

当组织局部出现富余人员的时候，组织可以采取将某些岗位富余的人员调整到人员短缺岗位上的方式。但是，重新安置有一个前提，即富余人员必须具备新工作岗位所需的知识和技能。因此，重新安置需要对富余人员进行培训。

(二)永久性裁员

永久性裁员是解决供大于求最直接的方式。但是，由于这一方式不仅会伤害员工本人及其家庭的经济利益和精神状态，而且对整个社会也会产生极大的负面影响，所以在采取永久性裁员的时候一定要非常谨慎。只有在组织经营出现严重亏损、生产难以维系的时候，才能采取永久性裁员。即使在采取永久性裁员的时候，在裁员之前也需要提前告知员工，让他们在心理上做好准备。

(三)其他方法

解决人力资源供大于求的方法，还有临时解雇、减少工作时间、工作分享和降低工资等。这些方法的优势是：当预测到组织出现人员过剩的时候，不是靠永久性裁员来解决问题，而要留有缓冲的余地，让组织和成员共同分担困难，这还有利于组织文化的形成。如果员工个人不愿意维持工作不充分、低工资的现状，可以自行离开，这就减少了对员工和组织造成的伤害。

解决人力资源供大于求的具体方法如表 3－14 所示。

表 3－14　　供给大于需求的具体解决方案

方　法	速　度	员工受伤害的程度
裁员	快	高
减薪	快	高
降级	快	高
工作分享和工作轮换	快	中等
退休	慢	低
自然减员	慢	低
再培训	慢	低

案例分析

××房地产开发有限责任公司
2018年人力资源规划

2018年是公司发展关键性的一年，随着公司人力资源部职能的不断完善，人力资源部根据公司总体战略经营目标，围绕公司核心优势，以积蓄人力资本、构建企业文化为目标，整合组织流程、规范人事体系、建立素质模型、优化薪酬激励，通过人力资源的最大化发展，有力地推动了公司向规范化新型企业发展。现做2018年HRP如下：

一、战略规划

1. 公司战略现状：公司发展战略尚在初级阶段，结构、体系、内容不完善。

2. 意义与需要：是建立公司核心战略——人力资源战略——的基础，是引进咨询公司指导的必经之路。

3. 协助内容：协助厘清公司发展战略的四大核心问题(发展方向、发展速度与质量、发展点、发展能力)，协助建设公司的发展战略框架(愿景、战略目标、业务战略、职能战略)，确定公司4C战略(核心：A. 人力资源段的C1：凝聚人心；B. 工程、销售段的C3：资源的配给集中核心业务)。(计划时间：1月)

4. 根据公司战略目标确定人力资源战略。(计划时间：1月)

5. 根据需要运用SWOT分析法、BCG分析法、波特五力分析法适时对公司进行诊断，深入分析企业人力资源面临的内外部环境，发现问题和潜在风险，提出应对措施。(计划时间：1月)

6. 合理预测企业中长期人力资源需求和供给，规划和控制各业务板块人力资源发展规模。(计划时间：1月)

7. 以马斯洛需要层次理论为基础，规划核心人才职业生涯发展，打造企业核心人才竞争优势。(计划时间：1月)

8. 规划核心、重点专业、技术领域员工队伍发展，提高员工综合素质。(计划时间：1—12月)

9. 人力资源管理政策和制度的改进与再造，提升公司整体管理水平与管理效益。(计划时间：1—12月)

二、组织规划

1. 现状：组织架构名不副实、责权不清。

2. 结合公司战略目标及工作、业务流程，协助设立高效、简洁、完整的组织架构。(计划时间：2月)

3. 协助组织架构选择：直线—职能型。(计划时间：2月)

4. 组织架构建议：如下图所示(仅作参考之用)。(计划时间：2月)

5. 厘清各部门的工作职责，建立职能部门职责(以下为简介，其中有考虑不周之处，仅作参考)。(计划时间：2—3月)

A. 董事长助理：负责董事长核心事务的办理。

B. 考评委员会：负责公司内部相关业绩的考评。

C. 董事长秘书：负责董事长日常工作的衔接及办理。

D. 总经理：负责公司全面工作的管理。

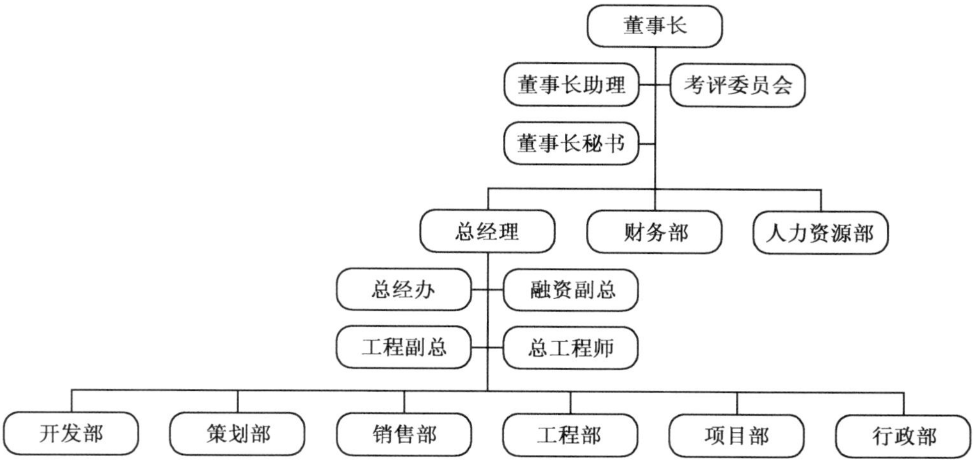

E. 总经办：协助总经理办理好日常管理工作。

F. 融资副总：协助总经理做好融资及预算工作。

G. 工程副总：协助总经理做好工程事务的管理及对项目进程的监督。

H. 总工程师：负责公司关于技术层面问题的管理与支持。

I. 开发部：负责项目的寻找及确定。

J. 策划部：负责4M策划、富有新意的现场SP策划，进行媒体公关、广告传播策划，以及各项推广策划。

K. 销售部：负责公司客户的接待咨询、内部及外围销售。

L. 财务部：负责公司各项财务管理工作。

M. 人力资源部：负责公司招人、育人、用人、留人等人力资源工作的管理。

N. 项目部：负责公司目前项目施工的进度与质量目标的实施和管理。

O. 行政部：负责公司采购、行政后勤相关事务的管理。

P. 工程部：负责公司项目各图纸的确定、劳务单位的洽谈及相关工程与整体工作的预算。

6. 对公司各岗位进行设计、分析，建立公司各岗位的岗位职责，形成岗位说明书与岗位招聘专业题库。（计划时间：3—5月）

三、制度规划

1. 制度与流程的建立要以“PDCA”的要点和原则来开展，注重考核、反馈。

2. 建立健全公司完善的人力资源基础流程及制度：招人、入职、考勤、请假、合同管理、试用管理、离职管理、档案管理等。（计划时间：1—3月）

3. 建立特殊人才（包括高薪人才）的招聘及管理、考核体系制度。（计划时间：1—2月）

4. 通过培训调查、分析、诊断等方法，建立以提高员工技能、素质及公司整体能力的人力资源开发培训管理体系。（计划时间：6—9月）

A. 整合及完善企业的培训管理流程（好钢用在刀刃上）。

B. 建立企业内部知识传承机制，扩展企业培训的功能（人走了，知识留下）。

C. 建立广泛的培训渠道与培训资源（他山之石，可以攻玉）。

D. 整合培训职能，完善企业的人力资源管理系统（敞开激励大门）。

5. 结合三资导向（业绩、职位、能力）与布朗德战略导向，从战略层面、技术层面及制度层

面完善和健全薪酬管理体系。(计划时间:7—10月)

A. 以按劳分配、效率优先、兼顾公平、可持续发展的原则进行制定。

B. 结合公司的现实,进行职层、职系、职级与职等的划分。

C. 通过对房地产行业的调查与公司所处发展阶段的分析,进行25P、50P、75P百分位分析及确定,并对宽带薪酬管理进行定位。

D. 明确工资的构成或百分比:基本工资+绩效工资+奖金(提成)+津贴福利。

E. 制定高管及高薪人员的薪酬管理制度。

6. 建立以KPI为最终考核方式的绩效考核管理制度。(计划时间:1—12月)

A. 实施并不断完善"公司工作计划考核管理制度"。

B. 逐步建立以"SMART"为原则的各部门、各岗位的KPI指标库。

C. 解决较难量化的指标(过程考核法)与各指标在不同时期的排序与权重(战略导向优先法)等难题。

D. 确定不同时期、不同岗位的考核方法规程,结合运用KPI、MBO、BCS或主管评述,以便更为有效地评定岗位人员的综合能力与素质。

E. 做好考核的沟通辅导流程与方法,有效地推进绩效考核的有序进行与深入。

7. 结合国家及地方性法律法规及行业规范,建立或完善关于员工关系方面的处理原则与执行标准。(计划时间:11月)

A. 对各部门负责人及相关岗位员工进行相关劳动法律、法规的培训。

B. 持之以恒地做好员工访谈工作,善于发现潜在问题与关联问题,把问题解决于萌芽状态。

C. 审查好目前公司的相关制度与流程,修订好与相关法律有冲突的条款,制定可以有效规避相关法律、法规的管理流程与制度。

D. 开拓员工建议和问题沟通渠道与方式及管理流程、制度,设立监督电子邮箱、意见箱、监督电话等对公司内部及外部意见进行收集,设专人整理、反馈及处理。

E. 及时总结公司经营管理过程的特色与方法,组织丰富的企业文化活动,提高部门间和员工间的沟通与协作、信任与互助,推动公司企业文化建设的进程。

8. 提供专业人才资源工具和方法,适时监督或协助各部门制定制度或流程。(计划时间:1—12月)

四、人员规划

1. 基础工作:人员的结构分析,为公司的人员配备提供科学依据。(计划时间:3—5月)

A. 员工职别结构分析(经营决策型人才、管理专业型人才、职能专业型人才、业务专业型人才、技术专业型人才及比例)。

B. 员工知识结构分析(要求:专业化)。

C. 人员年龄结构分析(要求:年轻化)。

D. 员工能力结构分析(要求:经验化)。

E. 部门人员匹配度分析(综合职别、知识、年龄、能力及管理风格,优化部门人员结构)。

2. 建立岗位胜任力模型以及公司胜任力管理流程。(计划时间:6—8月)

3. 根据确定的组织架构进行人员配备(共需33人)。(计划时间:1—12月)

A. 总经办2人:主任1人、助理1人。

B. 财务部2人:会计/经理1人、出纳1人。

C. 人力资源部 3 人:总监 1 人、经理 1 人、副经理 1 人。

D. 开发部 2 人:经理 1 人(融资副总兼)、副经理或助理 1 人。

E. 策划部 2 人:经理 1 人、副经理或助理 1 人。

F. 销售部 6 人:经理(主外)1 人、副经理(主内)1 人、置业顾问 4 人。

G. 工程部 2 人:经理 1 人(工程副总兼)、副经理或助理 1 人(预审)。

H. 项目部 7 人:项目经理 1 人、副经理 1 人、土建工程师 2 人、水电工程师 1 人、质安员 1 人、资料员 1 人。

I. 行政部 5 人:经理 1 人、采购 1 人、行政助理 1 人、司机 2 人。

4. 结合目前人员数量及各方面能力,进行相关人员的补充(共 9 人):董事长秘书 1 人、融资副总 1 人、工程副总 1 人、财务经理/会计 1 人、总经办主任 1 人、土建工程师 2 人、水电工程师 1 人、资料员 1 人。(计划时间:1—12 月)

5. 人员配备渠道:高层通过猎头渠道,专业人员通过人脉、专业网络渠道,其他人员主要通过普通人才网及其他关系网介绍。

6. 人员配备“方案 B 管理办法”的制定与实施。(计划时间:11 月)

五、费用规划

1. 上年度费用的汇总、薪酬核算,行业水平、当地物价、国家政策分析,相关数据作今年参考。(计划时间:1 月)

2. 主要费用:工资成本、福利与保险、招聘费用、培训费用。(计划时间:1 月)

3. 原始成本与重置成本的比较和预算。(计划时间:1—12 月)

4. 相关成本节约渠道的开辟。(计划时间:1—12 月)

5. 费用测算要贯彻到人力资源管理流程的每个环节。

人力资源部

2017 年 12 月

(资料来源:人力资源管理案例网. http://www.hrsee.com/。)

第四章
员工招聘

【引导案例】

58同城打造多元化招聘产品，全场景满足用户求职需求

2020年以来，受特殊环境影响，企业招工用人和求职者就业均面临较大挑战。为高效匹配招聘求职需求，58同城依托先进技术打造智能化招聘工具，陆续推出微聊、智能求职助手——小聘、视频面试、企业VR、直播招聘、神奇面试间等一系列智能化招聘工具，有效满足了求职者应聘需求，为人才带来优质高效的求职体验。

在传统线下招聘中，招聘方需要耗费较大人力、物力组织面试，增加了招聘成本。而在58同城的视频面试工具支持下，招聘方在线就能对求职者进行面试，隔着屏幕观察了解求职者的能力素质、工作态度、性格特点，从而高效便捷地完成面试工作，降低时间和经济成本。58同城不仅推出了视频面试功能，还举办了视频面试节，打破了空间限制，便于双方在线沟通，使异地求职者无须往返奔波，足不出户便能找到心仪职位。

除了以视频面试为企业招聘降本增效，58同城还依托虚拟三维空间技术，打造企业VR招聘工具，将企业环境的3D结构转换为平面可动的图片素材，还原企业办公场所全貌，使求职者全面了解企业内部环境。求职者可通过企业VR直观感受企业环境，更全面、客观地了解企业情况，从而增强对企业信息的信赖，提高招聘方与求职者的连接率。

在58同城的直播招聘中，化身主播的企业HR会与求职者进行隔屏互动，在线回应求职者提出的问题，令求职者能更全面直观地了解企业，以提高求职效率。同时，升级版的直播招聘不仅拥有更显著的标识，便于求职者点击观看，而且具有直播预告、直播回放等功能，让求职者不会错过心仪的招聘活动。招聘方可选择立即直播或预约直播，随时随地发布岗位需求，通过查看直播数据清晰了解直播效果。

不仅如此，58同城推出的微聊服务，使招聘方与求职者可实现快速在线交流，实时进行沟通，求职者可向招聘方了解职位具体情况，招聘方也能在沟通过程中对人才进行全面了解，实现岗位与人才的精准匹配。神奇面试间打破了面试的"时间同步性"，求职者可进入58同城神奇面试间录制求职视频，便于企业HR灵活查看面试内容，使求职者更好地把握应聘主动权。

作为国民招聘大平台，58同城积极发挥线上招聘优势，通过组织丰富多元的在线招聘活动，研发智能化招聘工具为求职者服务，为企业与人才搭建起沟通的桥梁，促进人岗精准匹配。未来，58同城将持续以多元化招聘生态全面满足用户需求，为招聘与求职双方提供优质高效服务。

（资料来源：人力资源管理案例网，http://www.hrsee.com/。）

在知识经济时代下，物质资源获取变得越来越容易，由于物质资源不具备模仿障碍，使其已经不能成为组织创造新的价值的源泉，而人力资源自身所具有的价值性、稀缺性和难以模仿性，使人力资源成为组织核心竞争力的重要组成部分。招聘和选拔到适合组织需要的人才，实现人力资源的合理配置，最大化地发挥组织人力投入与财力投入的结合，已经成为组织保持竞争优势的基础。正是因为人力资源对于组织发展的重要意义，如何获得符合组织需要的人力资源以便更好地实现组织目标，成为组织人力资源管理的首要任务。

第一节 人员招聘的基本分析

组织在生产经营过程中，经常需要对人员进行补充和调整。当一个组织构建完成、组织成员变动或组织人力资源结构不合理时，就需要通过人员招聘活动来调整和完善。人员招聘与选拔活动，重点是如何吸引应聘者，通过何种方式来达成人员招聘的目标，以及对整个招聘与选拔过程进行评估。

一、招聘的概念

招聘，就是以组织人员需求为基础，以工作分析为依据，通过发布招聘信息来吸引应聘者，从中挑选出适合岗位需求的人员，并向他们分配工作岗位，使其补充到现有的或计划的岗位空缺的过程。从过程来讲，招聘是整个人力资源管理工作的开始，是人力资源管理的重要组成部分，也是人力资源管理其他各个环节顺利开展的基础。

组织的人员结构并非总是稳定的，人力资源会受到多种因素的影响而出现变动，人员招聘正是为满足由于这些因素导致的人员需求而进行的。一般来说，影响人员需求的原因主要有以下三个方面：第一，组织内部正常的离退休使岗位出现空缺；第二，组织由于规模扩大，产生了新的人员需求；第三，组织内部由于伤残、辞职等出现非正常岗位空缺。当这些情况发生时，组织的人力资源会出现变动并带来人员需求。这时，就需要通过招聘活动进行人员补充，以获得人员需求上的满足。组织招聘的目的，就是要使组织用人需求得到满足，使组织人力资源结构合理化，通过高效率的人力资源配置，使组织的人力、物力和资金投入充分发挥作用，达成组织目标，并使员工个人期望得到充分的满足。

二、招聘的原则

为了更好地完成人员招聘工作，为组织选拔到满足需要的人员，在招聘与选拔过程中，应遵循以下原则，以确保招聘工作的实际效果：

（一）少而精的原则

一方面，人力资源是实现组织目标的基础，精干的人员结构能为组织带来高效率和高收益；但另一方面，组织在使用这些人力资源时，也需要支付必要的人力资源成本。因此，组织进行人员招聘时，要特别注重录用人员的质量，在保证质量的前提下，再考虑录用人员的数量。尽量做到能少招则不多招，从而保证组织拥有高素质员工，有合理的人力资源配置，构建精干的人员队伍，实现组织高效率运转。

（二）宁缺毋滥的原则

人员招聘活动是建立在用人需求之上的，以工作分析为依据，对不同岗位的人员有不同的能力要求。组织在人员招聘过程中，需要考察招聘的人员与岗位的匹配性，做到能岗匹配，针对不同的岗位需求，寻找符合岗位能力需要的合适人选。能否为组织创造效益是组织是否招聘录用的根本考虑因素。组织必须严把人员招聘关，宁可不招或者缓招，也不要招入不合格人员。

（三）以岗定人、量才适用的原则

人员招聘的目的是满足组织的用人需要，发挥员工的作用，为组织创造效益。当组织发生用人需求时，根据工作分析确定好的用人标准，以人力资源计划为依据来选择合适的人员；在招聘时，要以空缺岗位的实际用人要求来招聘新员工，以应聘者与空缺岗位的匹配程度做出人员招聘录用决策。组织招人还要量才适用，对于那些很优秀但并不适合组织用人需求的人不应招入，以免造成人力资源浪费。当然，以岗定人并不能一概而论，对于当前用不上，但远期可能带来战略收益的特殊人才，也可以通过因人设岗的方式吸引和留住人才。

（四）公正公平的原则

企业招聘活动是为了给组织选拔录用符合要求的优秀人才。组织在进行人员招聘活动时，要建立公正公平的招聘机制，通过主考官的公正选拔，结合应聘者的公平竞争，使应聘者有机会充分展示自己的实力。只有这样，才能选拔到真正适合需要的人才，从而达到组织选人的目的。同时，公正公平的招聘也是激励优秀人才脱颖而出的基础，只有通过公正公平的招聘，才能真正完成高质量的人员招聘工作。

（五）内部优先原则

组织可以通过内部招聘和外部招聘两种方式获得人员。虽然可以从外部招来员工，但对于组织中一些重要的岗位，要坚持内部优先的原则。这是因为组织与内部人员之间的相互了解，可以使员工在新的工作岗位上很快进入角色。同时，内部优先的人员招聘原则也可以为员工提供一种职业生涯的发展通道，更有利于吸引优秀人才，并激励他们努力工作。

三、招聘的意义

人员招聘活动不仅直接形成组织的人力资源，同时也是组织进行人力资源管理工作的基础，人员招聘对于组织具有重要意义。

（一）人员招聘工作成效的好坏是组织目标能否实现的基础

在知识经济背景下，物质资源的增值空间变得越来越小，只有人这种活的资源才具有不断创造新价值的潜力。如果不能获得实现组织目标的员工，则组织在资金和时间上的投入将无法实现预期收益。获得组织所需人才，是组织在激烈的市场竞争中得以生存和发展的基本保障。

（二）有助于改善组织的劳动力结构与质量

组织的人员结构总是一个动态调整的过程，组织目标、生产计划以及组织结构的变动与调整，都会导致人力资源使用与配置状况的变动，也会造成组织的用人需求产生相应的变化。通过招聘活动，组织可以进行人员补充与调整，从而满足用人需求。组织选择进行内部提升或外部吸收获得人力资源的过程，实际上就是对组织人员结构进行调整的过程。通过招聘活动对人员结构做出调整，不仅可以为组织带来新鲜血液，优化组织人力资源结构，促进组织人力资源实现高效率配置，还可以激发组织员工的工作热情，从而使组织在竞争中保持活力与创造力。

（三）有助于员工充分发挥自身能力

招聘为员工提供了公平竞争上岗的机会，从而促进每个员工都能充分发挥自己的主动性和能力，以在公平竞争中取胜。因此，成功的招聘，一方面，使组织外的劳动力能更多地了解组织，然后结合自身能力和发展目标决定是否参加组织；另一方面，通过招聘使组织发现合适的人选，帮助员工找到适合自己的工作，从而减少人员任职后离职的可能性。

（四）有助于提高组织的管理效率

员工招聘是一项有成本的管理活动。一方面，高效率的员工招聘一定需要组织事先进行招聘宣传、组织招聘活动及录用等程序环节，这些环节都需要成本付出；另一方面，有效的员工招聘能保证组织落实人力资源计划，稳定人员，减少再次招聘费用，从而使组织效益提高。

(五)有助于组织知名度的提高

招聘活动是组织与求职者的双向选择过程。在招聘活动中,组织既是在选拔自己需要的人才,同时也是求职者选择自己需要的就业岗位的过程。通过人员招聘活动,求职者会对组织形成一个基本的认识和了解,从而对自己的求职意向做出选择。组织在招聘过程中的宣传及招聘人员的职业素养、态度等多方面因素都会影响社会对组织的认可程度。在与社会的互动中企业的人员招聘活动表现得尤为明显,组织通过人员招聘活动,可以在与社会的良性互动过程中加大宣传,增强公众对组织的了解;组织的招聘广告宣传有助于提升组织形象,提高组织知名度。因此,组织把握住招聘活动中与社会的互动,将组织公关工作与招聘工作紧密联系起来,通过招聘人员充分展示组织形象,并注重对组织招聘宣传材料的设计,可以达到通过招聘活动加深公众对组织的了解与认知、提升组织知名度的效果。

(六)有利于整个社会人力资源的合理配置

在市场经济条件下,生产要素的自由流动是市场机制发挥作用的基础。组织的招聘,特别是现代企业的招聘活动是基于社会整体劳动力资源供给与需求背景下完成的。人员招聘活动的存在,为社会创建整体自由流动的劳动力市场提供了基本条件,有利于整个社会人力资源的合理配置。

四、招聘的影响因素

(一)外部影响因素

1. 国家的法律法规

国家的法律法规对企业的招聘活动与对象选择进行了限制和约束。我国《劳动法》规定了所有劳动者都享有平等就业和选择就业的权利。企业在招聘过程中,如因应聘者的民族、性别、宗教信仰等原因而给予其不平等的对待,都属于就业歧视,是违法行为。我国 2008 年开始实施的《劳动合同法》规定了个人与组织必须通过签订劳动合同来确立劳动关系。如果企业未按规定与招聘的员工签订劳动合同,是违法行为。

2. 宏观经济形势

一般而言,如果宏观经济形势良好,就业率高,招聘岗位较多,招聘活动就较频繁;反之,宏观经济出现危机,企业对经济形势不乐观,投资信心不足,就会减少招聘岗位,甚至停止招聘。政府对宏观经济的调控,也会在很多方面影响企业的招聘活动。

3. 劳动力市场的供求状况

如果企业通过外部招聘来获取人才,劳动力市场的供求状况就会直接影响招聘的效果。当企业所需人才在劳动力市场供小于求时,企业吸引求职者会比较困难,应加大宣传或通过提高待遇来吸引更多的人才;相反,当劳动力市场供大于求时,企业招聘会相对容易,可选择的范围更大。

4. 竞争对手

一方面,同为某一行业的竞争企业,对人才需求的相似度较高,容易形成争夺人才的局面;另一方面,应聘者也往往会在同类企业中进行比较后做出选择。因此,企业在招聘过程中,取得与竞争对手的比较优势非常重要。

(二)内部影响因素

1. 企业形象和自身条件

影响企业形象的因素有企业的发展前景、行业的竞争地位、企业文化、薪酬待遇等。企业的形象越好，越能吸引应聘者，有利于招聘工作的进行。另外，企业的规模、地理位置、管理水平、发展阶段、能支付的待遇水平等自身条件也在一定程度上影响着招聘活动的开展。

2. 职位的性质

拟招聘职位的性质直接决定了招聘什么样的人，通过何种渠道进行招聘等招聘工作中最重要、最基础的要求，该职位的基本情况和任职资格条件也是求职者最为关注的信息。

3. 招聘的成本预算

企业往往会根据招聘职位的重要性、招聘的数量以及自身的经济实力制定招聘的成本预算。企业的招聘预算会影响招聘信息发布的渠道、招聘的方式、选拔流程的设计、招聘工作人员的数量和职位的高低等。企业的招聘活动必须考虑成本和效益，在成本约束的条件下，招聘到最合适的人才，就是实现了招聘效益的最大化。

4. 企业用人政策

企业的用人政策不同，对员工的素质要求不同，相应的招聘方式也会有差异。如有的公司认为素质比专业知识更重要，因此，在选择应届毕业生时，更倾向于学生干部；有的公司则认为学习成绩更优秀的毕业生更具有学习能力和敬业精神；而有的公司认为非常优秀的人员眼高手低，难以管理，或者跳槽率高，70 分的求职者被认为是最“适合”的人才。

五、招聘工作的职责分工

在招聘过程中，传统的人事管理与现代人力资源开发和管理的职责分工不同。过去，员工招聘的决策与实施完全由人事部门负责，用人部门的职责仅仅是负责接收人事部门招聘的人员及其安排，完全处于被动的地位。在现代企业中，起决定作用的是用人部门，它直接参与整个招聘过程，并在其中拥有计划、初选与面试、录用、人员安置与绩效评估等决策权，处于主动地位。人力资源部门只是招聘过程中起到组织和服务的作用。

表 4—1　　员工招聘中用人部门与人力资源部门的工作职责分工

用人部门	人力资源部门
1. 招聘计划的制订与审批 3. 招聘岗位的工作说明书及录用标准的提出 4. 应聘者初选，确定参加面试的人员名单	2. 招聘信息的发布 3. 应聘者申请登记，资格审查 5. 通知参加面试的人员
7. 负责面试、考试工作	6. 面试、考试工作的组织 8. 个人资料的核实、人员体检
9. 录用人员名单、人员工作安排及试用期间待遇的确定 12. 正式录用决策 14. 员工培训决策 16. 录用员工的绩效评估与招聘评估 17. 人力资源规划修订	10. 试用合同的签订 11. 试用人员报到及生活方面的安置 13. 正式合同的签订 15. 员工培训服务 16. 录用员工的绩效评估与招聘评估 17. 人力资源规划修订

注：表中各数字表示招聘工作中的各环节的顺序号，两栏数字相同，表示两部门可同时进行相应的招聘活动。

六、提高人员招聘的有效性

人员招聘是组织整个人力资源管理活动的基础，只有为组织挑选到合格的人才，才能使组织的用人需求得到满足，并使组织能够高效运作，从而最大化地实现组织目标。正是因为人员招聘对组织有着重要的作用，所以人员招聘在人力资源管理活动中占据了非常重要的地位，如何保证人员招聘活动的有效性就成为招聘过程中的重要问题。提高人员招聘的有效性，需要从以下几个方面入手：

（一）选择良好的招募渠道，以吸引足够多的应聘者

不同类型和层次的求职者对于不同的招募渠道具备不一样的敏感程度。组织在进行人员招聘时，一定要对所需人力资源进行分析，了解潜在求职者的可能位置，从而有针对性地发布招聘信息，以使适合组织所需的人才可以尽可能多地了解组织招聘需求。选择合适的招募渠道，可以吸引足够多的应聘者。对于组织而言，求职者越多，挑选的范围就越大，从中选出组织需要的人的可能性也就越大。

在人力资源招聘活动中，通常用招募金字塔的方式来帮助招聘者确定需要吸收多少人来应聘。这种金字塔的状态显示了组织招聘过程中应聘者数量的重要性。在多个招聘选拔流程中，通过设定每个环节的淘汰率，确定每轮招聘测试中可以进入下一轮的人员数量，最终使组织可以选拔到适合需要的优秀人才。如某企业要选择 5 名中层管理干部，经过简历筛选、笔试、面试、二次面试、最终录用 5 道程序，那么可以确定 6∶1、4∶3、3∶2、2∶1 的比例为各轮选拔进入下一轮的通过率。通过招募金字塔可以确定，在招聘过程中需要吸引 120 人前来企业应聘（见图 4—1）。

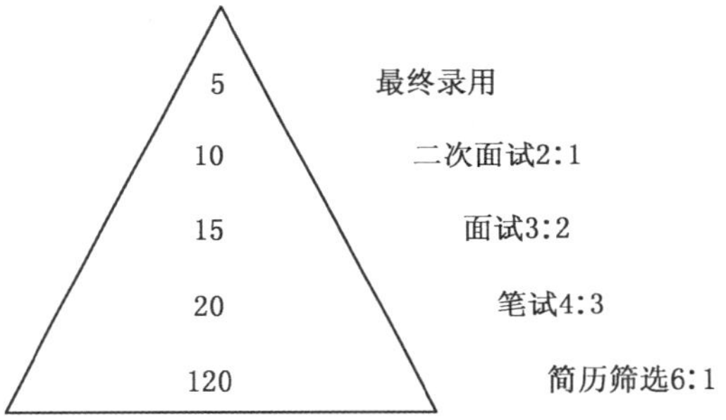

图 4—1　招聘产出金字塔

（二）组织精干的招聘队伍

人员招聘活动是组织与应聘者进行双向选择的过程，既是组织在选择人才，也是应聘者在选择组织。组织精干的招聘队伍，是组织选择到优秀人才的基础。这是因为：第一，招聘者自身知识面的广泛程度决定着他进行人力资源测试的深度。招聘人员自身素质的高低，以及他们对组织价值观和文化的理解与认可程度，都将影响他们是否真正能为组织选拔到适合组织需要的人力资源。第二，组织招聘过程也是对外宣传的过程，招聘人员是应聘者了解组织的窗口，他们在招聘活动中的所有表现，都代表组织形象，将对求职者的求职意愿产生直接影响。第三，组织精干的招聘队伍，可以加强组织对外宣传，对组织的形象和组织文化进行更好的描述，应聘者可以从中了解到组织的相关信息，从而更好、更全面地认识组织。

可见，组织人员招聘活动是组织对外宣传的过程，招聘队伍可以为组织塑造良好的对外形象做出贡献。一般来说，在人员招聘活动中，有四类人最适合做人员招聘的主考官，即组织的高层管理者、用人部门的直接主管、一般职位人员以及组织外部非利益相关者（如专业招聘机构）。

（三）选择合适的选拔测试方法

不同的人具有不同的个性、能力与心理特征，组织在招聘过程中需要对应聘者能力与素质进行测试，以确定应聘者是否能满足空缺岗位的用人需求。通过合适的测试方法对应聘者进行测试，是组织获得满足需求的人力资源的必要手段。对于不同的求职者，结合组织空缺岗位的用人要求，应当用不同的方法进行测试和甄别，以使组织能够选拔到真正需要的人才。常用的选拔测试方法包括面试、笔试、心理测试、能力测试等，在人员招聘时，通常是多种测试方法结合运用。在进行人力资源招聘选拔测试过程中，要注意测试方法的效度与信度，保证测试的准确度与可信度，这样才能确保招聘测试结果的有效性。

（四）系统且有效的招聘评价

在企业的招聘过程中，要系统考虑招聘效率衡量的问题。招聘的效率衡量就是招聘成本的多少。招聘成本决定于招聘的工作岗位的类型、招聘活动的细致程度、使用的申请人来源的种类和数目以及所招聘的人员数量的多少。在实际的招聘评价过程中，可以使用一些客观因素，包括不同来源申请人的招聘成本、不同来源申请人的素质、不同来源新员工的绩效、不同来源的员工留职率以及不同招聘者招聘来的员工的绩效差异等指标。一个比较详细的招聘评价指标体系如表 4—2 所示。

表 4—2　　招聘评价指标体系

一般评价指标	1. 补充空缺的数量或百分比 2. 及时补充空缺的数量或百分比 3. 平均每位新员工的招聘成本 4. 业绩优良的新员工的数量或百分比 5. 留职至少一年以上的新员工的数量或百分比 6. 对新工作满意的新员工的数量或百分比
基于招聘者的评价标准	1. 从事面试的数量 2. 被面试者对面试质量的评级 3. 职业前景介绍的数量和质量等级 4. 推荐的候选人中被录用的比例 5. 推荐的候选人中被录用且业绩突出的员工的比例 6. 平均每次面试的成本
基于招聘方法的评价指标	1. 引发的申请的数量 2. 引发的合格申请的数量 3. 平均每个申请的成本 4. 从方法实施到接到申请的时间 5. 平均每个被录用的员工的招聘成本 6. 招聘的员工的质量（业绩、出勤等）

第二节　招聘过程管理

员工招聘是组织人力资源管理的一个重要组成部分，招聘活动的实现及其效果的达成需要经过一系列的流程。整个员工招聘的过程大致可分为招募、选拔、录用、评估四个阶段，如图 4—2 所示。

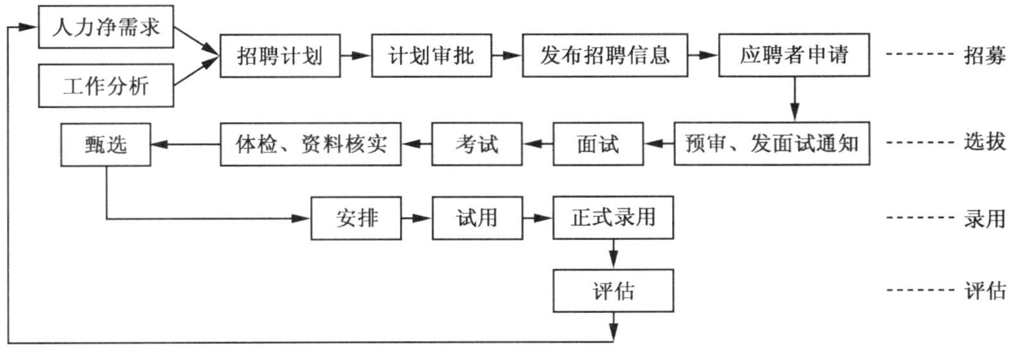

图 4—2　员工招聘的全过程

在具体执行招募工作时，一般按以下六个阶段完成招募工作，即确定职位空缺、选择招聘渠道、制订招聘计划、发布招聘信息、回收应聘资料、评估招聘效果（见图 4—3）。

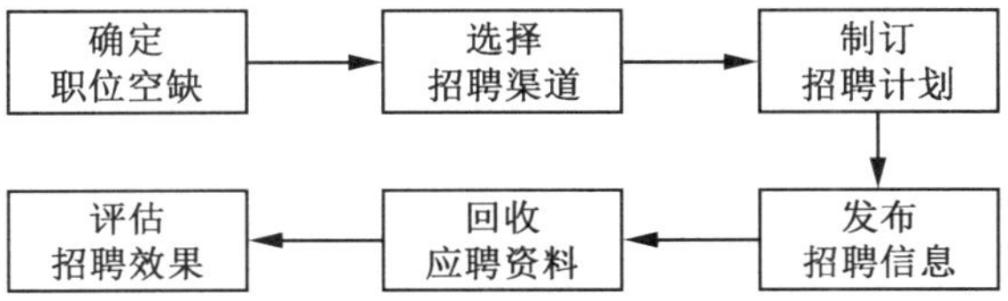

图 4—3　招募活动的程序

一、确定职位空缺

确定职位空缺是整个招聘活动的起点，包括数量和质量两个方面。只有明确获知企业中的空缺职位以及职位的具体要求后，才能够进行招聘。职位空缺的确定，要以人力资源规划和职位分析为基础。

二、选择招聘渠道

组织获取人力资源的途径有两种：内部招聘和外部招聘。内部招聘是指从组织原有员工范围内获取人力资源的一种途径；外部招聘则是指组织获取人力资源的外部来源。

表 4—3　　内部招聘与外部招聘比较分析

渠　道	优　势	劣　势
内部招聘	1. 有利于提高员工的士气和发展期望 2. 对组织工作的程序、企业文化、领导方式等比较熟悉，能够迅速展开工作 3. 对企业目标认同感强，辞职的可能性小，有利于个人和企业的长期发展 4. 风险小，对员工的工作绩效、能力和人品有基本了解，可靠性较高 5. 节约时间和费用	1. 容易引起同事间的过度竞争，发生内耗 2. 竞争失利者感到心理不平衡，难以安抚，容易降低士气 3. 新上任者面对的是“老人”，难以建立起领导声望 4. 容易“近亲繁殖”，思想、观念因循守旧，思考范围狭窄，缺乏创新与活力

续表

渠　道	优　势	劣　势
外部招聘	1. 为企业注入新鲜的“血液”，能够给企业带来活力 2. 避免企业内部相互竞争所造成的紧张气氛 3. 给企业内部人员压力，激发他们的工作动力 4. 选择的范围比较广，可以招聘到优秀的人才	1. 对内部人员是一个打击，感到晋升无望，会影响工作热情 2. 外部人员对企业情况不了解，需要较长的时间来适应 3. 对外部人员不是很了解，不容易做出客观的评价，可靠性较差 4. 外部人员不一定认同企业的价值观和企业文化，会对企业的稳定造成影响

由于两种渠道各有优劣，因此企业在选择到底是从内部招聘还是从外部招聘时，往往需要综合考虑这些利弊后才能做出决策。对于这一问题，也没有什么标准答案，有些企业倾向于从外部招聘，有些企业则更倾向于从内部进行招聘，如通用电气公司几十年来一直都从内部选拔CEO，而有些组织更倾向于从外部招聘，如IBM、惠普等公司的CEO大多从企业的外部而来。具体采用哪种来源需要组织综合考虑公司的战略计划、招聘的岗位、上岗速度以及企业的经营环境等因素。

目前，人力来源成为我国企业组织面临的挑战性课题，内部人员不能够满足需求，外部人员来源的弊端难以克服。很多企业在权衡利弊后，将加强组织内部的员工培训和内部人才培养的制度与程序建设作为解决问题的出路。企业内部高层次、关键性岗位的人员补充以内部招聘为主，对空缺出来的低层次或需要某些具体知识、技能性的工作岗位进行外部招聘。尽力将组织中的发展机会显性化、制度化，对已有人力资源进行充分开发，培养符合企业自身需要的经营人才。

三、制订招聘计划

招聘计划的制订，以工作分析为基础。组织通过工作分析，找出具体的岗位空缺，并形成工作描述和工作规范，包括对空缺工作岗位的性质和环境特点的描述以及空缺岗位人员需求的具体能力与素质要求。组织根据岗位空缺以及对这些岗位的具体要求制订人力资源招聘计划。组织在制订招聘计划时主要对以下几个问题进行规定：

（一）招聘岗位需求及具体要求

通过对组织人力资源现状及工作岗位的分析，确定组织对人员的需求状况，拟订人员需求计划，并结合岗位性质，制定出岗位需要人员的具体要求。

（二）招聘的时间跨度

组织对于不同人力资源需求的时间有不一样的要求，在招聘过程中也需要耗费一定的时间成本。在制订人力资源招聘计划时，要根据组织用人的紧迫程度和招聘活动的成本预算情况，确定招聘活动的时间跨度。因此，人员招聘的时间跨度要与组织用人需求紧密配合，有一个合理的时间安排，从而有利于组织更好地统筹安排各项工作。同时，人员招聘活动的时间跨度还要与组织的人力资源招聘预算相吻合。

（三）选择合适的渠道发布人员招聘信息

人力资源具有一定的层次性，不同的信息渠道对不同的人力资源影响程度不一样。因此，组织要针对用人需求，选择合适的渠道发布招聘信息。不同的人员需求可以通过不同的渠道获得，也可以通过不同渠道间的相互组合来取得招聘效果，对招聘渠道的选择会影响招聘效果，因此，组织要选择适合自身需要的招聘渠道，以招聘到适合需要的员工。如在进行低级别招聘时，可以通过劳动力市场或者职业介绍所；当进行高级别专门人才招聘时，需要通过猎头公司或者专门服务机构来获得，同时还要注意内部与外部招聘对组织人才获得的影响。

（四）人员招聘程序和方法的设计

组织招聘工作需要经历一定的程序，同时还要选择合适的方法进行人员招聘测试。对不同性质的岗位招聘要用不同的方法来测试应聘者的潜在工作能力。通过不同的测试手段可以检验应聘者的能力和素质，不同的测试方法又存在检验的效度与信度问题，因而组织要针对人才需求的不同来选择有针对性的测试方法，以使招聘选拔与测试可以准确反映出组织想要测试的能力，并要着力避免检验过程中的效度与信度的缺失。

（五）制定招聘预算

人员招聘活动必然要付出一定的成本，这包括招聘信息的制作、招聘信息的发布、招聘选拔费用等。面对当前激烈的人才竞争形势，组织在人员招聘过程中所需花费的成本也越来越高。确定一个合理的招聘预算，可以保证组织通过较少的成本投入获得最大的人力资源招聘收益。

四、发布招聘信息

制订招募计划后，便可以公布组织的用人需求，以吸引应聘者前来应聘。发布招聘信息，即向可能前来应聘的人群告知组织将要进行人员招聘的消息。为了使招聘信息能够产生足够好的招募效应，应当解决两个问题，即招聘信息的制作和信息发布渠道的选择。组织发布招聘信息，需要注意以下几个问题：

（一）招聘信息的制作

组织发布招聘信息，重要的是能够把组织所需的人员吸引来应聘，因而在招聘信息的制作上要下足功夫。制作招聘信息要注意以下几个问题：

第一，组织信息介绍。招聘活动是双向选择的过程，组织信息介绍可以加强求职者对组织的认同程度。组织招聘工作除了要招聘到合适的人才外，还要被看作向外界自我宣传的过程。通过精练的语言来介绍组织，不仅可以吸引求职者，而且可以对外形成一个良好的形象。

第二，对应聘者的要求。招聘信息一定要明确对求职者的要求，不仅是为了规范求职者的层次与能力，还可以为组织后续的招聘环节减少不必要的筛选成本。

（二）信息发布渠道的选择

通过不同的渠道发布招聘信息，可以使不同群体人员获得组织的需求信息。一般来说，发布信息的渠道选择要注意两个原则：第一，信息发布面广。只有把组织招聘信息放在一个较大的范围内发布，才有可能吸引到足够多的应聘者，提高组织从中挑选到合适的人员的概率。第二，信息发布时要注重人力资源的层次性。不同能力的人员总处于不同的层次，因此，组织发布招聘信息时，要注重信息对象的层次性，即使是同一次招聘，对不同需求的人员，也可以通过不同层次的渠道进行告知。

（三）信息发布要及时

招聘总是在组织有用人需求时才进行的，因此，组织要及时发布招聘信息，以使人员需求得到及时满足。招聘活动有不同的信息发布渠道，不同的信息渠道又有不同的适用范围。组织可以针对自身的用人需求，选择不同的信息发布渠道，以使用人需求在不同范围的人群中得到传播。

一般来说，常用的招聘信息发布渠道包括报纸、杂志、电视、专业刊物、互联网和户外广告等。不同方式有不同的特点。表4—4和表4—5分别是对不同信息发布渠道的比较及适用情形。

表4—4　　不同信息发布渠道比较

媒体类型	优　点	缺　点
报纸	标题短小精练，广告大小可灵活选择。发行集中于某一特定的地域，各种栏目分类编排，便于积极的求职者查找。 形式：常规报纸广告，特约栏目，软性广告，优点主要体现在弹性大、灵活、及时，对当地市场的覆盖率高，易被接受和被信任。	传递率低、保存性差、传真度差，广告版面太小易被忽视，受众面有限。
杂志	专业杂志会到达特定的职业群体手中。广告大小富有灵活性。广告的印刷质量较高。有较高的编排声誉。时限较长，求职者可能会将杂志保存起来再次翻看。 针对性强、选择性好、可信度高，并有一定的权威性，反复阅读率高、传读率高、保存期长。	发行的地域太广，固在希望将招募限定在某一特定区域时通常不能使用。广告的预约期较长。
电视	不容易被观众忽略。能够比报纸和杂志更好地让那些不是很积极的求职者了解到招募信息。可以将求职者来源限定在某一特定的地域。比印刷广告更能有效地渲染雇佣气氛。较少因广告集中而引起招募竞争。 现在公共交通上有了移动电视，其覆盖面又大了很多，覆盖面是广告推广很关键的因素（快速、直观）。	只能传递简短的、不是很复杂的信息。缺乏持久性：求职者不能回头再了解（需要不断重复播出才能给人留下印象）。成本高、干扰多，信息转瞬即逝，选择性、针对性较差。
专业刊物（招募宣传资料）	在求职者可能采取某种立即行动的时候，引起他们对企业雇佣的兴趣，极富灵活性。	作用有限。要使此种措施见效，首先必须保证求职者能够到招募现场。
互联网	网页端：广告制作效果好；信息容量大、传递速度快；可统计浏览人数；既可以单独发，也可以集中发布。 移动互联网端：受众多，阅读方便，随时随地可以查看，用户的浏览查看便于统计，而且可以做到精准送。	信息传播广；信息过多容易被忽略；有一些人不具备上网条件，没有计算机使用能力。广告易被忽略，阅读信息量受到限制。
户外广告	面积大、色彩鲜艳、主体鲜明、设计新颖，具有形象生动、简单明快等特点。广告形象突出，容易吸引行人的注意力，并且容易记忆。此外，户外广告多是不经意间给受众以视觉刺激，不具有强迫性，信息容易被认知和接受，并且户外广告一般发布的期限较长，能造成印象的累积效果。	成本高、传播面积小，动态化受到限制。 户外广告的内容比较简单，传达的信息量有限，多是企业或商品的形象广告，促销作用差。

表4—5　　不同信息发布渠道适用情形

媒体类型	何时使用合适
报纸	当你想将招募限定于某一地区时；当可能的求职者大量集中于某一地区时；当有大量的求职者在翻看报纸，并且希望被雇用时。
杂志	当所招募的工作承担者较为专业时；当时间和地区限制不是最重要时；当与正在进行的其他招募计划有关联时。

续表

媒体类型	何时使用合适
电视	当处于竞争的情况下,没有足够的求职者看你的印刷广告的时候;当职位空缺有许多种,而在某一特定地区又有足够求职者的时候;当需要迅速扩大影响的时候;当两周或更短的时间内足以对某一地区展开"闪电轰炸"的时候。 广告片、标版广告、专题片、游动字幕/插播、特约栏目等。
专业刊物 (招募宣传资料)	在一些特殊的场合,如为劳动者提供就业服务的就业交流会、公开招聘会上布置的海报、标语、旗帜、视听设备等;或者当求职者访问组织的某一工作时,向他们散发招募宣传材料。
互联网和 移动互联网	当下主要的招聘渠道:网络招聘。
户外广告	如招牌、广告牌、交通工具、霓虹灯等。

不同信息发布渠道具有不同的特点并存在一定的适用范围,组织在选择信息发布渠道时,要考虑以下几个因素:

(1)招聘的成本。不同的信息发布渠道需要的成本投入不同,对渠道的选择受到组织所能承担的招聘预算限制,如报纸平面广告就会比电视广告的投入要少。

(2)招聘的时效性。由于信息传递所需时间不同,因此信息发布渠道的选择还要受到人员需求的紧迫程度影响,如果用人需求比较紧,那么就需要选择信息传递快的渠道;如果人员需求并不十分迫切,则可选择相对慢一些的渠道。时效性还体现在招聘信息传播的持久性方面。

(3)招聘岗位的性质与特点。劳动力市场具有一定的层次性,不同性质的劳动力市场的劳动力供给是不相同的,不同的信息发布渠道所面向的劳动力市场也不尽相同。因此,组织在进行招聘活动时,要根据自身岗位需求的性质和特点,有针对性地选择信息发布渠道。

(4)劳动力市场的供给状况及劳动力市场的流动程度。如果劳动力市场供给存在一定的差异性,而且劳动力流动顺畅,那么,组织为了选拔到适合需要的优秀员工,就要选用覆盖面广的信息发布渠道,以使更多潜在的求职者可以知晓组织的用人需求。发布招聘信息时,还要向求职人员提供事先制定好的职位申请表(见表4—6)。这种统一格式的表格可以使组织重点考察满足用人需求所需要的基本信息,既有利于求职者按要求提交自己的资料,也便于组织后续选拔工作的开展,特别是简历筛选的实施。

表4—6　　职位申请表

<table>
<tr><td colspan="7">个人资料</td></tr>
<tr><td>姓名</td><td></td><td>性别</td><td></td><td>婚否</td><td></td><td rowspan="5">照片</td></tr>
<tr><td>学历</td><td></td><td>身高</td><td></td><td>体重</td><td></td></tr>
<tr><td>出生年月</td><td></td><td>年龄</td><td></td><td>户籍地</td><td></td></tr>
<tr><td>身份证号码</td><td colspan="2"></td><td>手机号码</td><td colspan="2"></td></tr>
<tr><td>现居住地址</td><td colspan="2"></td><td>QQ</td><td colspan="2"></td></tr>
<tr><td>应急联系人</td><td></td><td>关 系</td><td></td><td>应急联系人电话</td><td colspan="2"></td></tr>
<tr><td colspan="7">教育背景</td></tr>
<tr><td>学校名称</td><td>起止时间</td><td>所学专业</td><td>所获证书</td><td colspan="3">曾获奖励</td></tr>
<tr><td></td><td></td><td></td><td></td><td colspan="3"></td></tr>
</table>

续表

<table>
<tr><td colspan="8">工作经历</td></tr>
<tr><td>单位名称</td><td colspan="2">起止时间</td><td>职位</td><td>月薪</td><td colspan="2">离职原因</td><td>上司姓名及电话</td></tr>
<tr><td></td><td colspan="2"></td><td></td><td></td><td colspan="2"></td><td></td></tr>
<tr><td></td><td colspan="2"></td><td></td><td></td><td colspan="2"></td><td></td></tr>
<tr><td colspan="8">家庭成员</td></tr>
<tr><td>姓名</td><td>关系</td><td>年龄</td><td colspan="3">工作单位</td><td colspan="2">联系电话</td></tr>
<tr><td></td><td></td><td></td><td colspan="3"></td><td colspan="2"></td></tr>
<tr><td></td><td></td><td></td><td colspan="3"></td><td colspan="2"></td></tr>
<tr><td></td><td></td><td></td><td colspan="3"></td><td colspan="2"></td></tr>
<tr><td colspan="8">职位情况</td></tr>
<tr><td colspan="3">申请职位：</td><td colspan="3">期望月薪：</td><td colspan="2">上岗情况：</td></tr>
<tr><td colspan="8">其　他</td></tr>
<tr><td colspan="8">本人在该申请表中所填写的一切均属实且准确。如有隐瞒或虚报，自愿接受立即解雇之处分。本人授权调查上述资料的真实性。</td></tr>
</table>

五、回收应聘资料

企业通过有关途径把招聘信息发送出去之后，还要对应聘者的资料进行回收，以便进行下一步的选拔录用。招聘人员在回收应聘资料的过程中，并不只是被动地收取，还应当进行初步筛选，剔除那些明显不符合要求的人员，从而减轻录用的工作量。需要指出的是，初步筛选剔除的人员并不一定是不优秀的，只是不符合此次招聘的要求而已，对于这些人员的信息，企业应当保留起来，建立一个专门的招聘信息库，这样以后进行招聘时还可以使用这些信息，避免重复工作，也可以加快招聘的进程。

六、评估招聘效果

完成招聘活动后，还要对整个招聘活动的效果进行评估，用科学的方法和指标来测定人员招聘活动的实际效果，以确定此次招聘活动是否完成了预期目标。招聘评估完成后，还要对评估结果形成总结材料并存档，为组织下次再进行人员招聘活动时提供参考与借鉴。提高招聘效果需要有一定的策略性指导，在此介绍一下招聘中的营销思维。

(一)招聘 4P 营销策略思维

营销是创造、传播、传递和交换对顾客、合作伙伴乃至整个社会有价值的产品的一系列活动、机制和过程。而作为一名优秀的招聘工作人员，必须重新思考人员招聘的有效方法，将营销的理念融入招聘行为中，对招聘工作质量的提升有着非常关键的作用。招聘工作人员应以顾客为中心，将自己的工作成功地推荐给作为内部客户的部门经理和作为外部客户的潜在应聘者，并通过不断改善自己的客户服务技能来提高内外部客户的满意度，将企业推销给优秀人才。那么完全可以像营销一样来做招聘，企业招聘的 4P 模式是借鉴市场营销学中的 4P 组合而提出的概念，主要是指根据企业的人力资源规划，综合考虑企业的环境、能力、竞争状况，企业对自身可以控制的因素加以最佳组合和运用，以完成企业的招聘目的与任务，即产品(Product)—职位(Post)、价格(Price)—薪酬福利(Payment)、销售渠道(Place)—招聘渠道(Place)、产品促销(Promotion)—职位发布模式(Promotion),从这四个角度着重分析招聘行为。

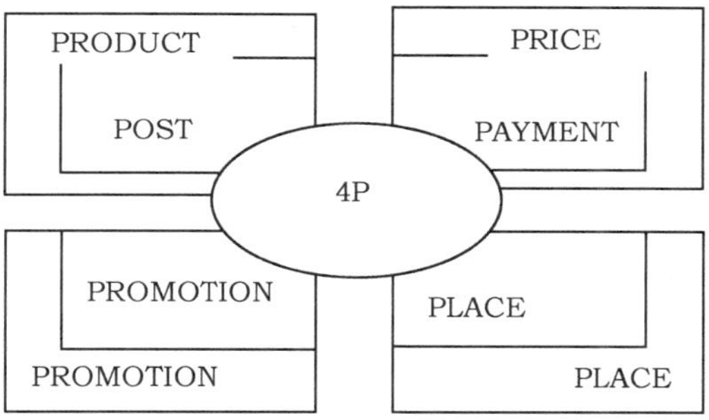

图 4—4　招聘 4P 与营销 4P 的关系

1. 招聘 4P 中的产品策略思维—职位介绍

(1)产品(Product)名称—职位(Post)名称

良好的职位名称设计为招聘做了良好的铺垫名称。不仅对产品,对职位也同样重要。企业在为职位设计名称时可以遵循以下两点:一是要体现其特征;二是取名应注意简洁、明快、高大上。比如,现在很多中小型生产企业将公司的业务员称作销售经理、将金融行业的业务员称为理财规划师等,既可以满足求职者新鲜感,也让求职者对职位更有信心,满足求职者基本的心理需求。

(2)产品(Product)—职位(Post)说明书

一份详细的产品说明书,能让顾客快速了解产品功能、特性等。一份标准的职位说明书应该具备对企业岗位的任职条件、岗位目的、指挥关系、沟通关系、职责范围、负责程度和考核评价内容给予的定义性说明。

在企业招聘宣传的过程中,企业的人力资源管理招聘人员必须不断向对方强化:企业提供的不仅是一份工作、还是一个大好的职业发展机会。传统的工作描述通常会罗列公司所要求的技能、资历以及工作经历等,既发挥不了营销工具的作用,也预示不了应聘者能否在这个岗位取得成功。所以,要想提供有吸引力的工作描述,企业就要站在应聘者的角度、在工作描述中重点强调他将在这个岗位上做些什么、学到什么、成为什么样的人。企业还要清晰表述他可以发挥的影响力。

从营销的角度看,企业必须消除那些非描述性的头衔。有一家公司在为自己的大型慈善团队招聘主管时、给对方的头衔是“非营利性组织 CEO —回到未来”。并且在广告中描述了应聘者在接下来的五年内可以在慈善事业方面发挥的影响力,这样的工作描述极具吸引力。企业在描述中应该让发展机会成为焦点:所招聘的职位描述必须清晰地指出这份工作所具有的挑战、应聘成功者能在公司发挥的影响力以及成长机会。当招聘官初次接触应聘者时,不管对方表现得主动还是被动,招聘官的重点必须放在促使应聘者站在职业发展的角度来评估企业所提供给他的机会上,而不能让他仅仅把它当作一份能提供更多薪水或离家更近一点的工作。这有助于谈判流程的顺利进行,并最大限度地降低他被竞争对手吸引走的概率 。

2. 招聘 4P 中的价格策略思维——薪酬策略

产品价格是市场营销组合中十分敏感而又难以控制的因素,直接关系到市场对产品的接受程度,影响着市场需求和企业的利润,涉及生产者、经营者和消费者等多方利益。为了有效开展市场营销,增加销售收入和提高利润,企业不仅要给产品制定基本价格,还应对指定的基本价格适时地进行修改。

而对于职位的定价，也就是所谓招聘岗位的薪酬制定，也可以借鉴市场营销中对产品定价的方法。企业招聘的薪酬分为基本工资、绩效和福利待遇三大模块。当然，薪资福利待遇越高，就越具有竞争力。但与此同时必须要考虑到企业的员工成本、企业效益以及企业自身发展情况。招聘职位的基本薪酬对应该职位在市场企业中的价值，再依据企业自身的发展情况给予相应的绩效和福利待遇，其绩效和福利待遇应对外具有竞争性、对内具有公平性才能吸引更多的优秀人才。

（1）定价策略

定价工作复杂，必须全面考虑各方面因素，采取一系列步骤和措施。一般来说，定价决策有六个步骤，即选择定价目标、估算成本、测定需求的价格弹性、分析竞争产品与价格、选择适当的定价方法和选定最后价格。

岗位的定价受三个方面因素的影响，即产品成本（政策规定的最低工作标准）、市场需求（岗位所需的市场人才占比量）、竞争者的产品价格（其他企业同岗位的薪资待遇），以及该岗位在企业的贡献值。在实践中，企业还应考虑和利用灵活多变的定价策略，修正和调整岗位价格。

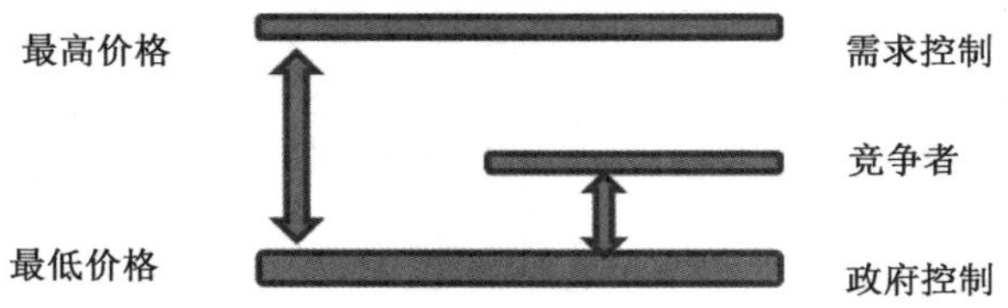

图 4—5　定价模型

在制定岗位价格时，首先，要了解当地政府的最低工资标准；其次，要了解该岗位在其他企业的薪资；最后，根据该岗位在企业的贡献值和企业需求程度来定价，不能盲目采用“低成本”策略。

基于营销的角度思考，常见的是“成本加成定价法”——职位价格＝基本工资＋绩效奖金。但是，这种定价法已经不能完全实现吸引人才的目的。企业在给岗位定价时，还可以利用市场营销中的“差别定价法”，将所有的求职者划分成不同的等级。

根据等级来设置价格区间，而最终的岗位定价可以根据“顾客细分定价法”，即应聘者的能力高低来决定。

另外，需求价格弹性对定价存在影响，即该人才是否是市场紧缺人才或者是企业所急需的人才，需求价格弹性系数＝需求量变动的百分比/价格变动的百分比。即弹性系数越小，职位的薪资定价越高。

（2）福利捆绑

在薪资方面，当企业和其他企业差别小的时候可以考虑“提高被认知的质量”，即领先者可以维持原价格但要增加产品的价值。企业可以改进自身的产品、服务和信息沟通以便使顾客能看到更多价值，该方法可以提醒企业完善福利体系。

企业最终的价格组合为：基本工资＋绩效奖金＋福利待遇。在福利待遇上，企业可根据自身的发展情况给予员工相应的福利待遇，福利待遇不一定要像那些大企业一样，但是要从员工的角度出发，例如：一周休半天公司一起聚餐，下午给员工发放点心和零食；一个月组织一次户外活动，给员工归属感。

3. 招聘 4P 中的渠道策略思维——招聘渠道

市场活动中的信息地位是至关重要的，相当于人的感觉器官。因此，招聘者对于在什么地方、什么时间可以获得什么样的人才要非常清楚。根据企业的招聘要求和空缺岗位任职资格，选择合适的招聘渠道。企业选择正确的招聘渠道，能使招聘的成本最优化和效果最大化。招聘渠道的选择，需要根据岗位求职者的来源确定。

从营销的角度来看，所谓渠道是指商品从生产企业流转到消费者手上的过程中所经历的各个环节和推动力量之和，这也是产品和消费者之间的桥梁，能让消费者购买到产品。招聘过程也一样，岗位和薪资确定之后，需要让求职者知道企业的信息，这也需要搭建一座桥梁。

招聘中的候选人就是我们产品的消费群体，但是我们的消费群体在哪里，我们面对的客户是谁？这些要先做分析。就如同销售一样，不同的产品类别有不同的销售渠道，如纸巾面对的群体是大众，我们可以在超市里面买到；而建材面对的群体是建筑商，我们就只能在建材市场买到。所以我们要对岗位进行分析，对于普通岗位：人力、行政、财务等可以通过招聘平台发布信息（大众性网站、人才市场等），而对于专业性比较强的岗位（设计师、产品计划人员、品质管理人员等）就需要分析他们经常活动的区域，投放广告要有针对性，以吸引他们，如专业论坛等，旨在根据不同求职者的特性设计不同的招聘渠道。此外，渠道的选择还需要考虑成本和时效性。

4. 招聘 4P 中的促销策略思维——职位促销

促销作为传统营销理论的四个支柱之一，其重要性不仅被企业深刻认识，还成为企业广泛运用的营销手段。现代市场营销不仅要求企业开发适销对路的产品，制定有吸引力的价格，通过合适的渠道使目标顾客得到他们所需的产品，而且还要求企业树立其在市场上的形象，提升企业与社会公众的信息交流和沟通能力，即进行促销活动。

为了将职位“商品”出售给广大应聘者，企业通常会向其介绍职位、薪酬待遇、企业经营发展的一般情况。但要想获得大多数企业争夺的优秀人才，企业采取适当的促销宣传手段是非常有必要的。因此，市场营销中的很多策略可以用在招聘中，解决企业用什么方式来吸引更多的求职者、在人才竞争中采用什么政策、怎样提升企业的整体形象等问题。在宣传上，首先是介绍企业文化、公司发展历程和远景、产品，其次才是职位、福利等。在招聘的过程中，企业的招聘决策应根据应聘者的需求采用相应的促销手段，促销的作用就是：将企业前期为吸纳人才做的职位“特色”传递给求职者，刺激他们的“需求”，并对企业所招聘的职位产生偏爱。

（1）“促销”基本策略——推动策略和拉引策略

①推动策略——以人员推销为主的方式把商品推向市场的促销组合策略。

一是企业的品牌设计。在招聘促销推广中，企业品牌要设计新颖，例如，长江证券的企业标语“汇聚长江，杨帆远航”，体现了企业的开放胸怀与远大抱负，同时也表示愿与员工共成长、共创未来。

二是企业的品牌建设。校园招聘是很多企业乐于参加的，招聘者能在比较大的一个市场将企业品牌推广出去。例如，校园宣讲、职业生涯讲座、项目竞赛和实习生招聘等。

②“拉引策略”——以广告为主的方式吸引消费者购买产品的促销组合策略。目的是引起消费者的消费欲望，激发其购买动机，增加分销渠道压力，使消费者需求和购买一层一层地传递到企业。

广告推广策略，广告能推广企业品牌，在广告制作原则上，企业的招聘要内容完整，通过职业发展规划、培训机制、福利待遇等包装企业品牌。

在广告内容制作上可以参考 AIDA 原则：

A——注意(attention)。要向求职者展示企业的发展，以及所招聘职位的发展途径。

I——兴趣(interesting)。保证企业所招聘的职位的福利待遇等能吸引求职者的兴趣。

D——欲望(desire)。强调求职者与职位的匹配性，及企业对人才的迫切渴望、重视。

A——行动(action)。可以录制短视频，从企业为了人才奔波等角度。

(2)特殊“促销”策略—— 捆绑销售

①“捆绑”户籍。企业承诺能在员工入职一定时间后为其办理户口迁移，这对于部分人才来说可能会比薪资上的待遇更有吸引力。比如，华为会把员工的户口迁移至深圳，当地户口的优惠政策会比非当地户口好很多。

②“捆绑”家属。异地是情侣、夫妻抹不去的伤痛，每年以“要和另一半在一起”而辞职的人很多。企业可以通过“捆绑”家属来促销其职位。这样既能解决人才供给的问题，又能为求职者解决家庭烦恼。

第三节　招聘渠道及其选择

一般来说，组织的用人需求可以通过外部招聘和内部选拔两种方式来得到满足。这两种方式有不同的优点，同时也有各自的劣势。采用不同的方案，要基于组织内外部人力资源状况而定，同时还要结合不同方案对组织招聘成本的投入与对内部团结的影响程度来选择。但不论采用哪种方式来为组织招聘人员，其最终目的都在于以最小的成本为组织招聘到最合适的人才。从严格意义上来说，外部招聘与内部招聘是人力资源开发与管理中两种不同的获得人力资源的方式。外部招聘是组织人力资源的吸收，内部招聘是组织人力资源的开发，这两种不同的招聘方式都是为了满足组织的用人需求。两种方案具有不同的特点，选择哪种方式满足人员需要，取决于组织内部人力资源状况和岗位要求。

一、内部招聘

当组织内部出现岗位空缺时，首先要考虑通过内部调整来满足用人需求。通过内部人员选拔是满足组织用人需求的重要途径。一些调查表明，有 90%的管理岗位是由内部招聘来填补的。

(一)内部招聘的来源

内部招聘人员来源有内部提升和内部调用两种不同的途径。

1. 内部提升

内部提升是当组织重要职位空缺时，将组织内部员工从一个较低的岗位提升到一个较高的岗位，以满足组织用人需求。

内部提升的优点在于，可以为员工提供一个良好的发展平台，同时也让其他员工看到自己的发展前景。内部提升是将一个较低岗位的员工提拔到一个较高岗位，这样被提拔员工原来的岗位又出现空缺，也就为组织再次进行内部招聘创造了条件。一个注重内部提升的组织，可以为员工实现个人职业发展提供通道，对员工有很好的激励作用，也有利于形成统一的组织文化。当然，这种方式也存在一定的缺点，主要表现为：加大了组织的人力资源封闭性，不利于从外部吸收优秀人才。

2. 内部调用

内部调用是将组织内部员工在一个相同或相近的工作级别间转换工作，或者将员工工作级别略有下降地调整使用。一般而言，将组织中处于一个较高级别的员工调到一个较低级别的岗位，这种方式在组织进行人员选拔中比较少见，但如果组织内部出现较大的人员危机，需要从较高级别的员工中选择有经验和能力的人去处理时，就可以运用这种方式。

这种形式的优点在于，员工可以很快进入工作状态，更好地熟悉组织运转状况，也有利于形成统一的组织文化。其缺点在于组织人员调整仅在组织内部完成，并不利于内部人员结构改善与素质提高。如果员工是在同一级或者是略有下降的调整，可能会影响员工的工作积极性。

（二）内部招聘的方法

要在内部进行人员选拔，就必须对组织人员状况有充分的了解，这样才能在需要时，及时从现有人力资源中选取适用的人员。因此，需要在平时就对组织拥有的人力资源状况进行总结和备档。一般可采用四种方法进行内部人员选拔。

1. 工作布告

工作布告是组织内部招聘比较常见的方法。最初的做法是在企业布告栏发布有人员空缺的工作岗位的信息，符合条件的员工都可以“投标”，再在竞标者中进行挑选。工作布告给员工提供一个公平选择工作岗位的机会，能使企业内最合适的员工有机会从事该工作，有利于调动员工的积极性，更符合“人性化管理”理念。但这种方法若采用不当，会使企业内部缺乏稳定性，影响落选员工的工作积极性和工作表现。

表 4—7　　内部招聘公告示例

内部招聘公告

为满足公司用人需求，现向公司总部各部门、各分公司办事处、××公司公开招聘营运专员、数据分析员、销售客服、电子商务主管、网页设计师、平面设计师、VIP 客服文员等职位。现将有关事项公告如下：

一、招聘岗位

1. 总公司营运中心

2. 销售客服：2 名

3. 任职要求：全日制大专以上学历，女性优先；2 年以上销售客服类工作经验；熟悉网购流程，电脑使用熟练，文字表达能力强；勤奋、踏实、良好的工作心态；熟悉服装行业，有淘宝客服经验者优先。

二、招聘程序

招聘工作按照自愿报名（填写《工作岗位调动申请表》，附个人简历）、资格审查（主管部门负责人签批、人力资源部审查）、统一考试（包括人力资源部和用人部门的笔试、面试）、决定聘用的流程进行。

三、报名方式

此次报名工作采取网络与电话报名的方式，应聘者可通过电话 0757－8565××××，电子邮件 nhdfhr@163. com，或 QQ 向人力资源部蔡××索要《工作岗位调动申请表》，填写完整经主管部门负责人签批后，与个人简历一并传真至 0757－8565××××，或以快递方式寄到总公司人力资源部蔡××收。

各同事也可先递交简历至人力资源部，人力资源部审查基本情况后再填写《工作岗位调动申请表》。

四、注意事项

1. 应聘者每人只限报一个职位。所有应聘者资料严格保密，概不退回。

2. 应聘者应对所提供的资料真实性负责，凡发现有造假者，均取消应聘资格。

3. 推荐外部人员应聘，请直接将简历发送到 nhdfhr@163. com。

4. 如有疑问，请致电 0757－8565××××咨询。

5. 更多招聘信息，请登录前程无忧网查询。

人力资源部

2018 年 8 月 3 日

2. 主管推荐

主管对本部门员工的工作能力有较为全面的了解，只要主管人员客观、公正地评价并推荐员工，而不是为了提拔他们的“亲信”而放弃优秀的候选人，这种方法就不失为一种好的招聘方式。由于主管推荐很难不受主观因素的影响，多数员工会质疑这种方式的公平性，会认为，正是这种不公平的对待，使他们丧失了可能的晋升机会，影响其工作积极性。部门主管会比较认同这种方法，当他们有权挑选或决定晋升人选时，会更关注员工的工作细节和潜在能力，会在人员培养方面投入更多的精力，同时也会促使那些正在寻求晋升机会的员工努力地争取更好的工作表现。

3. 人才库

建立电子化的“员工人才库”，实现员工职业信息的计算机管理，员工信息包括工作经历、教育程度、优点和缺点、特殊才能、参加过的培训、计划参加的培训、人才培养的方向、可能晋升的职位等与职业发展相关的信息，当出现职位空缺时，计算机系统能够迅速搜索到符合条件的候选人。

4. 竞聘上岗

竞聘上岗是内部招聘的常见方法，原理是：通过公开竞聘的方式，挑选出最适合、最匹配的人，使职得其才、才得其用。

内部竞聘，重点在“竞”字，参聘者在相同的竞争规则面前，在相对较短的时间内，充分展现自己的综合素质；组织者在所有参聘者中发现适合企业的人才，选取其中的佼佼者。因此，程序公正、过程公开、结果公平就成为内部竞聘最大的关注点。

一般来说，内部竞聘的步骤分为五个，即确定竞聘岗位、制订和公布竞聘方案、建立竞聘组织机构、考评参聘人员、公布竞聘结果及后续工作。

(1)确定竞聘岗位

企业最大的成本是拥有一批没有充分发挥能力的员工，企业最大的潜力是把员工的积极性充分调动起来。作为激发人才沉淀层、促进优秀人才脱颖而出的方式，内部竞聘一直受到企业的高度重视，在管理岗位应用较多。

在选择内部竞聘岗位时，应该考虑三个重要因素：一是是否符合企业需要，是否符合企业的战略发展、企业未来的组织结构变化及人力资源发展规划；二是该岗位是否适合做内部竞聘，一般来说，中高层岗位才适合采用内部竞聘的方式；三是是否符合企业文化的习惯和要求，必须考虑到，采用内部竞聘方式进行的岗位，以及相应的人力资源配套政策是员工可以接受的。

(2)制订和公布竞聘方案

企业可以采用的内部竞聘的办法有很多，但如何在众多的办法中选择最适合自己的，是制订内部竞聘方案的首要一步。

首先必须对每种竞聘方式有一个比较细致的了解，包括能够检验出参聘者的哪些素质以及其优缺点等各方面操作特点。同时，必须对企业自身的情况进行分析，包括企业的规模、企业内部特别是普通员工对竞聘的认识和期待程度、竞聘岗位的层次及所需文化水平、参聘人员范围、评审者对参聘人员的熟悉程度、可以用于内部竞聘的时间和精力、打算在竞聘工作中投入的财力，以及企业希望通过内部竞聘所要达到的最重要的目标是什么，如是为了找到最合适的人才还是为了营造企业人才竞争的气氛？还是两者都有？等等。

公布竞聘方案的办法有很多，如张贴布告、电子邮件、网上公布、主管通知等。但最关键的是，应该通过公布竞聘方案的形式，向所有可能参聘的人员及所有员工传递一个这样的信息：企业强调的是能力至上，鼓励员工实现自身价值，为企业创造价值。公布方案的方式必须是最大限度地扩大受众，语气最好极具鼓舞性。竞聘广告应说明竞聘岗位、职位、职位说明书、竞聘条件、报名时间、地点、方式等。随后，企业有必要召开竞聘动员会，由评审者、组织者与广大员工面对面地正式交流，鼓励员工积极参与，并回答员工的一些疑虑，这样能有效推动竞聘的开展。

(3)建立竞聘组织机构

竞聘的组织机构是内部竞聘取得成功的重要一环。这包括竞聘的评审者和竞聘工作组。竞聘评审者作为竞聘者的考官是竞聘中的关键人员。成员一般有 5～9 人(人数通常为单数)，可以全部由企业内部人员组成，最好聘请一位企业外部资深人力资源专家担任主考官或考核顾问(增强工作的专业性、客观性和科学性)。对一些专业性极强的岗位，还可请该部门资深技术专家参与评审，评审成员最好不要全部由高管人员组成。

竞聘工作组的职能包括：向员工或其他关心竞聘的人员解释竞聘方案和其他疑问；协调企业各个部门，保障内部竞聘顺利进行；初步审核参聘人员的参与资格；负责整个竞聘工作的组织、整体进度的安排及跟进；竞聘过程中突发事件的处理，组织竞聘演讲答辩会或面试评审；等等。

(4)考评参聘人员

这是实施内部竞聘过程中最重要的一个环节，考评参聘人员的过程一般分为三个步骤，即接受参聘人员报名及资格审查(剔除明显不符合要求的申请者，使申请池变小)，初试、评审，演讲与答辩。

这里最重要的是，参聘资格、评审办法和竞聘结果要全部公开，接受广大员工的充分监督(所有岗位无一例外不能有内定对象)。竞聘的公平、公正就是让员工感觉到过程公平公开、结果公正。对此，企业不妨采取扩大普通员工参与的方式，竞聘的时候采用笔试、演讲、答辩的形式，最大范围地让员工旁听。考评过程尽可能公开，让员工参与，这不仅可以实现公开公平，还可逐步构建企业的竞聘文化。

当然，也可突破演讲、答辩等传统方式，适当引入结构化面试、角色扮演、案例分析、无领导小组讨论等方法，再让员工参与评审，不失为一个有效的手段。

(5)公布竞聘结果及后续工作

这里涉及两项工作内容：一是对竞聘成功离开原岗位后所遗留的工作空缺的安排，二是对落选者回到原岗位后的心态调整。

人力资源部必须要与所有落选者及其主管进行坦诚沟通，组织者应该与各个部门主管沟通，让他们认识到竞聘与企业人才任用机制的关系，不能只照顾小集体的利益和个人得失。参聘人员则应与主管充分沟通，坦白自己参与竞聘的目的与思路。

内部竞聘是企业适应内外部环境不断变化而进行的一项长期而艰巨的工作，企业只有在操作中不断完善和改进，才能促进企业在员工配置和激励方面的人力资源管理工作。

表 4—8 内部竞聘通知示例

内部竞聘通知 公司各单位： 为建立内部人才竞争机制，优化人力资源配置，经公司研究决定，拟在公司范围内公开竞聘总经理助理(行政方向 1 人、销售策划方向 1 人)岗位人员，具体要求如下： 1. 较好的文字功底，较强的语言组织能力； 2. 有较强的组织、协调、沟通能力、人际交往能力以及敏锐的洞察力，具有很强的判断与决策能力、计划和执行能力； 3. 良好的团队协作精神，为人诚实可靠、品行端正； 4. 销售策划方向：熟悉市场作业流程及规范，熟悉销售制度； 5. 熟练使用办公软件。 参加竞聘人员请到综合管理部报名，公司将于本周五和下周(时间待定)举行两场面试，竞聘成功后将协助总经理开展日常工作。 特此通知

二、外部招聘

当组织内部现有的人员数量与员工结构无法满足组织的人力资源需求，或者组织内部需要通过补充新鲜血液来提升整体活力时，就要通过外部招聘的方式来获得新的人员需求的满足。

外部招聘，即当组织需要补充新的员工时，通过一定的标准与程序，从组织外部的应聘者中选择符合空缺职位需求的人员，以满足组织用人需求的过程。通过外部招聘，可以为组织提供更大范围的选择，可以使组织招聘到具有不同于组织原有观念的员工，从而为组织带来不同背景和新思想的员工，当这些员工进入后，可以减少组织现有弊端的影响和束缚，有利于激发组织的活力。同时，通过外部招聘的方式来满足组织人力资源需求，不仅是组织吸收人力资源的过程，还应将其视为组织对外宣传的机会。因此，通过外部招聘的方式选拔人才时，不仅要考虑组织所需人员的特点，还要注重对招聘时间和地点的选择。

(一)外部招聘的来源

如果没有适宜的内部应聘者，或者内部人力不能满足招聘人数，就需从外部招聘。一般在下列情况下更适合采用外部招聘：①补充初级岗位；②获取现有员工不具备的技术；③获得能够提供新思想且具有不同背景的员工。相比内部招聘，外部招聘的来源比较多，可以大致分为以下几种：

1. 在校学生

学校是组织招聘初级岗位的重要来源。组织往往从职业学校中招聘办事员或其他初级操作性员工。例如，许多家用电器修理、小机械装配、服务礼仪等专业职业学校，都可以给企业提供合格的初级员工。有些公司甚至与职业学校合作，以保证这种经过培训并且具有特殊工作技能员工的供应。在大学里，组织往往可以发现潜在的专业人员、技术人员和管理人员。由于从校园招聘对企业和大学双方都有益，所以双方都采取一定的措施来发展和保持密切的联系。目前，很多企业会派招聘人员去学校进行招聘宣传和筛选工作，还有些企业通过设立奖学金，提供实习、勤工俭学的机会等方法吸引毕业生加入他们的组织。

倾向于从学校招聘员工的组织往往具备很好的培训体系，不强调新员工的社会经验和工作经验；另外，对于那些十分强调培养独特的组织文化的企业来说，没有在其他企业中长期服务过的毕业生也比较容易被塑造和培养。

2. 竞争对手或其他公司

对于一个要求具有近期工作经验的职位来说，其竞争对手和同一行业中的其他公司可能是一个较好的招聘来源。随着人员的流动性日益加大，这个渠道越来越显示出其重要性。对于那些没有能力提供完备的培训过程的小公司来说，它们更加注重寻求那些受过大公司良好培训的员工。

3. 失业者/下岗人员

失业者/下岗人员也是重要的招聘来源。有许多合格的求职者由于不同的原因加入失业队伍中。例如，公司破产、削减业务或被其他公司兼并，都使许多合格的员工失去了工作。这些员工往往薪酬要求不高，有利于企业节约人力资本。另外，由于这些人经历过失去工作的痛苦，因此，当他们重新就业后会更珍惜现有的工作机会，工作努力程度比较高，对企业的归属感也比较强。

4. 退伍/转业军人

退伍/转业军人往往具有明确的目标和团队取向，有高度责任感和纪律性，并具备优秀的身体素质和道德品质。对那些强调全面质量管理和组织忠诚度的企业来说，这是一个很好的员工来源。

5. 老工人

那些已退休的老工人也是一个宝贵的员工来源。由于老工人具有丰富的社会经验，较为稳重和可靠，他们可以弥补年轻员工的经验不足；此外，由于老工人的生活压力比较轻，因此，他们对薪资待遇的要求并不是很高。曾有调查显示，大多数组织对老工人评价很高，因为他们具有良好的知识、技能、职业道德、忠诚感。

6. 个体劳动者

个体劳动者也是一个良好的潜在招聘来源。对于要求具备公司内部技术、专业、管理或企业专门知识的各种工作来说，这些人也构成了一种求职者的来源。

(二)外部招聘的方法

外部来源可以通过以下招聘方法获得求职者：

1. 发布招聘广告

广告是单位从外部招聘人员常用的方法之一。通常的做法是在一些大众媒体上刊登出单位岗位空缺的消息，吸引对这些空缺岗位感兴趣的潜在人选应聘。采用广告的形式进行招聘，由于工作空缺的信息发布迅速，能够在一两天内就传达给外界，同时有广泛的宣传效果，可以展示单位实力。

发布广告有两个关键的问题：其一是广告媒体如何选择，其二是广告内容如何设计。一般来说，单位可选择的广告媒体很多，传统媒体如广播电视、报纸、杂志等，现代媒体如网站等，其总体特点是信息传播范围广、速度快，应聘人员数量大、层次丰富，单位的选择余地大。在决定广告内容时，单位必须注意要维护和提升单位的对外形象。

广告的内容不仅应明确告诉潜在的应聘者，组织能够提供什么岗位、对应聘者的要求是什么，而且广告应有吸引力，能够激起大众对组织的兴趣。另外，广告还应告诉应聘者申请的方式，这些内容都应在确定广告内容时给予充分的注意。前文已对广告发布的渠道进行了分析，故不再赘述。

2. 员工推荐

即当组织需要进行人员补充时,可以由员工向组织推荐他们认为合适的人前来应聘。这是人员招聘中比较传统的方法,在我国,进城务工的农民工主要的务工渠道就是通过亲友介绍进入工厂。在国外,这种方式也比较盛行,以美国微软公司为例,约有30%的开发人员是由内部员工推荐招聘录用的。一般来说,通过员工推荐的方式来满足组织用人需求可以提高组织人员招聘活动的成功率和降低组织人力资源的流失率。由于应聘者对组织的了解程度比较高,招聘的成功率比较高,员工本身与应聘者之间的良好关系,也使招聘进来的员工保持较少的流失率,加强了组织内部人员结构的稳定,从而促进组织文化的建设。通过员工招聘的方式满足用人需求还具有以下优点:一方面,由于员工推荐省去了组织对外宣传招聘的环节,可以节省一般招聘流程中的很多步骤,节约招聘成本;另一方面,由于新招入的人员在组织中有自己的熟人,可以使他们更加快速地融入工作的角色中。用这种方式获取人力资源的劣势在于,可能会使组织内部因熟人网络形成“裙带关系”或者小团体。

3. 招聘会

参加招聘会是组织进行招聘的一种重要形式。这种方式的特点在于,在短时间内可以集中众多的求职者,使组织可以集中了解众多求职者的信息,并可以从这些求职者当中选取到合适的人员。同时,由于这里的应聘者集中,组织还可以通过这样的方式进行组织形象的展示和宣传,加深求职者对组织的了解,建立组织公众形象。

4. 职业中介机构

随着人才流动的日益普遍,各类人才交流中心、职业介绍所、劳动力就业服务中心等就业中介机构应运而生。这些机构承担着双重角色:既为单位择人,也为求职者择业。借助这些机构,单位与求职者均可获得大量的信息,同时也可传播各自的信息。这些机构通过定期或不定期地举行交流会,使得供需双方面对面地进行商谈,缩短了招聘与应聘的时间。

(1)人才交流中心。在全国的各大中城市,一般都有人才交流服务机构。这些机构常年为单位服务。它们一般建有人才资料库,用人单位可以很方便地在资料库中查询条件基本相符的人员资料。通过人才交流中心选择人员,具有针对性强、费用低廉等优点,但对于如计算机、通信等专业的热门人才或高级人才的招聘效果不太理想。

(2)招聘洽谈会。人才交流中心或其他人才机构每年都要举办多场招聘洽谈会。在洽谈会中,单位和应聘者可以直接进行接洽和交流,节省了单位和应聘者的时间。随着人才交流市场的日益完善,洽谈会呈现出向专业化方向发展的趋势。比如有中高级人才洽谈会、应届生双向选择会、信息技术人才交流会等。通过参加招聘洽谈会,单位招聘人员不仅可以了解当地人力资源素质和走向,还可以了解同行业其他单位的人力资源政策和人才需求情况。虽然这种方法应聘者集中,单位选择的余地较大,但有时还是难以招聘到合适的高级人才。

企业借助招聘洽谈会时应关注的问题:

①了解招聘会的档次。首先要搜集信息,例如,规模有多大、都有哪些单位参加、场地在哪里等。如果参加招聘会的单位与你们单位的档次有很大差异,那么最好不要参加这场招聘会,因为你可能挑选不到合适的候选人。

②了解招聘会面对的对象,以判断是否有企业所要招聘的人。如果一场招聘会主要是面对大学毕业生的,而你们公司并不需要大学毕业生,那么这场招聘会可能对你们的用处就不大。

③注意招聘会的组织者。要关注招聘会组织者的组织能力如何、社会影响力有多大,因为这将决定招聘会的规模和参加的人员。

④注意招聘会的信息宣传。

5. 校园招聘

校园招聘是一种特殊的外部招聘途径。是指招聘组织(企业等)直接从学校招聘各类、各层次应届毕业生,也指招聘组织(企业等)通过各种方式招聘各类、各层次应届毕业生。

大学开设的专业多,人才也多,一直是一个良好的人才供给市场,可以满足组织的用人需求。大学毕业生有较高的专业知识积累和良好的职业素质,相对而言,具有比较高的素质和可塑性。面对日益激烈的市场竞争环境,很多有远见的企业已经不再满足于仅仅从大学中招录毕业生,而是更多地转向人才培养,通过在学校设立专门奖学金或者建立合作办学班,以及提供实习基地等方式,与学校人才培养建立起长期、牢固的联系,使学校成为企业稳定的人才供给基地。

校园招聘的主要形式是:

(1)专场招聘

在每年校园招聘的高峰时节,当地政府以及各高校都会组织一些大型的专场招聘会,来自全国各地的企业在指定的时间和场馆“摆摊设点”,为前来投递简历的学生提供面对面的交流机会,并及时进行选拔测试。这种方式一般适合于招聘对象明确、招聘人数不多的中小型企业。

(2)校园宣讲

校园宣讲会是企业在校园招聘伊始针对目标高校组织的专门的讲座,通过企业高层、人力资源负责人以及在本公司工作的该校校友的现身说法来传达公司基本概况,介绍企业文化、经营理念,发布职位空缺、招聘条件和招聘流程等,通过情绪的感召与互动使学生全面了解企业。在宣讲会开始前一般会通过在学校网站发布消息、在校园张贴海报等形式宣传企业形象及其产品,达到一定的营销目的。有些实力雄厚的企业甚至选择全国巡回宣讲,整个校园招聘历时数月,足迹遍布全国主要城市。这种校园招聘成本固然不菲,但因为学校和专业都定位准确,所以招聘效果是最理想的,而且在整个巡回宣讲过程中对企业形象的宣传力度也比较可观。

(3)实习招募

实习生计划作为校园招聘的一个前奏,一般在应届毕业生正式求职前,特别是毕业前的那个暑假,为经过初步挑选的大学生提供一些实习岗位,那些表现优秀的实习生,将作为正式录用的备选人才。实习生计划至少有三个好处,首先,可以避开校园招聘的人才争夺高峰,将一些优秀毕业生提前纳入人才储备库,在人才争夺战中抢占先机。其次,通过实习,企业能够提前了解应届毕业生的个性特点、人品、价值观及在实际工作中的能力表现,有利于做出准确的录用决定;对于学生来说,也能通过实习充分了解企业,亲身体会自己是否喜欢这个行业,对今后的择业方向做出更客观、理智的规划。最后,通过一段时间的实习,这些实习生已经对企业和工作有了较多了解,一旦被正式录用,将来上班后也能够很快上手。应该说实习生计划对于企业和毕业生来说是双赢的。国内外很多企业在实行,包括 IBM 的“蓝色之路”实习生计划,广东移动的“领先 100”暑期实习生项目等。

(4)管理培训

高校中蕴藏着一大批极具领袖潜质的学生,从顶级的高校寻找精英人才,通过严格的选拔、系统的培训课程设计和定向的实践培养,定期安排在校学生实习和培训,最终从中挑选出优秀者进入公司的“管理培训生”制度在国外非常流行。世界 500 强企业,如中铁建电气化局、GE、汇丰、联合利华等都把“管理培训生”制度作为培养未来管理人才的战略措施来实施。

(5)发展俱乐部

一些公司为了和高校常年保持联系，在校园里建立了俱乐部，不定期地组织一些活动。公司的中高层人员以及校友在学校组织专题讲座，通过俱乐部内部组织的郊游和聚餐等活动促进与学生的相互交流。帮助低年级的同学了解企业，在校园内树立雇主品牌，为今后的校园招聘做好准备。比如德勤公司推出了面向北京名校会计、财务管理和法律专业学生的“德勤俱乐部”，宝洁公司在各个知名高校建立的“宝洁学生职业发展俱乐部”等。

(6)选秀竞赛(学科竞赛)

“选秀大赛”作为近年来悄然兴起的一种校园招聘形式，发展趋势却势不可挡。企业通过组织一些职业技能或者商业大赛，模拟实际商业项目的运作，吸引大批学生报名参与，让最优秀的人才在竞赛中脱颖而出。获胜者除了能够获得丰厚的奖品，更有机会赢得去企业实习或被正式录用的机会。这类校园竞赛活动包括微软公司的“推荐就业之星大赛”、百度公司的“百度之星程序设计大赛”、Google 的“中国编程挑战赛”，飞利浦公司推出的“短信创意大赛”等，其中最为著名的是欧莱雅同时推出的“在线商业策略竞赛”“校园市场策划大赛”和“工业大赛”三大赛事。

除了以上列举的校园招聘形式外，很多企业还在高校设立了企业奖学金，更有一些企业和高校密切合作，开展了在学校“定制”人才的提前培养计划，学校会根据企业所需开设专业对口的课程，企业相关专业人员会到学校授课，学生也会有一定的时间到企业实习。海信集团、中国广东核电集团在这方面已经具有了较为成熟的经验。

采用校园招聘时应注意的问题是：

(1)要注意了解大学生在就业方面的一些政策和规定。国家对大学生的就业有一些相应的政策，各个学校的毕业分配也有相应的规定，用人单位一定要先了解这些规定，以免选中的人才由于各种手续上的限制无法到单位工作。

(2)一部分大学生在就业中有脚踏两只船或几只船的现象。如有的大学生同时与几家单位签署意向协议；有的大学生一边复习考研或准备出国，一边找工作，一旦考研或出国成功他们将放弃工作，这些现象一定要引起重视。因此，在与学生签署协议时，应该明确双方的责任，尤其是违约责任。另外，单位也应该有一定的思想准备，并且留有备选名单，以便替换。

(3)学生往往对工作有不切实际的想法，对自己的能力也缺乏准确评价。因此，单位在与学生交流的过程中就应该注意对学生进行职业指导，纠正他们的错误认识。

(4)对学生感兴趣的问题做好准备。在学校招聘毕业生，学生常常会有一些关心的问题，对这些问题一定要提前做好准备，并保证所有工作人员在回答问题时口径一致。另外，有的单位在向学生发放宣传品时就将常见的问题印在上面，或者在招聘的网页上回答学生提出的问题。

(5)校园招聘的时间一般从 9 月中旬开始，主要集中在每年的 9—11 月和次年的 3—4 月。虽然国家对招聘毕业生的启动时间有一定的要求，但不属于硬性要求。9 月初出于招揽优质人才的考虑，越来越多的用人单位较早地进入校园，通过校园宣讲会的形式提前介入校园招聘活动。10 月份是校园招聘的旺季，高潮会一直持续到 11 月底。春节前后则迎来了校园招聘的淡季，节后 3—4 月份会再现一次小高潮，主要争夺公务员考试和研究生考试失利的一批毕业生。

校园招聘的时间相对集中，用人单位必须拟订一个中长期的人力资源规划，以免出现“临渴掘井”而丧失招聘良机，或“临终突变”而无法安排事先已经招到的毕业生。

6. 猎头公司

猎头公司是专门为企业提供寻找和招聘中高级管理人员与特殊技术人员服务的专门职介机构，是当前企业招聘高级人才的一种常见方式。猎头公司是英文 Head Hunter 直译的名称，在我国，猎头服务是近年来为适应一些企业对高层次人才的需求与高级人才的求职需求而发展起来的。在国外，猎头服务早已成为企业单位招揽高级人才和高级人才流动的主要渠道之一，我国的猎头服务近些年来发展迅速，有越来越多的企业单位逐渐接受了这一招聘方式。

对于高级人才和尖端人才，用传统的渠道往往很难获取，但这类人才对企业单位的作用非常重大。猎头服务的一大特点是推荐的人才素质高，猎头公司一般会建立自己的人才库。优质高效的人才是猎头公司重要的资源，对人才库的管理和更新也是其日常的工作，搜寻手段和渠道是猎头公司专业性服务最直接的体现。

当然，要通过猎头公司招聘到高素质的人才，需要支付昂贵的服务费。目前，猎头公司的收费通常达到所推荐人才年薪的 25%～35%。但是，如果把单位自己招聘人才的时间成本、人才素质差异等隐性成本计算进去，猎头服务或许是一种经济、高效的方式。

此外，猎头公司往往对单位及其人力资源需求有较详细的了解，对求职者的信息掌握较为全面，而且在供需匹配上较为慎重，其成功率比较高。

猎聘工作流程如下：

1. 与企业沟通，了解企业情况与职位需求，签订合同
2. 继续深入了解企业信息，了解职位的真实情况、薪酬范围、汇报人等
3. 研究企业所在行业情况，企业在行业中所处地位，行业薪酬情况，企业的竞争力，目标候选人需要具备的背景及素质
4. 人才寻访工作
5. 获得意向候选人资料，并与候选人进行深度沟通和面谈
6. 形成候选人报告，提交给企业
7. 对候选人进行面试辅导
8. 协助候选人办理离职及入职工作
9. 继续对企业和候选人服务，针对候选人与企业之间可能出现的问题进行辅导或调解

7. 网络招聘

目前，越来越多的企业借助互联网承担起公司人力资源管理与开发的多项职能，用尽可能少的成本招到尽可能称职的应聘者已经成为企业招聘人员时追求的目标。

从发展历程来看，网络招聘行业目前经历了三个阶段：

第一阶段，萌芽探索期。这一阶段主要依托 PC 端以综合招聘模式为主，如以前程无忧、智联招聘为代表的综合招聘平台。

第二阶段，成长成熟期。网络招聘平台开始向移动端发力，更加重视个性化招聘，诞生了一些个性化招聘类型，如垂直类招聘、社交类招聘、其他新兴招聘。

第三阶段，稳定发展期。该阶段的主要特点是人工智能、大数据等技术在网络招聘行业的应用更加成熟，简化了招聘流程，提升了招聘效率。未来将进入业务多元化拓展阶段，除招聘之外，还将在整个人力资源行业进行拓展，如企业 SaaS 服务、职业培训、测评等，打造人力资源全产业链服务。

网络招聘行业的发展从一定程度上能够反映出国家行业的发展动向，经历了近 20 年的发

图 4—6 中国网络招聘行业生态图谱

展,网络招聘平台仍然秉持综合招聘的模式,同时不断探索新的竞争格局。目前,形成了招聘综合化、招聘领域化和招聘渠道化的竞争格局。综合化的平台涉及行业广,更偏向白领招聘。垂直类平台目前主要集中在零工领域、社交招聘领域,这一层面的平台种类多、数量多,但平台之间差异相对较大。新兴招聘渠道则包括了众多依托公众号建立的小规模平台、行业人才直招和大厂直招等,这一层面的平台可能会分散一些专业招聘平台的用户流量,但整体而言,招聘平台提供的人才求职与发展的服务会更加专业。

采用互联网招聘的方式,可以从某种程度上满足企业的要求,因为网络招聘具有以下优点:

(1)成本较低,方便快捷;选择的余地大,涉及的范围广。

(2)不受地点和时间的限制,在网上距离感似乎已经不复存在,无论你身处何地都不会妨碍你工作的开展。互联网不仅有助于你在世界各地广招贤才,还可以在网上帮助你的公司完成应聘人员的背景调查审核、能力素质评估以及笔试面试,互联网已经不仅是一个在网上发布招聘广告的媒体,还是具有多种功能的招聘服务系统。

(3)使应聘者求职申请书、简历等重要资料的存储、分类、处理和检索更加便捷化和规范化。

表 4—9　　外部招聘主要方法比较

招聘方法	适用类型	速度	成本
员工推荐	所有	快	低
广告	所有	中	中

续表

招聘方法	适用类型	速度	成本
招聘会	所有	中	低
猎头公司	高级职员	慢	高
校园招聘	不要求工作经验的低级职员	慢	中
网络招聘	所有(不同渠道、不同对象)	快	中

不论采用哪种方式,对组织的人力资源管理都存在一定的利弊,但组织的出发点应主要考虑岗位的用人需求。因此,组织应在保证满足用人需求基本目标的前提下,再去权衡外部吸收与内部提拔之间的利弊,从而选择既有利于减少招聘成本投入,又可以保证不损害员工士气的方法。

三、企业在选择招聘方式时遵循的原则

(一)高级管理人才选拔应遵循内部优先原则

在人力资本成为企业核心竞争力重要组成部分的今天,高级管理人才对于任何企业的发展都是不可或缺的。企业在高级管理人才的选拔过程中应当遵循内部优先的原则,高级管理人才能够很好地为企业服务,一方面是依靠自身的专业技能、素质和经验;另一方面是对企业文化和价值观念的认同,愿意为企业贡献自己全部的能力和知识,后者是无法在短期内完成和实现的。

企业内部培养造就的人才更能深刻理解和领会企业的核心价值观,由于长期受企业文化的熏陶,已经认同并成为企业文化的信徒,所以也更能坚持企业的核心价值观不变,而核心价值观的延续性对企业是至关重要的。

同时,企业的高层管理团队和技术骨干都是以团队的方式进行工作,分工协作,密切配合,而核心价值理念相同的人一起工作更容易达成目标,如果观念存在较大差异,将直接影响到合力的发挥。

(二)外部环境剧烈变化时,企业必须采取内外结合的人才选拔方式

当外部环境发生剧烈变化时,行业的经济技术基础、竞争态势和整体游戏规则发生根本性的变化,知识老化,周期缩短,原有的特长、经验成为学习新事物、新知识的一种包袱,企业受到直接的影响。这种情况下,从企业外部、行业外部吸纳人才和寻求新的资源,成为企业生存的必要条件之一。

不仅因为企业内部缺乏所需的专业人才,而且时间也不允许坐等企业内部人才的培养成熟,因此,必须采取内部选拔与外部招聘相结合、内部培养与外部专业服务相结合的措施。

(三)企业处于生命周期的不同时期应采用不同的招聘策略

1. 企业在创业期的招聘策略

处在创业期的企业犹如新生儿,还没有得到社会承认,实力也很弱,公司规模小、人员少,却极富灵活性和成长性;各方面均不成熟,制度基本没有,企业文化也未形成,由老板直接管理,企业发展战略的目标是求得生存与发展;企业的发展与业务的开展主要依靠老板的个人能力,大家高度团结,效率高,品牌知名度差,市场占有率低,面对的主要问题是市场开拓和产品创新。人事上,创业期高层团队依靠创业精神维系比较稳定,中层相对稳定,但一般员工由于

企业管理制度不完善、保障体系不健全、工资待遇低等因素的影响而流动率通常较高。

(1)对外部人才的需求不突出,数量少,以一般员工尤其是销售人员的招聘为主,招聘极少的中层,基本没有高层招聘。

(2)对人员的要求较高,丰富的工作经验和工作业绩是重点选择标准,最好是多面手;尤其是一些对企业发展方向和目标比较认同、年纪较轻的人员。

(3)吸引人才的手段主要依靠良好的职业前景、工作的挑战性和领导者的个人魅力。薪酬虽然较低,但弹性相对要高,最好有较大的增长空间;也可采取股票期权的激励方式。

(4)由于企业资金不充裕,招聘费用较少,多采用朋友介绍、网络招聘和招聘会等招聘渠道。

(5)企业还没有形成人力资源的专业部门,甄选主要依赖老板的个人判断力。

(6)用人的灵活性较强,一人多岗和因人设岗的现象明显,对招聘时间和招聘效率没有明确的要求。

2. 企业在成长期的招聘策略

成长期的企业逐步走向正规化,经营规模不断扩大并快速增长,人员迅速膨胀,品牌知名度急剧上升,机构和规章制度不断建立和健全,企业的经营思想、理念和企业文化逐渐形成;跨部门的协调越来越多,并越来越复杂和困难;企业面临的主要问题是组织均衡成长和跨部门协同。人事上,高层之间开始出现分歧,跟不上企业发展步伐的员工主动辞职,员工流动性相对较大。

(1)人才需求大,外部招聘数量多,高层、中层、一般员工等各层级均有。对专业技术人才和中层管理人才的需求大幅度增加。

(2)要求人员具备相同职位的工作经验,能直接上手,具备一定的发展潜力,同时对变化的适应速度快。

(3)吸引人才的手段主要依靠较大的晋升空间、良好的发展前景和与行业平均水平接近或高于行业水平的薪酬。

(4)有一定的招聘费用,由于招聘需求急迫,因此采用以招聘会为主、网络招聘为辅,在专业人才的招聘上开始引入猎头的广泛而灵活的招聘渠道。

(5)企业已经设置了人力资源部,但专业性不强,甄选主要依赖用人部门的部门经理进行评判。

(6)要推测业务的发展进行人力资源需求预测,用人开始有一定的计划性,对招聘时间和招聘效率的要求高。

3. 企业在成熟期的招聘策略

成熟阶段的企业是企业发展的巅峰时期,在这个阶段企业规模大、业绩优秀、资金充盈,制度和结构也很完善,决策能得到有效实施;企业非常重视顾客需求、注意顾客满意度,一切以顾客至上为原则;重视市场和公司形象,要求计划能得到不折不扣地执行;而如何使繁荣期延长并力争使企业进入一个新的增长期成为制定企业发展战略的关键。企业的发展主要是靠企业的整体实力和规范化的机制,企业内部的创新意识可能开始下降,企业活力开始衰退。人事上,在企业的成熟期,晋升困难,各层面人员的流动率低,在人员规模上相对稳定。

(1)人才需求不多,外部招聘数量少,只在公司开拓新业务和新市场时才会产生大量的外部人才需求。

(2)人员要求高,强调综合能力素质,尤其是创新意识、执行力和明确的职业发展方向。

(3)吸引人才的手段主要依靠企业实力和形象以及领先于行业平均水平的薪酬。

(4)招聘费用充裕，高级人才的招聘以猎头为主，辅以内部推荐、专场招聘会、网络招聘、校园招聘、平面媒体等丰富多样的招聘渠道。

(5)人力资源部具备较强的专业性，开始使用评价中心技术对人才的能力素质进行评价，业务水平则由用人部门的部门经理进行评判。

(6)规范的招聘计划，对招聘时间和招聘效率有明确的规定。

4. 企业在衰退期的招聘策略

这是企业生命周期的最后阶段，企业市场占有率下降，整体竞争能力和获利能力全面下降，盈利能力全面下降，资金紧张，危机开始出现；企业战略管理的核心是寻求企业重整和再造，使企业获得新生；企业内部官僚风气浓厚，人浮于事，制度多却缺乏有效执行；员工做事越来越拘泥于传统、注重形式，只想维持现状、求得稳定。人事上，人心涣散，核心人才流失严重，一般人员严重过剩，高层更替频繁，并波及中层。

(1)对外部人才的需求集中在一把手上，其他层级基本以内部竞聘为主，无对外招聘。

(2)要求高管具备改革意识、大局观、决策能力、战略眼光和驾驭企业的整体能力，尤其是同行业类似企业的运营经验，有扭亏为盈的经历最好。

(3)吸引人才的手段主要依靠利益分享机制和操作权限。

(4)招聘经费锐减，但由于招聘时间短，而且还是高级、稀缺人才，因此仍然以猎头为主要渠道。

(5)一把手的招聘由董事会直接进行评价，并引入专业的人才评价机构辅助。

(四)企业文化类型的变化决定了选拔方式

如果组织要维持现有的强势企业文化，不妨从内部选拔，因为内部的员工在思想、核心价值观念、行为方式等方面对企业有更多的认同，而外部的人员要接受这些需要较长的时间，而且可能存在风险；如果企业想改善或重塑现有的企业文化，可以尝试从外部招聘，新的人员带来的新思想、新观念可以对企业原有的东西造成冲击，促进企业文化的变化和完善。

内部选拔优先还是外部招聘优先，对于不同层次的人才、不同环境和阶段的企业应采取不同的选择，必须视企业的实际情况而定。这就需要企业在既定的战略规划的前提下，在对企业现有的人力资源状况分析和未来情况预测的基础上，制订详细的人力资源规划，明确企业的用人策略，建立内部的培养和选拔体系，同时有目的、有计划、分步骤地展开招聘选拔工作，给予企业内外部人才公平合理的竞争机会，以形成合理的人才梯队，保证企业未来的发展。

案例分析

深圳市××技术股份有限公司
2017届校园招聘实施方案

一、总则

1. 招聘目的：吸引优秀的、有潜力的应届毕业生充实专业人才队伍，提升公司整体素质，为公司持续发展储备人才。通过招聘活动，树立公司在学校乃至社会的良好形象。

2. 选拔原则：公开招聘、全面考核、择优录用。

3. 用人标准：踏实的工作作风、主动的工作态度、正直坦诚的人格、良好的沟通能力、积极的进取心、强烈的责任感、敏捷的思维。

二、招聘计划制订

1. 招聘需求的提出

根据公司阶段发展策略，由各部门提出本年度应届生的需求计划，填写“求职申请表”。人力资源部汇总需求计划，进行评估后，编制“校园招聘需求表”，报总经理审批。

2017届校园招聘需求表

储备岗位	专业要求	学历	人数	备注
结构工程师储备	机械、通信、电子信息技术	本科/研究生	6	
技术支持工程师储备	通信、电子信息技术		6	
客户经理储备	通信、机械、电子技术、市场营销		15	
C++、Java、嵌入式开发储备	计算机、软件工程类专业		10	
其他储备干部	专业不限(文秘)		10	

2. 学校的选择

人力资源部根据审批确定的“校园招聘需求表”，选择业务集中省份的重点大学进行人才招聘。

省份/地址	招聘院校	时　间
成都	电子科技大学/西南交通大学	2016.10.27—2016.10.28
西安	西北工业大学 /西安电子科技大学/西安交通大学	2016.10.30—2016.11.01
武汉	武汉理工大学/华中科技大学	2016.11.03—2016.11.04

三、招聘准备

1. 校园招聘小组组成：

招聘人员确定：××

2. 宣传资料准备

包括海报、条幅、易拉宝(展架)、宣传折页、公司宣传片、公司介绍PPT。

3. 面试资料准备

包括“求职申请表”、DISC性格测试题、结构化面试题目等。

4. 预约宣讲会时间

联系高校就业办负责人，确定宣讲会时间、场地；要求学校就业信息网上发布我公司的信息。

四、招聘实施

(一)校园宣传

招聘前，发动持续、广泛、有效的宣传单页，营造声势、吸引眼球是招聘成功的前提。要点“统一形象，宣传到位”。

第一阶段：广泛宣传

目的：通过在校园进行宣传，让每一位在校学生，无论在学校的哪个角落，都能获知公司的招聘信息。

方法：海报宣传

海报宣传要求：

(1)覆盖到学校宿舍楼、食堂、图书馆、教学楼、活动中心、自习室等学生集中出现的地方。

(2)海报上可以用彩色油笔写上宣讲会时间和地点。

(3)海报要按统一的版式来制作，尺寸为 A3 大小。

(4)海报的张贴可以由学校来安排，建议招聘人员现场跟进。

(5)要在宣讲会前两天开始此项工作。

第二阶段：重点宣传

目的：借助学院、辅导员的途径，将招聘宣传折页(彩页)发给每一位毕业生，让其了解公司的简介、招聘信息。

合作对象及内容：

学校合作对象	内　容	备　注
毕业班班主任/辅导员	发动班级学生参加公司的宣讲、填表、面试	组织已通过网络投递简历的学生做志愿者
就业指导中心	1. 争取获得更多的资源支持，在校园就业网显著位置发布公司招聘信息，并每天刷新 2. 提供专用场地，接收学生填报的“求职申请表”	

(二)招聘宣讲

1. 校园宣讲

根据事先安排好的时间、地点，由公司高层在现场进行演讲。内容包括公司的发展情况，企业文化、薪资福利、用人策略、员工在企业的发展机会、本次校园招聘工作流程和时间安排。通过精心组织、高质量的宣讲会，让参加的同学了解到企业现状、发展前景、企业文化等，增强对企业的好感。

2. 沟通互动

宣讲后，公司组织互动活动。求职者可以就个人关心的问题提问，公司给予解答。

3. 简历填写

有意向的求职者现场领取公司的“求职申请表”，要求亲笔填写后，交公司指定的简历回收地。

(三)人员筛选

人员筛选主要分三个环节：

阶段	评价方法	观察要点	考察方面
简历筛选	审查应聘者填写的“求职申请表”	1. 填表不完整、不真实、态度不端正、敷衍、刻意隐瞒等淘汰 2. 求学经历有疑点、时间不清晰不考虑 3. 求职动机、价值取向、人品不匹配不考虑	正直坦诚的人格 踏实的工作作风
笔试	专业知识、职业性格测试(40 分钟)	4. 考核理论基础知识、实际技能水平、逻辑思维、分析解决问题的能力 5. 不愿意答题或分数低于 60 分不考虑	敏捷的思维

续表

阶段	评价方法	观察要点	考察方面
面试	结构化面试 (30～40 分钟) 情景模拟 (销售人员)	6. 自我介绍是否重点突出、层次清晰 7. 对自己的过往经历是否印象深刻,总结要点明确 8. 表达是否自然、坦诚,没有夸夸其谈 9. 对提问能否抓主要点,反应迅速 10. 了解应聘者为何希望来本单位工作、对哪类工作最感兴趣、在工作中追求什么,判断本单位所能提供的职位或工作条件等能否满足其工作要求和期望	踏实的工作作风 积极的进取心 强烈的责任感 敏捷的思维

1. 简历筛选

公司根据求职者的基本资料(学校、专业、专业课成绩、计算机水平、实践活动、爱好特长、出生年月)、填表的态度及内容的完整性等方面初步筛选。

项　目	观察内容	不合格的条件
简历筛选	家庭情况	单亲家庭慎考虑
	学习经历	有中途辍学、留级,认真审查。特别注意求职者是否用了一些含糊的字眼(求学的起止时间)及上学的年龄、毕业的时间等是否符合常理(一般大学生毕业年龄在 21～23 岁属于正常)
	专业	是否需要相关专业,专业课成绩,班级综合排名,主要是看成绩的描述是否适度
	态度	填表是否规范、信息是否全面,简历的整体印象,全面审查简历的逻辑性
	自我认知	主要查看求职者自我评价和描述是否适度,是否属实,并找出这些描述与学习、活动经历描述是否相矛盾或不符
	行为/求职动机	查看求职者薪资期望值、发展方向、兴趣爱好是否匹配

2. 笔试

笔试主要对求职者进行专业能力测试和综合素质测试,时间为 60 分钟,测试后筛选出面试总人数的 50%进入第二轮测试——面试。

3. 面试

(1)面试考察内容

面试主要测评应聘者是否具备职位要求的综合素质和工作能力,包括知识、经验、能力、性格、人品和价值观等。面试的内容如下表所示:

面试考察内容	测试方式
踏实的工作作风	填表(完整性、书写规范)
正直坦诚的人格	填表、结构化面试
良好的沟通能力	面试中的表现
积极的进取心	职业规划、成功或失败的案例
强烈的责任感	情景模拟面试
敏捷的思维	情景模拟面试,结构化面试、专业测试

(2)面试方法

结构化面试

评价方法	结构化面试(标准化面试)
概述	通过提出一系列设计好的问题,参考求职者的举止仪表、言语表达、综合分析、应变能力等行为指标,观察其在特定情境下的情绪反应和应对方略,并做出量化分析和评估;同时结合其个人简历提出对每个应聘者需要着重考察的工作经验、求职动机等方面的问题,全面把握应聘者的心态、岗位适应性和个人素质
要求	1. 考官为3名,设主考官一名,具体负责向应试者提问并总体把握面试进程 2. 其他考官考察应聘者的表现 3. 时间一般在30分钟,对每一道题目也应限制回答时间在2~3分钟
测试的能力	逻辑思维能力、语言表达能力、计划能力、决策能力、组织协调能力、人际沟通能力、创新能力、应变能力、气质风度、情绪稳定性、自我认知
面试的程序	1. 预备阶段 营造轻松气氛,以消除面试者的紧张心理,使面试气氛和谐、友善。一般以导入语和指导语的形式出现。例如: 指导语: 现在,我们会向你询问一些问题,其中,有些是和你过去经历、学习工作有关的,有些要求你发表自己的见解。请你仔细听好问题,把握问题的实质,思考问题后再回答 现在,请你准备好,开始提问了 2. 正式面试阶段 面试进入实质性阶段,主考官提问,应试者回答,一般采取一问一答的形式 3. 结束阶段 结束要顺畅、自然,否则会给面试者留下不好或太突然的感觉。在这一阶段,一般安排面试者对自己的情况做出补充;以及考官解释一些有欺骗性的设计意图,避免应试者对考官产生不必要的误会

4. 录用标准

我们录用人才的标准	1. 认同公司的价值观(公司的制度、流程、文化、业务) 2. 正直坦诚的人格(阳光、礼貌) 3. 良好的沟通能力 4. 积极的进取心 5. 强烈的责任感 6. 良好的专业知识、技能
我们放弃的人	1. 不能守时(不能在规定时间来面试) 2. 不坦诚(涉及求学经历、个人婚姻、工作变动、人际关系等敏感问题) 3. 求职动机:求职动机不明确、无个人职业规划 4. 不主动、漫不经心、缺乏热情

五、招聘预算:

NO	地区	参加人数	开支项目	数量	单价	费用	备注
1	成都	3人/2天	机票	3	1 000	3 000	
			交通费		400	400	
			住宿费	2	200	400	
			工作餐费	3*3	50	300	
			招待费	1	1 000	1 000	
			小 计			5 100	

续表

NO	地区	参加人数	开支项目	数量	单价	费用	备注
2	西安	3 人/2 天	机票	3	600	1 800	从成都到西安
			交通费		400	400	
			住宿费	2	200	400	
			工作餐费	3＊3	50	300	
			招待费	1	1 000	1 000	
			小　计			3 900	
3	武汉	3 人/2 天	机票	3	600	1 800	从西安到武汉
			高铁	3	550	1 650	回深圳费用
			交通费		400	400	
			住宿费	2	200	400	
			工作餐费	3＊3	50	300	
			招待费	1	1 000	1 000	
			小　计			5 550	
5	宣传折页			200	3	600	
6	展架			4	80	320	
7	海报			10	50	500	
8	横幅			2	100	200	
合　计						16 970	

六、人员录用及报到。

1. 根据应聘者在面试中的表现，由招聘小组成员共同确认录用人选，并报总经理审核，人力资源部根据审核后的结果，发正式录用通知书。

2. 被录用人员和公司签订《就业协议书》，约定服务的年限、薪资标准及违约责任。

3. 新员工要在公司规定的时间来公司报到，办理入职手续。逾期未报到者按违约处理。

七、实习、试用及转正后薪资

1. 实习期(见习期)：应届毕业生(还未拿到毕业证)进入公司后，首先有三到六个月的实习期，在此期间公司负责对其进行岗位知识、技能的培训，薪资 3 000 元/月。

2. 试用期及转正：学生拿到毕业证到公司报告，进入两个月试用期。试用期考核合格后，转正并变成正式员工，享受与社会招聘员工同等的待遇，其中，试用期工资 4 500 元/月，转正后工资 5 000 元/月。

八、招聘后续工作

招聘小组对本次校园招聘的效果要进行书面总结、反馈。

深圳市××技术股份有限公司

人力资源部

2016 年 9 月 22 日

(资料来源：中国人力资源开发网，http://www.chinahrd.net/。)

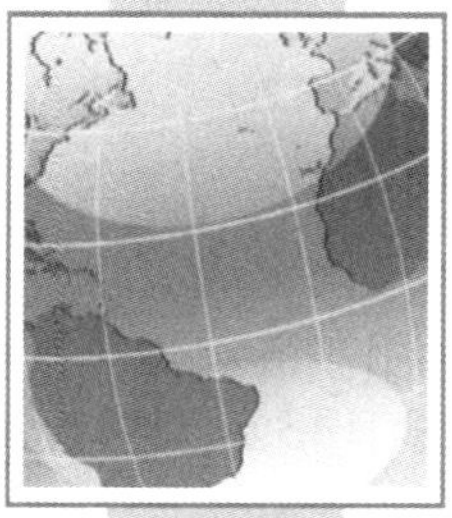

第五章
员工录用

【引导案例】

万科的人才选拔案例

万科是房地产企业。房地产项目周期非常长，一般需要5年左右，因此人才队伍很难像其他行业如制造业那样迅速复制和膨胀，而万科不仅满足了自身的人才需求，还在客观上成为同行人才的“黄埔军校”。是什么原因使得万科在如此高速的发展中，职业管理者源源不断涌现？

万科早在“王石时代”就已经建立了一套内部人才选拔的流程，即从公司内部培养，并不断提拔这样一批人。他们深谙公司的远景和工作方式，以万科的精神作为自己与众不同的骄傲，是标准化的万科职业经理人，这种工作习惯将影响他们一生，并成为职业生涯的最大财富。

万科的人才选拔模式，也是很多企业力争去学习的。长期以来，万科以“人才是万科的资本，是万科的核心竞争力”为用人理念，此话听起来好像没什么特别之处，但万科的管理层真正能遵照这个原则培养与选拔人才，从尊重人开始，为优秀人才创造一个良好的发展环境，这是万科了不起的地方。要洞悉万科的秘密，我们可以从王石的言语中略知一二：“万科是一个管理系统，形成了一个干部培养体系，包含招聘、培训、使用、考核这样的一整套人才管理体系。”万科能够成就自己的人才体系是靠着一整套人才管理体系，而这也正是人才管理时代要具备的管理理念，与国内众多企业相比，万科已经超前进入人才管理时代。

一是是对人才的定义。万科的选拔标准在于：候选人在特定的组织框架下，与行业类型和行业特点密切相关，是动态的，很可能随着组织的变化而变化。能够担任万科的管理人员应是专业人员，且随着情况的变化而变化。万科对此有专门的素质评估模型，这套模型包括素质模型和测评工具。前者为万科需要什么样的人提供了标准，后者用来衡量一个具体的人符合标准的程度，测评报告将为最后的录用及升迁提供参考。这个模型就像一把标准化的尺子，被广泛应用于万科的招聘、培训、职业生涯规划、人才选拔等领域。

二是选才方法，现在已经广为人知，即后续人才储备。事实上，这种人才储备在中国，历来都不缺乏，先秦的门客便是一种。贵族希望天下贤人能者都能会聚自己门下，终有一日，这些门客会派上用场。现代社会的人才储备也是这种思路：作为一个有准备的企业，一定要有这样一个人才梯队，在企业需要扩张的时候，能从这样的梯队中选出管理层及相应的人员。

为了这个选才原则，万科又推出了50/500计划。每年，公司的人力资源部会根据员工的业绩和上级主管的推荐，进行审核之后选拔出一支具有上升潜质的管理后备队伍。在这个队伍里，数目庞大的一部分是从基层升为中基层的管理者，大概500人；另一部分是从中层升为高层的管理者，这部分有50人。接下来的工作是分别对500人和50人进行评估和定型。500人的评估工作是调查问卷和反馈、职业发展对话，通过这样的方式，充分了解这些人员的潜力和素养，并有针对性地制订发展规划；对于50人的队伍，万科利用360度访谈、领导力发展中心以及其他培养方式，这不仅可以了解这些人员，同时也是一种培训。在这个过程中，公司总经理、主管人力资源的副总经理等高层都会亲自到现场，他们将人才培养工作当成公司的必修课。万科的选才，就像一场盛大庄重的人员聚会，一方面让万科从中找到力量的源泉；另一方面，也让所有人把万科当成一项不断有所憧憬的工程。一举两得的事情，何乐而不为？

（资料来源：人力资源管理案例网，http://www.hrsee.com/。）

第一节　员工选拔概述

一、员工选拔的概念

员工选拔是指组织在招募工作完成之后，通过一定的科学方法和手段，从众多的应聘者中审查和筛选出适合用人条件和用人标准的人员的过程。人员选拔过程对于组织的招聘工作具有重要的意义，是组织能否选拔到优秀人才的最终保障。如果组织不能严把选拔关，那么可能会使招聘到的员工能力不足，不能胜任工作，最终会给组织带来损失。员工流失过快也会加重组织招聘成本负担。因此，组织要在招聘过程中注重对员工的选拔，通过选拔测试为组织选拔到满足需要的人才，同时还要在这个过程中充分认识到员工的优缺点，以便在未来的工作中加以利用和防范。员工选拔的基础是前期工作分析阶段所做出的工作说明书，根据所需岗位的要求，对应聘者是否符合企业用人需求做出判断。

员工选拔的功能和意义：

(1)选拔到适合需要的员工；

(2)了解员工的工作能力与态度，以确定其岗位分配；

(3)通过选拔测试过程，可以了解与之相关的信息，对组织未来用人有一定的作用。

二、员工选拔的程序

在发布招聘信息之后，将会得到很多应聘者的应聘材料。面对这些材料，组织需要通过一定的程序从中挑选出适合组织需要的优秀人员。员工选拔的程序和方法包括简历筛选、选拔测试、背景调查、体检和员工试用等。

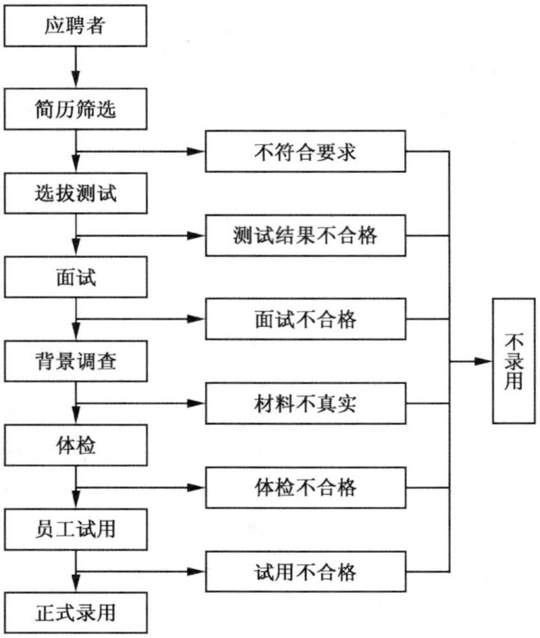

图 5—1　员工录用工作流程

(一)简历筛选

一般来说,组织在发布招聘信息时,会特别注明他们对所需人员的基本要求,如对求职者学历、身高、外语水平、计算机水平等方面的要求。这些要求都是一些客观的指标,可以从应聘者的求职简历或申请表中反映出来。通过筛选,可以以这些客观要求为评判标准,从众多应聘者中初步挑选出符合组织基本要求的求职者进入下一环节的选拔程序。初步筛选程序还需要与制订招聘计划时所设定的淘汰比例相结合,以使组织招聘人员在进行简历筛选时,既保证组织获得优秀人才,又不会因为通过人数太多而给后续的员工选拔环节造成测试负担。

(二)员工选拔测试

员工选拔测试是通过一些科学方法来鉴定应聘者所具有的能力与性格特征,以确定其是否具备完成工作的能力与素质。通过测试结果,可以为组织人员招聘录用决策提供帮助,并可以建立起组织员工档案,为组织以后的人员配置和培训开发提供信息支撑。通常采用的员工选拔测试方法包括:能力和素质测评、情景模拟、面试。组织在人员招聘过程中越来越多地引入员工选拔测试,使员工选拔测试形成了一个完善的体系,并有一系列的测试方法。但测试并不能解决人员招聘中的所有问题,组织在进行员工选拔测试时还需要注意以下几个问题:

(1)员工选拔测试可以获得应聘者与工作相关的能力和个性特征等信息,可以为组织选拔到适合需要的人才提供帮助。但是,员工选拔测试并不能全面反映应聘者的个人素质。因此,员工选拔测试还要与其他方法综合运用。

(2)由于每种测试关注点不一样,员工选拔测试的失败并不能完全说明被试者个人存在不足。

(3)在测试方法的选择与测试内容的确定上,要对信度和效度有充分的保证。不同测试方法的组合有利于提高测试的有效性。

(三)背景调查

背景调查主要是为了核实应聘者的求职材料和在招聘测试中的表现是否真实可信。背景调查的内容一般包括求职者的学习经历、工作经历、信用状况等与工作相关的内容。一般可以通过与求职者的口头沟通,或通过求职者以前的雇主及其他相关人士获取相关背景信息。

对求职者进行背景调查一般通过公开信息获得,在调查过程中不能涉及求职者的隐私。对于组织重要职位的招聘,也可以请一些专业机构来完成背景调查。组织通过对应聘者更深入细致的了解,可以消除组织因员工个人资料不真实而造成的用人失误,从而减少将来可能出现的问题和麻烦。对求职者背景调查的一般方法有:直接致电候选人前雇主;通过 HR 圈内打听、询问;委托猎头协助背调;传统的线下背景调查公司;全程互联网化的背调平台。

(四)体检

招聘满足组织用人需要的人力资源,除了要求其具备一定的能力和个性特征外,还需要满足体质上的要求。在组织里,不同的岗位有不同的身体条件要求。对于有特殊体质要求的岗位,必须要求员工进行严格的体检,这样既确保员工有完成工作的体质,又可以减少组织对员工身体的保障而增加的负担。应聘者进行体检对于组织的人员招聘有重要意义。首先,可以确定待录用员工的身体条件是否符合岗位对体能的需要;其次,确定待录用员工的身体健康状况,以确定员工未来能否在岗位上长期正常工作;最后,可以预测组织对待录用员工需承担的健康风险。这三个方面的信息可以为组织做出正确的录用决策提供帮助。

(五)员工试用

通过招聘选拔程序挑选出来的员工,并不能在测试过程中完全反映出人力资源的工作能力与工作绩效，而且他们在组织工作的过程中，也可能由于对组织不甚了解而产生不适应的情况。通过员工试用，可以降低双方的不适应程度。在试用期内，组织可以考察员工的工作能力、工作态度等，员工也可以考察组织的相关情况，以确定自己能否胜任以及能否满足自己的工作期望等。因此，试用期是组织对员工的再次考察，但并不是组织对应聘者的单方试用，而是组织与录用员工之间相互了解的过程。在员工试用过程中，组织可以考察员工在招聘测试过程中的表现与实际工作能力的差异而最终确定是否录用员工。员工在试用期内可以加强对组织环境和实际工作的感受，完成“角色调整”，也可以在试用期内决定是否接受组织的录用。

组织在人员招聘过程中设定员工试用程序，是人员招聘双向选择原则的体现，有利于组织和应聘者相互了解，同时也有利于员工进入工作状态之前的有效磨合。

第二节　员工选拔的方法

员工测试的目的是为了了解应聘者的工作能力与个人特征。通过在选拔测试过程中对应聘者的了解，可以为组织的员工录用决策提供信息。在员工选择测试过程中，组织可以发现应聘者所具备的一些基本能力与素质，同时也可以发现应聘者的缺点与劣势，这有利于组织更好地对被录用人员进行岗位安排，使组织人力资源配置更合理，也有利于加强未来人力资源培训与开发工作的针对性。

一、员工选拔方法的检验指标：信度与效度

对应聘者进行选拔的测试方法，必须具备三个要素，即是否测试了想要测试的内容、测试结果是否具有可验证性、不同被试者的测试结果之间是否具有可比性。在介绍员工选拔测试的具体方法之前，先对员工选拔测试过程中非常重要的两个检验指标进行了解。

（一）信度

信度是指测试结果的稳定性，即测试结果并不是随机性结果，而是在测试中具有高度的一致性，即使对同一个人用同一种测试方法进行多次测试，得到的结果也基本一致。需要注意的是，信度高并不能说明测试有效，必须要在测试效度保证的前提下，才能做出信度越高、测试结果越有效的判断。如对应聘销售经理的人员进行生产设备操作测试，虽然应聘者在这个项目上的测试结果保持非常高的一致性，测试却是无效的。但是，如果测试的信度很低，那么也就意味着测试的有效性很低。

（二）效度

效度，即测试内容的准确程度，测试内容与测试结果的相关性。招聘测试中的效度是指测试内容是否紧紧围绕组织用人需求而对应聘者与工作相关的潜在能力和素质进行了测试。效度是测试的基础和前提，如果测试内容偏离了工作性质和工作要求，那么这样的测试过程对招聘而言是没有意义的。如要招聘一个市场营销经理，需要测试的是应聘者的市场营销能力与管理能力，但如果测试内容是让其去操作生产设备，那么这种测试的效度是很低的。根据问题的不同侧重点，效度可以分为内容有效和结果有效。内容效度是指测试项目是否符合测试目的。如对上例中的市场营销经理进行测试，那么应当选择的内容是与销售知识和销售能力相关的内容，这样测试效度就高；而如果选择的是操作生产设备的测试项目，则测试效度很低。结果有效又称为效表关联效度，指测试结果与应聘者的实际工作绩效是一致的，如果应聘者在测试中显示的工作能力很强，那么他在实际工作中也应取得很好的成绩，这样效表关联效度也就比较高。

二、人才测评

人才测评可以分为知识测试和心理测试。知识测试主要是通过笔试的形式来测试应聘者的知识深度与广度。心理测试则是通过一系列的心理学方法来测定应聘者的心理素质与个性差异的方法。知识测试主要有三种:一是综合测试,测试内容可以包罗万象,主要考察应聘者对基本知识的了解程度。二是专业知识测试,针对岗位需求,对完成工作所需要具备的专业知识进行测试,了解应聘者是否具备在岗位上开展工作的专业知识以及知识深度。如招聘财务人员时,就需要对其财务知识及实际运用能力进行测试。三是与岗位职责相关的知识考试,主要了解应聘者对岗位开展工作需要具备的相关知识的了解程度。如招聘管理人员时,还要对其人际关系协调能力进行测试。

知识测试是目前人才选拔中常用的方法,由于进行知识测试可以测试应聘者的知识掌握程度,因此效果也比较好。知识测试通过同样的试题对所有应聘者进行选拔,知识掌握程度较好的,会取得好的成绩;而知识掌握比较差的,成绩也会很差,这样有利于让应聘者感觉到一种选拔上的公正性。同时,知识测试的费用也比较低,只需要找人把试题设计好,而不需要太多的额外开支。知识测试还具有结果比较迅速地得到、适用性比较广的特点,组织不同层次的人员招聘都可以采用。

心理测试可以通过一定的方法了解应聘者的个性特征,还可以测试出应聘者潜在的工作能力。通过心理测试,可以了解应聘者是否适合组织工作岗位,有助于组织进行良好的人事决策。

三、员工选拔

以下内容首先从初步筛选申请表和简历开始讲述员工选拔的方法:

(一)初步筛选

最初的资格审查和初选是人力资源部门通过审阅应聘者的个人简历或应聘申请表进行的。申请表是招聘单位设计的,包含职位所需基本的信息,并用标准化的格式表示出来的一种初级筛选表。其目的是筛选出那些背景和潜质与职务规范所需的条件相当的候选人,从合格的应聘者中选出参加后续选拔的人。申请表的设计主要是依据职务说明书,一般包括个人基本情况、求职岗位情况、工作经历和经验、教育与培训情况、生活和家庭情况,以及其他(不应该包括含有歧视性项目和可能涉及隐私等敏感性内容)。个人简历是自己生活、学习、工作、经历、成绩的概括集锦。呈送个人简历是为了让用人单位全面了解自己,从而为自己创造面试的机会并最终达到就业的目的。

1. 筛选简历的方法

应聘简历是应聘者自带的个人介绍材料。对于如何筛选应聘简历,实际上并没有统一的标准来对应聘简历进行评估,简历的筛选涉及很多方面的问题。

(1)分析简历结构

简历的结构在很大程度上反映了应聘者的组织和沟通能力。结构合理的简历都比较简练,一般不超过 2 页。通常应聘者为了强调自己近期的工作,书写教育背景和工作经历时,可以采取从现在到过去的时间排列方式,相关经历常被突出表述。书写简历并没有一定格式,只要通俗易懂即可。

(2)审查简历的客观内容

简历的内容大体上可以分为两部分:主观内容和客观内容。在筛选简历时,注意力应放在客观内容上。客观内容主要分为个人信息、受教育经历、工作经历和个人成绩四个方面。个人信息包括姓名、性别、民族、年龄、学历等；受教育经历包括上学经历和培训经历等；工作经历包括工作单位、起止时间、工作内容、参与项目名称等；个人成绩包括学校、工作单位的各种奖励等。主观内容主要包括应聘者对自己的描述，例如“本人开朗乐观、勤学好问”等对自己的评价性、描述性的内容。

(3)判断是否符合岗位技术和经验要求

在客观内容中，首先要注意个人信息和受教育经历，判断应聘者的专业资格和经历是否与空缺岗位相关并符合要求。如果不符合要求，就没有必要再浏览其他内容，可以直接剔除掉。例如，在受教育经历中，要特别注意应聘者是否用了一些含糊的字眼，如没有注明大学教育的起止时间和类别，这样做很有可能是在混淆专科和本科的区别，等等。

(4)审查简历中的逻辑性

在工作经历和个人成绩方面，要注意简历的描述是否有条理、是否符合逻辑。比如一份简历在描述工作经历时，列举了一些著名的单位和一些高级岗位，而他所应聘的却是一个普通岗位，这就需要引起注意。比如另一份简历中称，自己在许多领域取得了什么成绩，获得了很多的证书，但是从他的工作经历中分析，很难有这样的条件和机会，这样的简历也要引起注意。如果能够断定在简历中有虚假成分存在，就可以直接将这类应聘者淘汰。

(5)注意对应聘者简历时间的审查

有些应聘者的简历中会出现一段时间空白，这就需要招聘人员对应聘者在这段时间的经历进行审查，以确定求职者是否刻意隐瞒了一些对其求职不利的信息。

(6)关注求职者的工作经历

主要审查求职者的工作成绩和工作变换程度及其原因，从既往的工作成绩可以间接反映出求职者的工作能力，而工作变换程序及其原因的审查在于了解求职者的工作动机、工作期望以及求职者对待工作和组织的忠诚度。

(7)对简历的整体印象

通过阅读简历，问问自己是否留下了好的印象。另外，标出简历中感觉不可信的地方以及感兴趣的地方，面试时可询问应聘者。

2. 筛选申请表的方法

申请表的筛选方法与简历的筛选有很多相同之处，其特殊的地方如下：

(1)判断应聘者的态度

在筛选申请表时，首先要筛选出那些填写不完整和字迹难以辨认的材料。为那些态度不认真的应聘者安排面试纯粹是在浪费时间，可以将其淘汰掉。

(2)关注与职业相关的问题

在审查申请表时，要估计背景材料的可信程度，要注意应聘者以往经历中所任职务、技能、知识与应聘岗位之间的联系。如应聘者是否标明了过去单位的名称、过去的工作经历与现在申请的工作是否相符，工作经历和教育背景是否符合申请条件，是否经常变换工作而这种变换却缺少合理的解释等。在筛选时要注意分析其离职的原因、求职的动机，对那些频繁离职人员应加以关注。

(3)注明可疑之处

不论是简历还是应聘申请表，很多材料或多或少存在内容上的虚假。在筛选材料时，应该用铅笔标明这些疑点，在面试时作为重点提问的内容加以询问。如在审查应聘申请表时，通过分析求职岗位与原工作岗位的情况，要对高职低就、高薪低就的应聘者加以注意。必要时应该检验应聘者的各类证明身份及能力的证件。

值得注意的是，由于个人资料和招聘申请表所反映的信息不够全面，决策人员往往凭个人的经验与主观臆断来决定参加复试的人选，带有一定的盲目性，经常产生漏选的现象，因此，初选工作在费用和时间允许的情况下应坚持面广的原则，应尽量让更多的人参加复试。

(二)笔试

1. 笔试的适用范围

笔试是一种最古老而又最基本的选择方法，它是让应聘者在试卷上笔答事先拟好的试题，然后根据应聘者解答的正确程度予以评定成绩的一种选择方法，属于知识测试范畴。这种方法主要通过测试应聘者的基础知识和素质能力的差异，判断该应聘者对招聘岗位的适应性。对基础知识和素质能力的测试，一般包括两个层次，即一般知识和能力与专业知识和能力。一般知识和能力包括一个人的社会文化知识、智商、语言理解能力、数字才能、推理能力、理解速度和记忆能力等。专业知识和能力即与应聘岗位相关的知识和能力，如财务会计知识、管理知识、人际关系能力、观察能力等。现在有些组织也通过笔试来测试应聘者的性格和兴趣，但性格与兴趣通常要运用心理测试的专门技术来测试，仅靠笔试中的一部分题目很难得出准确的结论。

2. 笔试的特点

笔试的优点是，一次考试能提出十几道乃至上百道试题，由于考试题目较多，可以增加对知识、技能和能力的考察信度与效度；可以对大规模的应聘者同时进行筛选，花较少的时间达到高效率；对应聘者来说，心理压力较小，容易发挥正常水平；同时，成绩评定也比较客观。正是由于上述优点，笔试至今仍是组织经常使用的选择人员的重要方法。

笔试的缺点是，不能全面考察应聘者的工作态度、品德修养，以及管理能力、口头表达能力和操作能力等。因此，还需要采用其他选择方法进行补充。一般来说，在人员招聘中，笔试往往作为应聘者的初次竞争，成绩合格者才能继续参加面试或下轮的竞争。

3. 笔试方法的应用

由于人员资格审查与初选不能反映应聘者的全部信息，组织不能对应聘者进行深层次的了解，个人也无法得到关于组织的更为全面的信息，因此需要通过其他的选择方法使组织与个人各自得到所需要的信息，以便组织进行录用决策、个人进行是否加入组织的决策。笔试就是选择方法之一。

提高笔试的有效性应注意以下几个问题：

(1)命题是否恰当

命题是笔试的首要问题，命题恰当与否，决定着笔试考核的效度如何。无论是以招聘管理人员和科技人员为目的的论文式笔试，还是以招录工人和职员为目的的测试式笔试，其命题必须既能考核应试者的文化程度，又能体现出应聘岗位的工作特点和特殊要求。考试命题过难、过易都会影响其效度。

(2)确定评阅计分规则

各个考题的分值，应与其考核内容的重要性及考题难度成比例。若分值分配不合理，则总分数不能有效表示被试者的真正水平。

(3)阅卷及成绩复核

在阅卷和成绩复核时，关键要客观、公平，不徇私情。为此，应防止阅卷人看到答卷人的姓名。阅卷人应共同讨论打分的宽严尺度，并建立严格的成绩复核制度，以及考试违规处理的制度等。

(4)测试结果的效度

由于知识测试的试题覆盖面毕竟有限，求职者对知识的掌握也有所轻重，这就会导致测试成绩好的人并不意味着知识基础就好，而测试结果差一点的人也不一定在知识积累上就很少。另一方面还在于知识测试结果的可比性不强，信度较差，一个人在不同的两次测试中取得差距较大的成绩的情况很可能出现。另外，知识测试结果受阅卷人的主观意愿影响很大，也可能导致测试结果的不准确。

(三)心理测试

心理测试是指在控制的情境下，向应试者提供一组标准化的刺激，以所引起的反应作为代表行为的样本，从而对其个人的行为做出评价的方法。这种测试与前面提到的笔试相比，更加规范化。由于心理测试的难度较大，用人单位应选择专业的心理测试人员，或委托专业的人才机构或心理学研究机构进行测试。

1. 心理测试分类

(1)标准化测试

标准化的心理测试一般有事前确定好的测试题目和答卷、详细的答题说明、客观的计分系统、解释系统、良好的常模，以及测试的信度、效度和项目分析数据等相关的资料。通常用于人事测评的心理测试包括智力测试、能力倾向测试、人格测试，以及其他心理素质测试，如兴趣测试、价值观测试、态度测评等。标准化的心理测试同样具有使用方便、经济、客观等特点。

(2)投射测试

投射测试主要用于对人格、动机等内容的测量，要求被测试者对一些模棱两可或模糊不清、结构不明确的刺激做出描述或反应，通过对这些反应的分析来推断被试者的内在心理特点。它基于这样一种假设：人们对外在事物的看法实际上反映出其内在的真实状态或特征。投射技术可以使被试者不愿表现的个性特征、内在冲突和态度更容易地表达出来，因而在对人格结构、内容的深度分析上有独特的功能。但投射测试在计分和解释上相对缺乏客观标准，对测试结果的评价带有浓重的主观色彩，对主试和评分者的要求很高，一般的人事管理人员无法直接使用。

2. 心理测试内容

心理测试的具体内容包括：

(1)人格测试

所谓人格，由多种人格特质构成，大致包括体格与生理特质、气质、能力、动机、价值观与社会态度等。人格对工作成就的影响是极为重要的，不同气质、性格的人适合于不同种类的工作。对于一些重要的工作岗位如主要领导岗位，为选择合适的人才，则需进行人格测试。因为领导者失败的原因，往往不在于智力、能力和经验不足，而在于人格特质不适合。

人格测试的目的是为了了解应试者的人格特质。根据心理学家对人格的划分不同，测试的类型也不同。一般可以将人格分为 16 类：乐观型、聪慧型、稳定型、恃强型、兴奋型、持久型、敢为型、敏感型、怀疑型、幻想型、世故型、忧虑型、实验型、独立型、自律型和紧张型。

(2)兴趣测试

职业兴趣揭示了人们想做什么和喜欢做什么，从中可以发现应聘者最感兴趣并从中得到最大满足的工作是什么。如果当前所从事的工作与其兴趣不相符合，那么就无法保证他会尽职尽责、全力以赴地去完成本职工作。在这种情况下，不是工作本身，而更可能是高薪或社会地位促使他们从事自己并不热衷的职业。然而，一个有强烈兴趣并积极投身本职工作的人与一个对其职业毫无兴趣的人相比，二者的工作态度与工作绩效是截然不同的。

如果能根据应聘者的职业兴趣进行人事合理配置，则可最大限度地发挥其潜力，保证工作的圆满完成。一般来说，可以将人们的兴趣分为六类：现实型、智慧型、常规型、企业型、社交型和艺术型。

(3)能力测试

能力测试是用于测定从事某项特殊工作所具备的某种潜在能力的一种心理测试。这种测试可以有效测量人的某种潜能，从而预测他在某职业领域中成功和适应的可能性，或判断哪项工作适合他。这种预测作用体现在：什么样的职业适合某人；为胜任某岗位，什么样的人最合适。因此，它对人员招聘与配置都有重要意义。

能力测试的内容一般可分为：

①普通能力倾向测试。其主要内容有：思维能力、想象能力、记忆能力、推理能力、分析能力、数学能力、空间关系判断能力、语言能力等。

②特殊职业能力测试。它是指那些特殊的职业或职业群的能力。测试职业能力的目的在于：测量已具备工作经验或受过有关培训的人员在某些职业领域中现有的熟练水平；选拔那些具有从事某项职业的特殊潜能，并且能经过很少或不经特殊培训就能从事某种职业的人才。

③心理运动机能测试。主要包括两大类：一是心理运动能力，如选择反应时间、肢体运动速度、四肢协调、手指灵巧、手臂稳定、速度控制等。二是身体能力，包括动态强度、爆发力、广度灵活性、动态灵活性、身体协调性与平衡性等。在人员选拔中，对这部分能力的测试一方面可通过体检进行，另一方面可借助于各种测试仪器或工具进行。

(四)情景模拟测试法

1. 情景模拟测试的概念

情景模拟测试法是一种非常有效的人员选拔方法，情景模拟测试是根据被试者可能担任的岗位，编制一套与该岗位实际情况相似的测试项目，将被试者安排在模拟的、逼真的工作环境中，要求被试者处理可能出现的各种问题，用多种方法来测试其心理素质、实际工作能力、潜在能力等综合素质。

2. 情景模拟测试的特点

这种方法由于将应聘者放在一个模拟的真实环境中，让应聘者解决某方面的一个“现实”问题或达成一个“现实”目标，因而较容易通过观察应聘者的行为过程和行为效果来鉴别应聘者的工作能力、人际交往能力、语言表达能力等，比较适合在招聘服务人员、事务性工作人员、管理人员、销售人员时使用。但是，由于这种测试方法设计复杂且费时耗资，因此目前只在招聘中高层管理人员时使用较多。

情景模拟测试与笔试、面试方法相比，主要是针对被测试者明显的行为、实际的操作以及工作效率进行测试，重点测试项目是那些书面测试中无法准确测试的被测试者的领导能力、交际能力、沟通能力、合作能力、观察能力、理解能力、解决问题能力、创造能力、语言表达能力、决策能力等实际能力。

3. 情景模拟测试的分类

根据情景模拟测试内容的不同，可以分为语言表达能力测试、组织能力测试、事务处理能力测试等。其中，语言表达能力测试，侧重于考察语言表达能力，包括演讲能力测试、介绍能力测试、说服能力测试、沟通能力测试等;组织能力测试,侧重于考察协调能力,如会议主持能力测试、部门利益协调能力测试、团队组建能力测试等;事务处理能力测试,侧重于考察事务处理能力,如公文处理能力测试、冲突处理能力测试、行政工作处理能力测试等。这些素质也是现代管理人员所必备的。

4. 情景模拟测试的优点

情景模拟测试可从多角度全面观察、分析、判断、评价应聘者,这样企业就可能得到最佳人选。

由于被测试者被置于其未来可能任职的模拟工作情境中,而测试的重点又在于实际工作能力,因此,通过这种测试选拔出来的人员往往可直接上岗,或只需经过有针对性的简短培训即可上岗,从而为企业节省大量的培训费用。

5. 情景模拟测试的应用类型

情景模拟测试是一种常用的能力测试方法。各个单位可以根据自己的实际情况,自行设计一些情景模拟题目进行测试。情景模拟测试的方法有很多,如公文处理模拟法、无领导小组讨论法、管理游戏、访谈法、角色扮演、即席发言、案例分析法等。其中,常用的情景模拟方法主要有以下四种。

(1)公文处理模拟法

公文处理模拟法又称公文筐测试,是经过多年实践检验的、一种有效的管理人员的测评方法。具体步骤如下:

①发给每个被测评者一套文件汇编(由 15～25 份文件组成),包括下级呈来的报告、请示、计划、预算,同级部门的备忘录,上级的指示、批复、规定、政策,外界用户、供应商、银行、政府有关部门乃至所在社区的函电、传真及电话记录,甚至还有群众检举或投诉信等,这些文件经常会出现在管理人员的办公桌上。

②向应试者介绍有关的背景材料,然后告诉应试者,他现在就是这个岗位上的任职者,负责全权处理文件筐里的所有公文材料。要使应试者认识到,他就是管理者,要根据自己的经验、知识和性格在给定的时间内去处理和解决问题。他不能说自己将如何去做,而应是真刀真枪地处理每一件事。因此,每个应试者都留下一沓笔记、备忘录、信件等,这是每个应试者工作成效的最好记录。

③最后,将处理结果交给测评组,按既定的考评维度与标准进行考评。通常不是定性式地给予评语,而是就某些维度逐一定量式评分(常用五分制)。最常见的考评维度有 7 个,即个人自信心、企业领导能力、计划安排能力、书面表达能力、分析决策能力、敢担风险倾向与信息敏感性;但也可按具体情况增删,如加上创造思维能力、工作方法的合理性等。总之,应当将应聘者的岗位胜任能力与职业发展的潜质作为测评的重点。

为保证测试的有效性,这些文件的编写要逼真、准确,应从单位的存档文件、记录、函电、报告及现场调查收集的信息素材中提炼加工。这些素材有些是已经被实践证明了的经验和教训,有些则是各种信息和条件大部分具备或者完整具备,有待做出决策并付诸实施的。依次编写的文件的处理难度与重要性也各不相同。同时,文件中应有足够信息才能做出合理决策,一般还附有该企业单位结构系统图、有关人员名单及当月的日历等,以供参考。

(2)无领导小组讨论法

无领导小组讨论法是对一组人同时进行测试的方法,将讨论小组(一般由 4～6 人组成)引入一间只有一桌数椅的空房间中,不指定谁充当主持讨论的组长,也不布置议题与议程,只是发给一个简短案例，即介绍一种管理情境，其中隐含着一个或数个待决策和处理的问题，以引导小组展开讨论。这种方法通常没有人告诉任何一个小组成员他应该坐在哪个位置上，一般使用一张圆桌，而不用长方形的会议桌，以使每个座席的位置具有同等的重要性。在小组讨论的过程中，即使出现冷场、僵局的情况，甚至发生争吵，测评者也不出面干预，令其自发进行。

最后的测评过程，是由几位观察者给每一个参试者评分。根据每人在讨论中的表现及所起作用，观察者按既定维度予以评分。这些维度通常是主动性、宣传鼓励与说服力、口头沟通能力、企业管理能力、人际协调能力、自信、创新能力、心理承受力等。应注意的是，这些素质和能力是通过被测评者在讨论中所扮演的角色（如主动发起者、指挥者、鼓动者、协调者等）的行为来表现的。

这种评定结果根据组织的具体情况不同，在组织决策时，参考的程度不同。心理测试可以与面试、笔试等方式同时进行，结合多种方法，做出客观评价，不能将心理测试作为唯一的评定依据。

（3）管理游戏

管理游戏是指测试者设置一系列尖锐的人际矛盾和人际冲突，要求被试者扮演某一角色，模拟实际工作情境中的一些活动，去处理各种问题和矛盾。

（4）角色扮演

角色扮演即指定求职者扮演组织内部员工的角色来处理组织的日常事务，如扮演管理者向上级汇报工作及向下级发布命令和指示，或者扮演一名营销人员，实际向客户推销产品。通过求职者在扮演角色中的表现，可以综合了解求职者的潜在工作能力和心理素质，还可以反映出求职者对待工作的态度。

（五）工作样本测试

工作样本测试实际上是对一个求职者未来可能面临的实际工作场景、工作内容进行抽样和模拟，然后，观察和评价其在这种与实际工作背景非常相似的情况下所表现出来的工作绩效。与心理测试相比，工作样本测试所产生的结果对于求职者未来的工作绩效的预测效度往往比较高。工作样本测试的主要目的是测试员工实际动手能力而不是理论上的学习能力。这种测试可以是操作性的，也可以用口头表达（如对管理人员的情景测试）。

工作样本测试的优点是：第一，让应征者实际执行工作中的一些基本任务，效果直接而客观，应试者很难伪装；第二，工作样本测试不涉及应征者的人格和心理状态，不可能侵犯应征者的隐私权；第三，测试内容与工作任务明显相关，不会引起公平就业方面的忧虑。工作样本测试的缺点是需要对每个测试者单独测试，成本可能很高。

（六）笔迹分析测试

笔迹分析测试是指在员工招聘与选拔过程中，以书写字迹分析为基础，了解应聘者的个性特征和心理素质，预测应聘者将来工作绩效的一种方法。笔迹分析专家可以根据工作申请人写字的习惯来判断他是否倾向于忽视细节、是否在行为上前后保持一贯、是否是一个循规蹈矩的人、有没有创造力、是否讲求逻辑、办事是否谨慎、是否容易与人相处、情绪是否稳定等。笔迹分析作为一项技术是一个综合考虑的结果，必须通过多方面的综合分析、高度概括，才能得出比较符合应聘人实际的鉴定。

第三节　面　试

一、面试的含义

面试是用人单位最常用的也是必不可少的测试手段。调查表明，99%的用人单位在招聘中都采用这种方法。在现代社会，用人单位越来越注重员工的实际能力与工作潜力，因此，面试在人员选择环节中占有非常重要的地位。

在面试过程中，代表用人单位的面试考官与应聘者直接交谈，根据应聘者对所提问题的回答情况，考查其相关知识的掌握程度，以及判断、分析问题的能力；根据应聘者在面试过程中的行为表现，观察其衣着外貌、风度气质，以及现场的应变能力，判断应聘者是否符合应聘岗位的标准和要求。

在面试过程中，考官可以通过连续发问，及时弄清楚应聘者在回答中表述不清的问题，从而提高考查的深度与清晰度，并减少应聘者说谎、欺骗、作弊等行为的发生。

总之，通过直接的接触，面试可以使用人单位全面了解应聘者的社会背景，以及语言表达能力、反应能力、个人修养、逻辑思维能力等；同时，面试也能使应聘者了解自己在该单位未来的发展前景，并将个人期望与现实情况进行对比，找到最佳的结合点。

二、面试的目标

由于面试是考官与应聘者双方相互交流的过程，因此，面试涉及双方的目标。

(一)面试考官的目标

对面试考官而言，其作为用人单位的代表，行使单位赋予他的考评、挑选的权利，为了使面试活动成功完成，一般应明确以下目标：

(1)创造融洽的会谈气氛，使应聘者能够正常发挥自己的实际水平。

(2)让应聘者更加清楚地了解应聘单位的现实状况、应聘岗位的信息和相应的人力资源政策等。

(3)了解应聘者的专业知识、岗位技能和非智力素质。

(4)决定应聘者是否通过本次面试等。

(二)应聘者的目标

对应聘者而言，应聘者虽然在选择环节处于弱势地位，但他也有挑选的权利，希望通过面试过程进一步了解用人单位、了解应聘岗位，最终做出自己的决定。一般来说，应聘者应明确以下目标：

(1)创造融洽的会谈气氛，尽量展现出自己的实际水平。

(2)有充分的时间向面试考官说明自己具备的条件。

(3)希望被理解、被尊重，并得到公平对待。

(4)充分地了解自己关心的问题。

(5)决定是否愿意来该单位工作等。

从面试考官和应聘者双方的面试目标可以看出：

首先，面试考官和应聘者的面试目的并不完全相同，这是由双方所处的位置决定的。

其次，面试考官与应聘者之间是双向选择的关系，双方最终都会做出自己的判断和决策。

最后，在面试活动中，由于面试考官始终处于主导地位，因此，考官在安排、组织和实施面试的过程中，除了要达到预定的面试目标，还要帮助应聘者顺利完成预定的面试程序。

（三）围绕面试目标应进行的必要说明

面试开始，作为主考官应当向应聘者做一下简要说明，这有利于应聘者了解面试的目的和程序。

例如，对面试进行文字记录或录音，可以做如下解释说明："面试过程中我们要做一些记录，为的是不遗忘你告诉我们的任何信息。所以，当我们低下头时，不要以为这是不感兴趣，我们只想确保记住你的谈话内容。"

再如，为了保证面试的顺利进行，必须考虑速度问题，可以这样向应聘者说明："由于面试要考察的内容较多，为确保你有机会回答所有的问题，有时我们可能会打断你的谈话，然后提出下一个问题，希望你能够正确理解我们的做法和目的。"有时面对非常健谈的应聘者，即使要多次打断他的谈话，也要确保面试的正常进行，掌握好面试的速度。因为，完成整个面试过程是人员招聘中重要的环节之一。

三、面试的基本程序

面试是一种操作难度较高的测评形式，随意性较大，一般人难以掌握，或者说由于没有掌握面试的程序和缺少面试的技巧，而达不到面试应有的效果。为了改进这一点，使面试能够被一般水平的人操作，提高面试的质量与可比性，在实施中应掌握面试的程序和技巧。

（一）面试前的准备阶段

本阶段包括确定面试的目的，科学设计面试问题，选择合适的面试类型，确定面试的时间和地点等。面试考官要事先确定需要面试的事项和范围，写出提纲。并且，在面试前要详细了解应聘者的资料，发现应聘者的个性、社会背景及对工作的态度、是否具有发展潜力等。

（二）面试开始阶段

面试时应从应聘者可以预料到的问题开始发问，如工作经历、文化程度等，然后再过渡到其他问题，以消除应聘者的紧张情绪。只有这样才能营造和谐的面谈气氛，有利于观察应聘者的表现，以求全面客观地了解应聘者。

（三）正式面试阶段

采用灵活的提问和多样化的形式交流信息，进一步观察和了解应聘者。此外，还应该察言观色，密切注意应聘者的行为与反应，对所提的问题、问题间的变换、问话时机以及对方的答复都要多加注意。所提问题可根据简历或应聘申请表中发现的疑点，先易后难逐一提出，尽量营造和谐自然的氛围。

（四）结束面试阶段

在面试结束之前，面试考官确定问完了所有预计的问题之后，应该给应聘者一个机会，询问应聘者是否有问题要问、是否有要加以补充或修正之处。不管是录用还是不录用，均应在友好的气氛中结束面试。如果对某一对象是否录用有分歧意见时，不必急于下结论，还可安排第二次面试。同时，要整理好面试记录表。

（五）面试评价阶段

面试结束后，应根据面试记录表对应聘人员进行评估。评估可采用评语式评估，也可采用评分式评估。评语式评估的特点是可对应聘者的不同侧面进行深入评价，能反映出每个应聘者的特征，但缺点是应聘者之间不能进行横向比较。评分式评估则是对每个应聘者相同的方面进行比较，其特点正好与评语式评估相反。

四、面试环境的布置

面试的环境应该舒适、适宜，利于营造宽松气氛。握手、微笑、简单的寒暄、轻松幽默的开场白、舒适的座位、适宜的照射光线和温度，以及没有令人心烦意乱的噪声，这些都有利于营造舒适、宽松的气氛。

面试的环境必须是安静的。许多面试者喜欢选择自己的办公室作为面试的场所，但难免遇到意外的电话、工作方面的干扰等。因此，一些小型的会议室也是不错的面试场所。

在面试的环境方面，值得注意的是面试中面试考官与被面试者的位置如何安排。

面试中有如下四种常见的位置排列，如图 5—2 所示。

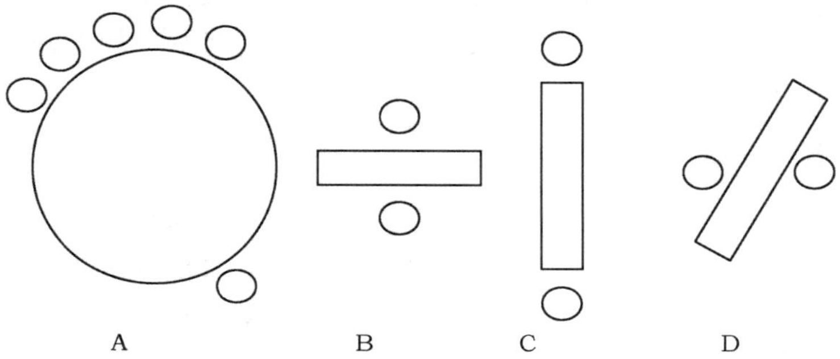

图 5—2　面试座位安排

图 5—2 中：

A 为一种圆桌会议的形式，多个面试考官面对一个应聘者。

B 为一对一的形式，面试考官与应聘者相对而坐，距离较近。

C 为一对一的形式，面试考官与应聘者相对而坐，距离较远。

D 为一对一的形式，桌子按一定斜度排列，面试考官与应聘者相对而坐，距离较近。

在面试中，如果采用 B 的形式，招聘者与应聘者面对面相视而坐，眼睛直视对方，会给对方造成一种心理压力，使应聘者有一种被质问的感觉，以致更加紧张而不能自如地发挥应有的水平，当然，如果主考官想特意考察应聘者的压力承受能力时可采用此种方法。

采用 C 的形式，面谈双方相距甚远，不利于招聘者从对方的表情、言语中获得信息，而且由于空间的距离而造成心理上的远距离，从而不利于双方更好地合作。

采用 D 的形式，招聘者与应聘者斜坐着，视线形成一定角度，这样可以缓和紧张气氛，在心理上避免冲突，因而招聘中宜采用这种形式。如果采用 A 圆桌型的排列，同样能达到这种效果。因此，应采用 A、D 这两种位置排列，这样有利于更好地进行面试。

目前，招聘环境中的颜色布置还没有引起招聘者的注意，桌椅、地板、四壁等都趋向单色化，有的甚至就是一张破桌子旁边散布几张椅子，让人有一种随便感及不适感。因此，在面试过程中，一定要注意桌子、椅子、墙壁、天花板，甚至地毯及装饰品的图色都应当相互协调。

五、面试的方法

面试是供需双方通过正式交谈，使用人单位能够客观全面地了解应聘者的业务知识水平、外貌风度、工作经验、求职动机等信息。同时,也使应聘者能够更全面地了解招聘单位的相关信息。

由于面试非常复杂,人们首先按照一定的标准将面试进行分类,目的是掌握相应的特点。

(一)初步面试和诊断面试

从面试所达到的效果来看,面试可分为初步面试和诊断面试。

初步面试用来增进用人单位与应聘者的相互了解,在这个过程中应聘者对其书面材料进行补充(如对技能、经历等进行说明),组织对其求职动机进行了解,并向应聘者介绍组织情况,解释岗位招募的原因及要求。初步面试类似于面谈,比较简单、随意。

诊断面试则是对经初步面试筛选合格的应聘者进行实际能力与潜力的测试,目的在于招聘单位与应聘者双方补充深层次的信息,如应聘者的表达能力、交际能力、应变能力、思维能力、个人工作兴趣与期望等,组织的发展前景、个人的发展机遇、培训机遇等。这种面试由用人部门负责,人力资源部门参与,更像正规的考试。对于高级管理人员的招聘,则组织的高层领导也将参加。这种面试对组织的录用决策及应聘者是否加入组织的决策至关重要。

(二)结构化面试和非结构化面试

根据面试的结构化程度,可分为结构化面试和非结构化面试。

结构化面试是在面试之前,已经有一个固定的框架或问题清单,面试考官根据框架控制整个面试的进行,按照设计好的问题和有关细节逐一发问,严格按照这个框架对每个应聘者分别进行相同的提问。这种面试的优点是对所有应聘者均按同一标准进行,可以提供结构与形式相同的信息,便于分析、比较,减少主观性,同时有利于提高面试的效率,且对面试考官的要求较低;缺点是谈话方式过于程式化,难以随机应变,所收集的信息的范围受到限制。

非结构化面试无固定的模式,事先无须做太多的准备,面试者只要掌握组织、岗位的基本情况即可。非结构化面试可以说是漫谈式的,即面试考官与应聘者随意交谈,无固定题目,无限定范围,海阔天空,无拘无束,让应聘者自由地发表议论、抒发感情。这种面试的主要目的在于给应聘者充分发挥自己能力与潜力的机会,通过观察应聘者的知识面、价值观、谈吐和风度,了解其表达能力、思维能力、判断力和组织能力等。由于这种面试有很大的随意性,需要面试考官有丰富的知识和经验,掌握灵活的谈话技巧,否则很容易使面谈失败。同时,由于面试考官所提问题的真实意图比较隐蔽,要求应聘者有很好的理解能力与应变能力。其优点是灵活自由,问题可因人而异,可得到较深入的信息;其缺点是这种方法缺乏统一的标准,易带来偏差。

六、面试问题的设计

(一)面试问题设计技巧

在面试之前,面试考官需要准备一些基本的问题。这些基本问题的来源主要是招聘岗位的工作说明书以及应聘者的个人资料。通过回顾工作说明书,会对岗位的职责和任职资格有所了解,并且会考虑到该岗位所需要的主要能力,由此可以准备一些用来判断应聘者是否具备岗位所要求的能力的问题。另外,通过筛选应聘者的简历或申请表,一定也会发现对某些问题感兴趣,可以准备一些有关应聘者过去经历的问题。

(二)面试问题举例

你为何要申请这项工作(了解应聘者的求职动机)?

你认为这项工作的主要职责是什么?或如果你负责这项工作你将怎么办(了解应聘者对

应聘岗位的了解程度及其态度)?

你认为最理想的领导是怎样的?请举例说明(据此可了解应聘者的管理风格及行为倾向)。

对你来应聘你家庭的态度怎样(了解其家庭是否支持)?

你的同事当众批评、辱骂你时,你怎么办(了解其在现场处理棘手问题的经验及处理冲突的能力)?

你的上级要求你完成某项工作,你的想法与上级不同,而你又确信你的想法更好,此时你怎么办(困境中是否冷静处理问题)?

七、面试提问的技巧

面试技巧是面试实践中解决某些主要问题与难点问题的一些技术,是面试操作经验的积累。在面试中,“问”“听”“观”“评”是几项重要而关键的基本功。在此,我们重点讨论面试提问的技巧。就“问”而言,无论哪种面试,都有导入过程,在导入阶段中的提问应自然、亲切,渐进式地进行,如“什么时候到的”“家离得远吗”“是怎么来的”,等等;同时,面试考官的提问与谈话应力求使用普通话及不会给应试者带来误解的语言,通俗、简明地表达自己的问题;并且,问题安排要先易后难,循序渐进,先熟悉后生疏、先具体后抽象,让应聘者逐渐适应、展开思路,并进入角色。当然,提问方式的选择以及恰到好处地转换、收缩、结束、扩展问题和问话,也有很多值得注意的技巧。

面试考官作为面试的召集者,也是面试的主持者,其提问的方式以及问题决定了从应聘者那里可以得到什么资料或多少资料。一般来说,面试考官应运用一些提问的技巧来控制面试的方向以及进度。主要提问方式有:

(一)开放式提问

开放式提问即让应聘者自由地发表意见或看法,以获取信息,避免被动。开放式提问一般在面试开始的时候运用,用以缓解面试的紧张气氛,消除应聘者的心理压力,使应聘者充分发挥自己的水平和潜力。开放式提问又分为无限开放式和有限开放式。无限开放式提问没有特定的答复范围,目的是让应聘者说话,有利于应聘者与面试考官进行沟通,如“谈谈你的工作经验”等问题。有限开放式提问要求应聘者的回答在一定范围内进行,或者对回答问题的方向有所限制。

(二)封闭式提问

封闭式提问即让应聘者对某一问题做出明确的答复,如“你曾干过秘书工作吗”,一般用“是”或“否”回答。它比开放式的提问更加深入、直接。封闭式提问可以表示两种不同的意思:一是表示面试考官对应聘者答复的关注,一般在应聘者答复后立即提出一些与答复有关的封闭式问话;二是表示面试考官不想让应聘者就某一问题继续谈论下去,不想让对方多发表意见。

(三)清单式提问

清单式提问即鼓励应聘者在众多选项中进行优先选择,以检验应聘者的判断、分析与决策能力。例如,在回答“你认为产品质量下降的主要原因是什么”的问题时,对所出的各个选项进行优先选择。

(四)假设式提问

假设式提问即鼓励应聘者从不同角度思考问题,发挥应聘者的想象力,以探求应聘者的态度或观点。如“如果你处于这种状况，你会怎样处理”等。

（五）重复式提问

重复式提问即让应聘者知道面试考官接收到了应聘者的信息，检验获得信息的准确性。如“你是说”“如果我理解正确的话，你说的意思是……”等。

（六）确认式提问

确认式提问即鼓励应聘者继续与面试考官交流，表达出对信息的关心和理解。如“我明白你的意思！这种想法很好！”等。

（七）举例式提问

这是面试的一项核心技巧，又称为行为描述提问。传统的面试往往集中问一些信息，十分注意求职申请表中所填的内容，加以推测分析；同时还询问应聘者过去做过的工作，据此来判断他将来能否担任此岗位，这是完全必要的。但是，有时应聘者也会编造一些假象。为了克服这一点，在考察应聘者的工作能力、工作经验时，可针对其过去工作行为中特定的例子进行提问，从而能较全面地考察一个人。当应聘者回答该问题时，面试考官可通过应聘者解决问题或完成任务所采取的方法和措施，鉴别应聘者所谈问题的真假，了解应聘者实际上解决问题的能力。面试中，一般可让应聘者列举应聘职务要求的并与其过去从事的工作相关的事例，从中总结和评价应聘者的相应能力。

八、面试提问时应关注的问题

（1）尽量避免提出引导性的问题。不要问带有提问者本人倾向的问题，例如以“你一定……”或“你没……”开头的问题。不要让应聘者了解你的倾向、观点和想法，以免应聘者为迎合你而掩盖他真实的想法。

（2）有意提一些相互矛盾的问题，引导应聘者做出可能矛盾的回答，来判断应聘者是否在面试中隐瞒了真实情况。

（3）面试中非常重要的一点是了解应聘者的求职动机，这是一件比较困难的事，因为一些应聘者往往把自己真正的动机掩盖起来。但我们可以通过对他的离职原因、求职目的、个人发展、对应聘岗位的期望等方面加以考察，再与其他的问题联系起来综合加以判断。如果应聘者属于高职低就、高薪低求，离职原因讲述不清，或频繁离职，则须引起注意。在这方面，一定要注意通过应聘者的工作经历分析应聘者的价值取向，而不要轻信应聘者自己的说法。

（4）所提问题要直截了当，语言简练，有疑问可马上提出，并及时做好记录。并且，不要轻易打断应聘者的讲话，对方回答完一个问题，再问第二个问题。

（5）面试中，除了要倾听应聘者回答的问题，还要观察他的非语言行为，如脸部表情、眼神、姿势、讲话的声调语调、举止，从中可以反映出对方是否诚实、是否具有自信心等情况。

表 5－1　　面试记录表

<table>
<tr><td>姓名：</td><td colspan="2">性别：</td><td colspan="2">年龄：</td><td>编号：</td></tr>
<tr><td colspan="3">应聘职位：</td><td colspan="3">所属部门：</td></tr>
<tr><td rowspan="2">评价要素</td><td colspan="5">评价等级</td></tr>
<tr><td>1 差</td><td>2 较差</td><td>3 一般</td><td>4 较好</td><td>5 好</td></tr>
<tr><td>个人修养</td><td></td><td></td><td></td><td></td><td></td></tr>
</table>

续表

求职动机					
语言表达能力					
应变能力					
社交能力					
自我认识能力					
性格内外向					
健康状况					
进取心					
相关专业知识					
总体评价					
评价：	○建议录用		○有条件录用		○建议不录用
用人部门意见： 签字：		人事部门意见： 签字：		总经理意见： 签字：	

九、面试过程中常见的问题

(一)常见问题

在面试过程中，常常会出现各种心理偏差，这些偏差通常会对面试信度和效度产生很大的影响。因此，在面试中，招聘人员应当要注意一些常见的问题。

1. 晕轮效应

晕轮效应是指在面试过程中，主考官可能会因为应聘者的某些突出的特征或品质而将其扩展为应聘者的整体印象和看法，从而使应聘者的其他特征或品质被掩盖和忽视。这种突出的特征或品质可能是优点，也可能是缺点，会使主考官对应聘者产生美化或丑化的认识。例如，面对一个获过大奖或曾做出过突出贡献的人，主考官可能对其产生好感，而对一个曾经给企业造成过巨大损失或有犯罪经历的人，主考官可能会心生排斥，这两种现象都可能导致主考官只关注应聘者的一个问题或一个方面，忽视了对应聘者做出完整客观的评价。

2. 与我相似心理

与我相似心理是指主考官因为在面试过程中知晓应聘者的某种背景或经历与自己有所相似，而对其产生好感的一种心理活动。如从同一所学校毕业的校友，或同一个地方的老乡，以及相同的奋斗经历等，都有可能会因为引起心理上的共鸣，从而影响主考官对应聘者的客观判断。

3. 第一印象

第一印象是指主考官见到应聘者的第一感觉。应聘者在参加面试时，都会对自身形象做一定的修饰，以期给面试主考官一个良好的第一印象。主考官在对面试者进行判断时，既要注意对第一印象的观察，又要避免受第一印象的影响而以貌取人。

(二)面试技巧

针对上述可能在面试环节中出现的问题和偏差，可以通过以下方法来提高面试效果：

1. 以面试目的为中心

面试过程中，主考官的发问要紧紧围绕面试的主题，如果在交流过程中，应聘者的表达偏离了面试主题，要加以及时引导和纠正，确保面试中的谈话内容反映面试主题。

2. 注意倾听

在面试过程中，应聘者才是场上的主角，因此主考官不能喧宾夺主，长时间占用面试时间，要有倾听的意识，给应聘者充分发言的机会，并从中发掘出应聘者与面试主题相关的信息。倾听也是对应聘者的一种尊重，有利于应聘者的能力与素质的表现。

3. 注意观察应聘者的非语言行为

心理学研究认为，口头表达可以掩饰说话者的真实意图，而非语言行为则会在无意识状态下反映出说话者的内心真实想法。因此，在面试过程中，主考官要注意对应聘者的表情、动作、语调、目光等非语言行为进行观察，以检验应聘者所说内容是否真实。

4. 对面试过程中的对象一视同仁

由于面试过程持续时间较长，通常会给面试主考官造成巨大的体力压力，这会导致主考官因为身心疲倦而出现前紧后松或者对一些人重点面试而其他人则比较敷衍。主考官要注意避免这个问题，对应聘者采取一视同仁的态度，这样才能保证面试具有较高的信度和效度。

第四节　录用及招聘评估

一、人员录用

对应聘者进行选拔测试之后，招聘进入录用工作阶段。录用是指综合应聘者在招聘过程中的表现及所有相关的求职资料，根据组织需求，挑选出最适合的人选，并办理入职手续的过程。本阶段的工作主要有录用决策、通知应聘者和录用面谈等。

(一)录用决策

录用决策主要是对选拔过程中产生的信息进行综合评价与分析，确定每一个候选人的素质和能力特点，根据预先设计的人员录用标准进行挑选，选择出最合适的人员的过程。具体的工作程序一般按以下五个步骤进行：

1. 总结应聘者的信息

评价小组综合考虑应聘者现有的知识、技能、对工作的胜任程度、工作动机、兴趣、个性特征、工作主动性等。

2. 分析录用决策的影响因素

人员素质与岗位要求是否匹配是录用决策首先考虑的核心因素。除此之外，还应考虑其他影响因素，例如，是侧重于应聘者的潜能还是依据组织的现有需要、企业现有的薪酬水平与应聘者的要求之间有无差距、高于合格标准的人员是否在考虑范围之列、没有合适的人选是降低要求还是重新招聘等问题，应根据组织的实际情况做出适当的决策。

3. 背景调查

背景调查就是对应聘者与工作有关的一些背景信息如学历、学位、工作经历等进行查证核实，以确定其任职资格。通过背景调查，一方面可以发现应聘者过去是否有不良记录；另一方面，也可以对应聘者的诚实性进行考察。在进行背景调查时要注意从各个不同的信息渠道验证信息，不要听信一个被调查者或者一个渠道来源的信息，必要时可以委托专业的调查机构进行调查。

4. 体检

在做出最终录用决策之前，还应对待录者进行必要的身体检查，淘汰身体状况不符合要求的人员，以确保身体条件符合所从事工作的要求。

5. 做出录用决策

在分析候选人所有信息资料的基础上，根据招聘要求，做出最终的录用决定，并反馈给人力资源管理部门，通知应聘者录用决定并办理各种录用手续。

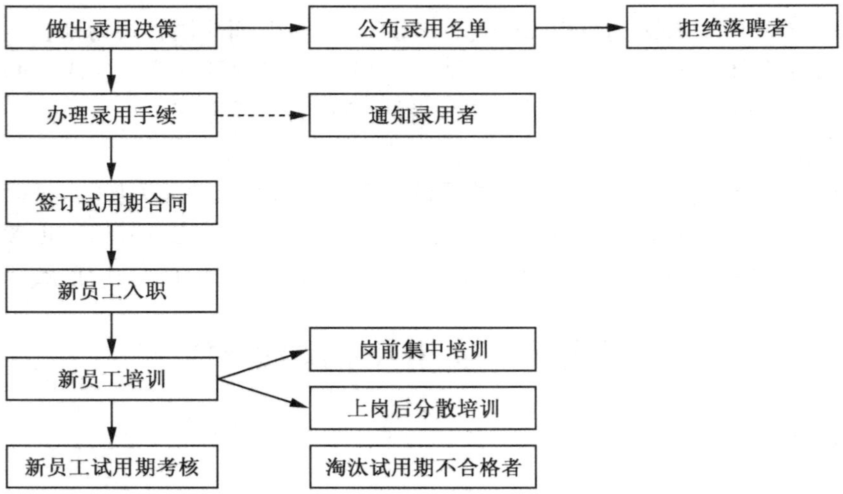

图 5—3　员工录用程序

(二)录用策略

人员录用是依据选拔的结果做出录用决策并进行安置的活动，其中最关键的内容是做好录用决策。录用决策是依照人员录用的原则，避免主观武断和不正之风的干扰，把选拔阶段多种考核和测试结果组合起来，进行综合评价，从中择优确定录用名单。值得强调的是，人员选拔环节中的所有方法都可用来选择潜在的雇员，但决定使用哪些选拔方法，一般要综合考虑时间限制、信息与工作的相关性，以及费用等因素，对相对简单或无须特殊技能的工作采用一种方法就行了。例如，招聘打字员，根据应聘者打字测试的成绩一般就足以做出决定了。但是，对大部分岗位来说，通常需要采用多种方法，相互结合，扬长避短，提高录用决策的科学性和正确性。

一般来说，人员录用的主要策略有：

1. 多重淘汰式

多重淘汰式中每种测试方法都是淘汰性的，应聘者必须在每种测试中都达到一定水平，方能合格。该方法是将多种考核与测试项目依次实施，每次淘汰若干低分者。全部通过考核项目者，再按最后面试或测试的实得分数排出名次，择优确定录用名单。

2. 补偿式

补偿式中不同测试的成绩可以互为补充，最后根据应聘者在所有测试中的总成绩做出录用决策。如分别对应聘者进行笔试与面试选择，再按照规定的笔试与面试的权重比例，综合算出应聘者的总成绩，决定录用人选。值得注意的是，由于权重比例不一样，录用人选也会有差别。假设在甲、乙两人中录用一人，两人的基本情况与考核得分如表 5—2 所示。到底录用谁，关键要看不同项目的权重系数。

表 5—2 各种项目的权重情况

		技术能力	学历	政治思想水平	组织领导能力	事业心	解决问题能力	适应能力
甲的得分		0.9	0.5	1	1	0.8	0.8	1
乙的得分		0.7	0.9	0.8	0.8	1	1	0.7
权重	W_1	1	1	1	1	1	1	1
	W_2	1	0.5	1	0.8	0.8	0.7	0.6
	W_3	0.5	1	0.8	1	0.8	0.7	0.6

如果各考核因素的权重均相同,则甲综合得分为 6,乙为 5.9,甲为优;如果突出技术能力与政治思想水平,则甲综合得分为 4.75,乙为 4.51,甲为优;如果突出学历与组织领导能力,则甲综合得分为 4.55,乙为 4.61,乙为优。

3. 结合式

结合式中,有些测试是淘汰性的,有些是可以互为补偿的,应聘者只有通过淘汰性的测试后,才能参加其他测试。

在做出最终录用决策时,应当注意以下几个问题:

(1)尽量使用全面衡量的方法。企业要录用的人员必然是能够满足单位需要、符合应聘岗位素质要求的人才。因此,必须根据单位和岗位的实际需要,针对不同的能力素质要求给予不同的权重,然后录用那些得分最高的应聘者。

(2)减少做出录用决策的人员。在决定录用人选时,必须坚持少而精的原则,选择那些直接负责考察应聘者工作表现的人,以及那些会与应聘者共事的人进行决策。如果参与的人太多,会增加录用决策的困难,造成争论不休或浪费时间和精力。

(3)不能求全责备。人没有十全十美的,在录用决策时也不要吹毛求疵、挑小毛病,总是不满意。我们必须分辨主要问题以及主要方面,分辨哪些能力对于完成这项工作是不可缺少的,这样才能录用到合适的人选。

(三)通知应聘者

1. 录用通知

为了不失去合格的录用者,录用通知要及时送出。有些官僚作风严重的企业,因通知不及时而损失了重要的人力资源,并影响企业形象。录用通知书除了将有关事项说明清楚,还表明了企业对人才的尊重、对招聘工作的重视。

2. 辞谢通知

企业也应该用礼貌的方式通知未被录用的应聘者,可以通过电话用委婉的语言通知,但用正式的信函告知更能树立良好的企业形象,可能对今后的招聘产生有利的影响。

3. 录用通知书的法律效力

根据我国相关法律规定:“要约邀请是希望其他人向自己发出要约所表达的意思,要约是希望和其他人签订合同所表达的意思,承诺是受要约人同意要约所表达的意思。理论界一般认为单位的录用通知书属于合同法上的承诺,也有学者认为其属于要约。不管它是要约,还是承诺,都具有一定的法律效力。”

(四)员工入职

当一名职位候选人经过层层选拔被录用后,在正式进入该单位工作前,还要经过以下一些入职程序：

（1）与录用员工签订《聘用意向书》，双方签字后生效，人力资源部保存原件，录用员工留存复印件。

（2）新员工的人事档案转入公司统一的档案管理机构。

（3）人力资源部门把将要正式入职的员工信息录入员工信息管理系统，与新员工预先约定时间到公司正式入职。

（4）让新员工填写档案登记表，并与新员工签订劳动合同，办理各种福利转移手续。

（5）进行入职面谈。根据录用岗位的职级高低选择录用面谈的执行者。通常录用经营管理层的高级管理人员，由董事长、总经理或人力资源专家执行；如果是中层管理人员，由分管的公司领导（副职）来执行；如果是基层管理人员，由部门主管或分管领导来执行；普通员工的录用面谈则由人力资源部主管来执行。面谈的内容主要就企业目标、企业文化、薪酬待遇、工作职责、工作思维和方法等方面的内容展开。录用面谈的目的是加强录用人员与企业的相互了解和沟通，解答录用人员关于企业的所有问题，为今后的工作开展打下一个良好的基础。

（五）岗前培训

岗前培训是指根据员工将要胜任的岗位要求对员工进行的系统性培训。岗前培训对员工起到了明确岗位要求的基础性作用，使员工适应岗位的时间缩短。培训的立足点是岗位要求，而非员工之间的个性化差异，所以这类培训具有非个性化培训的特点。

1. 目的

实事求是地介绍工作、工作规范、工作环境及同事的有关情况。

（1）让新员工掌握做好本职工作所需要的方法和程序，也就是说，使他们工作起来更富有成效，犯错误的可能性更小，激发其工作兴趣。

（2）使新员工不仅了解本职工作，而且了解企业，了解企业的价值观和发展目标，且与同事之间迅速熟悉，消除对环境的陌生感，尽快展开工作，融入企业整体，建立合作与团队关系。

（3）使新员工增加对工作和企业良好的感觉，因为他们胜任自己的工作，也因为企业关心他们，能够帮助他们获得成功。

（4）打消新员工对新的工作环境不切实际的期望。

（5）避免企业管理人员过多地行使权威。

2. 参与岗前培训人员

一般情况下，培训由人力资源部组织，企业高层管理者、企业内部培训部门以及新员工对口主管部门共同实施。高层管理者是企业的形象代言人，主要是在新员工欢迎会上向新员工致欢迎词，简单介绍企业情况并提出要求和期望，力图给员工留下美好的印象，为其逐步融入企业打好基础。部门主管则主要负责向新员工介绍本部门的职能情况、岗位责任与要求等，并进行相关技能培训。培训部门则向员工传递企业概况、规章制度等方面的具体信息，带领新员工熟悉企业环境，并负责进行专业技能的培训。

3. 培训内容

（1）了解企业文化、管理模式、人事政策及各种规章制度；

（2）熟悉岗位工作的内容、性质、责任、权限、利益和规范；

（3）熟悉企业的生产经营环境与生活环境、工作岗位环境、人际关系环境；

（4）熟悉并掌握工作流程、专业技能，理解企业文化、员工价值观核心，为共同的目标而努力奋斗。

二、招聘评估

招聘评估是对组织招聘活动的投入与录用人员量和质的评价。招聘评估最重要的指标是组织的空缺岗位是否有人填补,用人需求是否得到满足。组织招聘工作是否成功,需要进行事后评估。通过对招聘过程的评估,可以了解组织在招聘活动中的投入程度,考察组织的招聘效率,总结此次招聘活动成功与否。招聘评估也可以为组织未来的招聘活动提供一定的经验。招聘评估还可以反映出招聘活动的工作成果,明确招聘活动的开支状况,充分体现组织招聘活动的绩效原则。最重要的是,通过招聘评估,评定录用人员的实际能力与绩效,从而判定组织在招聘过程中使用的测试手段是否正确地反映了员工的实际工作水平,以利于组织招聘活动的改进。对招聘结果的评估可以通过以下几种方式进行:

(一)成本效益评估

成本效益评估主要是对招聘成本、成本效用以及招聘收益成本比进行计算和评价。

1. 招聘成本评估

招聘成本由以下几个方面构成:

(1)招募成本。它是为吸引和招聘到企业所需的人力资源而发生的费用,主要有:①招募人员的直接劳务费用;②直接业务费用,包括差旅费、招聘代理费、专家咨询费、广告宣传费等;③间接管理费用,包括行政管理费、场地及设备使用费等;④预付费用,如人才的委托培养费等。

(2)选拔成本。它是对应聘人员进行鉴别甄选,做出录用决策过程中所支付的费用,包括面试考官及工作人员的报酬、印发申请表、考试费用、心理测验费用、体检费用等。

(3)录用成本。它包括办理录用手续费用、调动补偿费、搬迁费、路途补助费、向原单位缴纳的违约补偿金、培训或教育补偿费用等。

(4)安置成本。它是为安置录用员工到具体的工作岗位所发生的费用,如安排新员工的各项行政管理费用、购置办公设备、安排办公场地、提供住房等。

招聘总成本等于招聘过程中各项成本的总和。招聘成本评估通常计算招聘的单位成本:

招聘单位成本＝招聘总成本/录用人数

如果招聘成本低,录用人员质量高,录用人数多,则招聘效率高;反之,则招聘效率低。

2. 成本效用评估

成本效用评估是指对招聘成本所产生的效果进行分析,主要包括招聘总成本效用分析、招募成本效用分析、人员选拔成本效用分析、人员录用成本效用分析等。

招聘总成本效用＝录用人数/招聘总成本

招募成本效用＝应聘人数/招募成本

选拔成本效用＝被选中人数/选拔期间的费用

人员录用效用＝正式录用的人数/录用期间的费用

3. 招聘收益成本比

招聘收益成本比既是一项经济评价指标,又是对招聘工作的有效性进行考核的一项指标。招聘收益成本比越高,说明招聘工作越有效。

招聘收益成本比＝所有新员工为组织创造的总价值/招聘总成本

(二)录用人员评估

录用人员评估是指根据招聘计划对录用人员的质量和数量进行评估的过程。

1. 录用人员数量评估

录用人员数量评估主要从录用比、招聘完成比和应聘比三个方面进行评价：

录用比＝录用人数/应聘人数×100％

招聘完成比＝录用人数/计划招聘人数×100％

应聘比＝应聘人数/计划招聘人数×100％

录用比越小，说明录用者的素质越高；反之，则可能录用者的素质较低。招聘完成比大于100％，则说明在数量上超额完成招聘计划。应聘比越大，说明发布招聘信息效果越好，录用人员素质越高。

2. 录用人员质量评估

录用人员质量评估可以通过对录用者在工作岗位上的工作表现、实际工作业绩以及发展潜力进一步评估其与工作岗位的匹配程度。

（三）人员测评方法的效果评估

人员测评方法的效果是指在招聘过程中所使用的测评与选拔的方法是否尽可能地选择了符合要求的应聘者，并排除了不符合要求的人选。衡量测评方法效果的两个重要的指标是信度与效度。

1. 测评方法的信度评估

信度是指可靠性程度，测评方法的信度具体是指通过某项测试所得的结果的稳定性和一致性。应聘者多次接受同一测试或相关测试时，若结果相同或相近，则认为该测试的可靠性较高，即信度较高。能有效体现信度的三项指标系数分别是：

（1）稳定系数。稳定系数是指用同一种测试方法对一组应聘者在两个不同时间进行测试的结果的一致性，一致性可用两次结果之间的相关系数来测定。此法不适用于受熟练程度影响较大的测试。

（2）等值系数。等值系数是指对同一应聘者使用两种内容、结构、难度等方面相当的测试题所得结果之间的一致性。等值系数可用两次结果之间的相关系数来表示。

（3）内在一致性系数。内在一致性系数是指把同一应聘者进行的同一测试分为若干部分加以考察，各部分所得结果之间的一致性程度。可用各部分结果之间的相关系数来判别。

2. 测评方法的效度评估

效度是指有效性或正确性。测评方法的效度具体是指用人单位对应聘者真正测到的品质、特点与其想要测的品质、特点的符合程度。有效测试的结果应能够正确预计应聘者将来的工作绩效，即测试结果与被测者的实际工作绩效之间的相关性越大，说明测评方法的效度越高。效度测试指标主要有预测效度、内容效度、同测效度。

（1）预测效度。预测效度反映了测试用来预测将来行为的有效性。通过对应聘者在选拔中所得的分数与其被录用后的绩效分数进行比较，若两者相关性越大，则说明方法越有效。

（2）内容效度。即测试方法的内容对需要测量的特性能做出的估计与判断的效用。内容效度多用于知识测试与实际操作测试。

（3）同测效度。同测效度是指对现有员工实施测试，将测试结果与员工的实际工作绩效考核的得分进行比较，若两者的相关系数很大，则说明这种测试效度较高。但应聘者与现有员工的差异，可能导致该方法用于招聘时效度并不理想。

（四）招聘工作总结

招聘评估工作完成以后，应对整个招聘工作进行书面总结，对招聘的实施、招聘工作中的优缺点等进行仔细回顾分析，撰写招聘总结，作为一项资料存档，为以后的招聘工作和人力资源管理其他工作提供信息。

案例分析

常见面试二十问：

一、请你做一下自我介绍好吗——考察表达能力

二、请说一下你以前职位的工作职责——晒晒那些工作经验。考察分析能力

三、在工作中，你取得的最大成就是什么——识别应聘者的判断选择能力

四、你为何要跳槽——考察忠诚度

五、你为什么选择我们公司——考察对企业认同度

六、你怎么看待我们这个行业（或市场）——找到有见识、有发展潜力的人才。考察逻辑思维能力

七、你认为这份工作最重要的是什么——考察团队合作能力、责任意识

八、你缺乏经验，如何能胜任这项工作——学习能力决定提升空间。考察学习能力

九、我们为什么要录用你——考察心理承受力

十、对这项工作，你有哪些可预见的困难——性格决定工作态度。考察毅力、注意力

十一、你希望与什么样的上级共事——灵活应变，才能适应职场。考察应变能力

十二、在工作中，如果你的意见与上级不一样，你会怎么样——考察沟通协调能力

十三、在心情不好的时候，你是怎么自我调节的——智商高，不如情商高。考察情绪控制能力

十四、你认为自己有哪些缺点和不足——自知者智，知人者明。考察自我认知能力

十五、请举一个你人生中最失败的经历——我们需要积极乐观的人。考察积极乐观能力

十六、你有什么业余爱好——识别应聘者的性格类型

十七、你的职业规划是什么——定位越早，工作业绩越好。考察个人职业定位

十八、你的座右铭是什么——洞察一个人的内心世界。考察合理价值观

十九、薪水和工作，哪个对你更重要——多种答案，一个目的。考察工作动机

二十、请问你还有问题要问吗——

联邦快递公司的人才招聘选拔

联邦快递（FedEx）公司是一家创立于1971年、总部位于美国田纳西州孟菲斯市的跨国快递服务公司。迄今为止，联邦快递为全球超过220个国家及地区提供迅速且可靠的快递服务。在《财富》杂志2018年世界500强企业名单中名列第155位。2017年，联邦快递年营业收入超过了603亿美元，更让人亮眼的数据是利润比上一年度增长了64.7%。

为什么在竞争如此激烈的快递行业里，联邦快递公司还能保持这么高的利润增长率？也许答案就在它那“简陋”的官网中。打开联邦快递的网站，可以找到它的经营哲学是“员工—服务—利润”，即员工能够为客户提供优质的服务，由此客户给予联邦快递足以成长的利润。因此，联邦快递坚信，只要能够为客户创造价值，最终就能为自己创造价值。那如何为客户创造价值？这就离不开联邦快递超过40万名的员工能将客户放在心里，有着强烈的工作使命感，为客户提供优质可靠的服务。

那这么多具有服务意识的员工是如何招聘选拔出来的呢？我们将通过联邦快递的招聘选拔案例为大家进行说明。

一、招聘人才的三条标准

在联邦快递，由于快递业是服务性行业，能够把客户放在心里的员工，才是优秀的员工。为了保证公司服务宗旨“使命必达”的实现和“隔夜快递”服务标准的执行，联邦快递在招聘员工时会考虑三条标准：是否是一个善良正直的人；是否有比较开阔的社会观和世界观；是否具有乐观、积极的性格。为什么联邦快递会选择这三条标准呢？

第一，具备善良、正直的品质。只有善良、正直的人，联邦快递才能相信他会不遗余力地为客户提供良好的服务，才放心赋予他们权力。

第二，具备开阔的世界观，了解国际惯例，具有很强的服务意识。联邦快递是一个国际性的服务公司，在工作时，员工会不时地和国外的客户、同事交流，因此，具备这一点非常重要。

第三，具备乐观、积极的性格。因为联邦快递的工作每天都会遇到不同的情况，比如有时候天气非常不好、飞机故障不能准时起飞或到达等，如果没有乐观的性格，如何去沉着面对种种突发情况并及时采取有效应对措施呢？

二、招聘合适的人才

现在，联邦快递的服务范围覆盖全球220多个国家和地区，在中国的服务城市超过200个，员工将近9 000名。为了保证业务的良好发展，联邦快递一直坚持管理人才本地化政策。目前，联邦快递在全球范围内大约65%的总监和管理人员是本地人，员工中98%也是本地人。

但这就面临着一个问题，不同国家和地区的人能不能够认同公司的服务宗旨，能不能够对公司的服务标准不折不扣地执行。让不同国家和地区的人真正理解和接受同一价值观是一件困难的事。那么，对于一个在全球开展业务的公司来说，联邦快递是如何解决这一问题的呢？

长期以来，联邦快递都在通过招聘“文化匹配”的管理人员到合适的岗位上来降低文化差异的影响。所谓的“文化匹配”，就是招聘那些与目标地区相适应、拥有相似文化背景的人员到合适的岗位上，这就是联邦快递的招聘战略，这样的战略旨在降低文化差异所造成的影响，使员工感受到他们的声音受到管理层的重视和处理。只有这样，联邦快递的文化和价值观才能真正被员工理解、接受和分享。

三、招聘程序

联邦快递的招聘程序主要分为两大关卡，第一关是性格测试，第二关才是面试。

1. 性格测试

联邦快递非常看中员工的性格，因此在对外招聘过程中，第一关不看学历，也不看专业知识，而是测试求职者的性格合适不合适。尤其是一线员工，公司会通过一些手段考查对方是否有吃苦精神，能否接受不同的挑战等。有的人面试回答得很好，学历也很高，但是测试下来性格不合适，联邦快递也会忍痛割爱。

2. 面试

联邦快递的面试非常实际，不需要那种只懂得理论、原则，却不会将其运用到具体工作中的人，因此联邦快递要考查求职者的实际工作能力。面试主要通过案例的形式，如提问对方“如果两名员工发生了很激烈的矛盾，你会怎么办”“如果员工的职业发展方向和公司的发展方向不一致，你会如何处理”等。

针对各个岗位的不同要求，联邦快递公司还会设置不同的考查方式。比如销售人员，联邦快递通常不会采用一对一的交谈方式来面试，而是让五六名求职者一起参与活动，面试官在一旁观察。这种方法非常有效。

四、人才选拔

联邦快递非常注重内部人员的培训和选拔，只有在所有内部申请者已全部被考虑并面试，且找不到符合要求的人员后，联邦快递才会展开外部招聘。因此，每当公司有职位空缺时，首先会在内部公开选拔。人力资源部每周都会在公司的内部网站上公告本周有哪些职位空缺，一定时期内还会拿出一定数量的领导岗位在公司内部公开招聘。凡具有竞争实力的员工均可在一周内提出申请，之后相关部门会安排面试。

以上就是联邦快递的招聘选拔案例。通过这个案例我们可以学习到企业要想可持续发展，必须为客户创造价值，而为客户创造价值的基础来自员工对客户提供的服务。因此，企业在招聘选拔员工时是不是也应该考虑将那些具备服务意识的员工招聘选拔出来，因为他们才是企业的优秀员工，才是企业发展的基础！

（资料来源：中国人力资源开发网，http://www.chinahrd.net/。）

问题：联邦快递的人才选拔运用了哪些方法？这些方法是否适合？

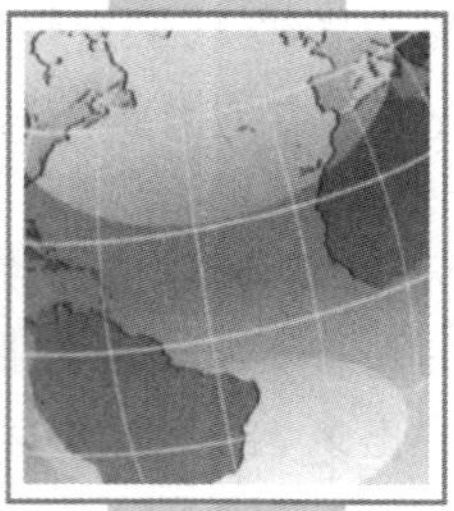

第六章
员工培训

【引导案例】

IBM:让员工与公司一起成长

20世纪末,信息产业引发了最引人注目的技术革命。在这个充满挑战和机遇的行业IBM稳稳前行。在美国《财富》杂志最新公布的全球500强榜单中,IBM名列前茅,这500家企业中绝大多数在使用IBM的产品。1914年,托马斯·J. 沃森先生决定制造打孔机开始创办IBM时,未必抱有如此宏愿。

是什么力量使IBM历经风雨而不断发展呢?IBM自己总结道:“杰出尽职的人才组成团队是成功之本。”截至2018年,IBM在全球的雇员超过30万人,总营收是795.91亿美元,业务涉及160多个国家和地区。自1992年IBM(中国)有限公司成立至今,IBM(中国)公司的员工已超过3 000人。IBM为什么能够吸引优秀的人才并充分发挥他们的潜能呢?

一、新员工的成长历程

出于公司发展及多元化文化的需要,IBM要经常招纳新员工,补充新鲜血液。IBM招纳员工要看其基本职业素质和专业技能两个方面。基本职业素质的内容包括沟通技巧、计算机操作能力、英语水平及发展潜力等。其中,IBM非常看重个人发展潜力,因为它认为这关系到员工学习新知识、接受新观念、适应新环境的能力,关系到员工能否有所发展。

新员工进入IBM,首先要参加为期4个月的集中培训。培训内容包括IBM的历史、背景、规章制度、技术和产品以及基本的工作规范和工作技巧。培训采用课堂授课和实地练习两种形式。培训结束后进行考核,合格者获得结业证明,不合格者将被淘汰。

在IBM看来,经过4个月的培训,只是使受训者有了IBM员工的基本概念。要成为IBM的正式员工,还要经过一年的实习。实习期间,公司给每个新员工派一位师傅,一对一地进行帮带。而且,师傅和徒弟要共同制订一个实习计划,明确师傅教什么、徒弟学什么。实习期间,要定期向人力资源部和新员工所在部门反馈实习情况。

实习结束后,就到了选择走什么路的时候。年初,员工要做工作计划和个人发展计划,提出继续深入做现有岗位工作或变换岗位的计划和职业生涯发展计划。如果决定继续做现有岗位的工作,员工可以提出自己还需要参加哪些内容的培训,想参与哪个项目,也可以要求继续有一个师傅带自己。如果提出变换岗位,要说明现有素质能力及如何适应新岗位。

二、员工的职业生涯

IBM将员工视为企业最重要的资产,以“尊重员工,协助自重;适才适职,发挥潜能;人才培养,技能提升”为原则,在平等及受到尊重的环境中,为员工提供富有挑战性的工作、系统的学习和培训以及成功的机会,强调员工工作中的价值与满足感。IBM致力于把每位员工实现自身价值的过程转变成企业发展源源不绝的强大动力,让员工与公司一起成长。

IBM对员工的成长有很大的期望,每个员工也都有自己的发展需要,但能升到经理、总监的毕竟是少数,所以,IBM向员工提供了管理和专业两种成长渠道,使员工有多个机会实现个人的职业理想。员工在自己的职业生涯发展规划中,如果提出想做经理,在管理领域发展,公司就会考察该员工是否有这个潜力。如果考察结果认为有发展潜力,则把该员工存入经理人才储备库,并列入经理培训计划,在适当的时候接受为期3个月的经理人员培训。经理人员培训的内容主要包括学习管理技巧、训练领导才能、扩大视野、熟悉跨部门的关系网络。另外，还会交给学员一个具体项目，让他体会作为团队领导者的责任、义务。课程合格者，当有经理职位空缺时，可以立即上岗。

如果员工想做技术人员，在专业领域发展，IBM 也提供了广阔的发展空间，可以一级一级地向上发展。当发展到一定级别，并且具备以下三个条件时，就可以参加公司专门组织的考试，并进行答辩：(1)做过一定数量的项目；(2)带过新员工；(3)在公司培训中教过一定数量的课程。答辩合格者，给予相当于高级职称的级别，这个级别和管理职位的总监属于平级。

三、员工培训

IBM 注重员工的培训，拥有十分完备的员工培训制度和具体实施计划。培训形式除传统的教师培训外，广泛采用和推广网上培训。IBM 建立了自己的网上大学，在网上开设几千门课程，供员工根据自己的时间随时安排学习，解决了学习、培训与工作冲突的问题。课程形式既有教材学习，也有真实或虚拟项目训练，具有较强的实用性。

IBM 还提倡员工边工作边学习，或者在业余时间参加各类课程学习，以提高工作效率和个人发展潜力。每个员工可以提出自己需要参加哪些培训，只要与工作有关并且合理，公司一般都会同意。IBM 专门有一个学费报销计划，给参加培训的员工报销学费。公司还欢迎员工主动与经理讨论自己的学习计划，以保证学习计划与个人的业务发展、公司的业务环境相匹配。

“以人为本”——IBM 倡导并在员工之间营造一种家庭式氛围，不鼓励员工之间的恶性竞争。在 IBM 有许多俱乐部，开展各种娱乐活动，以便员工在轻松的气氛中建立真诚的友谊，形成亲密的团队。IBM 非常关心员工的个人生活，为员工提供较高的福利待遇，办理医疗、失业、养老等保险，并推出员工住房自助计划。员工生病或需要照顾家庭，以及脱产学习时，都可以休假，不用担心会失去自己的工作。在 IBM 看来，只有在宽松的大家庭气氛中，每位员工才能潜心工作，才能富于创新，为客户提供更好的服务。

“机会平等”——IBM 为每一位员工提供平等的工作、培训和晋升机会。

“全面沟通”——IBM 采用定期部门会议、与高层管理人员面谈、员工意见调查、全面沟通、直言不讳信箱等多种具体方法，实现员工与公司的全面沟通。

“建议计划”——IBM 鼓励员工提出、参与和接受建设性建议，并且对所有被采纳的建议给予相应的认可和鼓励。

“功绩评估”——个人功绩评估系统是 IBM 薪酬的基石，公司将通过个人工作计划及评估来衡量每位员工的实际表现。

美国《时代周刊》曾这样评价 IBM：“没有一个企业会这样对世界产业和人类生活方式带来和将要带来如此巨大的影响。”这恐怕是对一个企业的最高评价，也从另一个角度说明了 IBM 的成功。关心和积极帮助员工的个人成长，并把员工自身价值的实现与企业的发展有机地结合起来，让员工与公司一起成长，这应该是 IBM 成功的真正奥秘。

（资料来源：根据 IBM 网站资料与访谈资料编写。）

第一节　员工培训概述

企业作为一个盈利实体面对市场竞争激烈、国际环境复杂多变、自主创新压力越来越大、知识产权保护更加严密、劳动力成本日趋上升、国际化高端人才紧缺、多元文化冲突等严峻形势，人力资源优化特别是关键岗位的核心人才的引进、使用、保留、开发、提升与发展已经成为其高层管理者关注的焦点问题。培训劳动者以及开发他们的潜能，从企业内部发现优秀人才并通过传、帮、教、带提升人员的专业素养与综合素质，需要企业领导者以更高的立足点、更开阔的视野根据企业的发展方向来做出培训与开发的部署，同时领导者也必须通过各种途径来提升自己和开发团队成员的领导力。员工培训与开发、领导力的培训与开发不仅要让受培训的人获取新的知识和掌握新的管理技能，而且要从整体素质特别是心理素质与创新思维上提升其能力。当前，企业从一般的员工培训、关键岗位的核心人才的培训发展，到领导者与高层管理人员领导力的提升训练，都成为战略性人力资源管理中重要的内容。

一、员工培训的概念和特点

（一）员工培训的概念

培训与开发是指组织在将组织发展目标与员工个人发展相结合的基础上，有计划地组织员工从事学习和训练，提高员工的知识技能，改善员工的工作态度，激发员工的创新意识，使员工能胜任本职工作的人力资源管理活动。实际上，培训和开发这二者之间是有区别的。

培训的目的是使培训对象获得目前工作所需的知识和能力。例如通过示范，教一名工人如何操作一台车床，或教一名管理人员如何安排日常生产，这都是培训的例子。最近对培训需求的增长来源于适应迅速变化的环境、改进产品和服务质量及提高生产率以保持竞争力等方面的需要。

开发是指有助于雇员为未来工作做好准备的正规教育、工作实践、人际互动以及人格和能力评价等各种活动。开发是以未来为导向的，因此在开发过程中所学习的东西并不一定与雇员当前所从事的工作直接相关。它着眼于更长期的目标，使员工能跟上组织的变化和发展。

虽然二者在内涵上有一些差别，但实质是一致的，都是为了提高员工的知识和技能。在人力资源管理中，培训与开发经常一起使用，因此，本章并未对培训与开发进行严格区分。

组织的培训着重于两个基本目的：一是向员工传授基本技能（专业知识与技术能力、人际关系能力、创新管理能力），这具有强烈的应用导向性，是为了解决实际问题。二是利用培训来强化雇员的奉献精神，使员工在培训中感受到成长和发展，激发他们对组织的忠诚感和奉献精神。当然，现代组织的人力资源培训和开发是一项系统工程，涉及组织中的各个方面，根据不同层次、不同岗位的员工需求，即培训对象不同，其培训的目的便有所差异。

（二）员工培训的特点

员工培训作为人力资源管理者的一项独立的管理活动，有着自身的特点：第一，全员培训。员工培训是全员性培训，凡是在职的企业员工，无论是一般员工还是经营管理者，无论是资深的老员工还是阅历较浅的年轻员工，都有要求和接受培训的权利和义务。第二，能力培训。员工培训属于继续教育但又不等同于继续教育。员工培训实施的员工教育是为在职员工进行的，它的目的在于提高员工运用知识、科学方法解决实际问题的能力。第三，相关培训。相关培训指员工培训与工作实际结合紧密。员工培训适应性大，针对性强。根据经济社会的发展，实施的员工培训必须要联系具体工作，适应实际工作的需要。当然，强调员工培训的适应性，并非必要的超前培训不需要开展。第四，多样化培训。由于员工培训的指导思想是理论联系实际，坚持学用一致、因材施教、讲求实效的原则，因此，员工培训根据不同类型、不同层次组织员工职位的要求，必须采取灵活多样的方式并设定灵活多样的培训内容。只有这样，才能保证培训的效果和质量。

二、员工培训的作用

员工培训对于组织发展有许多重要的作用，其中主要有以下几点：

（一）适应环境的变化

现代科学技术发展日新月异，组织时刻处在变化不定的、竞争日益激烈的市场环境之中。

把握市场机会，谋求生存与发展，提高竞争能力并确保竞争优势，是每一个组织都必须正视的问题。组织所处的环境在剧烈变化，市场的竞争在不断升级，缺乏员工培训的企业的适应性将是难以想象的。任何变化和竞争都离不开人力资源的进一步优化，不重视员工培训的组织在剧烈的市场变化与激烈的竞争中难以逃脱灭顶的厄运。知识经济时代，人力资源培训具有紧迫性。因此，组织面对内外环境的复杂性、变化性，不仅要考虑其发展战略、产品技术的调整以及组织结构、管理方式甚至文化理念的调整，更为重要的是要使普通员工和管理者都跟上变化的形势，尽量减少或缩短因环境变化导致不适应而出现的“磨合期”。

（二）提高工作绩效

亚当·斯密在其《国富论》中指出：一个工人技能的提高，如同一部机器或是一种工具的改进一样，可以节约劳动，提高效率。当然，有效的员工培训能够使员工增加工作中所需要的知识，包括组织的结构、经营目标、策略、制度、程序、工作技术和标准、沟通技巧以及人际关系等方面的知识。人的知识与技能的提高对于经济的发展有着重大价值。通过培训使员工获得新知识、新技能、新价值及新理念，把员工培养成为有更大生产潜力和创新意识的个体，将培训开发变成企业组织应对挑战的“第一动力”，形成人力资源是企业组织的“第一资源”、人才资本是增强企业组织核心竞争力的“第一资本”的现代经营理念，最终提高组织的综合实力和经营绩效。

（三）提高员工的满足感和安全水平

每个员工都有一种追求自身发展的欲望，这种欲望如果得不到满足，员工就会觉得工作没劲、生活乏味，最终导致员工流失。尤其是优秀的员工，其自身发展的需要更加强烈。培训对提高满足感和安全感有正面作用。经过培训之后，员工不但在知识和技能方面有所提高，自信心得到加强，而且也感到管理层对他们的关心和重视，士气、产品品质和安全水平都因此得以提高。而且，组织的工作任务要求员工努力完成，员工只有在工作要求与自身发展相结合时，才具有高度的工作自觉性和积极性；而培训能够开发员工的职业能力，使员工看到自己在工作岗位上的发展前途，从而激发员工的工作热情和工作责任感。

（四）营造优秀的组织文化

优秀的组织文化是现代组织追求的一个目标，优秀的组织文化可以增强员工对组织的认同感，有助于协调员工和组织的目标趋向一致，从而实现员工和组织共同的发展。一方面，通过对员工进行组织文化的培训，可以加深员工对组织文化的理解与认同；另一方面，通过培训和开发活动，会营造一种学习的、积极的组织氛围，这些正是优秀组织文化必不可少的因素。所以，培训和开发有利于营造优秀的组织文化，是组织成功的法宝。

三、员工培训的类型

对企业人力资源培训进行分类，可为企业确定培训目标、对象，制定培训计划和课程标准，组织与实施教学、评估等提供依据。按照不同的标准对培训的形式进行划分，可以分为以下几种类型：

第一，按照培训对象划分。可以分为管理人员培训、技术人员培训、行政事务人员培训、业务人员培训、操作人员培训。培训的对象不同，培训内容、方式、方法等均会有所不同。

第二，按照在职时间划分。可以分为岗前培训和在职培训。前者是指对新进企业的员工进行培训，后者则是对已经在企业中工作的员工进行培训。

第三，按照是否工作划分。可以划分为在职培训与脱产培训。在职培训是指员工不离开工作岗位，在实际工作过程中接受培训；脱产培训则是指员工脱离工作岗位，专门接受培训。

第四，按照培训内容划分。可以分为知识培训、技能培训、价值观与态度培训和职业道德培训。知识培训是指以业务知识为主要内容的培训；技能培训是指以工作技术和工作能力为主要内容的培训；态度培训是指以价值观和工作态度为主要内容的培训；职业道德培训是指以工作中需要遵守的职业道德为主要内容的培训。

第五，按照培训资源的来源范围划分。可以分为内部培训和外部培训。内部培训是指在企业内部整合资源进行的培训，如技术培训和工作岗位的适应性培训等；外部培训是指从公司外部整合资源进行的培训。

第六，按照培训的性质划分。可以分为适应性培训、提高性培训和转岗性培训。适应性培训是指为了使新进员工适应工作岗位而进行的培训；提高性培训是指为使老员工提高工作技能水平而进行的培训；转岗性培训是指为使员工掌握新岗位所需技能而进行的新技能的培训。

本书侧重解释按照以培训的方式和时间为分类标准的几种培训类型。

(一)岗前培训

岗前培训，即员工上岗前的培训。它是指新员工报到后进行一定时间的集中教育和培训，主要是帮助新员工熟悉了解组织的规章制度、文化理念以及组织的目标、业务流程与老员工。就其本质来讲，岗前培训只是企业组织培训的开始或初级的培训，目的是使被录用的新员工具备一名合格员工的基本条件，因此，岗前培训又称为上岗培训。

1. 岗前培训的内容

新员工报到后必须到相应的组织中接受教育，以尽快适应新的环境。岗前培训，要对员工进行相应的引导使他们迅速了解这个组织的历史、现状、未来发展计划，熟悉他们的工作、工作环境以及整个组织环境，组织的规章制度、工作的岗位职责、工作的操作程序、组织文化、绩效评估制度和奖惩制度，并让他们认识将在一起工作的同事等。概括起来，可以把岗前培训的主要内容归纳为以下两个方面：一是组织对于新进员工的组织文化的培训。通过组织文化培训，使新员工形成一种与组织文化相一致的心理素质，使员工个人尽快适应组织，以便在工作中较快地与组织的价值观相协调。二是岗位业务培训。这部分的培训主要应该向员工提供以下的信息：员工所在部门的功能(如部门目标、业务和结构，该部门与其他部门之间的业务关系)、工作职责，以及本部门的特有规定，本部门环境和部门同事的介绍。总之，岗前培训要达到使新员工感到自己加盟是受欢迎的、是值得的，达到使新员工为企业好好工作、谋求更大发展的效果。

2. 岗前培训的程序

(1)岗前培训的准备工作

文字资料：编写和印制好的员工手册、制订岗前培训计划、按培训内容编写的培训资料或提纲、新员工基本情况表、岗前培训通知书等。

硬件部分：场地的布置、设备的检查与调试、座位的排定、温度的调节、学习用品的准备、后勤服务与保障等。

(2)岗前培训执行的程序

第一步：入职教育开始时，由高层经理人员致欢迎词，介绍公司概况的相关内容，及员工可以对公司具有的期望和公司对雇员的要求。

第二步：由人力资源部门进行企业制度的讲解和指导，并与新员工进行讨论。

第三步：由新员工的直属上司对业务知识进行特定性的岗位指导。

第四步：举行新员工座谈会，鼓励新员工尽量提问并进行详细解答，进一步使员工了解关于公司和工作的各种信息，使新老员工更好地沟通。

（二）在职培训

在职培训是为了提高员工的工作技能、工作绩效，或出于员工转岗、晋升，取得岗位资格等需要而进行的培训。在职培训，即指员工在工作场所以及在完成工作任务过程中所接受的培训。

对员工进行在职培训是岗前培训的继续和发展，是从低水平或培训的初级阶段迈向中级阶段的重要方法与步骤。岗前培训是为组织新员工做好上岗的准备，是每个员工加入组织的必经之路；而在职培训则是岗前培训的深化过程，持续的时间比岗前培训要长。对一个注重培训的组织来讲，在职培训会始终贯穿于每一个员工职业生涯发展的全过程。在职培训既要考虑组织目标、工作要求等因素，又要考虑个人职业生涯发展规划和职业发展需要，因此必须制订严格的培训计划书，并注意分层次、多方位地对员工进行全面培训，以帮助员工获得进一步发展和提高的条件。在职培训一般采用全组织培训和下属机构（部门）培训二级体制，这样有利于对培训过程实施管理，并能增强培训的有效性。在职培训是人力资源培训的重要组成部分，对培养一支稳定的、高素质的员工队伍，提高组织的竞争力，以及对组织的长远发展都起着重要作用。一般来说，高素质的员工在职培训应在五个方面取得成效，即知识更新、技能开发、观念转变、思维技巧、心态调整与潜能开发，这是就员工培训的普遍意义而言的。

为了使在职培训的效果更为显著，可按以下步骤进行：第一步，解释工作程序，目的是让员工在掌握具体工作前对整个过程有一个了解。第二步，给员工演示整个过程。第三步，演示结束后，要鼓励员工提问，根据提问，重新演示一遍，并鼓励员工进一步提问。第四步，让员工自己做。请员工解释自己在做什么和为什么要这样做，以此确认员工是否真的了解工作过程。第五步，继续观察员工的工作，并提出反馈意见，直到培训者和受训者双方都对操作过程感到满意为止。

（三）脱产培训

脱产培训是指员工离开实际工作岗位去学习所在岗位的工作技能。其中，外派培训是脱产培训的重要形式之一。外派培训或职外培训，是指暂时离开工作岗位而进行的脱产培训，如到高等院校攻读学位、出国进修以及参加短训班、研讨会或去国外学习考察等。

这种培训是因组织业务发展或员工由于工种变更、职位提升等需要而进行的某种专业训练。这种培训要求受训员工暂时脱离岗位或部分时间脱离岗位参加学习或进修，因此又称为脱产培训。根据受训时间安排、受训员工脱产时间的长短，脱产培训可分为全日式、兼日式与兼时式培训。

脱产培训的目的有两个：一是取得学历证、资格证，如攻读 MBA，参加资格证考前短训班；二是补充或更新知识、掌握新技能，一般是到高等院校或专门培训机构进行培训。此外，组织出于培养有前途的管理者、业务骨干以及提拔任职的需要，往往会选派一部分人员外出参加培训或出国进修。一般来说，员工外派培训要经过严格的审批，并与组织签订培训合同，以防止人才的流失。培训的时间从几个月到几年不等，这样有利于学员更加专门化、系统化地从事知识和技能的学习，并能与不同背景来源的学员进行交流，还可以开阔眼界、拓宽思路，全方位提高受训学员的素质和能力。

（四）员工业余自学

员工业余自学是指员工利用业余时间参加的自费学历教育、自费进修或培训、自费参加职业资格或技术等级考试及培训。对于员工业余学习的费用，凡是所学内容与组织相关的，一般都应给予一定比例的报销。

四、培训的原则

为了保证培训与开发的方向不偏离组织预定的目标，企业必须制定基本原则，并以此为指导。具体包括以下几个方面：

（一）服务企业战略和规划的原则

战略和规划是企业的最高经营纲领，对企业各方面的工作都具有指导意义。培训与开发工作的实施，应当从企业战略的高度来进行，绝不能将两者割裂开来。培训与开发不仅要关注眼前的问题，更要立足于长远的发展，从未来发展的角度出发进行培训与开发。培训开发工作应该积极主动地进行，而不能仅充当临时“救火员”的角色。

（二）学以致用原则

员工培训应当有明确的针对性，从实际工作的需要出发，与职位特点紧密结合，与培训对象的年龄、知识结构、能力结构、思想状况紧密结合，目的在于通过培训让员工掌握必要的技能以完成规定的工作，最终为提高企业的经济效益服务。只有这样，培训才能收到实效，才能提高工作效率。

（三）目标导向原则

目标对人的行为具有明确的导向作用。在培训之前为受训人员设置明确的目标，不仅有助于在培训结束之后进行培训效果的衡量，而且更有助于提高培训的效果，使受训人员可以在接受培训过程中具有明确的方向，并且具有一定的学习压力。培训目标应该明确、适度，并且与受训人员的具体工作相联系。

（四）差异化原则

培训与开发要在普遍性的基础上强调差异化，主要表现在：(1)内容上的差异化。培训时应该根据员工的实际水平和所处的职位确定不同的培训内容，进行个性化的培训。(2)人员上的差异化。虽然培训与开发要针对全体员工来实施，但这绝不意味着在培训过程中就要平均使用力量。在培训中应当向关键职位倾斜，特别是中高层管理和技术人员。

（五）培训效果的反馈与强化原则

培训效果的反馈与强化是不可缺少的重要环节。培训效果的反馈是指在培训后对员工进行检验，其作用在于巩固员工学习的技能、及时纠正错误和偏差，反馈的信息越及时、准确，培训的效果就越好。强化则是指由于反馈而对接受培训人员进行的奖励或惩罚。其目的一方面是为了奖励接受培训并取得绩效的人员；另一方面是为了加强其他员工的培训意识，使培训效果得到进一步强化。

（六）遵循学习曲线

采用测试手段或其他记录的形式，将员工进展情况描绘在图上，这个图称为学习曲线（见图 6—1）。

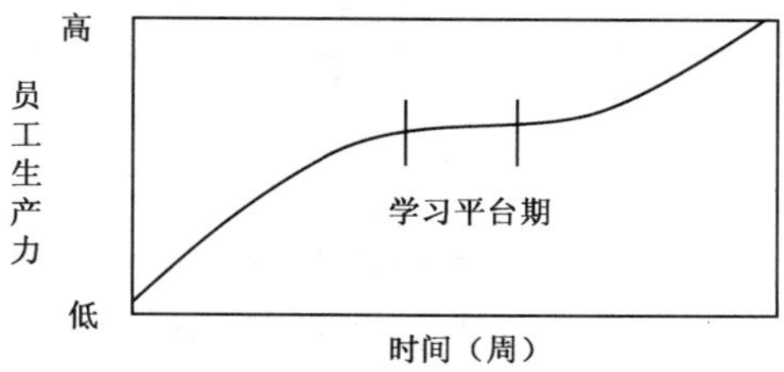

图 6—1　典型的学习曲线

员工在培训的初期进展明显；学习一段时间后则没有什么进展，处于停滞状态，这段时间称为学习平台期，原因是缺乏动力；经过一段时间后，学习效果会逐渐恢复。

五、培训中的基本学习原理

（一）行为主义学习理论

行为主义学习理论强调学习是因环境而导致的行为的改变。行为主义学习理论试图解释行为的变化与环境刺激之间所建立的关系，即在特定的条件下，通过重复性的反射作用使动物的某种习惯得到强化，并逐步固定下来。行为主义心理学家认为根本没必要研究意识，为了使心理学研究更加客观化，必须把行为作为其唯一的研究对象。

行为主义只对可观察的行为进行研究，强调刺激—反应，认为学习是经历体验的结果。我们用过去行为的结果及知识来改变、提高和调整未来的行为。个体通过发现上一次做得有多好（或多坏），以及为什么好（或坏），改进学习计划，以取得更好的学习效果。可见，反馈在学习中非常重要，反馈可能是回报也可能是惩罚，回报包括正强化和负强化。理论和实践均表明，如果一个特别行为得到回报，就可能会被重复，而如果得到惩罚，那么它有可能在将来被避免。惩罚或回报是行为调整的基础。心理学家认为回报比惩罚对改变行为更有效，这一观点是通过对动物及人的实验得出的。因为惩罚使被惩罚的人产生害怕、愤恨、敌意，而对好行为的回报正好相反。

（二）认知主体学习理论

随着社会和技术的不断进步，强调刺激—反应以及把学习者看作对外部刺激做出反应的行为主义学习理论，逐步让位给强调认知主体的内部心理过程，并把学习者看作信息加工主体的认知学习理论。

认知主体心理学家认为，我们所学的是思维，学习思维过程是重要的，也是经得起检验的，不像行为主义所认为的直接观察和检验那样。认知主体学派和行为主义学派的学习方法虽然都基于经验信息，但是对信息的分析和处理不同。认知主体学派关于学习的主要观点包括：在研究可观察行为的同时，也研究思维过程；行为是由认知思维过程决定的；我们学习认知结构及达到目标的方式；问题的解决涉及一个人的洞察力和理解力。

认知理论最早的提出者可追溯至瑞士心理学家皮亚杰（J. Piaget）。他是认知发展领域最有影响力的一位心理学家，认为儿童与环境的相互作用涉及两个基本过程：同化与顺应。同化是指把外部环境中的有关信息吸收进来并整合到儿童已有的认知结构（也称“图式”）中，即个体把外界刺激所提供的信息整合到自己原有认知结构中的过程；顺应是指当外部环境发生变化，而原有认知结构无法同化新环境提供的信息时所引起的儿童认知结构发生重组与改造的过程，即个体的认知结构因外部刺激的影响而发生改变的过程。可见，同化是认知结构数量的扩充（图式扩充），顺应则是认知结构性质的改变（图式改变）。认知个体（儿童）就是通过同化和顺应这两种形式来达到与周围环境的平衡的：当儿童能用现有图式去同化新信息时，他处于一种平衡的认知状态；当现有图式不能同化新信息时，平衡即被破坏，而修改或创造新图式（即顺应）的过程就是寻找新的平衡的过程。儿童的认知结构就是通过同化与顺应过程逐步建构起来，并在“平衡—不平衡—新的平衡”的循环中得到不断丰富、提高和发展的。

人的认知思维是丰富的、有趣的，但又是复杂模糊的。因此，我们不应该把困难性、复杂性作为接受或拒绝认知主体观点的标准。在某些情况下，认知和行为可能是相互矛盾的，但在更多情况下是一致的。当然，学习的综合研究会解释行为、习惯和认知结构，并发现不同的解决问题的方法。

(三)建构主义学习理论

建构主义是认知学习理论的新进展。20世纪80年代中期,建构主义作为一种新的认识论和学习论在教育研究界产生了非常深刻的影响。建构主义强调,意义不是独立于我们存在的,个体的知识是由人建构起来的,学习者以自己的知识经验为基础来建构自己对现实世界和客观环境的了解及解释。

作为建构主义的先驱,皮亚杰为哲学、心理学和学习理论的发展做出了巨大的贡献。其贡献可以概括为三个方面,即发生认识论、认知发展阶段论以及对物理知识、社会或习俗知识和逻辑—数学知识三类知识的区分。

建构主义学习理论认为,学习不是知识由外到内的转移和传递,而是学习者主动建构自己的知识经验以及内部心理表征的过程。它不仅包括结构性知识,还包括在具体情境中形成的大量的非结构性的经验背景。具体来说,知识主要不是通过教师传授得到的,而是学习者在一定的情境即社会文化背景下,借助其他人(包括教师和学习伙伴)的帮助和利用必要的学习资料,通过意义建构的方式而获得的,即通过人际间的协作活动而实现的意义建构过程。因此,建构主义学习理论认为,情境、协作、会话和意义建构是学习环境中的四大要素或四大属性,既强调学生是认知的主体,又不忽视教师的指导作用。

(四)成人学习理论

大多数教育理论和正规教育机构是专门培训孩子和年轻人的。教学法作为教育孩子的艺术和科学,是教育理论的核心内容。学生通常被看作指令和学习内容的被动接受者,无法为学习环境提供足够的相关经验。

成人学习理论是在满足成人学习这一特定需要的理论基础上发展起来的。教育心理学家认识到了正规教育理论的局限性,于是开发了成人教学法,即成人学习理论。成人学习理论对培训项目的开发至关重要,因为这些项目的大多数学员是成人,他们当中的大多数人又没有接受过长时间的正规教育。因此,在培训中应努力实现互动性这一基本要求,即学习者和培训者都要参与到学习过程之中。

1. 戈特的16条成人学习原理

国内外许多专家对成人学习原理进行了研究。美国管理学家戈特(Tom W. Goad)在其所著的《第一次培训者》(*The First Time Trainer*)一书中,总结了关于成人学习的16条原理。这些原理被许多企业所应用,并经实践证明能有效促进培训工作取得成功。这些原理的主要内容包括:(1)成人是通过干来学的。(2)运用实例。(3)成人是通过与原有知识的联系、比较来学习的。(4)在非正式的环境氛围中进行培训。(5)增加多样性,在培训中通过灵活改变进度、培训方式、教具或培训环境等来帮助学员增加学习兴趣,取得良好的培训效果。(6)消除恐惧心理。在培训过程中给予学员学习信息反馈是必要的,但应该经常以非正式方式提供反馈。(7)做一个推动学习的促进者,成人学习中要避免单向讲授,培训师是一个学习促进者,灵活有效的培训方式能大大促进学习的进程。(8)明确学习目标。(9)反复实践,熟能生巧。(10)引导启发式学习。(11)给予信息反馈。(12)循序渐进,交叉训练,学习过程的每一部分都建立在另一部分的基础上,因此,某一阶段的学习成果可在另一阶段的学习中得到应用与加强,使学员的能力逐步得到强化和提高。(13)培训活动应紧扣学习目标,紧扣学习目标会使培训过程中的所有活动都沿着预期的轨道进行,这一目标应被学员清楚了解与认同,在培训过程中应反复强调。(14)良好的初始印象能吸引学员的注意力。(15)要有激情,培训师的表现对学习气氛具有决定性影响,一个充满激情的讲师能感染参与的学员,引导和激发他们投入学习中。(16)重复学习,加深记忆。

2. 学习原理在企业培训中的应用——培训原则

在企业培训中,学员的学习主要分为三类:知识学习、技能学习和态度学习。知识学习又称认识能力学习,类似于前面界定的言语信息的学习。知识学习要求运用知识进行脑力活动。知识学习的例子包括规则的学习和应用、符号图案的辨认、决策的制定、知识的回忆和应用等。技能学习又称肌肉性或精神性运动技能的学习,类似于前面界定的智力技能和运动技能的学习。态度学习又称情感性学习,与人的价值观和利益相联系。

为了优化培训效果,使企业的培训投入获得最大的产出,需要充分应用成人学习原理来提升成人学习的成效。在企业培训实践中,应注意运用成人学习原理,遵循以下培训原则。

(1)激发学习兴趣和动机,发动学员参与。培训作为成人学习的一种途径要能够激发学员的兴趣和动机。

(2)注意个体差异,因材施教。在培训过程中,应根据学员的不同特点、长处、需要,考虑他们的知识、技能和动机水平,采取相应的措施,有的放矢地进行各类培训。

(3)强化原则。基本学习理论研究表明,人们会保持那些受到奖励的行为而避免那些没有受到奖励或受到惩罚的行为。

(4)实践原则。理论与实践相结合能使学员对理论有更好地理解与把握。

六、培训与其他人力资源管理职能之间的关系

人力资源培训体系是人力资源管理体系的一个重要组成部分。它首先必须服务于战略管理的需要和员工职业生涯发展的需要,同时,它必须与其他人力资源管理的职能性活动相协调,在人力资源管理政策的统一指导下共同发挥作用。

(一)与人力资源规划的关系

培训是人力资源规划得以顺利实现的重要保证,培训计划是人力资源规划中的一项内容。业务规划中的人员补充计划、配置计划、接替和提升计划,都需要以培训工作的有效实施为基础。在人力资源规划的指导下,企业可以更有效地开展培训工作。

(二)与工作分析的关系

通过工作分析对工作职位进行的工作描述和由此形成的职位任职资格条件为培训需求分析提供了便利,而培训则为企业进行组织结构和工作职位的重新设计做了铺垫。工作分析界定出的各个职位的任职资格条件是进行培训需求分析时需要考虑的一个重要因素。

(三)与招聘录用的关系

招聘录用的质量会对培训产生影响,招聘录用质量高,人员与职位匹配程度高,培训的任务相对就较轻;反之就较重。培训也会影响到招聘录用,尤其是员工招聘,如果企业比较重视培训工作,提供的培训机会比较多,那么对应聘者的吸引力就比较大,招聘的效果就比较好;反之,就会影响招聘的效果。

(四)与绩效管理的关系

绩效考核是确定培训需求的基础,通过对员工进行绩效考核,发现他们存在的问题,分析这些问题产生的原因,就可以确定出培训的对象和内容,使培训工作更具有针对性。培训工作可以改善员工的工作业绩,也有助于更好地实现绩效管理的目的。

（五）与薪酬福利的关系

培训能够提高员工的知识与技能，改善工作绩效，带动员工报酬的增加，间接对员工产生激励作用，提高工作满意度；培训也已成为企业的一种福利形式。

（六）与员工关系管理的关系

培训对于企业建立良好的员工关系有着巨大的推动作用。通过培训，有助于员工认同企业的文化，增强员工对企业的归属感，从而加强企业的凝聚力和向心力。通过相关的培训，可以使员工掌握人际关系处理的技巧，培养他们的团队意识，也有助于减少员工之间的摩擦，建立和谐的人际关系。

七、员工培训系统

员工培训对组织发展非常重要，培训活动因为需要花费大量的资金、时间和精力，所以必须对培训进行精心设计与组织。要有效地做好这一工作，应把它视为一项系统工程，即采用一种系统的方法，使培训活动能符合组织的目标，实现员工个人、岗位工作及组织本身三者的优化。具体来讲，一个完整的员工培训系统包括以下四大模块：培训需求分析、制订培训计划、培训活动实施、培训效果评估（见图 6－2）。这四大模块的具体内容将在本章后面各节进行详细阐述。

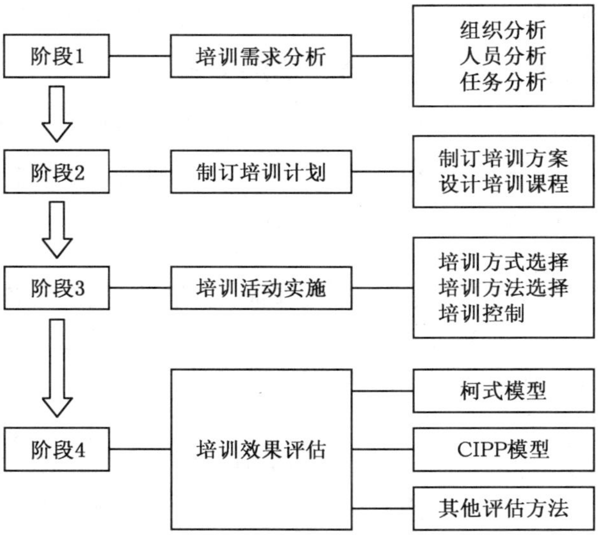

图 6－2　员工培训系统模型

第二节　培训需求分析

为了保持竞争力，组织必须不断使员工接受良好的培训。但在具体的培训过程中，首先遇到的问题就是为什么要培训和培训内容与目标是什么等问题。没有针对性的培训不能为组织带来任何收益。所以，培训实施过程的第一步就是要确定组织对培训的具体需要，也就是要进行培训需求分析。

培训需求是指特定工作的实际需要与任职者现有能力之间的差距。所谓培训需求分析，是指在企业培训需要调查的基础上，采用全面分析与绩效差距分析等多种分析方法和技术，对企业及其成员在知识、技能、目标等方面进行系统分析，以确定是否需要培训，以及培训的内容。

培训需求分析是指从组织、人员和任务三个方面对培训的必要性、培训的时间以及培训的内容等进行分析。培训需求分析能够保证组织培训工作的有效性，保证组织资源的合理利用，并促进组织现代人力资源管理系统的科学发展。因此，员工培训必须建立在科学的培训需求分析基础之上。

一、培训需求分析的目的

(一)确认差距

培训需求分析的基本目标是确认差距。主要是绩效差距，即组织及其成员绩效的实际水平与绩效应有水平之间的差距，主要是通过绩效评估的方式来完成的。

(二)改变原有分析

原有分析基本是针对组织及其成员的既有状况而进行的。当组织面临着持续动态的变革的挑战时，原有需求分析就可能脱离组织及其成员的实际状况，因而改变原有分析对培训显得尤为重要。

(三)促进人事分类系统向人事开发系统转换

需求分析的一个重要作用便是能促进人事分类系统向人事开发系统转换。人事分类系统在制定关于新员工录用、预算、职位升降、工资待遇、退休金等的政策方面非常重要，但在工作人员开发计划、培训、解决问题等方面用途有限，当培训部门同人事分类系统的设计与资料搜集密切结合在一起时，这种系统就会变得更加具有综合性和人力资源开发导向。

(四)提供可供选择的解决问题的方法

培训需求分析可以提供一些与培训无关的选择，如人员变动、工资增长、新员工吸收、组织变革，或是几种方法的综合，选择的方式不同，培训的分类也不一样。现实中，最好是把几种可供选择的方法综合起来，使其包含多样性的培训策略。

(五)形成一个信息资料库

培训需求分析实际上是一个通过各种方法技术搜集与培训有关的各种信息资料的过程，经由这一过程，可以形成一个人力资源开发与培训的信息资料库。

二、培训需求分析的内容

培训需求的分析可以分为三个层次进行：一是组织分析，着重于确定培训在整个组织范围内的需求；二是人员分析，就是确定哪些人需要进行培训以及培训是否合适；三是任务分析，就是试图确定培训的内容，即员工完成任务，达到令人满意的工作绩效所必须掌握的知识和技能。

(一)组织分析

组织分析就是从整个组织的角度出发，关键是要将培训需求的估计与组织要达到的目标联系起来。首先，确定组织的发展目标和人力资源状况，找到培训的需求所在。然后，要考虑培训发生的环境，也就是对组织内可用于培训的资源以及员工的上司和同事对培训活动的态度等情况进行分析，以明确培训是否符合需要以及培训的可行性。进行组织分析的时候要注

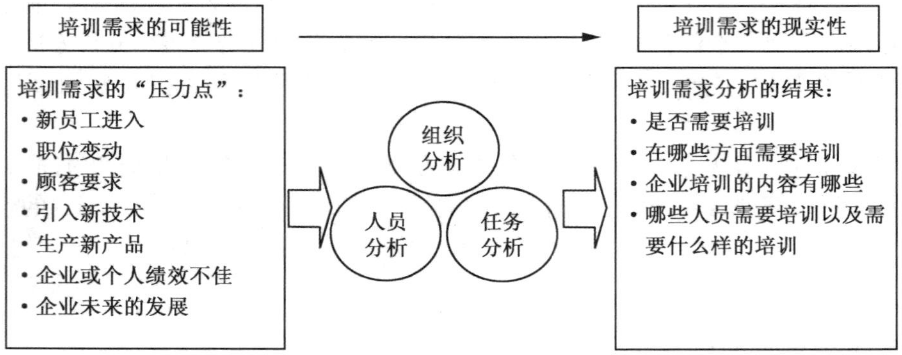

图 6—3 培训需求分析

意三点：①要有预见性，要以发展的眼光去诊断需要，这就要预测本企业未来在技术上、销售市场上及组织结构上可能发生什么变化；②预测要有根据，必须对组织过去的统计数据进行分析（对生产、成本、安全、质量、设备保养维修等方面指标的仔细检查，从中发现培训需要）；③需要调查，不要只看到那些“硬”的、技术性方面的问题，还应同时注意“软”的、思想方面的问题。而且，组织分析还需要关注以下两个方面：一是明确组织的发展目标和人力资源状况；二是分析培训发生的环境。

组织分析一般通过对战略、环境、组织资源、组织绩效四个方面的分析，以确定组织中的培训是否符合需要。

1. 战略

企业的经营战略会产生培训需求。如表 6—1 所示，不同的经营战略会影响培训实践并产生不同的培训需求。

表 6—1 不同经营战略产生的相关培训需求

战略	经营重点	达成途径	关键点	培训重点
集中战略	• 增加市场份额 • 降低运作成本 • 建立和维护市场地位	• 改善产品质量 • 提高生产率 • 技术流程创新 • 产品客户化	• 技能先进性 • 现有员工队伍开发	• 团队建设培训 • 跨职能培训 • 专业化培训 • 人际关系培训
内部成长战略	• 现有市场开发 • 新产品开发 • 创新 • 合资	• 现有产品营销 • 增加分销渠道 • 全球市场扩展 • 现有产品修正 • 创造新产品 • 合资扩张	• 创造新的工作和任务 • 创新	• 支持和促进高质量产品价值沟通 • 文化培训 • 帮助建立鼓励创造性思考的文化 • 工作技术的能力 • 管理者沟通/反馈/谈判方面的培训
外部成长战略	• 横向一体化 • 纵向一体化 • 集中多元化	• 兼并在产品链上与公司处于相同阶段的企业 • 兼并能够为公司提供原材料或产品的企业 • 兼并其他企业	• 一体化 • 人员富余 • 重组	• 确定被兼并企业员工的能力 • 培训系统的一体化 • 合并后企业汇总的办事方法和程序 • 团队培训

续表

战略	经营重点	达成途径	关键点	培训重点
收缩战略	·精简规模 ·转向 ·剥离 ·清算	·降低成本 ·缩小资产规模 ·获取收入 ·重新确定目标	·效率	·激励、目标设定、时间管理、压力管理培训 ·领导能力培训 ·人际沟通培训 ·重新求职的帮助 ·工作搜寻技巧培训

资料来源:[美]雷蒙德·A. 诺伊等. 人力资源管理[M]. 北京:中国人民大学出版社,2001:267.

2. 环境

政府的政治经济政策会对培训需求产生广泛的影响,特别是有关的法律法规的影响更为直接。其他如来自顾客、供应商等的意见也会产生培训需求。

3. 组织资源

组织资源主要表现为企业是否拥有足够的培训经费预算、培训时间、专业培训人员(培训能力)用于培训。

如果公司本身缺乏必要的时间与专业培训人员,则需要外部服务与咨询公司提供适合本公司培训项目需要的定制化服务。

4. 组织绩效

组织分析的一个重要源泉来自组织绩效的各种运行标准。对人力资源数据连续的、详细的分析能够找到培训的薄弱环节。例如,通过查看哪个部门的跳槽率高、缺勤率高、绩效低或有其他缺点,可以确定培训问题。组织需要分析的特定信息和运行标准来源包括事故记录、观察、辞职会见、顾客的投诉、装备使用数据、废物/废料/质量控制数据等。从整个组织的角度对组织绩效进行评价的指标有数量、质量、时间、成本、态度和行为等。

来自组织层面的其他举措也可能对培训提出要求,如引进新技术、招募新员工、生产新产品、企业文化建设、工作重新设计等。当然,必须对这些需求进行分析以确认培训是否是解决问题的正确途径。

(二)人员分析

人员分析可以帮助管理者确定谁需要接受培训以及培训是否合适的问题。这常常需要通过对员工的绩效进行评价来找出存在的问题。然而,在找出不良绩效之后,还要考虑通过培训是否能解决这些不良绩效的问题。培训的重点在于促成职工的个人行为发生所期望的转变。没经验的职工绩效不好可能是由于缺乏所需的知识或技能,有经验的职工没做好工作则可能是因为养成了不良的工作习惯或原来的培训水平不高。这些都可以通过个人分析来发现,但也有可能是由于工作态度方面存在问题。个人分析是在具体的个别职工水平上进行的。总之,培训是为了解决所发现的问题,没有问题就无须培训。一般来说,人员分析分为两个部分:一是对新员工的培训需求分析,二是对企业现有员工的分析。对新员工的培训主要是帮助他们尽快适应组织、适应工作。而对现有员工的分析主要是通过绩效评估的方式,找出那些与组织期望绩效有差距的员工,分析他们的差距,从而为提供有针对性的培训做好准备。但是,在某些特殊情况下,比如对组织发生较大变革或引入新技术、新服务时,可能所有的员工都需要接受培训。

人员分析的重点是评价工作人员的实际工作绩效以及工作能力,包括下列几项:

1. 个人绩效考核记录

这主要包括员工的工作能力、平时表现(请假、怠工、抱怨)、意外事件、参加培训的记录、离(调)职访谈记录等。

2. 员工的自我评价

自我评价是以员工的工作清单为基础的,由员工针对每一单元的工作成就、相关知识和相关技能真实地进行自我评价。

3. 知识技能测验

知识技能测验是以实际操作或笔试的方式测验工作人员真实的工作表现。

4. 员工态度评价

员工对工作的态度不仅影响其知识技能的学习和发挥,还影响与同事间的人际关系,影响与顾客或客户的关系,这些又直接影响其工作表现。因此,运用定向测验或态度量表,就可帮助了解员工的工作态度。

(三)任务分析

所谓任务分析,就是指对工作任务进行详细研究以确定工作中需要哪些知识和技能,然后,根据所需知识和技能制订培训计划。任务分析的第一步就是要对工作进行描述,找出对工作有重要意义的具体任务,然后分析成功地完成每一项任务所需的技能和知识。这种分析所用的方法与职务分析所用的方法不同,研究的是职工们怎样具体完成他们各自所承担的职责,即工作的职责,所以又称作操作分析。不过职务分析的重点是某项职务或任务,任务分析则侧重研究具体的工作者本人的工作行为与期望的行为标准,找出其间的差距,从而知道此人需要接受什么样的培训。任务分析要了解的是这一工作岗位所要求的绩效标准是什么,即希望人们怎样做这项工作?被研究职工的实际表现与该标准有差距吗?若有,这种差距会造成什么样的后果与损失?这名职工知道对他的期望和要求吗?知道怎样去做才是正确的吗?问题的产生究竟是因为不理解还是没掌握所需的技能?以上问题,归纳起来,就是先对需要分析的工作进行描述,然后分析任务,最后就是确定任务所需技能。

任务分析通常分为下面四步:

(1)选择要被分析的工作;

(2)列出组成工作的所有任务和职责;

(3)列出员工完成每一项任务的具体步骤或工作活动,分析任务的执行频率、花费的时间、重要程度、学会的难度等;

(4)定义完成工作的类型(如讲话、记忆、辨别、指挥)及完成任务所需的知识、技能或能力。

对一项任务是否需要进行培训取决于这项任务是否非常重要。这通过有关专家对任务执行频率、重要程度和执行难度的评定来确定,那些重要性不高、难度不大且很少执行的任务不大可能列入培训项目。对每项任务都要由专家确定完成其所需的知识、技能或能力及其他执行要求(如工作条件、业绩标准、必要的工具和设备等),并将其按共通性分成不同的组别,然后合并成模块。这些任务模块就是确定课程体系和课程目标的依据。

总体而言,培训需求包括组织需求、员工需求和任务需求三个方面。组织需求包括:组织经营战略与发展目标定位、人力资源规划指引的培训背景分析(企业组织人力资源的数量、质量及效率分析)、组织为培训师提供的资源和支持分析。员工需求包括:工作绩效不佳的原因分析;职业生涯分析;谁需要培训,需要何种培训,员工受训需要准备什么。任务需求包括:确定重要的任务(职位工作职责,包括各项工作任务及其难易程度等的分析),确定职位任职资格

（员工完成这些任务需要培训的知识、技能和态度倾向、行为方式分析），对工作体系运行状况进行分析。因此，我们不难看出培训需求具有以下几个特点：第一，培训需求分析的主体具有多元性；第二，培训需求分析的客体具有多层次性；第三，培训需求分析的对象具有广泛性；第四，培训需求分析的方法具有多样性；第五，培训需求分析的结果对培训工作具有指导性、前瞻性。培训需求分析是为了给组织的培训活动做好向导，最终都是为了让组织和员工得到共同的发展。

三、培训需求分析的方法

确立一个组织的培训需求，不可只凭猜测，而应尽量使用科学方法，做出需求分析。

（一）观察法

观察是发现问题、证实问题的最原始和最基本的工具。这是一种由受过训练的观察者，通常是人力资源部门的工作人员对照工作说明书，观察体力劳动型或事务性工作型员工的实际操作行为。但观察法本身也有些缺点：受观察者主观成见的影响，而有损观察的正确性；可能因受观察者的有意做作，使获得的资料不正确；有些工作需要长时间才能完成，事实上很难做全盘观察；短期观察很难不碰上突发情况，故不易周详。

（二）问卷调查

问卷调查是为了确定培训需求，将所需分析的事项设计成问题，请有关人员表达意见，然后加以改正的方法，这主要是了解企业员工对培训的需求内容和态度，以此作为分析依据。它的优点是可同时针对很多人实施，资料来源广泛且节省时间。但是，它也有缺点：调查结果系间接取得，如有问题时无法当面澄清或证实；被调查者在回答问题时，往往倾向“应该如何”，而非“事实如何”，这种回答态度常影响事实的真实性。

（三）面谈

主管或教育培训负责人在与员工面谈时，要探询他们对工作或自己的未来抱着一种什么态度和意见，这也是决定培训需求极为重要的参考资料。一般来说，面谈又可分为个别面谈与集体面谈两种。个别面谈记录资料的方法有两种：一是当场随听随记，二是利用录音机记录。一般来说，集体面谈比个别面谈可能更有效果，因为集体面谈更容易激发人的积极性，使人提出更多精彩的想法，能取得更好的会谈效果。

（四）工作考核

准确的工作考核是培训计划的心理来源之一。关于工作效率、员工关系、职业知识以及其他有关方面的表现情况的资料，都是对培训需求有用的信息。如果组织准备有员工定期的书面考核，则从这些考核资料中可以获得许多有关培训需求的资料。

（五）人事记录分析

人事部门如果能于平时将人事动态详细记载，那么对于培训需求分析有很大益处。它包括如下几个方面的内容：①分析员工定期考核及绩效评估的结果，确定教育培训的对象和内容；②利用人事档案，对员工情况及历史状况做出调查，确定教育培训的内容；③使用一套测评员工工作质量的标准统计分析量表，对各类人员素质进行评估，并根据评估结果，确定培训对象与内容（统计分析量表有工作标准调查表、工作计划与成果记录表等）。

（六）多因素分析法

一个人的工作需要他不仅有能力，而且有志愿，乐于从事此项工作，另外还要有相关条件，如工作环境。若将意愿、能力、相关条件作为分析工作状况的三要素，排列组合三者，可列出很多种培训状况。

当然，根据每一种不同的排列组合方式，组织就需要有一种不同侧重点的培训方式。①“意愿低—能力低—相关低”的状况。在此情况下的培训方式及原则如下：必须强迫员工参加受训；以正式的、结构化的培训方式为主；强调激励与具体的培训活动；设置一个实际的或模拟的工作场所作为培训地点；施训者应鼓励员工参与，并称赞员工的成就；进行小规模的培训，如此才能提供激励及增强作用。②“意愿低—能力高—相关低”的状况。此状况下的培训目的在于设法提高学员的学习意愿，让他们了解培训与工作的关系。其做法如下：培训内容略为艰难，以提高学员的兴趣；培训须在实际的或模拟的工作场所进行，并通过实际动手或模拟操作，增强学习兴趣，增强培训效果，并强调如何将学得的技能应用在工作上；以强制参加受训或鼓励参加受训来提高学习意愿。③“意愿高—能力低—相关低”的状况。此状况下的做法为：讲授必须高度结构化，内容宜细分成小单元，并尽可能在工作现场施测；培训时先示范每一项简单的动作，然后让学员自己动手操作；在学员逐渐热心学习时，可采用比较放任的方式。④“意愿低—能力低—相关高”的状况。在此状况下进行培训时，须采取下列做法：由单位强制派训，以免使受训者学习意愿低落；提供具体的奖励，使学员乐于学习；经常多给正面的增强效果。⑤“意愿高—能力高—相关低”的状况。在此状况下需要使学员了解培训与工作的关系，举办短期讲习会，讲习会应在工作场所举行，举办短期性的、周期性的研讨会。⑥“意愿低—能力高—相关高”的状况。在此状况下须以具体的奖励激发学员学习的兴趣。⑦“意愿高—能力低—相关高”的状况。在此状况下的培训方式为：可以采取比较随意的方式；参加受训的奖励可以不具体；培训内容必须高度结构化；让学员有足够的时间接触各种培训资源，让他自己追求、自己学习。⑧“意愿高—能力高—相关高”的状况。在此状况下，学员不论参不参加受训，都会努力学习，单位欲进一步培训此类人员，则只需非正式、少量的培训即可。

第三节　制订培训计划

在明确了培训需求之后，就进入培训计划的设计阶段。制订培训计划是把组织的培训目标具体化，即根据培训目标，确定培训实施的形式、学制、课程设置方案、课程大纲、教科书和参考教材、培训方式、考核方式等问题。组织制订培训计划受多种因素影响，如组织规模和效益、培训对象的现有水平、国家的政策法规等，特别是组织领导的管理价值观和对培训重要性的认识。

一、培训计划的主要内容

培训的实施计划，要从现实的培训需求出发，结合有关条件具体制订，提高培训的针对性和有效性。它包括培训什么、培训谁、何时培训、在哪里培训、谁培训和怎样培训等方面的内容。

(一)明确培训目标、内容

确立培训目标既要注重近期实效性，又要考虑长期性的员工潜能开发和组织经营战略目标的实现等问题。开展多个层次、多种形式、多样方法以及兼顾组织和员工近、中、远期发展目标的培训开发活动，以满足环境变化的要求和不同的培训需求，这是人力资源开发的本质目标。当然，培训的内容随着培训对象、外部条件、工作性质、管理方式、绩效考核等多种因素的不同而有所不同。

（二）确定培训对象

培训计划要先确定培训对象，然后再确定培训内容、期限、场所、师资和方法等。按照接受培训的对象在组织中扮演的角色，我们可以把培训分为普通员工培训、班组长（骨干员工）培训、中层管理人员（主管人员）培训、高层管理人员培训、专业技术人员培训、培训者（包括培训师）的培训等。

（三）确定培训时间

培训的时间可以根据培训的目的、场所、师资和培训对象的素质水平、上班时间等因素来确定。新员工可实施 1 天至 10 天，甚至一两个月的岗前培训。一般员工则可根据培训对象的能力、经验来确定培训期限。培训时间的选定，以尽可能不过分影响工作为宜。

（四）选择培训场所

培训场所要根据培训内容与手段的需要而定，一般可以分为本组织内部培训基地与外部培训机构两种。培训场所要具有必备的设备。培训场所有教室、会议室、工作现场等，若以技能培训为内容，则决定了最适宜的场所为工作现场。因为，培训内容的具体性要求信息传授的具体性，而许多工作设备是无法推进教室的。这些都得视具体的培训情况做灵活选择。

（五）选择合适的培训者

培训者的培训目标即对培训者的角色定位。组织中许多部门的工作人员承担了培训的责任，他们被赋予了一套共同的价值理念、行为规范和责权利配置。培训师无非来源于组织内部和组织外部，要提高培训质量，必须建立一支实力雄厚的师资队伍。因此，培训者必须具备以下条件：

（1）有较高的素质。不仅要有作为一名优秀教师的基本素质，还要有对课程及学员的极大热情。

（2）充分的授课准备。包括授课的技巧、授课的方法、自我形象的设计、课堂授课的控制及课后效果的检验等，都应做好准备。

（3）丰富的培训经验。培训气氛的调动和效果的达成，主要取决于培训师对培训现场的掌握与控制。

（六）选定培训方法和教材

选择策略的唯一标准就是受训者能达到培训与工作所要求的目标。例如，多媒体计算机培训虽然时髦，但对某些培训不一定有效，达不到理想的效果。只有因材施教，选择合适的方法去实现预期目标才是最好的培训。所以说，组织就是要根据不同的培训内容和培训对象等来选定不同的课程和教学方法与教材。

二、培训课程设计

对员工进行培训，是通过培训课程来进行的。所谓培训课程设计，就是根据培训的根本目的，对各种要素（包括课程目标、课程内容、教材、课程实施模式、培训策略、时间、组织七要素）采取不同的方式，做出不同的处理。通过对这些要素的不同选择和处理，就可以设计出各种不同的课程。开发新课程是一项设计性的工作，也是一项系统性的工作。如果没有一个指导体系，也不会是有效的培训。在确定了培训需求和目标后，我们需要寻找、挑选、设计或开发出满足需求的培训课程。培训课程开发的广义含义包括对培训内容本身、培训方式、培训媒介、培训资源等一系列与培训有关的元素的开发。课程设计的任务是构建一门课程的形式与结构。因此，在培训领域，我们要不断地根据组织要求，发现新的培训需求，开发新的课程和资源。课程设计主要包含七个要素。

(一)课程目标

课程目标提供了学习的方向和学习过程中各阶段要达到的标准。它们经常是通过联系课程内容,以行为术语表达出来的,而这些术语通常属于认知范围。在我们所熟悉的一般课程的教学大纲中,最常用的有如“记住”“了解”“熟悉”“掌握”等认知指标,“分析”“应用”“评价”等较高级的认知行为目标也是可以表述出来的。但是,根据教育目标分类学理论,在情感领域中的目标,如价值、信念和态度等,虽然也可以在课程的设计中设法表述出来,但在实际中则通常被忽略。培训课程的目标要简单明了,以保证受训者在培训后能够做到。具体来说,一般课程目标包括三个要素:①要求,描述受训者在培训结束时应掌握的东西;②条件,完成目标任务所需要的设备、材料等;③标准,有效测量培训结果的准则。这里的重点是受训者应掌握什么,而不是培训者能教什么。

(二)课程内容

在课程内容的组织上,有两点尤其重要,即顺序和范围。顺序是指内容在垂直方向上的组织。范围是指对课程内容在水平方向上的安排。范围要精心地限定,使内容尽可能地对学习者有意义并具有综合性,而且还要在既定的时间内安排。对课程内容在顺序上的安排要慎重考虑,介绍哪些内容、哪些内容做详细讲解、哪些内容用于实践活动、哪些用于最后总结,都要安排好。通常安排顺序的原则是由熟悉到不熟悉、由简单到复杂、从某项技能的第一步到最后一步,使受训者通过按照合乎逻辑的步骤不断取得学习上的进步。对培训内容的范围要精心限定,根据目标区分受训者“必须知道”的内容和“最好知道”的内容。当然,培训教师一定要注意信息超载给学习者带来的不利影响。在内容的安排上要做到重点突出、详略得当。

(三)教材

教材要以精心选择或组织的有机方式将学习的内容呈现给受训者,可以是印刷材料,也可以是投影、幻灯片、录像、电影等。无论何种形式的教材,都必须是事先精心准备的、切合受训者实际需要的并能反映该领域最新信息的材料。在学科课程中,教科书是最常用的教材,也几乎是必备的。教科书的选择,要求内容丰富,有针对性、实用性,操作性强;而且应该是直观简洁,以提示要点、强化认知为重点。

(四)课程实施模式

课程的实施模式,主要是指学习活动的安排和教学方法的选择,这些安排和选择要与课程的目标和方向直接相关。培训活动的安排和教学方法的选择,旨在促进培训者的认知发展和行为变化。好的实施模式,应当能较好地激发受训者的学习动机,使他们在学习过程中将注意力集中到所希望的方向上。为增强课程的趣味性,使受训者更积极地参与到培训中,可以使用多种不同的培训方法。

(五)培训策略

培训策略常常是培训活动的一个内在部分,如培训程序的选择、教学资源的利用等应该灵活多样。一个被普遍运用的教学策略是“判断—指令—评价”。在这一策略中,教师分析学生的学习进展情况,判断他们遇到了什么困难,对学习顺序的下一个步骤发出指令;当学员完成指令后,教师做出评价,确定他们是否掌握了课程设计的学习内容。

(六)时间

培训的时间是不可再生的有限资源,课程设计者要巧妙地配置有限的课程时间,培训师要使学生在整个课程执行期间积极地参与学习活动,把课堂时间看成是最有价值的。

(七)组织

除了集体授课制以外,分小组教学或者情景模拟等方式也经常被课程设计者运用,分组教学为"因材施教"的个性化教学提供了某种可能。根据培训的目标不同,组织形式可以具有高度的灵活性。

总而言之,培训课程的设计基本程序是:从需求的调查与分析出发,明确课程目标,根据目标要求,进行课程设计。其中包括:安排课程内容、确定教学模式、组织课程执行者、准备培训教材、选择课程策略、做出课程评价方案、预设分组计划、分配时间。初步设计完成之后,要进行论证,确定可行因素,否定不可行的部分。

如果是一个多次执行的课程,每一次执行效果的评价都要反馈到下一次的设计中。

第四节　培训活动实施

制订培训计划和培训活动实施两个阶段紧密联系,相辅相成,计划指导实施,实施依照计划进行,在实施过程中还要根据实际情况进行控制。

一、员工培训的实施方式

重视培训,落实学习,增强人才竞争力,已经是全球共同的趋势;为了更有效地运用培训资源,促进组织的培训效能,建立一个高效、完备的培训体系,是组织管理与国际接轨非常重要的运作模式之一。培训活动的具体实施与组织的规模和结构关系很大。一般来说,培训活动的实施有下述几种方法。

(一)组织自己培训

大型组织往往设置有专门的教育与培训职能机构和人员,从个别或少数负责培训的职员或干部,到专门的科、处,有的还建有专门的培训中心或学校乃至职工大学,配有整套专职教师与教学行政管理干部。在课程开设上,可从个别简单的低层技工培训直至完整的全脱产的学士学位的大学本科课程。培训部门的人员包括培训领导干部督导下的项目协调负责人员和专职培训人员。他们负责分析调查培训需要、确定培训项目的目标、编写考核标准及开发、执行和评估各个培训项目。其中,培训专家还要亲自授课或组织训练活动。许多企业常请车间和科室干部兼课,亲自授课或组织训练活动,更常请有经验的老师傅现身说法。这当然不失为一种有效且成本较低的方法。但培训部门必须意识到,懂得某种知识或掌握某种技能并不一定能保证将其很好地传授给受训者,会操纵一台机器与教会别人也能操纵毕竟是两种不同的能力,后者还需了解教学的基本原理,因此不能忽视对兼职教师本身在教学方法方面的训练。

(二)产学合作

国外一些企业在进行员工培训时,很注意与高校的联合与协作。美国教育理事会的调查证实,早在 1984 年美国就有半数的高校在企业里开设课程。著名的贝尔实验室就与麻省理工学院、斯坦福大学等 37 所高等院校合作,借助高校培训研究生。在法国,企业职工在高校学习的形式分为三种:为期 3 个月至一两年的"长期进修班"主要针对企业的需要,进行从一个技术领域转到另一个技术领域的长期培训;为期一周至数周的"短期培训班"在企业内部开设,主要针对某专业领域出现的新技术、新知识组织培训;为期一两年的"晋级培训班"则为受训人员提供担任更高一级职务所需的知识。

产学合作不仅发挥了高校科技、人才、校舍的优势,也利用了企业基础设施、资金的优势,相互促进，将产、学两张"皮"变成一张"皮"，真正做到以产助学、以学兴产。

(三)专业的培训机构

我国目前的培训市场可谓百花齐放、群雄并起。无数的"英雄豪杰"希望投身到职业培训师行业中，不仅能实现在他人面前一展高见的梦想，也能使自己成为金领一族。谁都希望能够在刚刚进入这个行业之时便受到最专业的教育，使自己有个好的开始。现在有很多培训机构便以诚信、敬业、务实、创新为办学理念，着力培养高素质、高能力的社会实用型、复合型人才。这些培训机构不仅部分授课老师来自各知名高等学府，而且实现了与某些知名大学的师资共享。这些专业的培训机构办学机制灵活，课程设置新颖独特，教学内容坚持以市场需求为导向，以培养社会急需的或有潜在需求的实用型人才为己任，旨在全方位、多层次地为社会提供更优质的服务。

这些专业培训机构的培训项目不同于正规学校的课程教学，而是强调"短、平、快、新"，注重可操作性和实效性，成为学校的系统性理论教学和组织实际运用之间的一个有效转换环节。

(四)选择培训方式

选择培训方式，要从以下几个方面来做决定：首先，确定组织是否具有相应的培训机构和培训师，如果没有，就需要利用组织外部资源实施培训。其次，要依据培训需求与目标。如果培训重在提高实践技能，则可以在组织内部实施培训；如果培训重视个人知识的提升或人格塑造，则选择组织外的培训。

二、员工培训的方法

在实践中，进行培训时有很多方法可供选择，培训方法选择的恰当与否对于培训的实施以及培训的效果具有非常重要的影响。企业在进行培训时，应当根据培训的内容、培训的对象、培训的目的以及培训的费用等因素选择合适的方法。在此，我们按企业实践中常用的在职培训和脱产培训两大类分别介绍。

(一)常用的在职培训方法

在职培训是指为了使员工具备有效完成工作任务所必需的知识、技能和态度，在不离开工作岗位的情况下，对员工进行培训，也称在岗培训、不脱产培训等。这种方法最大的好处在于：员工的工作不会受到影响；培训的实用性较好，培训时的环境就是实际工作的环境；员工可以立即将培训的内容运用到实际工作中，可以及时得到反馈；培训费用低，不用专门购买设备。缺点是：员工在接受培训时容易受到外界因素的干扰，造成培训的间断，影响培训的效果；会影响正常的工作，导致工作效率下降；司机、飞行员之类的职位不能使用这种方法。

1. 师带徒

师带徒是指由用工单位招收学徒工，在师傅的直接教导下通过生产实践活动，学习并掌握生产技艺或业务技巧从而成为新技术工人或专业人员的一种培训方式。学徒培训是人力资源开发非常有效的形式，特别是技术工种的技能开发。它将学校培训和工作培训两者的优点结合为一体，其效果更加突出，因而值得推广。一般在需要手工艺的工作上使用这种培训，如管道工、理发师、木匠、机械师和印刷工。在培训中，这些学徒身份的员工收入低于负责指导他们的师傅，培训期依据所需技艺的不同而变化。

2. 导师制

在我国，导师制是传统师带徒的现代演绎版本，既是师带徒在应用领域里的扩展，从手工艺领域扩展到所有有关知识、技能的领域，又是师徒制在指导范围上的扩展，指导的内容不仅包括知识、技能，也包括品行、态度等方面。

通常，企业导师制是指企业中富有经验、有良好管理技能的资深管理者或技术专家，与新员工或极具发展潜力的员工建立的指导、辅导、辅助其成长的支持性关系的一种制度、机制。导师制不仅是一种新型的在职培训的方法与制度，而且是一种人才开发机制，通过其在企业智力层面构建的良好工作学习氛围和机制，能够更切合企业具体岗位与部门乃至组织需要，培养出满足企业发展所需的、对企业高度忠诚的人才。

3. 工作轮换法

工作轮换法是指组织为员工在不同职能领域或单一的职能领域中所做出的一系列工作任务安排。工作轮换法是一种有效激励和开发员工潜力的培训方式，能够有效扩大员工的知识层面，丰富员工的工作经验，并消除员工由于工作单一而产生的厌烦感，增强员工的工作适应能力和创新能力。在整个工作轮换的过程中，员工能够深入了解各个职位的工作内容。这种方法适用于对管理人员的培养，但不太适用于专业技术性较强的员工。

4. 教练

教练源于体育领域。教练帮助体育运动员提高技能、磨砺技术、制定重大赛事的行动战略。后来，教练作为一种管理技术从体育领域移植到企业管理领域，企业教练应运而生。教练主要着眼于激发学员的潜能，它是一种态度训练，而不是知识训练或技巧训练。教练不是帮学员解决具体问题，而是通过教练过程了解学员的心态，提供一面镜子，使学员洞悉自己，从而把握自己的状态和情绪。教练会对学员表现的有效性给予直接回应，使学员及时调整心态，认清目标，以最佳状态去创造成果。

5. 行动学习

行动学习是一种以完成预定工作任务为目的，在团队成员的支持帮助下持续不断地反思实际中遇到的情景问题，以帮助人们形成积极的生活和工作态度、提高解决实际问题能力的学习理念和学习方式。这种学习理论认为，在实践中学会学习是个人成长和发展中最重要的因素，在实践中通过行动不仅可以获得新知识和新技术，还能够通过深刻反思经验教训来提升对成长有决定性影响的能力。行动学习是通过小组成员的合作和情感互动，将“在干中学习”与“在思考中学习”有机结合起来，使组织成员在团队合作中获得和提升创造性解决问题的能力。

此外，在职培训还有学习社团、工作实习等方法。一般来说，正式的培训采用在职培训的比较少，大多是采用脱产培训。

(二)常用的脱产培训方法

脱产培训就是员工离开自己的工作岗位专门参加的培训，这种培训方法的优缺点与在职培训恰恰相反。脱产培训的方法主要有以下几种：

1. 讲授法

讲授法是一种传统的培训方法，使用最为普遍，即通过集中办班的形式，由培训师在固定的场所系统地向受训者讲解某些概念、知识、方法及原理。讲授法主要是培训师讲授知识，受训者记忆知识，在培训中一般会穿插提问环节，由受训者提出问题，培训师进行回答。讲授法的优点在于可以在短时间内向一大批人提供大量的信息，培训成本最小，适合于系统地进行知识更新和传授；缺点在于这是一种单向沟通的培训方法，培训效果完全取决于培训师的演讲水平，培训方式单调，互动性不强，缺乏针对性。

2. 案例教学法

案例教学法是由哈佛大学首创的一种教学和培训方法。它通过把实际问题进行典型化处理，交由受训者进行独立研究和讨论，从而提高受训者的分析能力以及解决实际问题的能力的一种方法。案例教学法的优点在于学生能够积极地参与培训，进入特定的“现场”，深入角色，自主学习，提升自身的综合能力；同时，案例教学针对具体问题，具有很强的现实性和针对性。但由于切合组织实际培训需要的案例存在收集和提炼上的困难，也给这种方法的使用带来了一定的障碍，采用案例教学法，还对受训者有较高的要求。

3. 管理游戏法

管理游戏法，亦称为商业游戏法，是仿照商业竞争的规则，采用游戏方式开发学员管理技能的一种培训方法。商业游戏有市场竞争模拟、经营决策模拟及对抗赛等。商业游戏既可按市场设计，也可按企业设计，还可按职能部门设计。受训者被分成若干小组，每个小组2～3人，受训者根据设计的场景和给定的条件就管理实践中各方面的问题如劳资关系（集体谈判合同的签订）、市场营销（为新产品定价）、财务管理（募集购买新技术的资金）等进行信息收集并对其分析，然后做出决策。每个小组决策的结果会引起相关方面的变化并影响其他小组的决策。各小组积极参与游戏，并仿照商业的竞争规则。计算机会记录各种决策及变化信息，最后计算结果。时间跨度可以是一个季度、半年、一年或几年，实际操作时间则在半小时到两个小时之间。这种方法常用于管理技能开发。它的优点是，能够将团队成员迅速培育成一个凝聚力很强的群体；对有些群体如高级管理人员来说，游戏比课堂讲授更有吸引力，也更有意义。其缺点是开发成本较高。

4. 角色扮演法

角色扮演法是一种典型的亲身体验式的教学方法，是指在一个模拟的工作环境中，由受训者扮演具体案例中的某个角色，去处理各种问题和矛盾。培训的目的在于提高员工行为的有效性。角色扮演法能够促进员工个人发展和提高员工行为技能，尤其是能够使受训者进行“换位思考”，有利于解决现实工作中的矛盾，促进工作中的协调与配合。但这种方法更注重受训者的情境体验，所以不适用于知识和技能的培训。

5. 情景模拟法

情景模拟法是一种模仿现实生活中的场景的培训方法。在这种场景下，受训者做出决策所产生的结果实际就是他在现实工作中做出同类决策可能产生的后果。这种方法让受训者能够看到自己的决策在一种人工的、没有风险的环境中所可能产生的影响，因而既可用来向受训者传授生产与加工方面的技能，也可用来向受训者传授管理与沟通方面的技能。其优点是，由于情景模拟是复制了雇员在实际工作中使用的物理设备，所以不必担心错误的决策所带来的不良后果，其成本较低；同样，管理与沟通方面的技能模拟也不会真正造成人际关系的破裂，雇员没有心理压力。其缺点是，由于模拟环境一方面必须与实际的工作环境的构成要素相同，另一方面必须能够准确地对受训者所发布的指令做出反应，因而其开发成本较高，并且要根据新获得的工作信息不断对模拟环境加以改进。这种培训特别适合那些出现错误的代价和风险比较高的工作，如飞行员的培训、管理决策的培训等。

此外，脱产培训还有视听法、公文筐处理训练、敏感性训练、行动学习、户外拓展训练等方法。

（三）应用新兴技术的培训方法

随着现代科学技术的发展，大量的信息技术不断地应用于培训领域，其中包括多媒体技术、远程学习、专家系统、电子支持系统和培训应用软件等。新技术的应用使得数字化合作成为可能，降低了传递培训课程所耗费的成本，互联网的诞生更是推动了学习的变革，使学习过程动态化、形象化和灵活化。

下面简述五种基于新技术的培训方法，即计算机辅助培训、多媒体远程培训、E-Learning、虚拟现实培训和移动学习平台。

1. 计算机辅助培训

计算机辅助培训(Computer-based Training)是指将培训材料传输到电脑终端，使学员可以利用计算机进行互动学习的培训方式。与传统课室的指导和学习不同，它包括互动性录像、光驱和其他一些计算机驱动系统。学员通常是通过安装在电脑上的特定软件进行学习，主要有计算机辅助指导(Computer Assisted Instruction，CAI)和计算机管理指导(Computer Managed Instruction，CMI)两种类型，计算机辅助指导系统可以提供个性化的教育指导，如操练与实践、游戏指导等，学员可以设定自己的速度来学习。计算机管理指导系统则是与计算机辅导指导系统相辅相成的，可以通过电脑为考题打分，以确定培训水平。随着教学软件的发展和网络的日益广泛使用，计算机辅助培训也更趋于先进。

2. 多媒体远程培训

多媒体远程培训是指采用了多种媒体手段，利用现代化的技术将声音、图像传递到各个教学地点，学员一般会在各地专门的教室中接受远在外地的教师的培训。支撑多媒体远程培训的技术是计算机网络，包括路由器、网络电缆、服务器、数据库、DNS 服务器等。另外，还需要开发教学系统，该系统的功能需包含课件点播系统和同步广播授课系统，如 MCAI 软件。多媒体远程培训具有跨地域性、沟通多向性、及时同步性、便捷性的特点。

在多媒体远程培训中，可以有小规模乃至点对点的专门培训(如领导力开发、专业性的师傅帮教等)，可以多边互动，即学员可当场提出问题并得到实时回答(即问即得)，也可以有中等规模的集中上课，同时在课堂上学员可以利用手机等移动终端与教师立体沟通，更有超大规模的开放式线上线下培训平台 MOOC，让一些课程的学习面扩大到几千人甚至几万人。IT 新技术、互联网与新媒体的应用，有时还可以让全球范围内的虚拟学习团队就某个问题进行讨论，团队成员或学员往往并不需要配有计算机辅助学习软件或存储的 U 盘，而是在任何有网络的地方自己直接从云存储下载后进行自我学习。总而言之，应用 IT 新技术、互联网与新媒体的培训具有如下特点：跨地域性、沟通多向性、及时同步性、便捷性。

现在众多企业已开设了许多远程培训课程，如营销原理、服务营销、专业化销售、购买者行为、战略营销、基础会计、财务管理、人力资源管理、生产管理等。实际上，任何传统的培训课程经过调整和改进后均可用于远程培训。从我国的情况来看，基于技术的远程培训始于 20 世纪 80 年代初，当时由于历史原因人才断层，需要尽快培养大量人才。为此，采用了以广播电视教学为主的大规模传递和大规模接受并加以辅导的传统教学模式。此时，教学研究的重点在于制作由优秀专家讲授的录像带。这种大规模的教师加媒体的教学传递模式确实为解决当时客观上存在的人才短缺问题起到了极大的作用，但在教学观(目标)上还是因袭了传统的教学思想。90 年代以来，由于以计算机为中心的通信与信息技术的迅速发展，远程培训的传递手段日益多样化，多媒体远程培训也开始在我国教育界和企业界得到广泛应用。

3. E-Learning

E-Learning 是一种新的企业人力资源开发方式，在当今信息化、人工智能不断发展的时代，凭借自身的优势，逐渐成为企业员工培训的重要手段。其主要方式是运用新兴 IT 与互联网、新媒体技术进行培训，比如在网上开设课程主页，将与课程有关的内容放到网上，经由局域网、广域网、个人电脑、调制解调器和路由器、无线网络、无线路由器乃至卫星通信等通信技术设备和方式把资料发送到各种终端(台式电脑、笔记本电脑、移动终端等),使学员可以在世界范围内浏览某个课程,并进行课程学习。一般情况下,培训师将培训课程储存在培训网站上,世界各地的学员利用网络浏览器进入该网站接受培训。在培训过程中,无论是资料的即时更新、数据的分发和共享,还是学员之间的交流都没有障碍。

2012年,掀起了大型开放式网络课程MOOC的浪潮,MOOC主要由Courser、Udacity、edX提供。作为一种新型的学习和教学方法,MOOC易于使用、费用低廉,绝大多数课程是免费的,平台收录了来自全球最好大学的921门课程,逐步引进商业方面的精品职业课程,学习资源丰富,面向人群广,为用户自主学习提供了良好的平台。MOOC网上课程多以短视频呈现,每节课不超过10分钟,教程中融入动画特效、流行词句,内容具有趣味性,授课方式易于引起用户的兴趣。类似于MOOC的网络课程还有微课网、翻转课堂等,它们已在国内市场上流行。

在企业中,E-Learning课程采用的是一种员工自主式的学习方式,员工可以随时打开电脑或手机、平板电脑上网,学习那些已经由培训总部在网上设计好的培训课程,E-Learning具有如下特点:灵活选择学习进度、灵活选择学习时间和地点、灵活选择学习内容、学习效果显著、大大提升组织整体培训效能。

由于E-Learning所涉及的培训内容可以统一规划,覆盖面广泛,组织中的每个学习者都可获得相应的培训,因此可以大大提升组织整体培训效能。E-Learning除了利用课程网页之外,还可以通过电子邮件的方式进行信息交流和讨论。当然,E-Learning也有一些不足,如学员会感觉缺乏真实感等。

4. 虚拟现实培训

虚拟现实(Virtual Reality)培训是指利用虚拟技术为学员提供三维学习体验的一种培训方式。虚拟现实是发展到一定水平上的计算机技术与思维科学相结合的产物,它的出现为人类认识世界开辟了一条新途径。虚拟现实的最大特点是:用户可以用自然方式与虚拟环境进行交互操作,改变了过去人类除了亲身经历,就只能间接了解环境的模式,从而有效扩展了自己的认知手段和领域。它特别适用于对军事人员、飞行器驾驶员、空中交通管制人员、汽车驾驶员、医务工作人员、体育运动员等人才的培训,原因在于学员能够看到自己在工作中可能遇到的任何情境,在这个虚拟的环境中学员能够观看以及进行操作演练,给人一种身临其境的感觉。也就是说,他们能从这种培训中获得感性知识和实际经验。

虚拟现实培训的优点在于仿真性、超时空性、自主性、安全性。由于学员在虚拟培训中操作的设备与现实中的设备功能一样,操作方法也一样,因此虚拟现实设备的仿真性不仅可以让学员在没有实际危险的情况下做一些具有危险性的操作,还可以让学员获得相应的实际操作经验。另外,学员可以自主选择或组合虚拟培训场地与设施,超越了时空的限制,而且可以反复训练,增强训练效果。虚拟现实培训的缺点在于开发或购买成本较高,质量较差的设备有时达不到让人身临其境的效果,会使学员产生不良的生理反应,如晕眩、恶心等。

5. 移动学习平台

移动学习就是不受时间、空间的限制,在任何时间、任何地点都可以进行自我增值的一种学习方式,移动学习平台就是为这样的学习方式提供载体。平板电脑、软件以及宽带互联网的接入等技术的不断发展,为传统的学习方式转换成移动学习方式提供了强有力的支持。移动学习平台在生活中随处可见,主要以微信、App的形式出现,通过一部手机或平板电脑,便可自由自在地学习。移动学习平台不仅应用在个人学习中,很多企业也通过这样的方式进行培训。其之所以迅速得到推广应用，是因为以下几个特点：

(1)简单易用。移动学习可以通过关注微信公众号或者下载 App 的方式进行学习。

(2)互动分享。移动学习以联网的形式实现在线交流、互动、分享。

(3)节约时间。移动学习可以利用个人的零碎时间进行学习，例如人们可以在乘车上班路上或者做其他事情的空隙打开手机进行自我学习。

三、培训控制

培训控制是指在培训过程中不断根据目标、标准和受训者的特点，矫正培训方法、进程的各种努力。培训控制是实施培训的一个重要部分，能够保证组织培训紧紧围绕事先确立的培训目的展开。在大型组织的培训中，一般会有管理人员全程听完培训，并对培训及时提出意见和建议，因此，培训控制需要培训师或培训管理人员、受训者和组织管理人员的共同参与。

培训控制主要包括以下三个方面的内容：

(1)观察环境变化，适时适当调整培训计划与方法。培训计划是根据培训需求分析的结果和当时所处的环境来制订的，随着环境的变化，可能会造成培训计划与现实需要不相匹配，如生产工艺的变化、组织战略的调整等，都可能会影响培训计划是否继续执行，这时就需要对培训计划和方法进行适时适当的调整。

(2)跟踪了解培训师、受训者与组织管理者的培训态度和感受，了解受训者的培训需求获得满足的程度，了解培训师在培训中发现的问题，了解培训目标的达成状况，从而加强对培训过程的管理和控制。

(3)加强培训材料的收集和整理。对培训资料的收集和整理，可以比较培训现状与目标的差距，发现培训计划执行的偏差，跟进培训计划的执行情况，从而加强对员工培训过程的管理。对资料的收集和整理有利于下一步培训评估的实施，也可以为以后的员工培训活动提供参考与借鉴。

四、培训成果的转化

培训成果的转化(培训迁移)主要是指企业的管理者和受训员工将在培训中所学到的知识、技能或能力及行为运用到实际工作中的努力过程。我们特别强调培训成果的转化工作，因为它与为企业经营战略提供合格的人力资源产品紧密相关，而培训的目的就是要改善员工的工作业绩并最终提高企业的整体绩效。因此，员工在培训中所学到的内容必须运用到实际的工作中，这样培训才具有现实意义，否则培训的投资对企业来说就是一种浪费。

关于培训成果的转化，有三种主要的理论，见表 6—2。

表 6—2　　培训成果转化的三种理论

理　论	强调重点	适用条件
同因素理论	培训环境与工作环境完全相同	工作环境的特点可预测并且稳定，例如设备使用培训
推广理论	一般原则运用于多种不同的工作环境	工作环境的特点不可预测并且变化剧烈，例如谈判技能的培训
认知转化理论	有意义的材料可增强培训内容的存储和回忆	各种类型的培训内容和环境

资料来源：[美]雷蒙德·A. 诺伊等．雇员培训与开发[M]. 北京：中国人民大学出版社，2001：92.

一般来说，培训的有效迁移受以下几个方面因素的影响：

（一）个人动机

弗隆的期望理论，说明了个人对行为结果的认知、期望以及对这些结果的偏好将对动机产生重要影响。动机水平取决于个人认为他们的行为能够得到的特定结果，这些结果对个体具有一定的价值，个人为追求这些价值而产生了动机。当个人认为他的迁移行为有可能使自己的工作达到某一个期望的绩效水平，而且这个绩效将为他带来有价值的回报时，他就会为达到这个绩效水平而努力；反之，如果迁移与绩效、绩效与回报之间无关或负相关，就不可能很好地促使迁移行为的发生。

俗话说："萝卜白菜，各有所爱"，不同的员工会有不同的培训需要，希望培训能满足自己的期望。员工的培训需要是有偏向的，有的在乎具有工作效用的培训，有的在乎具有职业效用的培训。工作效用是指受训者感知到的培训在促进现有工作目标实现上的有用性，如生产率的提高、错误率的减少、问题解决能力的增强；职业效用是指受训者感知到的培训在实现职业目标上的有用性，如得到晋升或获得更重要的工作。前者立足现在，实效性强；后者着眼未来，目标性和发展性强。对培训效用的不同理解会导致员工在培训迁移行为上的差异，虽然二者都能促进培训迁移的发生，但是，在不同的情境下，其效果不同。如果一个员工正苦于不知怎样才能有效地与客户沟通，以提高销售业绩，但企业要求他参加有关如何进行自我职业生涯规划的培训，那么可以预见其培训迁移效果不会很好，因为，提高销售人员销售业绩的培训肯定与提高他们在公司中管理地位的培训有显著的不同。

（二）组织学习氛围

想要存活下来并能兴旺发展的企业需要以更快的速度进行学习。学习是企业不断进步的必要条件，组织的学习氛围直接影响企业员工的学习思想与学习行为。

组织学习氛围是企业文化的一种重要表现形式，从一个侧面表现企业的价值观念和精神。体现在企业文化的物质层中，以一种潜移默化的方式影响员工的思想和行为。在学习氛围浓郁的组织中，管理者重视企业的可持续发展，关注员工的不断提高，能随时随地对员工进行指导，把下属的进步看作对自己工作的肯定；员工上进心强，能够抓住一切可以利用的机会进行学习提高，并乐于将学习所得迁移到工作中，创新性与协作性高。但是，在缺少学习氛围的组织中，管理者只看重眼前的利益，认为学习是个人的事情，而且总有"官本位"的思想，生怕下属的能力超过自己，有意无意地扼杀员工学习的积极性。员工在这种"风吹墙头草，棒打出头鸟"的感知中毫无学习动力，组织也缺少生机与活力。

（三）培训迁移气氛

如前所述，员工面临的一个问题是他们需要在一种环境中学习，而在另一种环境中应用学习到的知识。这就意味着在知识的转移和应用过程中，后一个情境的环境因素将对其产生重要的作用。

培训迁移气氛是组织成员对那些具体的促进或阻碍使用培训所学的工作环境的感知，反映的是与培训相联系的员工认知模式。对培训迁移气氛的研究成果能帮助企业或组织在更加具体而外显的可控范围内促进培训成果转化为现实价值。

培训迁移气氛必须要拥有用于提醒员工并为其提供机会在工作中应用培训所学的情境线索，如组织对员工运用所学是否有明文要求、组织是否能提供必需的设备、员工的自主权如何等；另外，培训迁移气氛还必须拥有能影响受训者将来应用培训所学的行为或措施线索，即受训者在实际工作中应用所学后得到的各种反馈，如员工在工作中运用所学后是否能得到薪酬的提高、职位的晋升机会等。这些具体的行为指标很容易从组织中得到，只要对其进行改进就能使培训迁移获得良好的效果。

(四)组织工作节奏

组织工作节奏的快慢能够影响在一段具体的时间内员工完成工作任务的数量和质量。在工作节奏快的组织中，有经验的员工可能很少有时间帮助新来者完成更多、更复杂且有一定难度的工作。于是，新来者就只能被安排去完成那些简单的任务，长此以往，他们就会很少获得在实践中运用培训所得的机会。当然，也有相反的情况，一个组织的工作节奏快，新来者很可能被要求尽快地适应工作环境，甚至没有过渡阶段就被安排到相应的岗位上，去完成那些本应该由更有经验的员工来完成的工作，从而获得更多运用培训所学来完成复杂、困难、有挑战的任务的机会。

第五节　培训效果评估

人力资源培训流程的最后一个环节是评估。评估是对企业员工培训在多大程度上实现了预期目标所进行的评价，既可以了解培训产生的效益，进而肯定成绩、找出差距，以改进培训工作，又可以为未来的培训打好基础，改进培训工作和提高培训工作的水平。因此，对培训的评估应该从设定目标的时候开始，当我们能够清楚地确定培训项目的目标时，也就意味着我们可以确定明确的衡量效果的标准，对效果的评估工作也就随之展开。培训效果评估是人力资源培训与开发发展较快的领域，一方面是因为对评估的需求越来越大；另一方面是因为越来越多的学者将计量方面的理念和方法引到评估中。培训效果评估是实现企业员工培训战略的重要手段，也是人力资源培训专业人士获得高层支持的必要工具。

与管理中的控制功能相似，在企业培训的某个项目或课程结束后，一般要对培训的效果进行一次总结性的评估或检查，以便找出学员究竟有哪些收获与提高，实际上，员工培训评估就是对员工培训活动的价值判断过程。

培训效果（Training Effectiveness）是指公司和学员从培训中获得的收益。培训给学员带来的好处是，他们可以学习各种新的技能和行为方式；公司的收益可能包括销售收入上升及顾客人数增加。培训效果评估包括衡量对项目收益起决定作用的特定成果和标准。培训评估（Training Evaluation）是指收集培训成果以衡量培训是否有效的过程，包括事前评估和事后评估。

公司在培训项目上投入了大量的经费，想以此赢得竞争优势。如果在培训上的投资没有获得足够的回报，公司就会削减对培训的投资。培训效果评估能够提供必要的数据，证明公司确实从培训中获得了收益。培训效果评估的作用有：①为决策提供有关培训项目的系统信息；②促进培训管理水平的提升；③使培训管理资源得到广泛推广和共享。

一、培训评估的标准

培训评估的标准指要从哪些方面对培训进行评估。这方面最有代表性的观点是柯克帕特里克（Kirkpatrick）的四层次评估模型（本书简称“柯式评估模型”），该模型将培训评估的标准分为四个层次。

(一)反应层

反应层是指受训人员对培训的印象，是否对培训满意。例如，可以询问这样的问题：喜欢这次培训吗？对培训者满意吗？

(二)学习层

学习层是指受训人员对培训内容的掌握程度，他们在接受培训以后知识和技能的掌握是否有所提高，是否主要停留在认知层面上。

(三)行为层

行为层是指受训人员在接受培训以后工作行为的变化，也可以看作是对学习成果的运用。例如，在工作中以前的行为是否得到了改进，培训的内容是否得到了运用。

(四)结果层

结果层是指受训人员或企业的绩效的改善情况。例如，经过培训，员工和企业的绩效是否得到了改善和提高。

二、评估方法的设计

基准数据如果无法获得，则需要进行内部评估。用于评估培训计划的方法有很多，以下讨论其中的三种，从中我们可以看到，设计方法的精确程度在逐渐提高。

(一)事后衡量

确定受训者是否在以管理者们希望的方式工作是评价培训效果最显著的方法。例如，有一位经理，他有10位打字员需要提高打字速度，经过一天的培训后，她们参加了一场测验打字速度的考试。如果打字员在培训以后都能够达到规定的速度，是否说明培训是有效的呢？不一定，也许培训之前她们同样能做到。因此，很难判断打字速度是否是培训的结果。

(二)事前/事后衡量

要设计另一种不同的评估打字速度的方法，可以参考培训以前的技术等级。经理若是在培训前后进行了打字速度的测试，就能够知道培训是否带来了变化。然而，另一个问题是，如果打字速度确实发生了变化，那么一定是培训导致的吗？她们打字更快是否是因为她们意识到自己正在接受测试？一般情况下，人们在知道自己正接受测试时表现要比平时好一些。

(三)对控制小组的事前/事后衡量

另一种评估设计可以说明这个问题。除了测试接受训练的10名打字员外，经理可以测试另一组没有接受培训的打字员，观察她们是否能够与接受培训的人做得同样好，第二组称为控制小组。在培训之后，如果接受了培训的打字员的速度明显超过未受培训的人，那么经理就可以合理地确定培训是有效的。

三、培训评估的方法

(一)柯式评估模型

关于培训效果评估的研究，最早是威斯康星大学(Wisconsin University)的柯克帕特里克于1959年提出的四层次模型，这也是目前最常用的评估方式。这四个层次分别为：一级评估即反应层评估，这是培训评估的低层次，主要了解学员对于培训项目的看法，包括对培训项目的设计、培训师、培训组织、培训环境和条件、培训方法等的主观感受。一般可以通过问卷调查或者访谈的形式进行。二级评估即学习层评估，主要评估学员通过培训学到了哪些新的知识、技能。一般采用笔试、现场操作、情景模拟和角色扮演等方式进行。三级评估即行为层评估，一般由上级、同事、下属、专家或客户等观察学员经过培训后，行为是否有所改善，以及是否将培训中所学的知识和技能运用到了工作中。四级评估即结果层评估，这是培训评估的最高层次，主要是对学员经过培训后，个人绩效以及组织绩效的提高程度进行评价。一般通过一些具体指标如生产率、事故率、投诉率等进行衡量。柯克帕特里克认为，这四个层次的信息是递增的，即低层次的信息是更高层次评估的基础，越往下就越接近实际，评估时要获得的信息量也就越大。具体内容如表 6—3 所示。

表 6—3 **柯式的四级评估模型**

层次	标准	重点
1	反应	受训者满意程度
2	学习	学到的知识、技能、态度、行为
3	行为	工作中行为改进
4	结果	受训者获得的经营业绩

在评估模型中，不同的评估层次评估了不同的培训结果指标。各种培训结果指标及举例如表 6—4 所示。

表 6—4 **培训结果指标及举例**

培训结果指标	举例
认知结果	安全规则、电学原理、绩效评估的步骤、面试技巧等
技能结果	使用某种工具、倾听技能、教练技能、演讲技能等
情感结果	对培训的满意度，对其他文化的态度，对公司企业文化的态度等
结果	缺勤、事故有无减少，创新项目有无增加
投资回报	经济衡量

认知结果指标用于决定学员在培训后对某项事物的原理、事实、技术或过程的熟悉程度。它对应于柯氏评估模型中第二层次的评估技能结果指标，用于评估技术、动作或行为的程度，包括技能的习得和迁移。往往通过对学员的观察来了解其掌握的技能并应用到工作中的程度，如销售技能培训的评估方式可以是在对销售员进行培训后，跟随他到销售点，看他能否运用在课程中学到的推销技能（如倾听、说服等）。

技能结果指标对应于柯氏评估模型中第二层次和第三层次的评估。

情感结果包括态度和动机，一类情感结果指标是对培训本身的态度，如学员对培训设施、培训师和培训内容的反应，这些指标对应于柯氏评估模型中第一层次的评估，可以帮助了解学员们对什么是成功的培训以及什么是他们期望的培训的看法，但这类结果指标有时与学员们真正学到了什么以及行为的变化可能没有什么关系；另一类情感结果指标与培训内容有关，因为培训本身可能就是改变态度或动机的培训，所以有必要测量学员在培训后态度变化的程度，如对企业文化的看法、对推行团队合作的态度等。评估时与柯氏评估模型的第二层次和第三层次相对应。

结果指标用于决定培训项目对于企业的贡献有多大，结果指标经常采用诸如由于员工事故减少而导致的成本降低、产量增加或生产力提高，由于员工态度改变而导致的顾客满意度提高、产品或服务质量提高或者主动离职率降低等。

投资回报指标将培训的收益与成本进行比较。培训的成本通常包括直接成本和间接成本。直接成本包括参与培训的人员(如学员、讲师和其他工作人员)的工资和福利成本,培训资料和设备、教室等设施的成本,以及差旅费等。间接成本不直接与某项培训的设计、开发、实施和反馈有关,包括一般办公费用、管理费用等相关成本。收益指的是公司从培训中得到的用货币单位来衡量的价值。有关培训的投资回报的分析将在本章最后一节阐述。

1. 反应评估

反应评估是柯氏评估模型中三角形的最上端,用来评估学员对培训课程、培训师和培训安排的喜好程度,与下层的基础部分所获取的评估信息类型不同,这些信息并不一定能反映培训对组织的实际绩效有何作用。有些培训教师把这种评估称为"快乐单",尽管如此,这类评估也不是什么作用也没有。柯克帕特里克认为,评估反应就像评估顾客满意度一样。要使培训有效,首先是学员对培训要有积极的反应,评价的信息显示大多数学员喜欢该培训项目就说明培训的内容是学员能接受的。否则,学员将没有积极的动机与主动的学习态度来参加培训,对企业再有用的培训内容也难以成为学员的知识或技能,更难以转化为员工有效的实际行动。

(1)反应评估的作用

①提供改进培训的建议和评价。

②让学员感到培训师和组织者对他们意见的尊重。

③反应评估也可以提供一些对培训看法的定量的信息,可以把这些信息反馈给管理层,让他们对培训有更多的了解。

④反应评估所提供的信息可以给培训师建立今后培训的绩效标准提供参考。

(2)反应评估的注意要点

通常来讲,反应评估是比较容易做的。最常用的方法是在培训后让参加者填写一张培训评估表;也可以对学员或其主管进行面对面访谈或电话调查,以对培训内容在工作中的适用性进行评估;另外,焦点小组的方法也常被使用,可以在课后马上进行,也可以在培训结束一段时间后再进行,这种方法往往在需要大范围做某项培训前,进行前期测试时采用。下面我们以最常用的评估问卷为例,来说明如何进行培训的反应评估,在前期设计评估问卷时,为了使反应评估更好地进行,需注意以下几点:

①决定要收集哪些方面的信息。

②设计可以定量分析信息的评估表。

③鼓励填写评价和建议。

④确保每个学员都填写了评价表。

⑤让学员客观、诚实地填写。

⑥建立培训"可以接受"的标准。

⑦对照标准衡量反应,并采取适当的措施。

⑧提供有关学员反应的反馈。

2. 学习评估

在培训中,传授的内容包括知识、技能和态度。在学习评估中,要评估的方面为:学到了什么知识?学到或改进了哪些技能?改变了哪些态度?评估学习结果在培训评估中也是非常重要的,因为如果没有知识、技能或态度的改变做基础,就很难导致行为和结果的改变。

在进行学习评估时,设计培训评估方案非常重要。通常会通过前后比较或设置控制组的方式对培训的学习效果进行评估。这些在后面一节中会详细介绍学习评估可以采取测验的形式。有些公司在进行培训后,会要求学员参加考试,考试合格后才向学员颁发相应的证书。

3. 行为评估

行为评估更多地考虑到学员在接受培训后回到工作岗位上在工作中表现出的变化。它实际上评估的是知识、技能和态度的迁移。

行为层次上的评估比上述反应和学习层次上的评估更复杂，也更难操作。其特点有以下几方面：

(1)学员行为的改变是有一定条件的。如果他们在培训后没有机会应用所学到的知识和技能，行为的改变就很难体现。

(2)很难预计何时会有变化发生，即使学员有机会应用所学的东西，他们的行为也不会立竿见影地发生变化。根据柯克帕特里克的研究，行为的变化可能在学员们第一次应用所学的东西后的任何时间发生，也可能根本没有行为的变化，有的学者用“睡眠效应”(Sleeper Effect)来形容这种从培训到行为迁移时间上的滞后。

(3)行为的改变往往受到外部的影响，如管理层对员工采用新的方式进行考核或鼓励等。

以上这些使得对行为改变的评估比上述第一层次和第二层次的评估更加困难，第一层次和第二层次的评估往往在培训后即刻进行，而对于行为层次的评估，就要注意什么时候评估、评估的频率以及采用何种方式进行评估。也正因为此，很多公司在培训后，往往在进行了第一层次和第二层次的评估后就不再进行行为评估了，而这个评估对于公司和个人来说都是非常重要的，从公司的角度来看，可以看到培训到底导致员工在工作上发生了哪些变化，以估计培训项目对于公司的价值；对管理层来说，通过这个评估了解员工的改变程度，可以对某个培训项目有更好的了解；对员工来说，通过评估可以看到自己发生的变化，从而增加对培训的信心，更有效地投入工作。在进行行为评估时，评估方案的设计尤其重要，可以采用一些准实验设计的手段进行评估。

4. 结果评估

结果评估是柯氏评估模型中最重要也最困难的评估，用来评估培训项目给企业带来哪些改变。在培训项目中，培训管理者和培训师会考虑以下问题：

(1)在主管和经理参加了全面质量管理培训后，产品质量提高了多少？

(2)在主管和经理参加了多元化管理培训后，生产力提高了多少？

(3)在一线主管参加了“培训员工”培训后，员工的差错率下降了多少

(4)在经理人员参加了“走动管理”培训后，员工工作和生活质量有何变化？

(5)在实施了“员工自主管理”培训后，生产力提高了多少？成本下降了多少？

(6)领导力培训、时间管理培训、决策培训的实施是否给企业带来了经济上的收益？

(7)销售人员在接受了市场调研、签单培训后，销售业绩提高了多少？

(8)公司投入在所有培训项目上的投资回报是多少？

上述这些问题就是用来评估培训给组织带来的结果的。但由于种种原因，对培训结果进行评估的企业还不太多，一方面，培训师本身并不确切地知道该如何评估结果，以及与成本进行比较；另一方面，由于结果的信息往往比较难以收集，如果没有采用较好的评估设计，人们也会对收益是否完全由培训项目导致抱有疑虑，所以对结果的评估在过去被很多企业忽略了。根据美国《培训》杂志 1996 年所做的调查，企业在做培训有效性评估时用得最多的方法是反应和学习标准的评估。

随着企业在培训上的投入越来越大，很多企业意识到，对结果的评估非常重要，同时这也能真正反映人力资源管理在组织中的重要作用，从中可以看到人力资源管理的战略意义。在

1997 年美国培训与开发协会(ASTD)所做的人力资源开发的调查中,超过一半的参与者认为评估"培训对企业的财务业绩的影响"是人力资源管理面临的主要挑战。可见,这个问题已经得到越来越多的关注,有些公司也开始尝试对培训的结果进行跟踪,并评估其结果。通用电气在对其一线主管进行培训后,对结果的评估指标采用的是主管回到工作岗位后对人员和机器的更有效地使用导致的绩效增加。

上述做法使我们能看到绩效结果的变化程度,但尚未直接看到培训带来的经济价值,即这些绩效的改进给公司带来多少效益,这方面的评估可以通过效用分析来做,后面我们会对此进行介绍。

本节主要介绍了柯克帕特里克的培训有效性评估模型。在柯氏评估模型提出以后,一些学者如罗恩·考夫曼(Ron Kaufman)等也提出了一些培训有效性评估模型,但几乎都是在柯氏评估模型的基础上进行的修正。考夫曼在四个层次的基础上,加上了"社会产出",意为从社会和顾客的反应来评估培训的结果,拓展了培训评估的内涵和外延,这和目前更以客户为导向、更关注企业的社会责任是一致的。

这一模型不仅对培训结果进行评估,还涉及对培训过程的评估,是一个比较完整的模型,后来它成为最常用的培训评估模型。但是,这一模型主要侧重于对培训结果的评估,对于培训过程涉及很少。而且,其评估是在培训完成后进行的,因此评估结果只能对以后的培训产生影响,而对于本次培训,则基本上没有价值。

(二)CIPP 模型

P. Warr、M. Bird 和 N. Rackham 提出了 CIRO(由该模型四项评估的首字母组成)模型,将培训评估分成背景评估、输入评估、反应评估和输出评估四个层次。相对于柯式评估模型,这一模型增加了事前评估,开始向系统型培训模式所倡导的评估理念靠拢。其后,Daniel Stuffle Beam 提出了 CIPP 模型,对 CIRO 模型进行了完善,将培训评估扩展到整个培训过程。这一模型也包括四个层次的评估,具体为:①背景评估,这一过程的主要任务是确定培训需求以及设定培训目标。它具体包括了解相关环境、分析培训需求、鉴别培训机会、制定培训目标等。②输入评估,主要任务是评估培训资源和培训项目。它包括收集培训资源信息、评估培训资源、评估项目规划是否有效利用了资源、是否能够达到预期目标以及是否需要外部资源的帮助等。③过程评估,主要是通过评估,为实施培训项目的人们提供反馈信息,以使他们能在后续的培训过程中进行改进和完善。④成果评估,主要是对培训是否达到预期目标进行评估。它包括学员的满意度、知识和技能的增加、行为的改善以及个人和组织绩效的提高等。

相对于柯式评估模型,这一模型具有非常显著的优势:它真正将评估活动介入培训的整个过程,不仅对培训的必要性和可行性进行分析,还注重对培训过程进行监控;并且,培训过程中的评估可以及时发现和总结本次培训的经验和不足,其反馈信息会对本次培训的后续项目产生积极影响。因此,这是一个比较完善的模型。

(三)培训效果评估的其他方法

进行培训效果的评估,还可以分别运用问卷法、测试法、绩效考核法和现场测定法等。①问卷法。用问卷法收集受训者的意见,然后由培训负责人和专家等组成的评估小组,对提出的意见进行分析与评估。②测试法。用测试法测定受训者的学习成果,包括口试、笔试和工作现场的实际操作等形式。③绩效考核法。用绩效考核法测定受训者在接受培训之后在岗位工作中的行为变化。这种考核应当由对受训者的工作情况最为熟悉的上级、下级、同事和本人发表看法,进行分析和评估。④现场测定法。用现场测定法测定经过培训后受训者对经营成果的具体而直接的贡献。

案例分析

西门子公司的员工培训

100多年来,"西门子"这个名字早已超出其产品品牌本身的含义,成为一个成功的标志。是什么造就了西门子150多年的辉煌?高质量的产品、完善的售后服务、不断创新,以及高效的员工培训被认为是西门子成功的关键。

在员工培训方面,西门子创造了独具特色的培训体系。西门子对员工进行培训的根本目标是使他们能够从容应对来自各方面的挑战。为此,西门子为员工设计了各种各样的有效培训。

1. 新员工培训

新员工培训又称第一职业培训。西门子公司在这方面投入甚多,以保证企业发展有足够的一流技术工人。在第一职业培训期间,学生要接受双轨制教育:一周中三天在企业接受工作培训,另外两天在职业学校学习知识。这样,学生不仅可以在工厂学到技术,还可以在职业学校受到相关基础知识教育。西门子早在1992年就拨专款设立了专门用于培训员工的"学徒基金"。现在,公司在全球拥有60多个培训场所,如在公司总部慕尼黑设有西门子学院,在爱尔兰设有技术助理学院,它们都配备了最先进的设备,每年培训经费近4亿欧元。目前共有1万名学徒在西门子接受第一职业培训,大约占员工总数的5%。第一职业培训(新员工培训)保证了员工进入公司后具有很高的技术水平和职业素养,为西门子的长期发展奠定了坚实的基础。

2. 大学精英培训

西门子平均每年接收全球大学毕业生3 000名左右,并为他们制订了专门的培训计划。进入西门子的大学毕业生首先要接受综合考核,考核内容既包括专业知识,也包括实际工作能力和团队精神,公司根据考核的结果安排适当的工作岗位。在此过程中,西门子从每批大学生中选出30名尖子进行专门培训,培养他们的领导能力,培训时间为10个月,分三个阶段进行。

第一阶段,让他们全面熟悉企业的情况,学会从互联网上获取信息;

第二阶段,让他们进入一些业务领域工作,全面熟悉本企业的产品,并强化他们的团队理念;

第三阶段,将他们安排到下属企业(包括境外企业)承担具体工作,在实际工作中获取实践经验和知识、技能。

目前,西门子拥有400多名这样的"精英分子",其中1/4正在接受海外培训或在国外工作。大学精英培训计划为西门子储备了大量管理人员。

3. 员工在职培训

西门子努力塑造学习型企业。为此,西门子特别重视员工的在职培训,每年投入的培训经费中,有60%用于员工在职培训。西门子员工的在职培训中管理教程培训尤为独特和有效。西门子员工管理教程分五个级别,各级培训以前一级别培训为基础,从第五级别到第一级别所获技能依次提高。具体培训内容大致如下。

第五级别:管理理论教程。培训对象是具有管理潜能的员工。培训目的是提高参与者的自我管理能力和团队建设能力。培训内容是西门子企业文化、自我管理能力、个人发展计划、项目管理、满足客户需求的团队协调技能。培训日程是与工作同步的一年培训、每次为期3天的研讨会两次和开课讨论会一次。

第四级别：基础管理教程。培训对象是有较高潜力的初级管理人员。培训目的是让参与者准备好从事初级管理工作。培训内容是综合项目的完成、质量及生产效率管理、财务管理、流程管理、组织建设及团队行为、有效的交流和网络化。培训日程是与工作同步的一年培训、每次为期5天的研讨会两次和为期2天的开课讨论会一次。

第三级别：高级管理教程。培训对象是负责核心流程或多项职能的管理人员。培训目的是开发参与者的企业家潜能。培训内容是公司管理方法、业务拓展及市场发展策略、技术革新管理、西门子全球机构、多元文化间的交流、变革管理、企业家行为及责任感。培训日程是与工作同步的18个月培训、每次为期5天的研讨会两次。

第二级别：总体管理教程。培训对象是必须具备下列条件之一者：(1)管理业务或项目并对其业绩全权负责者；(2)负责全球性、地区性服务的管理者；(3)至少负责两个职能部门者；(4)负责某些全球性、地区性产品或服务的管理人员。培训目的是塑造领导能力。培训内容是企业价值、前景与公司业绩之间的关系、高级战略管理技术、知识管理、识别全球趋势、调整公司业务、管理全球性合作。培训日程是与工作同步的两年培训、每次为期6天的研讨会两次。

第一级别：西门子执行教程。培训对象是已经或者有可能担任重要职务的管理人员。培训目的是提高领导能力。培训日程根据需要灵活调整。培训内容根据管理学知识和公司业务的需要而制定，随着两者的发展变化，培训内容需要不断更新。

西门子通过管理教程培训，增强了企业和员工的竞争力，达到了开发员工管理潜能、培养公司管理人才的目的。

西门子的员工培训计划涵盖了业务技能、交流能力和管理能力等领域，为公司储备了大量的生产、技术和管理人才，提高了公司的整体竞争力，成为西门子事业成功的重要保证。

(资料来源：石金涛，颜世富. 培训与开发[M]. 北京：中国人民大学出版社，2019)

问题：

1. 西门子公司的培训体系对该公司维持人力资源稳定性的贡献有哪些？

2. 了解到西门子公司的培训体系，结合中国本土企业情况，是否有建立如此培训体系的条件？

3. 中国本土企业如果实行该模式有哪些优势与劣势？

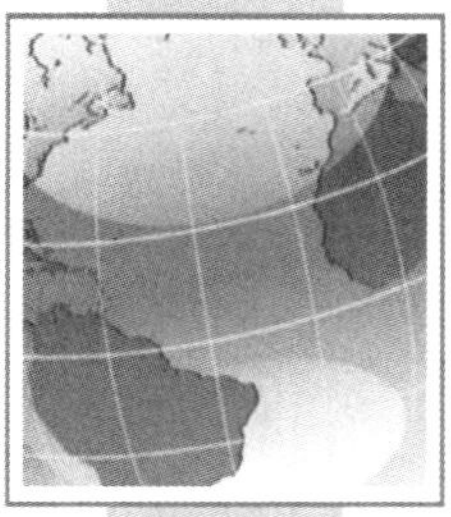

第七章
绩效管理

【引导案例】

阿里将取消“361”考核制度，末位淘汰走向终结！

最近，阿里巴巴员工在社交媒体爆料：阿里巴巴集团 CPO 童文红在内部论坛宣布，将取消强制“361”考核制度。

消息马上传开了，目前，有很多媒体在向阿里求证此事，阿里暂时没有回应。

虽然还不清楚，这件事情是否 100%准确，但 HRGO 也向阿里内部的小伙伴进行了求证，能够明确的有三件事：

1.“361”考核制度并未完全取消。

2. 但松绑，是一定的了。

3. 松绑的意思是：分布还是要的，但已不强制。

无论“361”考核是否完全取消，都可以肯定的是：阿里坚持 10 多年的强制分布考核，将会迎来大变化。

我们先来简单说明阿里正在使用的“361”考核：

阿里巴巴的绩效考核制度，将绩效评分标准整体按照“361”比重分配(曾经是 271)：

3.75～5 分的员工占 30%。

3.5～3.75 分的员工占 60%。

3～3.25 分的员工占 10%。

分数最高的 30%，升职加薪，或者调到重要部门，或者有机会调岗；

分数最多的 60%，基本安全稳定，该有的奖金都会有，工作一切照旧；

分数最低的 10%，被取消年终奖和晋升机会，连续 2 年绩效评分低于 3.25 分可能被辞退。

有些企业也把阿里的这套考核方式搬运过去，还把“361”的强制分布细化，得出的维度就会更多。

(资料来源：人力资源管理案例网，http://www.hrsee.com/。)

第一节　绩效管理概述

一、绩效管理概述

(一)绩效的概念

由于绩效考核和绩效管理都是在绩效的基础上进行的，因此我们首先应对绩效有所了解。总的来说，绩效可以分为组织绩效、团队(部门)绩效和个人绩效。其中，个人绩效是组织绩效和团队绩效的基础。在本章中，我们所讨论的绩效都是指个人绩效。

1. 绩效的含义

绩效(performance)是指员工在工作过程中所表现出来的与组织目标相关的并且能够被评价的工作业绩、工作能力和工作态度。组织通过对绩效进行考评，能够获得反馈信息，并据

此制定相应的决策和改进措施。因此,绩效的考评对组织是具有监控作用的。我们在理解绩效的含义时,应注意:

(1)绩效是与工作过程相关的,工作过程之外的行为和表现不属于绩效的范畴;

(2)绩效应与组织的战略目标相关;

(3)绩效应该是能够被评价的,不能被评价的行为和表现不是绩效;

(4)研究绩效必须考虑时间因素。

2. 绩效的性质

根据绩效的定义,绩效可以理解为员工自身的综合素质与工作因素相互作用的结果。因此,绩效会因为时间、工作环境、工作任务等因素的变化而发生相应的改变,呈现出明显的多因性、多维性和动态性。

(1)多因性。绩效的多因性是指员工的绩效并不是由某种因素单方面决定的,而是受到主观、客观等多方面因素的影响,用公式表示为:$P=f(A,M,E,O)$。其中,P(performance)是指绩效;A(ability)是指技能;M(motivation)是指激励;E(environment)是指环境;O(opportunity)是指机会。技能、激励、环境和机会是对绩效产生影响的最主要的四种因素。

①技能。技能就是员工所具备的与工作相关的专业知识和技术。员工自身的综合素质、曾经接受的教育、经历、参与过的培训等因素都会对员工的技能水平产生影响。员工的技能是可变的,组织可以通过培训、鼓励员工学习等方式不断提高员工技能。

②激励。激励是指员工在工作过程中所受到的鼓励。激励能够改变员工的工作积极性,组织应根据员工的实际情况,选择适当的激励方式以促进员工工作绩效的提高。

③环境。环境可分为组织的内部环境和外部环境。组织的内部环境包括工作环境、组织战略和组织制度、领导方式、工资福利水平、培训与晋升的机会、企业文化等。组织的外部环境包括外部的政治经济环境、行业的竞争等。环境主要通过影响员工的工作能力和工作态度对绩效产生影响。

④机会。机会是偶然的,员工如果抓住了机会,就有可能创造在工作岗位上无法达到的工作绩效。管理者应该善于为员工创造机会。

(2)多维性。多维性是指应该从多个方面去分析和评价员工的绩效,工作结果和工作过程都属于绩效考核的范畴。例如,考核一名普通的员工,不仅包括工作业绩的考核,还包括出勤、团队意识等方面的考核,通过综合评价得出结论。考核者应根据绩效考核的不同目的和不同对象,选择不同的指标对员工进行考核。

(3)动态性。员工的绩效不是固定不变的,仅仅是对一段时期内工作内容的反映。随着时间、环境等因素的变化,绩效也会发生相应的改变。组织应该确定恰当的考核周期,以便真实、客观地掌握员工绩效。

(二)绩效管理的内涵

1. 绩效管理的含义

绩效管理这一概念的提出始于20世纪70年代后期,随着人力资源管理的发展逐步得到人们的重视,对绩效管理概念的定义也经历了一个逐步完善的过程。历史上人们对绩效管理的定义主要包括以下三种观点:

(1)绩效管理是管理组织绩效的系统;

(2)绩效管理是管理员工绩效的系统;

(3)绩效管理是管理组织绩效和员工绩效的综合系统。

在人们对绩效管理的概念认识不断完善的基础上，本书更偏向于同意董克用教授在《人力资源管理》一书中所提出的观点，即绩效管理(performance management)是指制定员工的绩效目标并收集与绩效有关的信息，定期对员工的绩效目标完成情况做出评价和反馈，以改善员工工作绩效并最终提高企业整体绩效的制度化过程。我们在理解绩效管理的含义时，还应注意：绩效管理不是简单意义上的任务管理，任务管理只是为了实现组织某一时期的任务而进行的管理活动，绩效管理则是针对组织的整个战略目标而对员工进行的管理工作。因此，绩效管理具有重要的战略意义。

2. 绩效管理与绩效考核

绩效考核是指根据人力资源管理的需要，运用相应的制度和系统化的方法，测评员工在一定考核周期内对规定职责的履行程度，并评价其工作业绩的过程。

绩效管理是人力资源管理的核心内容，绩效考核是绩效管理的关键环节。绩效管理与绩效考核是密切相关的，但二者并不是等价的。绩效管理是在传统的绩效考核基础上的延伸和发展，是一个包括计划、沟通、考核、反馈等环节的完整的系统；而绩效考核只是绩效管理的一个环节。绩效管理是一个管理者与员工之间持续双向沟通的过程，最终通过提高员工的绩效来实现组织的战略目标；而绩效考核只是对员工在考核期内工作的总结和评价。二者的具体区别见表7—1。

表7—1　绩效管理与绩效考核的区别

绩效管理	绩效考核
完整的管理过程	绩效管理过程中的一个环节或手段
结果与过程并重	阶段性总结
组织与个人双赢	排序、确定优势
规划性、前瞻性	回顾过去
完善的计划、监督、控制手段	只有考核一个手段
注重能力的培养	注重成绩的高低
事先的信息沟通和承诺	判断和评估

因此，在具体的管理工作中，不能简单地认为绩效管理就是绩效考核。与绩效考核相比，绩效管理更注重对员工潜力的培养，更利于领导者与员工之间协作关系的建立。如果只注重考核结果，而忽视了计划、沟通、反馈等环节，必然会偏离实施绩效管理的初衷。有效的绩效考核依赖于整个绩效管理过程的成功开展。

3. 绩效管理的目的

进行绩效管理的直接目的在于提高组织绩效。科学、合理的绩效管理体系不仅能帮助组织完成战略目标，更能实现员工和组织的双赢。但绩效管理的目的并不是固定的，人们对绩效管理的认识是一个不断变化的过程，并且企业根据自身实际情况和需要的不同，进行绩效管理的目的或侧重点也有所不同。归纳起来，绩效管理的目的一般包括以下三点：

(1)战略目的。绩效管理将员工的工作与组织的战略目标联系在一起。绩效管理的前提是组织经营战略目标的确定。绩效管理应当起到沟通公司战略、指引奋斗方向、层层落实推进公司战略实现的作用。企业员工个人绩效的提高能够推动组织整体绩效的提高，绩效管理应使员工工作与组织的战略目标始终保持一致，以达到实现组织战略目标的目的。此外，当组织的战略目标发生变化时,绩效管理系统应及时进行调整。

(2)管理目的。组织的多项管理决策会使用绩效管理信息,尤其是绩效考核的结果。绩效考核结果是组织进行薪资管理、晋升、解聘、奖惩等重要的人力资源管理决策时的重要依据。因此,绩效管理的信息必须公开透明、客观公正。绩效管理的直接目的在于更直观地了解企业员工的工作绩效,并给予相应的奖惩以示激励。但是,在实际的绩效考核工作中,管理者一般倾向于给员工基本一致的得分或评价,这样不仅会使绩效管理失去意义,也使得组织的管理决策失去了宝贵的事实依据。

(3)开发目的。人力资源管理的目的在于开发员工的潜力。绩效管理能够发现员工的不足之处,进行有针对性的培训,使员工更有效地完成工作并得到进一步的发展。绩效管理通过组织目标的设定、与员工的沟通以及绩效审查与反馈,能够明显提高员工的工作业绩,最终提升组织整体的工作绩效。值得注意的是,绩效管理不是为了对员工工作上的差错进行惩罚,而是为了在工作过程中发现问题并进一步解决问题,提高员工绩效。绩效管理不仅看重绩效的实现结果,也看重实现的过程。

二、绩效管理的内容

绩效管理的内容不仅包括绩效考核,还包括绩效计划、绩效沟通和绩效反馈,绩效管理是由这四个部分组成的一个完整的系统(见图 7—1)。绩效考核的结果广泛应用于人力资源管理的各个环节。

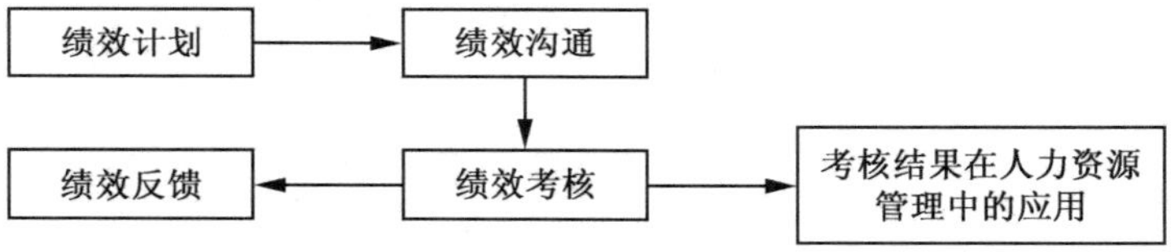

图 7—1　绩效管理系统

(一)绩效计划

绩效计划是指管理者和员工进行沟通、协商,共同制定评价期内的工作目标、评价标准和行动方案。绩效计划是整个绩效管理工作的起点,也是用于指导员工工作的计划书。通过绩效计划的制订,员工可以了解本绩效周期内的战略目标和具体的工作安排,并且知道如何达到所设定的工作目标。

(二)绩效沟通

绩效沟通就是在绩效考核期内,通过领导者与员工之间持续的沟通,及时发现和解决考核过程中所出现的问题,确保组织目标的实现。绩效沟通的缺乏是绩效管理过程中最常见的问题。在绩效考核之前,考核主体与被考核者之间缺乏绩效沟通,被考核者对考核标准、工作目标等缺乏了解,都会直接导致绩效管理的效果不佳。

(三)绩效考核

绩效考核是指按照事先确定的工作目标及其衡量标准,评价员工实际完成既定工作目标的情况以及克服所遇到的问题的程序。考核主体在绩效考核的过程中应严格遵循考核标准,依据客观事实对员工绩效进行考核,要避免主观因素对考核结果的影响。考核结果应公正、客观。绩效考核按其周期可分为月度、季度和年度考核。考核方法包括等级评定法、强制分布法、排序法、成对比较法、关键事件法以及行为锚定等级法等。这些考核方法我们会在第三节详细介绍。

(四)绩效反馈

绩效反馈就是让员工了解自己在本绩效周期内是否达到了既定目标，管理者与员工共同探讨绩效不合格的原因并制订绩效改进计划，向员工传递组织的期望。如果没有绩效反馈这一环节，绩效管理也就失去了意义。绩效反馈的目的在于帮助员工认识到自己的优点和不足，以便提高绩效。管理者应及时向员工反馈绩效考核的结果，并和员工一起分析、讨论，这样有助于员工接受考核结果，也有助于工作业绩的改进。

(五)绩效结果的应用

绩效考核的结果具体应用于改进工作绩效、薪酬奖金的分配、职务调整和是否继续留用、培训与再教育、员工的职业生涯规划等方面。

三、绩效管理的原则

绩效管理(尤其是绩效考核)的结果广泛应用于组织的各项管理决策中。绩效考核是对员工的整个工作过程的全面、正确的评价，既包括对员工工作业绩的考核，也包括对员工工作能力和工作态度的评价。为了确保绩效考核结果的准确性，组织在进行绩效管理的过程中必须遵循以下原则：

(一)公开性和民主性原则

绩效考核的程序、方法和时间等都应及时向被考核者公布，整个考核过程和考核结果应该客观、公正。绩效考核标准的确定应以工作分析所确定的工作内容和职责为依据。考核主体应该对所有的员工一视同仁，避免主观臆断和个人情感等因素对考核结果的影响。

(二)全面性原则

由前面提到的绩效本身具有的多维性我们可以知道，员工绩效受到多种因素的影响，并从多个方面表现出来。组织在对员工进行绩效考核工作时，应进行全面性的、综合性的考核，不能只凭片面的考核结果而做出相关的管理决策。

(三)差别性原则

绩效管理过程应自上而下完成实施，对不同类型的人员进行考核，内容是有差别的。从组织的高层管理者到中层管理者，再到基层员工，绩效管理的关注点应逐渐从财务结果转移到偏重内部运营，而衡量的指标也从结果型指标转向偏重过程型指标。

(四)持续性原则

对任何组织来说，绩效考核工作不是只进行一次就可以一劳永逸的。员工绩效的改进和组织绩效的提高是一个持续不断的过程。绩效考核的目的在于促进员工和组织的持续发展，而不是为了进行惩罚。绩效管理系统应建立在清晰明确的企业战略的基础上，具体实施时应兼顾企业的长期利益和短期利益。

(五)关联性原则

绩效管理不仅是人力资源管理部门的工作，每一位管理者在绩效管理工作中还要与下属员工共同商议，确定员工的主要工作目标，并进行指导，以确保绩效的实现。绩效管理过程中还应做好与员工的沟通工作。

(六)及时反馈原则

绩效考核的结果通常与员工的薪酬和晋升相关。但是，奖惩并不是绩效考核的直接目标，绩效考核的目的在于使员工全面认识自己的优缺点，明确自己今后的努力方向，更好地改进绩效。因此，绩效考核的结果应及时反馈给员工。如果绩效管理工作中缺了绩效反馈这一关键环节，绩效考核也就失去了意义。

（七）常规性原则

将绩效管理工作纳入日常管理，成为常规性管理工作。此外，绩效管理还必须与薪酬激励体系和员工职业发展体系有机结合。

四、绩效管理的作用

具体来说，绩效管理主要在以下几方面发挥作用：

（一）绩效管理在组织管理方面的作用

1. 绩效管理能够提高组织绩效

组织绩效是以员工的个人绩效为基础的，绩效管理通过对员工个人绩效的促进，可以达到提高组织整体绩效的目的。绩效管理工作已经日益成为企业增强自身竞争力的有力工具。美国翰威特（Hewitt）公司曾经对美国所有的上市公司进行调查，发现进行绩效管理工作、建立绩效管理系统的公司在许多方面占有明显的优势（见表7—2）。

表7—2　绩效管理对企业绩效的影响

指　标	没有绩效管理系统	有绩效管理系统
全面股东收益	0.0%	7.9%
股票收益	4.4%	10.2%
资产收益	4.6%	8.0%
投资现金流收益	4.7%	6.6%
销售实际增长	1.1%	2.2%
人均销售	126 100 美元	169 900 美元

2. 绩效管理能够促进质量管理

质量管理是指确定质量方针、目标和职责，并在质量体系中通过诸如质量策划、质量控制、质量保证和质量改进，而实施的管理职能活动。质量管理是组织绩效的一部分，是一个与组织中所有成员都有关的管理职能活动。绩效管理为管理者提供了进行质量管理的方法和工具。科学合理的绩效管理过程本身就是一个追求“质量”的过程，其目的就是要达到客户的期望，使员工将精力放在质量目标上。

3. 绩效管理有助于组织管理效果的改进

除了利润、成本等关键指标外，从绩效考核的结果也可以看出组织的整体状况。如果员工的整体绩效都比较低，就反映出了组织可能在工作设计、管理制度等方面存在着一定的问题，需要进一步改进。此外，绩效考核的结果也是组织设计薪酬制度、人事决策、员工培训等管理决策的重要依据。

4. 绩效管理有助于组织适应结构的不断调整

由于处在激烈的国际竞争环境中，许多组织在适时调整自身结构以适应外部环境的变化，如缩减规模、减少管理层次、适度授权、团队工作及战略性业务组织等。组织结构的调整会引起管理思想及管理风格的变化，可适度授权给员工，以便更快更好地满足顾客需求；让员工更多地参与管理,以提高其工作满意度等。而这一切都必须通过绩效系统的建立才能实现。

(二)绩效管理对管理者的作用

绩效管理虽然不能解决所有的管理问题,但能够为管理者理性地处理大部分问题提供科学、可靠的依据。

1. 绩效管理有助于明确工作任务和目标

绩效管理能使员工明确自己的工作任务和工作目标,减轻管理者的工作负担。绩效考核标准的制定为员工明确了工作的努力方向,避免了传统的事务管理中所出现的责任不清、职责不明的现象。员工只要依据绩效标准努力工作,就能够获得满意的薪酬。例如,在以产出结果为衡量标准的传统制造行业中,绩效管理不仅能减轻管理者的工作负担,还能够为组织节约大量的监督成本。

2. 绩效管理有助于促进沟通

绩效管理有助于促进管理者与员工之间的沟通,及时了解工作信息,避免工作误差。绩效沟通是整个绩效管理工作的一个重要环节,贯穿于绩效管理工作的整个过程。绩效考核标准制定的前提条件是管理者与员工之间的良好沟通:管理者需要充分了解员工的工作能力,从而制定出一个科学合理的绩效考核标准;员工需要充分了解管理者对下属的工作期望,并将工作中遇到的困难、发现的问题等信息反馈给管理者。绩效管理者能够有效地促进管理者与员工之间的沟通,使管理者和员工都能及时了解工作信息,避免因信息传递失误而带来的工作误差和损失。

(三)绩效管理对员工的作用

1. 绩效管理有助于员工的个人发展

员工通过对绩效考核结果的了解,能够认识到自己的优势和不足,并据此制订更具体实际的自我发展计划,不断提高个人能力。

2. 绩效管理对员工具有激励作用

绩效考核是对员工工作成绩的肯定和鼓励,员工能够得到与自己的付出相匹配的奖励。绩效管理还能使员工了解取得一定绩效后会得到的奖酬,从而努力提高自己的期望值,如主动参加培训等,提升自己的工作能力。通过绩效管理能够达到员工参与管理、组织目标统一、工作目标按时完成等一系列目的。这些都是为了提高组织效率,最终实现组织目标。

第二节　绩效管理的过程

绩效管理是按照一定的步骤来实施的,包括制订绩效管理计划、实施绩效管理方案以及绩效的反馈与改进等。我们将按照绩效管理的实施步骤来介绍绩效管理的过程。

一、制订绩效管理计划

制订绩效管理计划是整个绩效管理过程的起点。制订绩效管理计划的目的在于明确组织的战略目标,以保证组织战略的顺利实施和目标的实现。绩效管理计划的制订需要管理者与员工共同参与、共同协商、共同制定绩效目标并实现绩效目标。绩效管理计划的内容包括绩效标准、绩效目标和绩效权重。绩效标准是指组织对员工工作的各项要求,绩效目标是指组织对部门和个人的具体要求,绩效权重是指考核期内组织的重点目标。绩效标准和绩效目标的区别在于,绩效标准是针对工作提出的要求,绩效目标是针对部门和员工提出的要求。

绩效标准、绩效目标和绩效权重共同构成了绩效计划的主要内容，它们是指导员工在考核期内努力工作、达到考核目标的主要依据。值得注意的是，绩效计划的修改应该在计划执行前完成。若计划执行期内绩效标准、绩效目标和绩效权重有所变更，则会影响绩效考核的顺利执行，而绩效考核是整个绩效管理中最重要的环节。

(一)绩效计划

绩效计划是被评估者和评估者双方对员工应该实现的工作绩效进行沟通的过程，并将沟通的结果落实为订立正式书面协议即绩效计划和评估表，是双方在明晰责、权、利的基础上签订的内部协议。由于绩效管理同时也是管理者和员工进行持续的双向沟通的过程，所以绩效计划的制订需要人力资源部门和其他部门员工的共同参与。一般情况下，绩效计划期为 1 年。绩效计划的具体流程如下：

1. 绩效计划的准备

绩效计划通常是通过管理人员与员工双向沟通的绩效计划会议得到的，为了使绩效计划会议取得预期的效果，事先必须准备好相应的信息。这些信息主要可以分为三种类型。

(1)关于企业的信息。为了使员工的绩效计划能够与企业的目标结合在一起，管理人员与员工将在绩效计划会议中就企业的战略目标、公司的年度经营计划进行沟通，并确保双方对此没有任何歧义。因此，在进行绩效计划会议之前，管理人员和员工都需要重新回顾企业的目标，保证在绩效计划会议之前双方都已经熟悉了企业的目标。

(2)关于部门的信息。每个部门的目标是根据企业的整体目标逐渐分解而来的。不但经营的指标可以分解到生产、销售等业务部门，而且对于财务、人力资源部等业务支持性部门，其工作目标也与整个企业的经营目标紧密相连。

(3)关于个人的信息。关于被评估者个人的信息主要有两方面：一是工作描述的信息；二是上一个绩效期间的评估结果。在员工的工作描述中，通常规定了员工的主要工作职责，以工作职责为出发点设定工作目标可以保证个人的工作目标与职位的要求联系起来。工作描述需要不断地修订，在设定绩效计划之前，对工作描述进行回顾，重新思考职位存在的目的，并根据变化了的环境调整工作描述。

2. 绩效计划的沟通

绩效计划是双向沟通的过程，绩效计划的沟通阶段也是整个绩效计划的核心阶段。在这个阶段，管理人员与员工必须经过充分的交流，对员工在本次绩效期间内的工作目标和计划达成共识。绩效计划会议是绩效计划制订过程中进行沟通的一种普遍方式。

3. 绩效计划的审定和确认

在制订绩效计划的过程中，对计划的审定和确认是最后一个步骤。在这个过程中要注意以下两点：

第一，在绩效计划过程结束时，管理人员和员工应该能以同样的答案回答几个问题，以确认双方是否达成了共识。这些问题是：员工在本绩效期内的工作职责是什么？员工在本绩效期内所要完成的工作目标是什么？如何判断员工的工作目标完成得怎么样？员工应该在什么时候完成这些工作目标？各项工作职责以及工作目标的权重如何？哪些是最重要的，哪些是其次重要的，哪些是次要的？员工的工作绩效好坏对整个企业或特定的部门有什么影响？员工在完成工作时可以拥有哪些权力？可以得到哪些资源？管理人员会为员工提供哪些支持和帮助？员工在完成工作的过程中，如何去获得有关他们工作情况的信息？在绩效期间内，管理人员将如何与员工进行沟通？

第二，当绩效计划结束时，应达到以下结果：员工的工作目标与企业的总体目标紧密相连，并且员工清楚地知道自己的工作目标与企业的整体目标之间的关系；员工的工作职责和描述已经按照现有的企业环境进行了修改，可以反映本绩效期内主要的工作内容；管理人员和员工对员工的主要工作任务、各项工作任务的重要程度、完成任务的标准、员工在完成任务过程中享有的权限都已经达成了共识；管理人员和员工都十分清楚在完成工作目标的过程中可能遇到的困难和障碍，并且明确管理人员所能提供的支持和帮助；形成了一个经过双方协商讨论的文档，该文档中包括员工的工作目标、实现工作目标的主要工作结果、衡量工作结果的指标和标准、各项工作所占的权重，并且管理人员和员工双方要在该文档上签字确认。

（二）绩效目标

绩效目标即绩效考核目标，是指给评估者和被评估者提供所需要的评价标准，以便客观讨论、监督、衡量绩效。因为，员工的绩效目标是有效绩效管理的基础。

绩效目标是对员工在绩效考核期间的工作任务和工作要求所做的界定，这是对员工绩效考核时的参照系。绩效目标由绩效内容和绩效标准组成。

1. 绩效内容

绩效内容界定了员工的工作任务，也就是说，员工在绩效考核期间应当做什么样的事情，包括绩效项目和绩效指标两个部分。

(1)绩效项目是指绩效的纬度，也就是说要从哪些方面来对员工的绩效进行考核，按照前面所讲的绩效的含义，绩效的纬度即绩效考核项目有三个：工作业绩、工作能力和工作态度。

(2)绩效指标则是指绩效项目的具体内容，可以理解为是对绩效项目的分解和细化，例如对某一职位，工作能力这一考核项目就可以细化为分析判断能力、沟通协调能力、组织指挥能力、开拓创新能力、公共关系能力以及决策行动能力六项具体指标。

对于工作业绩，设定指标时一般要从数量、质量、成本和时间四个方面进行考虑；对于工作能力和工作态度，则要具体情况具体对待，根据各个职位不同的工作内容来设定不同的指标。绩效指标的确定，有助于保证绩效考核的客观性。

2. 绩效标准

绩效标准是指与其相对应的每项目标任务应达到的绩效要求。绩效标准明确了员工的工作要求，也就是说，对于绩效内容界定的事情，员工应当怎样来做或者做到什么样的程度。绩效标准的确定，有助于保证绩效考核的公正性，否则就无法确定员工的绩效到底是好还是不好。

3. 绩效目标制定的 SMART 原则

企业制定绩效目标应遵从以下原则：

(1)目标是具体的(specific)，即明确做什么，达到什么结果。

(2)目标是可衡量的(measurable)，绩效目标最好能用数据或事实来表示，如果太抽象而无法衡量，就无法对目标进行控制。

(3)目标是可达到的(attainable)，绩效目标是在部门或员工个人的控制范围内，而且是通过部门或个人的努力可以达成的。

(4)目标是与公司和部门目标高度相关的(relevant)，体现出目标从上到下的传递性。

(5)目标是以时间为基础的(time-based)，在一定的时间限制内。

（三）绩效考核周期

绩效考核周期也可以称作绩效考核期限，是指多长时间对员工进行一次绩效考核。绩效考核通常也称为业绩考评或“考绩”，是针对企业中每个职工所承担的工作，应用各种科学的定性和定量的方法，对职工行为的实际效果及其对企业的贡献或价值进行考核和评价。

由于绩效考核需要耗费一定的人力、物力，故考核周期过短，会增加企业管理成本的开支；但是，绩效考核周期过长，又会降低绩效考核的准确性，不利于员工工作绩效的改进，从而影响绩效管理的效果。因此，在准备阶段，还应当确定恰当的绩效考核周期。绩效考核周期的确定，需考虑以下几个因素：

（1）职位的性质。不同的职位，工作的内容是不同的，因此绩效考核的周期也应当不同。一般来说，职位的工作绩效比较容易考核，考核周期相对要短一些。

（2）指标的性质。不同的绩效指标，其性质是不同的，考核的周期也应不同。一般来说，性质稳定的指标，考核周期相对要长一些；相反，考核周期相对就要短一些。

（3）标准的性质。在确定考核周期时，还应当考核绩效标准的性质，就是说考核周期的时间应当保证员工经过努力能够实现这些标准，这一点其实是与绩效标准的适度性联系在一起的。

二、绩效管理方案的实施

绩效管理计划的制订工作完成之后，就进入绩效管理方案的实施阶段，这一阶段主要包括绩效沟通和绩效考核两项任务。

（一）绩效沟通

绩效沟通就是管理人员和员工共同工作，并分享与工作有关的信息的过程。虽然本书将绩效管理计划作为绩效管理方案实施的一个步骤，但需要指出的是，绩效沟通不是仅仅存在于绩效计划的制订阶段，而是贯穿于绩效管理的全过程。

随着竞争的加剧，组织必须不断地调整经营战略、改变生产经营模式来适应不断变化的外部经营环境。因此，工作计划和工作内容也会进行相应的调整。为了增强员工的适应性和公平性，管理者需要与员工进行持续有效的沟通，便于了解工作的进展情况、存在的潜在问题和障碍等信息，帮助员工快速解决问题，朝着组织的战略目标努力工作。

绩效沟通的最终目的在于提高绩效。对管理者而言，持续的绩效沟通能够帮助他们更多地了解员工的工作信息，更好地辅导下属的工作；对员工而言，绩效沟通可以使员工了解到自己的工作情况，解决工作中遇到的困难，更好地改进工作。绩效沟通的方式可大致分为正式沟通和非正式沟通两大类。

在绩效管理的过程中，缺乏绩效沟通是一个很常见的问题。绩效计划制订的顺利完成并不意味着绩效的实施过程也会顺利。管理者不仅要将最后考核的结果告诉员工，而且在考核过程中就应使员工准确了解自己的工作标准和目标，保证整个绩效管理过程的顺利进行。

（二）绩效考核

绩效考核就是对员工的工作绩效进行评定。绩效考核是整个绩效管理过程中耗时最长也是最为重要的一个环节，绩效考核的失效会导致整个绩效管理工作的失败。

1. 确定考核主体

考核主体是指对员工绩效进行考核的人员。考核主体的选择会对绩效考核结果的信度和效度产生直接的影响。考核主体应满足以下条件：了解员工的工作内容、工作要求，组织的相关政策以及考核标准；最好有直接观察员工工作情况的机会，能够将观察结果转化为有用的考评信息，并给出客观公正的考评结果；有助于实现一定的管理目的。

一般情况下，考核主体在以下五类人中进行选择，即员工的直接上级、同级同事、直属下级、员工本人和客户。

（1）员工的直接上级。这是最主要也是最为常见的一种考核方式。选择员工的上级进行考核的优点在于：第一，由于上级担任着对员工的日常工作进行指导和监督的领导责任，对员工平日的工作表现十分了解，能够依据事实对员工的绩效进行评价；第二，有利于将员工的绩效考核结果与奖励、培训等更好地结合起来；第三，由直接上级对员工绩效进行考评，有利于保持领导的威信，实现管理目的。但是，这种由直接上级进行的绩效考核方式，由于信息来源渠道单一，考核结果容易受到个人情绪的影响。

（2）同级同事。由于日常工作的频繁接触，同事之间对于彼此的工作情况十分了解。当员工知道绩效考核是由同事来进行时，会明显提高日常工作的积极性。不足的是，员工间的私人关系会影响考核结果的公正性；这种考核方式很容易引起同事间的关系紧张，导致不正当竞争的产生。

（3）直属下级。这种考核方式有助于帮助管理者改进工作，提高绩效。让下级对领导的绩效进行考核，可以促进领导者关心下级的工作，建立融洽的工作关系，有利于绩效沟通；从下级的角度关注领导工作，也有利于问题的发现。但缺点在于：会导致领导迁就员工的现象出现，削弱领导威信；有些员工碍于领导权威，不敢真实地反映情况。

（4）员工本人。让员工本人根据相关的绩效考核标准对自己的工作情况进行考核，有利于增强员工的参与感与自觉性，有利于员工工作的改进和对考核结果的接受。这种考核方法的缺点是，由于评价标准不一致，员工对自己的评价往往过高；此外，当员工本人和其他考核主体的评价差异过大时，容易引发矛盾。

（5）客户。让员工所服务的客户对员工绩效进行考核，有利于员工服务质量和工作责任心的提高。但由于很多组织的客户不固定，难以操作，因而考核结果也比较片面。

随着绩效管理体系的完善，也可以邀请外界考绩专家或顾问对员工绩效进行考评，还可以进行电脑系统考评和360度绩效考评。外界考绩专家或顾问在绩效考评方面有扎实的理论基础和丰富的经验，在组织中也没有任何人际关系的纠葛，能够解除因绩效考评带来的人际矛盾，而且考核结构更加客观公正。这种考核方式的缺点在于成本较高，而且考核主体可能对被考核组织所涉及的专业比较陌生。

电脑系统考评是指用电脑监察设备观察员工工作表现，并通过电子方法进行考评。这种方法曾在西方被广泛使用，但因涉及侵犯员工的个人隐私而受到严厉的批评。360度绩效考评方法是为了给员工一个更加公正的考评结果而产生的，结合了所有信息，包括上级、同事、下属、客户和员工自己。360度绩效考评方法更重要的目的在于使员工能够全面了解自己的优势、劣势，在今后的工作中能够更好地改进。360度绩效考评方法更显公平公正性，能够加强部门间的沟通，这样的考核结果更容易让被考核者心悦诚服，目前已在我国广泛使用。

2. 绩效考核的衡量标准

进行绩效管理的关键在于考核结果的公正性和准确性。绩效考核的有效性对于整个绩效管理体系而言是至关重要的，不同的组织衡量绩效考核有效性的标准不同。绩效考核的衡量尺度主要包括五个方面。

（1）战略一致性。战略一致性是指组织所设定的绩效考核标准与组织的战略目标、组织文化等相匹配的程度。比如，一家公司强调在行业内的技术领先，那么它的绩效管理系统就应该在员工的开拓创新方面做出评价。战略一致性强调的是员工应通过自身的努力，促进组织战略目标的实现。因此，与之对应的绩效考核系统应具有灵活性，以适应组织战略目标的不断调整。

(2)信度。绩效考核的信度是指考核系统的一致性和稳定性。信度首先包括考核者的信度，即对员工的绩效进行评价的多人之间的一致性程度，不能因为考核主体的变化而导致考核结果的不同。如果不同的人对同一个员工的绩效考核结果是相同或相似的，则证明该组织具有评价者信度。实践表明，多数由直接上级进行主观考核的结果的信度较低。信度对于体现组织绩效考核系统的公正性具有重要的作用。此外，绩效考核的信度还包括时间的信度，即不能因为考核时间和考核方法的变化而导致考核结果的不同；短时期内重复考核的结果应该是相同的。

(3)效度。绩效考核的效度是指考核结果与被考核者实际工作绩效的关联程度。一个绩效考核系统要想是有效的，就应该是完善的和不受任何因素影响的。绩效考核的效度差，则表示考核结果中包含了大量的无效信息，有可能导致整个绩效管理过程失效。

此外，绩效考核要能够衡量出与员工工作绩效相关的所有方面的内容，才算是有效的。例如，目前国内许多高校是根据教师的科研成果来进行评价的，而不是教学成果，这样直接导致了教师科研压力增加、教学积极性下降。

(4)接受度。绩效考核的接受度是指员工对组织的绩效考核系统的接受程度。许多复杂的绩效考核系统虽然具有较高的信度和效度，却往往不容易被接受，因为这样的考核会耗费管理者大量的时间和精力。此外，如果绩效考核系统缺乏公平性，也不容易被员工所接受。因此，在进行员工绩效考核系统的设计时就应该做好绩效沟通工作，听取员工意见。

(5)明确度。绩效考核的明确度是指绩效考核系统所能传达的公司对员工的期望程度，以及员工如何才能达到这些期望的要求。绩效考核的明确度对于组织绩效管理系统的战略目的和开发目的都具有非常重要的作用。如果绩效考核的明确度低，员工不明白怎样才能帮助公司实现战略目标，则很可能会进一步导致整个绩效管理系统化的失败。

3. 影响绩效考核的因素

(1)考核主体。考核主体本身的特点，如个性、喜好、态度和情绪等，以及与被考核者的关系等因素都会对绩效考核的结果产生直接影响。

(2)考核的标准和考核方法。考核标准是否恰当，考核方法是否适合、是否具有科学性，也会影响考核结果。

(3)组织条件。组织条件包括领导者对绩效考核的重视程度，考核制度的正规性，考核结果是否最终用于相关管理决策等。

4. 确定考核时间和考核方法

绩效管理的考核时间没有唯一的标准，较常见的考核周期是一季、半年或一年。考核周期过密，会造成精力、时间和管理费用的浪费，给员工带来不必要的心理负担；考核周期过长，又达不到通过考核信息的及时反馈改善组织绩效的目的。组织应根据自己的实际情况和被考核者在企业中的职务等因素具体确定考核时间和办法。绩效考核的方法大致包括比较法、量表法和描述法三种，我们将在第三节详细讲述。

三、绩效的反馈与改进

绩效反馈是现代绩效管理与传统绩效考核的区别之一。绩效管理并没有随着绩效考核工作的结束而结束，还需要将考核结果反馈给员工。绩效反馈的目的是让员工更清楚地了解自已在考核期内的工作完成情况，以便进一步改善绩效，发挥潜能。绩效反馈应该是经常性的，而不是一年一次；反馈只能针对工作本身而不是员工个人。

绩效改进是整个绩效管理系统中的一个重要环节。绩效改进就是根据绩效考核的结果，分析并找出影响员工绩效的主要因素，并制订有针对性的计划进行改进，以达到提高员工绩效的目的。现代绩效管理的目的在于持续改进员工绩效，因此绩效改进工作成功与否，决定了整个绩效管理系统能否发挥作用。

具体内容将在本章第四节中详细阐述。

第三节　绩效考核的方法

在实践中，基于员工个体的绩效考核方法有很多，这些方法可以大致归结为三类：一是比较法；二是量表法；三是描述法。各种方法都有自己的优缺点，企业在进行考核时应当根据具体的情况选择合适的考核方法（见表 7—3）。

表 7—3　　**绩效考核方法**

方法种类		主要特点
比较法	· 简单排序法 · 成对比较法 · 交替排序法 · 强制分布法	· 简单，容易操作 · 适用于作为奖惩的依据 · 无法提供有效的反馈信息 · 无法对不同部门之间的员工做出比较
量表法	· 评级量表法 · 行为锚定法 · 行为观察量表法 · 混合标准测评法	· 具有客观的标准，可以在不同部门之间进行考核，结果横向比较等 · 开发成本较高，需要制定合理的指标和标准
描述法	· 能力记录法 · 态度记录法 · 工作业绩记录法 · 指导记录法 · 关键事件法	· 提供了对员工进行考核和反馈的实施依据 · 一般只作为其他考核方法的辅助方法来使用

一、比较法

比较法又称为排序法，是根据员工的工作行为对员工进行主观评价，通过员工之间工作业绩的相互比较而得出考核结果的一种相对考核方法。比较法是最简便的评价方法，评价结果一目了然，适合作为奖惩的依据，但由于不能提供有效的反馈信息，难以实现绩效管理的目的。比较法的弱点还在于：不是对员工的工作业绩、能力和态度进行的考核，而是靠一种整体印象得出的结果，容易给员工造成较大的心理压力，也无法对不同部门的员工做出比较。按照实施绩效比较的过程不同，比较法包括简单排序法、交替排序法、成对比较法和强制分布法等。

（一）简单排序法

简单排序法是将员工的工作业绩按照由好到坏的顺利依次排列，由此得出评价结果的方法。简单排序法的优点在于管理成本低，操作也很简单，还能够有效地避免趋中倾向和宽严误差；其缺点在于适用范围窄，只适合考核同类职务的员工，评价过程的主观性强，考核结果易引发争议。简单排序法只适用于被考核对象较少、组织规模较小、工作任务单一的情况（见

表7—4)。

表7—4 简单排序法

顺　序	等　级	员工姓名
1	最好	陈七
2	较好	王五
3	一般	李四
4	较差	赵六
5	最差	张三

(二)交替排序法

交替排序法又称间接排序法,是一种运用得非常普遍的绩效考核方法。交替排序法的具体操作方法是:考核主体依据考核标准,根据自己的总体印象,先从所有被考核员工中选出最好和最差的两名,然后在剩下的员工中再选出最好和最差的两名,以此类推,直到排序完成。交替排序法在被考核对象少时使用,能够简单、迅速地得出考核结果。使用交替排序法进行考核时所用的表格如表7—5所示。

表7—5 交替排序法

组　别	等　级	员工姓名
1	最好	陈七
1	最差	王五
2	较好	李四
2	较差	赵六
3	一般	张三
3	差	孙八

在实际考核过程中,考核者的主观因素,如碍于人情、面子等,都会影响绩效考核结果,所以考核者往往不会给被考核者较低的评价,容易造成"趋中效应",从而影响绩效考核结果的准确性。

(三)成对比较法

成对比较法就是将每一位员工的工作业绩与其他员工一一配对,分别进行比较得出结果的考核方法。具体操作时,就是按照某种绩效标准,将员工的工作绩效两两进行比较。每一次比较完,绩效优者记1分,绩效劣者记0分。最后将每个人的总分相加,得分越高,绩效越高。成对比较法的具体操作如表7—6所示。

表7—6 成对比较法:某行为要素考评表

	A	B	C	D	E	F	排序(结果)
A	0	+	+	+	+	+	6(最好)
B	—	0	+	+	—	+	4(很好)

续表

	A	B	C	D	E	F	排序(结果)
C	—	—	0	—	—	+	2(较差)
D	—	—	+	0	—	+	3(一般)
E	—	+	+	+	0	+	5(较好)
F	—	—	—	—	—	0	1(最差)
汇总	−5	−1	+3	+1	−3	+5	

注:用表纵列上员工与横行员工对比,以横行的员工作为对比的基础,如果比本员工(例如 A 员工)优,则写正号,如果比本员工差,则写负号。本表是以横行的员工作为对比的基础,如果以纵列的员工作为对比的基础,所得出的结果正好相反。

成对比较法最适合于评选最佳员工,能够有效地避免集中化趋向;其缺点在于若考核对象过多,比较次数也随之增多,如果要考核 N 个员工,就需要进行 N(N—1)/2 次比较。成对比较法的考核结果也只是考核者的主观判断,缺乏科学性和公平性,难以与组织的战略目标相联系。

(四)强制分布法

强制分布法的使用建立在一个有争议的假设之上:凡是有人的地方,就有好、中、差的区别。强制分布法是将员工绩效分为若干个等级,每一个等级强制规定一个百分比,最后按照员工的绩效进行归类。使用强制分布法的重点在于要先按照一个分配比例将员工分配到每一个工作绩效的等级中去。强制分布法的具体操作过程是:先将被考核者的姓名分别写在一张小纸片上,然后根据考核标准对员工进行逐步的考核,最后根据考核结果将员工的姓名纸片分别放在实际设定的相应的工作等级上去。强制分布法的使用如表 7—7 和图 7—2 所示。

表 7—7　强制分布法举例

员工总数	分布比例				
	优秀(10%)	良好(15%)	一般(50%)	较差(15%)	很差(10%)
100	10 人	15 人	50 人	15 人	10 人

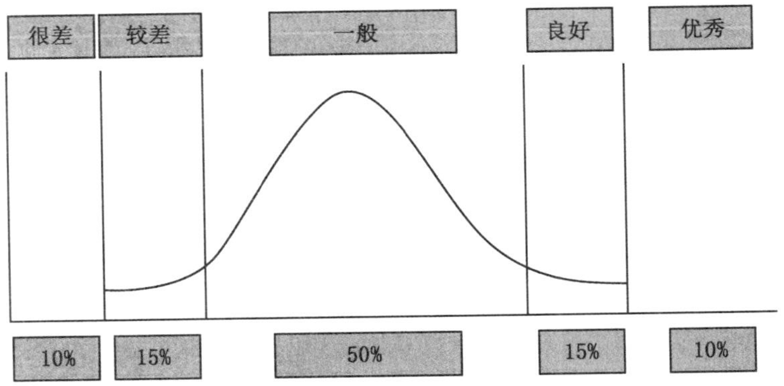

图 7—2　强制分布法

强制分布法适用于规模较大、职务种类较多的组织,使用简单,成本较低,能够有效避免考核过宽、过严或者趋中的趋势。尤其是引入了末位淘汰制的组织，能够明确筛选出淘汰对象。强制分布法的缺点在于平均主义，不利于激发员工积极性，绩效好与绩效差的部门之间得出的结果都差不多。因此，我们在使用强制分布法时应注意，根据部门业绩来决定部门员工的绩效分配比例，绩效考核的结果要能够反映出部门绩效对组织的贡献程度。

二、量表法

量表法是指将绩效考核的指标和标准制作成量表，据此对员工的绩效进行考核的方法。量表法可以不使用文字描述而只使用纯数字，甚至可以只列出一个均等刻度与分段的标尺，令考评者适当勾选就可以了。量表法也是最简单、最常用的绩效考核方法。量表法的优点包括，有了客观的评价标准，能够将不同部门的考核结果进行横向比较，了解员工存在的具体问题，有助于改进员工的绩效，为人力资源管理的其他职能提供科学的指导；缺点在于制定量表的成本较高，只有确定了合理的指标，考核才有效。量表法主要包括以下几种：

(一)评级量表法

评级量表法是指在量表中列出需要考核的绩效指标，并将指标分为不同的等级，每个等级都有一个对应的分数。考核主体根据考核过程中员工的表现，在每个指标上选择一个等级，汇总分数后就可得出考核结果(见表7—8)。

表7—8　评级量表法示例

考核项目	考核要素	要素说明	评定				
业务能力	理解力	是否能充分理解上级要求和公司目标，干脆利落地完成本职工作任务，不需要上级重复指示和指导	A 10	B 8	C 6	D 4	E 2
	沟通力	是否能正确领会公司的发展战略，与其下属的沟通能力频率是多少，受到多少下属的拥护，部门目标和工作计划的可实现程度如何	A 10	B 8	C 6	D 4	E 2
	组织力	是否能独立分配资源配合多个同时进行的复杂项目，有效委派工作，如期完成目标	A 10	B 8	C 6	D 4	E 2
工作态度	积极性	对委派的任务是否不讲条件，主动积极，尽量多做工作，主动进行改革创新，向困难挑战	A 10	B 8	C 6	D 4	E 2
	协调性	在维护公司利益的基础上，能否与其他部门建立相互信任、相互协作关系，公司内的信任度和可接受程度如何	A 10	B 8	C 6	D 4	E 2
	责任心	是否敢勇于接受挑战、承担责任，为实现目标尽全力，是否能彻底完成任务，可放心交办工作	A 10	B 8	C 6	D 4	E 2
评定标准 A：非常优秀 B：优秀，满足要求 C：基本满足要求 D：略有不足 E：不能满足要求		等级分数 A：61分及以上 B：50～60分 C：35～49分 D：25～34分 E：24分及以下	合计分 评语 评定人签字				

(二)行为锚定法

行为锚定法是指将某一职务可能发生的各种典型行为进行评分度量，建立一个评分量表；评分量表上有一些典型的行为描述语句与考核标准的等级相联系(即“锚定”)，考核时作为评定的依据。行为锚定法的实质是关键事件的量化，即把量表评分法与关键事件法相结合。在行为锚定评分表中，有代表着最差绩效和最优绩效的具体的典型性说明词，不仅能使员工深切了解到自身的现状，还能找到明确的改进目标。行为锚定法的优点在于考核指标之间的独立性高、考核尺度精确以及具有良好的反馈功能；缺点在于设计比较麻烦，会花费大量的人力和物力，使用的范围较小，因此仅适合一些相对简单的工作类型。

运用行为锚定法对员工的绩效进行考核，通常需要经过五个步骤：确定代表绩效优良或较差的关键事件—初步建立绩效评价等级—重新分配关键事件—确定关键事件的考核等级—最终建立行为锚定考核体系（实例见图 7—3）。

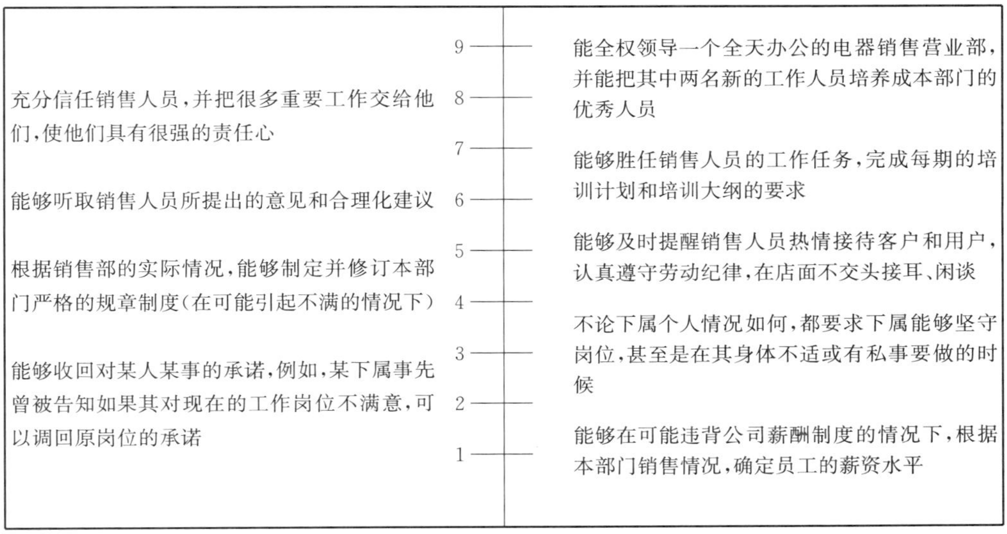

图 7—3　行为锚定等级评价法（BARS）实例：销售营业部经理管理绩效考评表

（三）行为观察量表法

行为观察量表法是指先描述与各个考核项目相对应的有效行为，考核主体通过观察员工出现有效行为的频率来进行绩效考核的方法。使用行为观察量表法的关键在于界定不同工作的成功绩效所要求的有效行为。

行为观察量表法的使用首先要收集关键事件，并按照纬度进行分类。例如，一个 5 分的量表被分为由“极少”或“从不”到“总是”5 个相应的等级，分值分别为 1 到 5 分。考核者只需将员工每一项的得分相加后就能得到绩效考核成绩，分值越高，表示员工表现出合乎期望的行为的频率越高（见表 7—9）。

表 7—9　　行为观察量表实例

评定管理者的行为，用 5～1 和 NA 代表下列各种行为出现的频率，评定后填在括号内： 5 表示总是 4 表示经常 3 表示有时 2 表示偶尔 1 表示极少或从不
克服对变革的阻力

续表

(1)向下级详细地介绍变革的内容　　( )
(2)解释为什么变革是必需的　　( )
(3)讨论变革为什么会影响员工　　( )
(4)倾听员工的意见　　( )
(5)要求员工积极配合参与变革工作　　( )
(6)如果需要,经常召开会议听取员工的需要　　( )
6～10 分:未达到标准；　11～15 分:勉强达到标准；　16～20 分:完全达到标准；
21～25 分:出色达到标准；　26～30 分:最优秀

行为观察量表法能够将企业的发展战略与对员工的期望相结合,因此能够向员工提供有效的信息反馈,有利于正确引导和监控被考核者的行为。但是,这种考核方法也存在一定的缺陷:

(1)需要花费大量的时间和精力用于行为观察量表法的开发,因此只适用于比较稳定、不太复杂的工作;

(2)考核者对于“极少、总是”的理解有差异性,绩效考核结果的稳定性差;

(3)行为观察量表法的使用要以工作分析为基础,并且每一个职务的考核都要单独进行,成本较高。

(四)混合标准测评法

混合标准测评法是由美国学者布兰兹(Blanzi)于 1965 年创立的。这种考核方法先要描述与各个考核项目相对应的不同考核等级的有效行为,然后将这些描述有效行为的语句混合起来随机排列在考核表中,由考核主体选择出与被考核者的行为特征相符合的选项,再对被考核者进行考核。

混合标准测评法适用于对员工的行为进行考核。在“混合标准测评量表”中,有许多组概念上相容的描述句用来描述同一考核项目的高、中、低三个层次,通常是三个一组。这些描述性语句在测评量表中是随机排列的,考核者只需要指出被考核者的行为表现是“好于”“相当于”或“差于”量表中所描述的行为。

混合标准测评法的具体做法为:首先要确定绩效考核的指标,然后对每一个考核项目中分别代表好、中、差绩效的有效行为进行描述,最后将所有的描述性语句混合在考核量表中供考核主体在具体测试时使用。表 7—10 就是用于小组 PPT 陈述进行考核的混合标准测评量表。

表 7—10　　混合标准测评量表

小组号码 1　2　3　4　5　6　7　8	项　目
( )( )( )( )( )( )( )( )	1. 讲解思路清晰,逻辑性强,PPT 与宣讲配合默契
( )( )( )( )( )( )( )( )	2. 方案整体结构和层次较为明了,重点较为突出
( )( )( )( )( )( )( )( )	3. 方案设计和案例结合,将所学内容运用其中,具有可行性
( )( )( )( )( )( )( )( )	4. 超时 3 分钟以内
( )( )( )( )( )( )( )( )	5. 方案少部分具有一定的创新性

续表

小组号码 1　2　3　4　5　6　7　8	项　目
(　)(　)(　)(　)(　)(　)(　)(　)	6. 讲解思路较为清晰，有逻辑性，PPT 与宣讲配合无差错
(　)(　)(　)(　)(　)(　)(　)(　)	7. 分工较为明确，且配合较为默契
(　)(　)(　)(　)(　)(　)(　)(　)	8. 方案整体结构清晰、层次分明、重点突出
(　)(　)(　)(　)(　)(　)(　)(　)	9. 提问环节思路较为清晰，比较符合逻辑
(　)(　)(　)(　)(　)(　)(　)(　)	10. 方案中运用了部分所学内容，与案例结合较为紧密，具有一定的可行性
(　)(　)(　)(　)(　)(　)(　)(　)	11. PPT 内容准确简洁、美观新颖、重点明了
(　)(　)(　)(　)(　)(　)(　)(　)	12. 超时 3 分钟以上或低于规定时间
(　)(　)(　)(　)(　)(　)(　)(　)	13. 方案没有创新性
(　)(　)(　)(　)(　)(　)(　)(　)	14. 声音清晰，气氛较为活跃，互动少
(　)(　)(　)(　)(　)(　)(　)(　)	15. 分工明确且配合默契
(　)(　)(　)(　)(　)(　)(　)(　)	16. 分工不明确，配合不默契
(　)(　)(　)(　)(　)(　)(　)(　)	17. PPT 内容准确，较为美观
(　)(　)(　)(　)(　)(　)(　)(　)	18. 方案中运用极少所学内容，与案例结合较少，没有可行性
(　)(　)(　)(　)(　)(　)(　)(　)	19. 声音含糊不清，气氛沉闷，没有互动
(　)(　)(　)(　)(　)(　)(　)(　)	20. 方案具有创新性
(　)(　)(　)(　)(　)(　)(　)(　)	21. 讲解思路不清晰，无逻辑性，PPT 与宣讲有误差
(　)(　)(　)(　)(　)(　)(　)(　)	22. 声音洪亮，吐字清楚，气氛活跃，彼此之间有互动
(　)(　)(　)(　)(　)(　)(　)(　)	23. 方案结构和层次模糊，重点不突出
(　)(　)(　)(　)(　)(　)(　)(　)	24. 提问环节回答问题者思路模糊，没有逻辑性
(　)(　)(　)(　)(　)(　)(　)(　)	25. 提问环节回答问题者思路清晰，语言符合逻辑
(　)(　)(　)(　)(　)(　)(　)(　)	26. PPT 内容繁杂，杂乱无章
(　)(　)(　)(　)(　)(　)(　)(　)	27. 时间控制良好

具体实施考核时，考核者要将被考核者的实际表现与作为绩效考核标准的描述性语句进行对比，凡是达到要求的记“+”，未能达到要求的记“—”。最后统计符号，按照评分规则，就能较为准确地得出被考核者的绩效考核成绩。混合标准测评法的优点在于能够避免考核主体受到考核标准等级的影响，降低了考核结果受到考核主体主观性影响的概率。但是，由于描述性语句本身固有的局限性，很难全面反映被考核者复杂的实际表现。

三、描述法

描述法是指考核主体用描述性的文字来记录被考核者在工作业绩、工作能力、工作态度等方面的优缺点，以及需要对被考核者进行指导的方面和关键事件等。描述法的设计和使用比较容易，成本适中，是一种实用性的考核方法，适合对任何人进行单独评价。但是，使用描述法进行考核，缺乏统一的考核标准，被考核者之间无法比较，而且考核结果与考核主体的能力有很大的关系，因此描述法一般是作为其他考核方法的辅助方法来使用的。

根据记录方法的不同，描述法可以具体分为能力记录法、态度记录法、工作业绩记录法、指导记录法和关键事件法 5 种。

(一)能力记录法

能力记录法是指考核主体通过对被考核者日常工作的观察，记录其所表现出来的工作能力的绩效考核方法。在整个考核过程中，考核主体不仅要记录下被考核者所表现出来的工作能力方面的优点，还应记录下被考核者存在的缺点，以便进行进一步的指导，以提高其绩效(见表 7—11)。

表 7—11 工作能力记录表

员工姓名		职位编码		职位名称	
所属部门		考核日期		记录人	
考核项目	观察情况				
	优　点			缺　点	
专业知识					
专业技能					
沟通能力					
团队协作					
……	……			……	

(二)态度记录法

态度记录法是指考核主体通过对被考核者日常工作的观察，记录其对待工作的态度的绩效考核方法。与能力记录法一样，态度记录法也要记录被考核者工作态度方面的优缺点，便于今后的绩效辅导(见表 7—12)。

表 7—12 工作态度记录表

员工姓名		职位编码		职位名称	
所属部门		考核日期		记录人	
考核项目	观察情况				
	优　点			缺　点	
工作积极性					
工作责任感					
对待客户的态度					
……	……			……	

(三)工作业绩记录法

工作业绩记录法就是要求考核主体观察被考核者的工作过程，并记录下被考核者每个阶段所达到的工作业绩。此外，工作业绩记录法还可记录下员工在工作过程中是否遵守了组织的规章制度，是否有迟到、早退等现象。工作业绩记录法常常与目标管理法结合使用(见表 7—13)。

表 7—13　　工作业绩记录表

员工姓名		职位编码		职位名称	
所属部门		考核日期		记录人	
工作目标		工作进度		完成情况	
目标一：		1月 2月 ……		……	
目标二：		……			
……		……		……	
缺勤记录					
迟到					
早退					

(四)指导记录法

指导记录法是指被考核者的上级将其平时对员工的工作指导记录下来的考核方法。这种方法通常用于开发性评价(见表 7—14)。

表 7—14　　工作指导记录法

员工姓名			职位编码		职位名称	
所属部门			考核日期		记录人	
时　间	地　点	相关事实	指导意见		改进目标	

(五)关键事件法

关键事件法是由美国学者弗拉赖根(Flanagan)和伯恩斯(Baras)共同研究提出的。关键事件是指那些会对组织或部门的整体绩效产生积极或消极影响的重大事件,一般分为有效行为和无效行为。关键事件法是指考核主体通过观察、记录被考核者的关键事件,而对被考核者进行绩效考核的方法。使用关键事件法的步骤为:①在专门的绩效考核表上记录关键事件;②摘要评分;③与员工进行评估面谈,以进一步纠正员工行为。

关键事件法的优点是:对员工的考核以事实为依据,避免了考核主体的主观判断对绩效考核结果的影响;考核结果更具公正性和客观性,容易被员工所接受。其缺点在于:如果漏记了员工的积极行为,会引起员工不满,产生抵触情绪,增加了管理者的工作负担。

四、结果导向型考核方法

前面所讲述的比较法、量表法和描述法都是基于行为导向的绩效考核方法,在实际管理过程中还有一种导向的考核方法,即结果导向型考核方法。

结果导向型考核方法是以实际产出为基础,考核的重点是员工工作的成效和劳动的结果。

一般来说，主要有三种不同的表现形式：目标管理法、绩效标准法、直接指标法。

（一）目标管理法

目标管理体现了现代管理的哲学思想，是领导者与下属之间双向互动的过程。目标管理法是由员工与主管共同协商制定个人目标，个人的目标依据企业的战略目标及相应的部门目标而确定，并与它们尽可能一致。该方法用可观察、可测量的工作结果作为衡量员工工作绩效的标准，以制定的目标作为对员工考核的依据，从而使员工个人的努力目标与组织目标保持一致，减少管理者将精力放到与组织目标无关的工作上的可能性。

（二）绩效标准法

该方法与目标管理法基本接近，它采用更直接的工作绩效衡量指标，通常适用于非管理岗位的员工，采用的指标要具体、合理、明确，要有时间、空间、数量、质量的约束限制，要规定完成目标的先后顺序，保证目标与组织目标的一致性。

（三）直接指标法

直接指标法在员工的衡量方式上采用可监测、可核算的指标构成若干考核要素，作为对下属的工作表现进行评估的主要依据。如对于非管理人员，可以衡量其生产率、工作数量、工作质量等。工作数量的衡量指标有工时利用率、月度营业额、销售量等；工作质量的衡量指标有顾客不满意率、废品率、产品包装缺损率、顾客投诉率、不合格返修率等。对管理人员的考核，可以通过对其所管理的下属的缺勤率、流动率的统计得以实现。

五、绩效考核方法的发展

（一）关键绩效指标法

关键绩效指标（Key Performance Indicator，KPI）是通过对组织内部流程的输入端、输出端的关键参数进行设置、取样、计算、分析，衡量流程绩效的一种目标式量化管理指标，是把企业的战略目标分解为可操作的工作目标的工具，是企业绩效管理的基础。KPI 可以使部门主管明确部门的主要责任，并以此为基础，明确部门人员的业绩衡量指标。建立明确的、切实可行的 KPI 体系，是做好绩效管理的关键。关键绩效指标是用于衡量工作人员工作绩效表现的量化指标，是绩效计划的重要组成部分。

KPI 法符合一个重要的管理原理——“八二原理”。在一个企业的价值创造过程中，存在着“80/20”的规律，即 20%的骨干人员创造企业 80%的价值；而且在每一位员工身上“八二原理”同样适用，即 80%的工作任务是由 20%的关键行为完成的。因此，必须抓住 20%的关键行为，对之进行分析和衡量，这样就能抓住业绩评价的重心。

1. 关键绩效指标的特点

（1）来自对公司战略目标的分解。这首先意味着，作为衡量各职位工作绩效的指标，关键绩效指标所体现的衡量内容最终取决于公司的战略目标。当关键绩效指标构成公司战略目标的有效组成部分或支持体系时，它所衡量的职位便以实现公司战略目标的相关部分作为自身的主要职责；如果 KPI 与公司战略目标脱离，则它所衡量的职位的努力方向也将与公司战略目标的实现产生分歧。KPI 来自对公司战略目标的分解，其第二层含义在于，KPI 是对公司战略目标的进一步细化和发展。公司战略目标是长期的、指导性的、概括性的，而各职位的关键绩效指标内容丰富，针对职位而设置，着眼于考核当年的工作绩效，具有可衡量性。

（2）关键绩效指标是对绩效构成中可控部分的衡量。企业经营活动的效果是内因外因综合作用的结果，其中，内因是各职位员工可控制和影响的部分，也是关键绩效指标所衡量的部分。

关键绩效指标应尽量反映员工工作的直接可控效果,剔除他人或环境造成的其他方面影响。

(3)KPI 是对重点经营活动的衡量,而不是对所有操作过程的反映。每个职位的工作内容都涉及不同的方面,高层管理人员的工作任务更复杂,其 KPI 对影响公司整体战略目标的、对战略目标实现起到不可或缺作用的工作进行衡量。

2. 确定关键绩效指标的一般过程

(1)建立评价指标体系。可按照从宏观到微观的顺序,依次建立各级指标体系。首先明确企业的战略目标,找出企业的业务重点,并确定这些关键业务领域的关键业绩指标(KPI),从而建立企业级 KPI。接下来,各部门的主管需要依据企业级 KPI 建立部门级 KPI。然后,各部门的主管和部门的 KPI 人员一起再将部门 KPI 进一步分解为更细的 KPI。这些业绩衡量指标就是员工考核的要素和依据。

(2)设定评价标准。一般来说,指标指的是从哪些方面来对工作进行衡量或评价;而标准指的是在各个指标上分别应该达到什么样的水平。指标解决的是我们需要评价"什么"的问题,标准解决的是要求被评价者做得"怎样"、完成"多少"的问题。

(3)审核关键绩效指标。对关键绩效指标进行审核的目的主要是为了确认这些关键绩效指标是否能够全面、客观地反映被评价对象的工作绩效,以及是否适合于评价操作。

(二)平衡计分卡法

平衡计分卡(Balanced Score Card,BSC),是根据企业组织的战略要求而精心设计的指标体系。平衡计分卡是 20 世纪 90 年代初由哈佛商学院的罗伯特·卡普兰(Robert Kaplan)和诺朗诺顿研究所(Nolan Norton Institute)所长、美国复兴全球战略集团创始人兼总裁戴维·诺顿(David Norton)提出的,是一种"未来组织绩效衡量方法",被《哈佛商业评论》评为 75 年来最具影响力的管理工具。它打破了传统的单一使用财务指标衡量业绩的方法,而是在财务指标的基础上加入了未来驱动因素,即客户因素、内部经营管理过程和员工的学习成长,在集团战略规划与执行管理方面发挥着非常重要的作用。根据解释,平衡计分卡主要是通过图、卡、表来实现战略规划的。按照卡普兰和诺顿的观点,"平衡计分卡是一种绩效管理的工具。它将企业战略目标逐层分解转化为各种具体的相互平衡的绩效考核指标体系,并对这些指标的实现状况进行不同时段的考核,从而为企业战略目标的完成建立起可靠的执行基础"。

1. 平衡计分卡的内容

平衡计分卡的内容,从其评价指标体系来看,包括如下四个方面:

(1)财务指标(financial)

战略指示:要在财务方面取得成功,我们应该向股东展示什么?指标主要包括:①收入增长指标;②成本减少或生产率提高指标;③资产利用或投资战略指标。当然,也可以根据企业的具体要求,设置更加具体的指标,如经济增加值、净资产收益率、资产负债率、投资报酬率、销售利润率、应收账款周转率、存货周转率、成本降低率、营业净利额和现金流量净额等。

平衡计分卡还要求,企业根据不同发展时期的不同要求,相应地选择财务绩效指标。例如,当企业处于增长期时,由于企业在提供产品和劳务获得收入方面有着较大的增长潜力,投资规模较大和投资报酬率较低,其财务目标主要是不断提高收入的增长率及目标市场、客户群和区域的销售额,因此对处于这一时期的企业应主要采用销售增长率、目标市场收入增长率、成本率等财务绩效指标来加以评价。

(2)客户指标(customer)

现代管理理念认为,客户满意度的高低是企业成败的关键。企业要想取得长期的经营绩效，就必须创造出受客户青睐的产品与服务，因此企业的活动必须以客户价值为出发点，回答“我们应向顾客展示什么”。客户方面绩效指标主要包括：①市场份额，即在一定的市场中（可以是客户的数量，也可以是产品销售的数量）企业销售产品的比例；②客户保留度，即企业继续保持与老客户交易关系的比例，既可以用绝对数来表示，也可以用相对数来表示；③客户获取率，即企业吸引或取得新客户的数量或比例，既可以用绝对数来表示，也可以用相对数来表示；④客户满意度，即反映客户对其从企业获得价值的满意程度，可以通过函询、会见等方法来加以估计；⑤客户利润贡献率，即企业为客户提供产品或劳务后所取得的利润水平。

(3)内部业务流程指标(internal business processes)

为整体战略中满足顾客和股东的需求，企业需要探索要在哪些业务处于领先？内部业务流程指标主要包括三个方面：①评价企业创新能力的指标，如新产品开发所用的时间、新产品销售额在总销售额中所占的比例、比竞争对手率先推出新产品的比例、所耗开发费用占营业利润的比例、第一次设计出的产品中可完全满足客户要求的产品所占的比例、在投产前需要对设计加以修改的次数等；②评价企业生产经营绩效的指标，如产品生产时间和经营周转时间、产品和服务的质量、产品和服务的成本等；③评价企业售后服务绩效的指标，如企业对产品故障的反应时间和处理时间、售后服务的一次成功率、客户付款的时间等。

(4)学习与成长绩效指标(learning and growth)

学习和成长方面考评企业获得持续发展能力的情况，回答：“为实现愿景，我们要取得怎样的进步来适应变革和发展”这个问题。学习与成长绩效指标主要包括三个方面：①评价员工能力的指标，如员工满意度、员工保持率、员工工作效率、员工培训次数、员工知识水平等；②评价企业信息能力的指标，如信息覆盖率、信息系统反应的时间、接触信息系统的途径、当前可能取得的信息占期望所需要的信息的比例等；③评价激励、授权与协作的指标，如员工所提建议的数量、所采纳建议的数量、个人和部门之间的协作程度等。

上述四部分内容虽然各自有特定的评价对象和指标，但彼此之间存在着密切的联系（如财务指标体系是根本，而其他三方面的指标体系则最终都要体现在财务指标上；各个评价指标之间存在着企业战略所体现的因果关系等）。所有这些指标共同构筑成一个完整的评价体系，如图 7—4 所示。

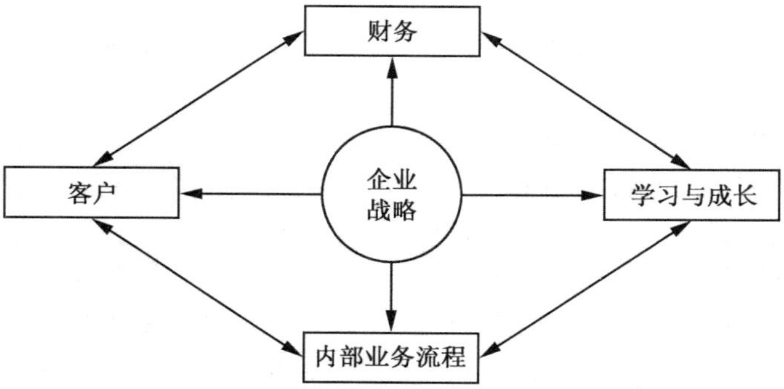

图 7—4　平衡计分卡的内容与企业战略之间的关系

实际上，平衡计分卡方法打破了传统的只注重财务指标的业绩管理方法，反映了财务衡量方法与非财务衡量方法之间的平衡、长期目标与短期目标之间的平衡、外部与内部的平衡、结果与过程的平衡、管理业绩与经营业绩的平衡等多个方面，所以能反映组织综合经营状况，使业绩评价趋于平衡和完善，利于组织长期发展。

2. 平衡计分卡原理流程分析

BSC是一套从四个方面对公司战略管理的绩效进行财务与非财务综合评价的评分卡片，不仅能有效克服传统的财务评估方法的滞后性、偏重短期利益和内部利益以及忽视无形资产收益等诸多缺陷，而且是一个科学的集公司战略管理控制与战略管理的绩效考评于一体的管理系统，其基本原理和流程简述如下：

(1)以组织的共同愿景与战略为内核，运用综合与平衡的哲学思想，依据组织结构，将公司的愿景与战略转化为下属各责任部门(如各事业部)在财务、顾客、内部流程、创新与学习四个方面的系列具体目标(即成功的因素)，并设置相应的四张计分卡。

(2)依据各责任部门分别在财务、顾客、内部流程、创新与学习四种计量可具体操作的目标，设置一一对应的绩效评价指标体系，这些指标不仅与公司战略目标高度相关，而且是以先行(leading)与滞后(lagging)两种形式，同时兼顾和平衡公司长期与短期目标、内部与外部利益，综合反映战略管理绩效的财务与非财务信息。

(3)由各主管部门与责任部门共同商定各项指标的具体评分规则。一般是将各项指标的预算值与实际值进行比较，对应不同范围的差异率，设定不同的评分值。以综合评分的形式，定期(通常是一个季度)考核各责任部门在财务、顾客、内部流程、创新与学习四个方面的目标执行情况，及时反馈，适时调整战略偏差，或修正原定目标和评价指标，确保公司战略得以顺利与正确地实行。

3. 平衡计分卡与战略管理

BSC贯穿于战略管理的三个阶段。由于制定BSC时，要把组织经营战略转化为一系列的目标和衡量指标，此时管理层往往需要对战略重新进行审视和修改，这样BSC为管理层提供了就经营战略的具体含义和执行方法进行交流的机会。同时，因为战略制定和战略实施是一个交互式的过程，在运用BSC评价组织经营业绩之后，管理者们了解了战略执行情况，可对战略进行检验和调整。在战略实施阶段，BSC主要是一个战略实施机制，把组织的战略与一整套的衡量指标相联系，弥补了制定战略和实施战略间的差距。传统的组织管理体制在实施战略时有很多弊端：或是虽有战略却无法操作；或是长期的战略和短期的年度预算相脱节；或是战略未同各部门及个人的目标相联系。这样，使战略处于一种空中楼阁的状态。

第四节　绩效反馈与改进计划

一、绩效反馈

(一)绩效反馈的定义

绩效反馈是绩效管理过程中的一个重要环节。它主要通过考核者与被考核者之间的沟通，就被考核者在考核周期内的绩效情况进行面谈，在肯定成绩的同时，找出工作中的不足并加以改进。绩效反馈的目的是让员工了解自己在本绩效周期内的业绩是否达到所定的目标、行为态度是否合格，让管理者和员工双方达成对评估结果一致的看法；双方共同探讨绩效未合格的原因所在并制订绩效改进计划，同时，管理者要向员工传达组织的期望，双方对绩效周期的目标进行探讨，最终形成一个绩效合约。

(二)绩效反馈的重要性

绩效反馈是绩效考核的最后一步,是由员工和管理人员一起,回顾和讨论考核的结果,如果不将考核结果反馈给被考核的员工,考核将失去极为重要的激励、奖惩和培训的功能。因此,有效的绩效反馈对绩效管理起着至关重要的作用。

1. 绩效反馈是提高绩效的保证

绩效考核结束后,当被考核者接到考核结果通知单时,在很大程度上并不了解考核结果的来由,这时就需要考核者就考核的全过程,特别是被考核者的绩效情况进行详细介绍,指出被考核者的优缺点,特别是考核者还需要对被考核者的绩效提出改进建议。

2. 绩效反馈是增强竞争力的手段

任何一个团队都存在两个目标:团队目标和个体目标。个体目标与团队目标一致,能够促进团队的不断进步;反之,就会产生负面影响。在这两者之间,团队目标占主导地位,个体目标属于服从的地位。

(三)绩效反馈的基本原则

1. 经常性原则

绩效反馈应当是经常性的,这样做的原因有两点:首先,管理者一旦意识到员工在绩效中存在缺陷,就有责任立即去纠正它;其次,绩效反馈过程有效性的一个重要决定因素是员工对于评价结果基本认同。

2. 对事不对人原则

在绩效反馈面谈中,双方应该讨论和评估的是工作行为和工作绩效,也就是工作中的一些事实表现,而不是讨论员工的个性特点。

3. 多问少讲原则

在与员工进行绩效沟通时遵循 20/80 法则:80%的时间留给员工,20%的时间留给管理者自己,而管理者在这 20%的时间内,可以将 80%的时间用来发问,20%的时间用来“指导”“建议”“发号施令”,因为员工往往比经理更清楚本职工作中存在的问题。

4. 着眼未来的原则

绩效反馈面谈中很大一部分内容是对过去的工作绩效进行回顾和评估,但这并不等于说绩效反馈面谈集中于过去。谈论过去的目的并不是停留在过去,而是从过去的事实中总结出一些对未来发展有用的东西。

5. 正面引导原则

不管员工的绩效考核结果是好是坏,管理者应坚持多给员工一些鼓励,至少让员工感觉到:虽然我的绩效考核成绩不理想,但我得到了一个客观认识自己的机会,我找到了应该努力的方向,并且在我前进的过程中会得到主管人员的帮助。这可以使员工把一种积极向上的态度带到工作中。

6. 制度化原则

绩效反馈必须建立一套制度,只有将其制度化,才能保证它持久地发挥作用。

(四)绩效反馈的内容

1. 谈工作业绩

工作的综合完成情况是主管进行绩效面谈时最为重要的内容,在面谈时应将评估结果及时反馈给下属,如果下属对绩效考评的结果有异议,则需要和下属一起回顾上一绩效周期的绩效计划和绩效标准,并详细地向下属介绍绩效考评的理由。通过对绩效结果的反馈,结合绩效达成的经验，找出绩效未能有效达成的原因，为以后更好地完成工作打下基础。

2. 谈行为表现

除了绩效结果以外，还应关注下属的行为表现，如工作态度、工作能力等，对工作态度和工作能力的关注可以帮助下属更好地完善自己、提高技能，也有助于帮助员工进行职业生涯规划。

3. 谈改进措施

绩效考核的最终目的是改善绩效。在面谈过程中，针对下属未能有效完成的绩效计划，主管应该和下属一起分析绩效不佳的原因，并设法帮助下属提出具体的绩效改进措施。

4. 谈新的目标

绩效面谈作为绩效管理流程中的最后环节，主管应在这个环节中结合上一绩效周期的绩效计划完成情况，结合下属新的工作任务，同下属一起提出下一绩效周期中新的工作目标和工作标准。这实际上是帮助下属一起制订新的绩效计划。

(五)绩效反馈的目标

绩效反馈要达到两个目标：

(1)把绩效考评情况反馈给员工。

(2)与员工一起建立关于未来的计划，即确定员工下一步要达到的绩效目标。

(六)绩效反馈的方法

1. 绩效考核面谈

绩效考核面谈是管理者就绩效考核结果与员工进行面对面的交谈。绩效考核面谈是反馈绩效考核结果的一种主要方式，也是现代绩效管理区别于传统人事管理的一个重要方面。现代人力资源管理强调在员工充分了解绩效考核结果的基础上，不断提高工作绩效，促进组织发展。

绩效考核面谈是一个双向沟通的过程，管理者和员工可以针对考核结果，共同制订改进绩效的方案。为了保证面谈的有效性，管理者和员工事前都必须做好充分的准备工作。

(1)确定面谈对象。参加绩效考核面谈的对象应包括考核主体和被考核的员工。如果考核主体是被考核员工的直接上级，则由上级主管和员工进行面谈。有时候也可以由人力资源部的专门人员与员工进行面谈。

(2)整理和分析绩效考核资料。在正式进行绩效考核面谈之前，考核人员应收集整理被考核者的相关资料，全面了解被考核者的相关信息。这些相关资料具体包括被考核员工从事工作的工作说明书、工作目标、绩效考核表、员工的绩效档案等。

(3)准备面谈提纲。准备面谈提纲要求考核主体对面谈内容进行大致规划，确定面谈中的重点问题，以及做好面谈安排等，如安排面谈的时间和地点。

(4)通知员工参加面谈。提前一段时间通知员工做好面谈的准备工作，包括心理准备和相关的资料准备，还要做好自我分析等工作。

绩效考核面谈的准备工作完成之后，就进入面谈的实施阶段。管理人员和员工都应抓住这次面谈机会，通过沟通解决工作中存在的问题。在面谈工作中，员工的工作业绩、下一步工作目标的确定、给员工的工作提出改进建议等内容应成为面谈工作的重点。绩效考核面谈对于员工来说也是一个激励的过程。在与员工进行面谈的过程中，管理者应充分尊重员工，既要肯定员工的工作业绩，也要诚恳地提出工作建议和今后的期望，与员工一起确定下一步的工作目标，不能直接指责员工，要鼓励员工多说话。

2. 自我反馈

自我反馈是指员工根据绩效考核标准，自觉地将工作表现与考核标准进行对照，并不断改进的过程。自我反馈是一种特殊的绩效反馈方式，是对绩效面谈的重要补充。

二、绩效改进计划

(一)绩效改进

绩效改进是整个绩效管理系统中的一个重要环节。绩效改进就是根据绩效考核的结果，分析并找出影响员工绩效的主要因素，并制订有针对性的计划进行改进，以达到提高员工绩效的目的。现代绩效管理的目的在于持续改进员工绩效，因此绩效改进工作成功与否，决定了整个绩效管理系统能否发挥作用。

绩效改进是绩效考核的后续应用阶段，是连接绩效考核和下一循环计划目标制定的关键环节。绩效考核的目的不仅仅是作为确定员工薪酬、奖惩、晋升或降级的标准，员工能力的不断提高以及绩效的持续改进才是其根本目的，而实现这一目的的途径就是绩效改进。

(二)绩效改进的内容

绩效改进的内容是关于员工工作绩效和工作能力的改善和提高。一般情况下，都是由管理人员和员工就绩效考核的结果进行充分沟通后，由员工根据自身的实际情况具体制订绩效改进计划。绩效改进计划的具体内容通常涉及需要改进的工作内容、改进的原因、目前的工作水平和改进后期望能够达到的工作水平、改进的方式和途径、完成期限等。绩效改进计划虽然是由员工个人制订的，但管理人员在员工进行绩效改进期间应给予帮助，使得绩效改进计划能够顺利完成，最终达到提高整个组织绩效的目的。

(三)绩效改进的基本步骤

绩效改进的形式多种多样，但其过程大致可以分为以下几个步骤：

首先，分析员工的绩效考核结果，找出员工绩效中存在的问题；

其次，针对存在的问题，制订合理的绩效改进方案，并确保其能够有效地实施，如个性化的培训等；

最后，在下一阶段的绩效辅导过程中，落实实施已经制订的绩效改进方案，尽可能为员工的绩效改进提供知识、技能等方面的帮助(见表 7—15)。

表 7—15　　绩效改进计划实例

<table>
<tr><td>姓名：张三</td><td>部门：客户服务</td><td colspan="2">直接主管：李四</td><td>时间：2014.3.21—2014.6.21</td></tr>
<tr><td colspan="2">改进项目：沟通技巧</td><td colspan="2">目前水平：1.8</td><td>期望水平：3.2</td></tr>
<tr><td colspan="5">改进原因：客服人员应具备良好的与客人沟通的能力和技巧，由于本人性格较为内向，在这方面欠缺，需要改进</td></tr>
<tr><td colspan="4">改进措施</td><td>评估时间</td></tr>
<tr><td colspan="4">1. 虚心向本部门的优秀员工赵武请教</td><td>2014.3.31</td></tr>
<tr><td colspan="4">2. 参加有关“沟通技巧”的培训</td><td>2014.4.21</td></tr>
<tr><td colspan="4">3. 阅读相关书籍</td><td>2014.5.21</td></tr>
<tr><td colspan="4">……</td><td>……</td></tr>
</table>

(四)员工工作绩效改进的策略

人力资源管理部门在查明绩效方面存在的差距及其产生的真正原因和确定需要改进的部门与员工之后，在以后的绩效管理过程中，可以有针对性地采取相应的措施，促进员工绩效的提升。

1. 预防性策略与制止性策略

预防性策略是在企业部门或工作人员作业前明确告诉员工应该如何行动，由上级制定出详细的绩效考核标准，让员工知道什么是正确有效的行为、什么是错误无效的行为，并通过专业性、系统性的培养与训练，使员工掌握具体的步骤和操作方法，从而可以有效地防止和减少员工在工作中出现重复性错误。制止性策略是及时跟踪员工的行为，及时发现问题予以纠正，并通过各个管理层的管理人员实施全面、全员、全过程的监督与指导，使员工克服自己的缺点，发挥自己的优点，不断提高自己的工作绩效。

2. 正向激励策略与负向激励策略

正向激励策略主要通过制定一系列业绩标准，以及与之配套的人事激励政策（如奖励、晋升等），鼓励员工更加积极主动工作的策略。对达到和实现目标的员工所给予的正向激励，可以是物质的，也可以是精神性的、荣誉性的；可以采用货币的形式，也可以采用非货币的形式。负向激励策略主要是惩罚手段，对下属员工采取惩罚的手段，以防止和克服他们绩效低下的行为。

3. 组织变革策略与人事调整策略

大量的事实证明，有时员工的绩效低下并不是其主观因素造成的，可能是由于组织制度不合理、运行机制不健全等原因造成的，这时需要采取组织变革的策略，通过系统的组织诊断，找出存在的问题，有针对性地进行组织的整顿和调整，从而为员工工作绩效的提高创造优化的环境，提供组织上的保障。

当绩效管理发展到一定的阶段时，可能会出现员工绩效停滞不前或各种措施失效的情况，这时，作为人力资源部门或上级主管人员应当冷静面对，采取应急性人事调整策略，如：

(1)劳动组织的调整。有时员工工作绩效不高，并不是员工的劳动态度和劳动能力存在问题，可能是由于分工与协作方式、工作地的布置、劳动条件和环境等因素，造成员工心理和生理上的压力，使绩效下降。如果采取有效措施，对劳动组织进行必要调整，变换作业环境和方式以后，员工工作绩效将会发生新的变化。

(2)岗位人员的调动。有时组织中工作绩效不高，可能是个别人员的问题，如与工作岗位不适应，与同事工作作风、习惯不适应等，这时可以调动员工的工作岗位，将其安排到其他更适合的岗位上去工作，可能会使其绩效明显提高，即所谓“人挪活，树挪死”的道理。

(3)其他非常措施，如解雇、除名、开除等。有时企业为了维护全局的整体利益，对个别的特殊“人物”，不得不采取非常的人事措施，使其尽快离开单位，对个别的“害群之马”，如不采取果断措施，可能会影响到一大批员工，严重干扰企业的正常生产经营活动。

案例分析

IBM 的绩效管理变革

IBM 传统的绩效管理方式已经存在了十年之久，即业内有名的基于个人业务承诺（PBC）的绩效考核方式，这种方式被国内众多企业模仿和学习。这种方式的特点是：年初，经理利用 KPI 工具为员工设定年度工作目标；年中，经理对员工进行中期评估；年底，经理利用这些目标对员工一年以来的工作完成情况进行评价、打分，以评定员工的考核等级，从而决定他们奖金的分配和职位的升迁。

这种绩效管理方式，在以前相对稳定的环境下，所暴露出来的问题并不太多。然而，当世界进入了乌卡时代(VUCA)时,这种传统的绩效管理方式的弊端就显露出来了。其中最大的两个问题就是:第一,当今时代的环境变化性、复杂性以及不确定性都在与日俱增。企业在年初设立的目标,可能只经过短期的运营之后,就因为政策、行业、客户、竞争对手等方面发生变化而需要修改和更迭。传统的绩效管理方式明显在应变上落后,按半年/一年的周期进行反馈,这个时间太长了,已经跟不上变化的节奏。第二,员工在这样一种考核形式下,所获得的反馈非常有限。特别是现在“90后”“95后”“00后”大量进入职场,这些年轻人的特点就是需要实时地获得关注、获得认同和支持,显然已有的绩效反馈已经不能对他们产生激励,不能帮助他们获得提升以及职业上的发展。

IBM在传统的绩效管理方式下,同样出现了类似的问题。怎么解决,必须要进行变革!

IBM在变革之前,做足了准备,邀请全体员工共同参与调查和讨论新的绩效管理系统应该具备什么样的特点,这种全员参与的做法历来就是IBM的传统。

据IBM首席人力资源官戴安娜·赫森(Diane Herson)透露,IBM当时在公司内部的社交媒体“Connections”上发表文章,让全球38万名员工参与调查,最终这篇文章获得了7万多次的点击量、2 000多条评论。

虽然这不是一篇10万+的“爆文”,但IBM能从这些员工评论中了解到员工的需求。他们希望能有更频繁的反馈,不想进行自我评价,而且也不想有所谓的绩效排名。

经过一系列铺垫后,IBM终于下定决心,在2016年年底,对其绩效管理方式进行了变革。它使用了一个新的绩效管理系统“Checkpoints”取代旧的个人业务承诺绩效系统,即对原有的绩效管理进行了变革。

IBM的绩效管理变革主要表现在三个方面。

首先,在目标设定中,IBM借鉴平衡计分卡中的思想,从以下五个维度来设立目标。

第一个维度是可衡量的业务成果,business results。

第二个维度是对客户成功的影响,impact on client success。

第三个维度是创新,innovation。

第四个维度是个人对他人的责任,personal responsibility to others。

第五个维度是技能,skills。

在IBM旧的系统里面,员工只有一项评分,而如今有五项评分,而且这五项评分最终不会进行合并。

其次,从反馈频率来说,新的系统要求每个部门的经理每个月都要向员工至少征求一次反馈意见,而每年经理和员工至少要进行四次关于目标的讨论和改变。为了保证高频率反馈有效地开展和运行,IBM专门开发了一个叫作“ACE”的App程序,ACE在这里还有特定的含义,分别代表:感激Appreciation、教练Coaching、评价Evaluation。这实际上也点出了IBM新的反馈制度的内涵,用感激来认可激励员工,用教练和评估来帮助员工提升。

在这个ACE程序中,除了经理之外,他们还可以随时向其他人征求反馈意见,包括下属或同事,而且反馈时必须实名不能够匿名。比如员工可以提交一个开放性的问题,“请告诉我一件我可以做得更好的事情”,让你的经理或同事进行回答。

新的系统关注短期目标和员工满意度,员工现在可以在他们认为有必要的时候给予和接受反馈。今后,经理们将不得不在员工的职业发展中发挥更积极的作用。而定期的检查反馈能确保团队走在正确的轨道上,可以更快、更持续地实现团队目标。

最后,IBM将原来五档的考核等级变成了三档,分别是优秀Exceeds、合格Achieves和待改善 Expects more。这三档情况分别代表对员工工作情况的判断和说明，来自上文提到的五个维度目标完成情况。

（资料来源：中国人力资源开发网，http://www.chinahrd.net/。）

问题：从 IBM 的绩效管理变革中你学到了什么？

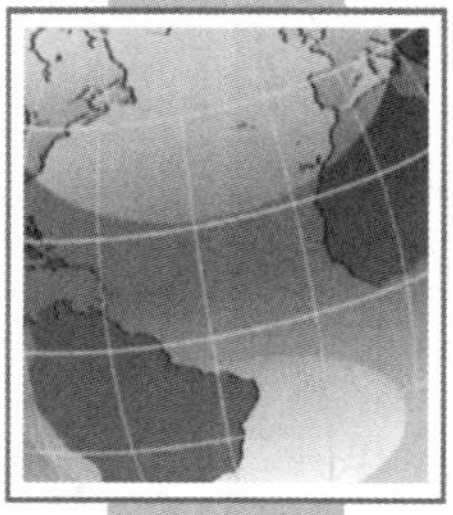

第八章 薪酬管理

【引导案例】

难以摆平的工资分配

QY是一家软件开发公司，经过十年打拼，从一个仅有十几人的小作坊发展为全国知名的软件公司，员工规模扩大到1 000人。

在创业初期，公司只有十来个人，谁技术过硬、贡献大，工资、奖金就高，全凭老板一支笔。即便如此，大家都觉得老板的判断是公平的，个个干得都很开心，大家都没有怨言。然而，随着公司规模逐渐扩大和人员增多，老板的判断不是那么准确了，下面的员工开始议论，人心浮动。倒不是个人工资拿得少，而是大家觉得内部不公平。于是，老板让人力资源部去了解市场薪酬情况。但人力资源部苦于没有可靠的信息来源，只好通过同行之间非正式的沟通获得零碎的信息。不过总算有了进步，公司内部建立起一套初步的薪酬体系，员工的议论似乎少了。

1. 由“基本工资＋年终奖金”到“基本工资＋浮动工资”

新制度经过一段时间的运作后，人力资源部招聘主管报告，由于公司提供的工资水平在市场上没有竞争力，人力资源部开展招聘工作遇到困难。经过了解，并不是因为公司提供的待遇低，而是由于公司的工资结构为“基本工资＋年终奖金”，初次应聘者只认基本工资，认为没有把握的奖金部分是公司开的空头支票，因此不愿意到公司来工作。这样，公司在招聘时就很难吸引技术水平高的人才，公司高层就这个问题进行了讨论。公司的业务处于快速扩展的关键时期，正需要大量引进高素质人才，在这个节骨眼上，公司应该对工资结构进行调整。于是工资结构变成了“基本工资＋浮动工资”，虽然取消了原有的年终奖金，但员工的工资总额上调了。在月度考核时，绩效优秀的员工除全额工资外，还可以拿到超过个人工资标准的超额浮动工资；绩效差的员工的浮动工资要被部分或全部扣除。为了控制公司的人力成本，全公司的工资总额不能增加，即有人被奖励多少钱，就有人被扣除多少钱。

2.“浮动工资”的失败

部门经理一开始还能配合人力资源部的工作，认为浮动工资制度对促进部门管理有帮助。但是不久，新的问题出现了。员工被扣浮动工资后，就觉得公司是变着法子克扣员工的工资，本来工资标准是固定的，可是现在变得没有保障了，部门经理掌握着“生杀大权”。尽管一再沟通与解释，员工仍然无法接受。而那些绩效优秀的员工即使拿着超额工资也觉得不自在，因为他们多拿的钱是同部门员工被扣的部分，同事之间低头不见抬头见，钱拿得多也不好意思。部门经理在实施过程中感受到来自员工的压力：如果浮动工资扣得过多，员工流动性就会增大；如果放松标准，优秀员工将得不到激励。所以，部门经理最终放弃了这种与考核挂钩的浮动工资，部门所有员工都合格，没有特别差也没有特别突出的员工。整个公司的浮动工资体系就这样失去了作用。虽然发牢骚的员工少了，但是优秀员工的不满在滋生。根据二八法则，最大的产能来自最优秀的20%的员工。工资制度到底该何去何从？

3. 留人才和省银子

经历了这个过程，总结了经验和教训后，公司领导认为，当时制定的“基本工资＋浮动工资”的工资制度在特定时期充分发挥了作用。随着公司逐渐步入正轨，大多数员工需要正向激励，于是希望改成原来的奖金激励方式。但是任何好的激励制度都要建立在公司盈利的基础上，否则不利于公司的长期发展。如果从公司的利润中额外拿出一部分资金作为奖金，无疑会减少公司的利润；如果公司不拿出额外的资金作为奖金，奖金方案可能根本无法施行;如果将原有工资中的浮动工资全部拿出来作为奖金,肯定会影响员工的士气,他们会认为公司在普降工资。一个尖锐的问题摆在人力资源经理面前。

(资料来源:人力资源案例网,http://www.hrsee.com/。)

第一节　薪酬管理概述

一、薪酬的含义

薪酬一般是指员工因从事组织所需要的劳动或服务而从组织得到的以货币形式和非货币形式表现的补偿或回报。薪酬概念具有狭义和广义之分:狭义的薪酬是指个人获得的以工资、奖金等以金钱或实物形式支付的劳动回报;广义的薪酬包括经济性报酬和非经济性报酬两个部分。其中,经济性报酬指工资奖金、福利待遇和假期等,也叫货币薪酬;非经济性报酬指个人对企业及工作本身在心理上的一种收益,也叫非货币薪酬。

薪酬不能等同于工资和报酬。工资是指员工从事企业所需要的劳动而得到的以货币形式表现的回报,是企业直接支付给员工的劳动报酬,是保证社会再生产得以进行的必要条件,是按劳分配主体原则的重要体现。工资不能等同于薪酬,在现代企业的分配制度中,对人力资源(企业中任何一名员工)实行的是工资制,对人力资本(企业中的技术创新者和职业经理人)实行的是薪酬制。

报酬和薪酬是不同的两个概念,报酬是从个人所获收益的角度而言,强调权利;而薪酬则强调权责对等。

概括来说,薪酬制度包括五大内容:岗位工资、年终奖、人力资本持股、职务消费及福利补贴。岗位工资只代表薪酬中的一部分,是指根据工作岗位的特点及其重要性决定企业内部不同工作的报酬。年终奖是本着职责权利对称的原则,对在年终超额完成工作任务的部分给予的奖励。人力资本持股主要指期权和股权,强调差别,区别于以社会保障为目的的员工持股。而职务消费是指由职务引发的消费,应计入薪酬中。对员工的福利补贴,通常表现是为特殊人才购买种类齐全的各种保险。

现实中一些公司在进行薪酬体系设计时,常常把薪酬与工资、报酬概念混为一谈,这样将影响公司的发展。

二、薪酬的构成

(一)基本薪酬

基本薪酬(basic pay),又称固定薪酬,是员工因在企业中工作而获得的较为稳定的经济报酬,是一个组织根据员工承担的职位及相应的工作职责,或者是员工所具备的完成工作的技能或能力等,向员工支付的相对稳定的经济性报酬。大多数情况下,企业根据员工承担的工作或职位的重要性、难度或者对企业的价值来确定员工的基本薪酬(职位薪酬体系)。在另一些情况下,企业也可能基于员工完成工作的知识、技能或能力高低来确定他们的基本薪酬(知识薪酬体系、技能薪酬体系或能力薪酬体系)。它不仅为员工提供了基本的生活保障和稳定的收入来源,而且往往是确定可变薪酬(包括年终奖)等的一个重要基础。

员工的基本薪酬在确定之后并不是一成不变的,而是会随着一些因素的变化不断调整。

基本薪酬调整的主要依据有：(1)职位调薪，即随着员工的职位变化而进行的基本薪酬调整。(2)能力调薪。当员工本人具备的知识、技能和经验等人力资本发生变化，尤其是知识、技能和能力出现较为明显的提高时，基本薪酬随之上涨。(3)绩效调薪。很多企业会根据员工上一年的工作绩效考核结果对他们的基本薪酬进行调整，主要表现为绩效加薪。(4)年资调薪。根据员工在本企业的连续服务年限给员工适当加薪。(5)生活成本调薪。即根据当地生活费用或物价变动的情况调整基本薪酬，尤其是在通货膨胀或者物价快速上涨时，给员工加薪以抵消员工薪酬的实际购买力的下降。

(二)可变薪酬

可变薪酬又称为浮动薪酬、绩效薪酬或奖金，是薪酬体系中与绩效直接挂钩的经济性报酬，指根据员工是否达到或超过某一事先确立的绩效标准而浮动的报酬。这里的绩效标准既可以是员工个人的绩效，也可以是某一部门、团队甚至整个组织的绩效。可变薪酬将员工所获得的薪酬与其绩效直接联系起来，因此具有很强的激励性，对于组织提高效率、实现组织目标有非常积极的作用。因此，在薪酬结构中，可变薪酬所占的比例越来越大。根据可变薪酬计划所涉及的时间，可以将其分为短期可变薪酬和长期可变薪酬两种。短期可变薪酬计划建立在员工近期绩效标准基础上，一般时间跨度在一年以内。长期可变薪酬计划则着眼于组织的长期发展，鼓励员工努力实现组织跨年度的绩效目标。

(三)福利

福利又称为间接薪酬。与基本薪酬和可变薪酬相比，福利有其明显的特点：一是一般与员工的劳动能力、绩效和工作时间等的变动没有直接联系；二是往往采取实物、服务或延期支付的方式支付。对于组织来说，福利更类似于一种固定成本。福利计划一般都具有普遍性，只要是组织的成员就可以享受。

但是，为了提高福利计划的激励性，现在很多组织对一些特殊人才实行特殊的福利计划，以提高福利的激励性。福利具有避税、保障性和调整员工购买力的作用。一般来说，福利可以分为国家法定福利和组织自愿福利两种。国家法定福利是由国家法律强制性规定组织必须为其员工所提供的各种保障。我国的法定福利项目包括法定社会保险(养老保险、失业保险、医疗保险、工伤保险和生育保险)、住房公积金和法定休假等。组织自愿福利是组织在法定福利的基础上，自主为其成员提供的额外的保障和服务。例如，组织为其员工提供的企业年金计划、补充的健康保险计划、心理咨询服务、子女教育补助等。

构成总薪酬的除了以上四种形式之外，非货币的收益也影响人们的行为。它包括参与决策、领导认可与地位、工作的保障性、挑战性的工作和学习与成长的机会。其他相关的形式可能包括成功地接受新挑战，同有才华的同事一起工作的自我满足感。它们是“总薪酬体系”的一部分，并经常与薪酬相提并论。全国经济专业技术资格考试人力资源管理专业知识用书将薪酬分为经济性薪酬和非经济性薪酬两大类，据此，我们可以将薪酬结构做一细分，如表 8－1 所示。

表 8—1　　**薪酬构成表**

薪酬	经济性薪酬	直接经济薪酬	基本薪酬
			可变薪酬
		间接经济薪酬	带薪休假
			员工个人及其家庭服务
			各类法定保险和企业自定保险
	非经济性薪酬	满足感	
		参与决策、领导认可与地位	
		工作保障性	
		挑战性的工作	
		学习与成长的机会	

三、薪酬的作用

关于薪酬的作用，我们可以从三个方面来讨论。

(一)员工方面

1. 经济保障功能

市场经济社会，薪酬是绝大多数劳动者的主要收入来源。首先，薪酬满足了员工及其家庭吃、穿、住、行等方面的基本生活需要。其次，薪酬还能够满足员工在娱乐、教育、自我发展等方面的发展需要。总之，员工薪酬水平的高低对员工及其家庭的生存状态和生活方式所产生的影响是非常大的。

2. 激励功能

根据激励理论，人的行为是由其需要引起的。合理的薪酬水平能够满足员工基本生活的需要、公平的需要，同时也为其自我发展、自我实现需要的满足奠定了经济基础。需要的满足会激励员工更加努力工作，从而提高其绩效水平。

3. 社会信号功能

对于员工来说，薪酬所具有的信号传递功能也是一种非常重要的功能。在现代社会中，薪酬作为流动社会的一种市场信号，很好地说明了一个人在社会上所处的位置。在一个组织内部，员工的相对薪酬水平的高低往往也代表了员工在组织内部的地位和层次，从而成为识别员工个人价值和成功的一种信号。

(二)组织方面

1. 吸引、激励和保留人才

在自由竞争的劳动力市场中，包括薪酬水平、薪酬组合策略在内的相关决策是企业吸引和保留优秀人才的重要手段。当一个企业的薪酬水平在市场上处于领先地位时，就能吸引到更多的求职者从而提高最终雇用的人才的质量。相反，如果一个企业的薪酬水平长期低于市场水平，不但很难吸引到优秀的人才，而且企业中已有的人才容易流失。当然，影响员工去留的因素很多，但对大多数人而言，薪酬无疑是最为重要的影响因素。

2. 引导员工的态度和行为以实现组织目标

战略人力资源管理理论认为，企业特定的战略目标需要相应的员工行为来支撑。无论这种目标是企业扩张、提高利润、节约成本、客户服务还是创新，将薪酬同这些目标联系起来通常能够提升员工在该方面的绩效。有效的薪酬管理能够向员工传递企业的战略目标和期望，引导员工的特定态度和行为，促使员工的工作态度和行为与组织战略保持一致。

3. 控制人工成本

薪酬是企业人工成本的重要组成部分。过高的薪酬可能会带来企业产品和服务成本的提升，从而降低产品和服务在市场中的竞争力。因此，企业通常采用一些薪酬管理的手段来合理控制员工的薪酬总额。当然，薪酬是企业吸引优秀人才的重要手段，如果企业只依靠较低的劳动力成本进行竞争，那就很难摆脱“人才缺乏—企业自主创新能力弱、产品附加值低—薪酬水平低—无法吸引优秀人才—人才缺乏”这样的恶性循环。所以，企业对人工成本的控制要通过提高薪酬的投入产出比和员工的人均效率来实现。

(三)社会方面

对于整个社会来说，薪酬构成了全体成员的可支配收入。薪酬水平的高低将决定整个社会的消费水平，直接影响到国民经济的正常运行。同时，薪酬的公平分配也是一个重要问题。如果薪酬分配不公平，则会引发很多社会问题，严重时甚至会引发社会动荡，影响社会稳定。最后，薪酬平衡各方面政治力量(如雇主、劳动者、作为劳动力联盟的工会、不同的政治派别以及其他方面的政治力量)的利益诉求。

四、薪酬设定的主要制约因素

企业进行薪酬设定时，可能受到多方面因素的影响，主要可分为内部因素和外部因素。

(一)内部因素

1. 本单位的业务性质与内容

如果组织是传统型、劳动力密集型，劳动力成本可能占总成本的比重很大；但若是高技术的资本密集型的组织，劳动力成本在总成本中的比重不大。显然，这些组织的薪酬政策会有所不同。

2. 组织的经营状况与财政实力

一般来说，资本雄厚的大公司和盈利丰厚并且正处于发展上升期的企业，对员工付酬也较慷慨；反之，规模较小或不景气的企业，则不得不量入为出。

3. 组织的管理哲学和企业文化

企业文化是组织分配思想、价值观、目标追求、价值取向和制度的土壤。企业文化不同，必然会导致观念和制度的不同，这些不同决定了组织的薪酬体系、分配机制的不同，这些因素间接影响着组织的薪酬水平。

(二)外部因素

1. 劳动力市场的供需关系与竞争状况

劳动力价格(薪酬)受供求关系影响，劳动力的供求关系失衡时，劳动力价格也会偏离其本身的价值：一般而言，供大于求时，劳动力价格会下降；供小于求时，劳动力价格会上升。

2. 产品市场的竞争程度和需求水平

大多数企业同时存在于三个市场中，即劳动力市场、资本市场和产品市场。产品市场上的变化自然会通过市场传导机制影响劳动力市场，从而对企业薪酬的外部竞争性产生影响。一般来说，劳动力市场因素确定了企业所支付的薪酬水平的下限，而产品市场则确定了企业可能支付的薪酬水平的上限。通常，产品市场上的竞争程度和企业产品市场的需求水平会影响企业的实际支付能力。

3. 地区及行业的特点与惯例

这里的特点也包括基本观点、道德观与价值观，例如受传统的“平均”和“稳定”至上观点的影响，拉开收入差距的措施便多半不易被接受。

4. 当地生活水平

这个因素从两层意义上影响组织的薪酬政策：一方面，生活水平提高了，员工对个人生活的期望也高了，无形中对组织造成一种偏高的薪酬标准的压力；另一方面，生活水平高也可能意味着物价指数要持续上涨，为了保持员工生活水平不致恶化及购买力不致降低，组织也不得不定期向上适当调整薪酬水平。

5. 国家的有关法令和法规

薪酬管理与法律法规和政策有着密切联系，法律、法规和政策是薪酬管理的依据，对组织的薪酬管理行为起着标准和准绳的作用，如最低工资制度、个人所得税制度等。

五、薪酬管理及其主要内容

所谓薪酬管理，在广义上是指一个组织为了实现组织战略和经营目标，维护企业文化以及吸引、留住、激励和开发员工，制定组织的薪酬战略、薪酬政策和薪酬制度，并且实施各项薪酬管理任务的整个过程。从狭义的角度来说，薪酬管理主要指一个组织根据所有员工所提供的服务来确定他们应当得到的报酬总额、报酬结构和报酬形式的一个过程。在这个过程中，企业就薪酬水平、薪酬体系、薪酬结构、薪酬构成以及特殊员工群体的薪酬做出决策。同时，作为一种持续的组织过程，企业还要持续不断地制订薪酬计划、薪酬预算，就薪酬管理问题与员工进行沟通，对薪酬系统的有效性做出评价，并不断予以完善。广义的薪酬管理实际上强调的是战略性薪酬管理，而狭义的薪酬管理更多是指对各种薪酬事务的处理。

薪酬管理对几乎任何一个组织来说都是一个比较棘手的问题，主要是因为企业的薪酬管理系统一般要同时达到公平性、有效性和合法性三大目标，企业经营对薪酬管理的要求越来越高，但就薪酬管理来讲，受到的限制因素也越来越多，除了基本的企业经济承受能力、政府法律、法规外，还涉及企业不同时期的战略、内部人才定位、外部人才市场以及行业竞争者的薪酬策略等因素。

全面理解薪酬管理的含义，需要注意：薪酬管理必须服务企业的经营战略，要为战略的实现提供有力的支持；薪酬管理不仅是让员工获得一定的经济收入，还要引导员工的工作行为，激发他们的工作热情；给员工发放工资只是薪酬管理最低层次的活动。

薪酬管理是组织确定员工所应得到的报酬的过程。在这一过程中，组织需要就以下重要问题做出决策。

（一）薪酬体系

薪酬体系的确定，需要涉及以下三个方面的决策。

1. 确定制定组织基本薪酬的基础

目前，国际上比较常用的薪酬体系主要有三种：职位薪酬体系以员工从事工作的自身价值来确定基本薪酬，技能薪酬体系和能力薪酬体系则分别以员工所掌握的技能水平和员工所具备的胜任能力或综合任职资格来确定基本薪酬。

2. 确定薪酬水平

薪酬水平是指组织支付给各职位、各部门或整个组织的平均薪酬水平。薪酬水平决定了组织的外部竞争力。组织需要根据市场或竞争对手的情况，结合本组织的支付能力，来决定采取领先型、追随型、滞后型还是混合型的薪酬水平政策。

3. 确定薪酬结构

薪酬结构是指同一组织内部，有多少个基本薪酬等级以及相邻的两个薪酬等级之间的薪酬水平差距。薪酬结构实际上反映了不同职位或技能对组织的价值。薪酬结构决定了薪酬的内部一致性。

(二)薪酬构成

薪酬构成指企业的总薪酬体系所包括的薪酬项目，比如，基本薪酬、绩效薪酬、工龄工资、加班费、津补贴、各种奖金、股票所有权、福利等。它表示薪金报酬的各组成部分在薪酬总体中的结构与比例。它的各个成分各有侧重地执行不同的薪酬职能，以更好地体现按劳分配原则和全面调动劳动者的积极性，促进生产(工作)提高、效益增加。

(三)特殊群体的薪酬

在相对复杂的组织中，存在着不同的员工群体，如销售人员、专业技术人员、外派人员、管理人员等。这些不同的员工群体之间的工作目标、工作内容和工作方式存在区别，同时，他们所从事工作本身的要求和职位特征、工作成果的可衡量程度、绩效表现的可评价性、工作对组织经营目标的重要性、工作对企业盈利状况的贡献等方面也存在区别，因此，需要根据不同员工群体的工作特性制订不同的薪酬方案。

(四)薪酬管理政策

薪酬管理政策主要涉及薪酬成本与预算控制方式以及企业的薪酬制度、薪酬规定和员工的薪酬是否保密、薪酬沟通等问题。薪酬调整是指企业根据内外部各种因素的变化，对薪酬水平、薪酬结构和薪酬形式进行相应的变动。薪酬控制指企业对支付的薪酬总额进行测算和监控，以维持正常的薪酬成本开支，避免给企业带来过重的财务负担。薪酬管理政策必须确保员工对薪酬体系公平性的感知以及薪酬体系有助于组织和员工个人目标的实现。

六、薪酬管理的原则

(一)公平性原则

薪酬的公平性是员工对组织薪酬制度和薪酬管理过程是否公平的一种感知，一般可以分为以下三个层次：

1. 外部公平性

外部公平性也称为薪酬的外部竞争性，指本组织的薪酬水平应该不低于同一行业、同一地区或同等规模的不同组织中的类似职位。

2. 内部公平性

内部公平性也称为薪酬的内部一致性，指同一组织内部不同职位所获得的薪酬应该与其所做出的贡献成正比。

3. 个人公平性

个人公平性是指个人所获得的薪酬与同一组织内部其他相同或相似职位的人所获得的薪酬具有可比性。

4. 过程公平性

过程公平性是指员工所感知到的薪酬管理过程和薪酬政策的实施方式的公开、透明、沟通的程度。

(二)激励性原则

虽然薪酬管理要尽量做到外部、内部和个人三方面的公平,但公平不是平均主义,应该根据职位的重要性、技能和能力水平以及绩效水平等要素,适当拉开薪酬水平的差距。这样,才能激励员工更加努力工作和学习,提高绩效水平和技能、能力水平,获得更好的职位,从而真正实现按贡献分配。

(三)竞争性原则

在当今市场经济时代,组织所提供的薪酬水平必须具有竞争力,才能够在劳动力市场上吸引到本组织所需要的人才,也才能留住优秀人才。如前所述,组织根据市场或竞争对手的薪酬水平、组织所需人才的供求状况以及本组织的支付能力等因素,确定本组织的薪酬水平应该在市场价格的哪个范围。一般来说,要具有竞争力,组织所提供的薪酬就不能低于市场平均薪酬水平。

(四)经济性原则

虽然较高的薪酬水平可以提高组织的竞争力和激励性,但是也会导致组织经营成本的上升,影响组织在产品市场上的竞争力。因此,薪酬水平的制定,一定要考虑到本组织的实际支付能力,尽量控制劳动力成本,在竞争力、激励性和经济性之间寻求一个平衡。

(五)合法性原则

所谓合法性,是指组织的薪酬制度和薪酬管理过程必须符合国家法律和相关政策的规定。相关的法律主要涉及最低工资规定、反歧视法和社会保险法等。

七、薪酬管理的地位与作用

薪酬管理是人力资源管理作业活动的重要组成部分,其作用不仅体现在人力资源管理内部,对于整体组织管理也具有重要意义,尤其体现在薪酬水平上。

(一)薪酬管理对整体组织管理的作用

1. 薪酬管理是管理者人本管理思想的重要体现

薪酬是劳动者提供劳动的回报,是对劳动者各种劳动消耗的补偿,因此薪酬水平既是对劳动者劳动力价值的肯定,也直接影响着劳动者的生活水平。所谓以人为本的管理思想,就是要尊重人力资本所有者的需要,解除其后顾之忧。很难想象一个组织提倡以人为本,其薪酬制度却不能保证员工基本生活水平。在我国物质生活水平日益提高的今天,管理者不仅要保证其员工基本生活,更要适应社会和个人的全方位发展,提供更全面的生活保障,建立起适应国民经济发展水平的薪酬制度。

2. 薪酬战略是组织的基本战略之一

一个组织有许多子战略,例如市场战略、技术战略、人才战略等,其中的薪酬战略是人才战略的最重要组成部分,因而也是一个组织的基本战略之一。一个优秀的薪酬战略应对组织起到四个作用:

(1)保证薪酬在劳动力市场上具有竞争性,吸引并留住优秀人才;

(2)对各类员工的贡献给予充分肯定,使员工及时地得到相应的回报;

(3)合理控制企业人工成本,提高劳动生产效率,增强企业产品的竞争力;

(4)通过薪酬激励机制的确立,将企业与员工长期、中短期经济利益有机地结合在一起,促进公司与员工结成利益共同体,谋求员工与企业的共同发展。

3. 薪酬管理影响着组织的盈利能力

薪酬对于劳动者来说是报酬，对于组织来讲则意味着成本。虽然现代的人力资源管理理念不能简单地从成本角度来看待薪酬，但保持先进的劳动生产率，有效地控制人工成本，发挥既定薪酬的最大作用，对于增加组织利润、增强组织盈利能力进而提高竞争力的作用无疑是直接的。

（二）薪酬管理与其他人力资源管理环节的关系

由于现代人力资源管理的整体性特征，薪酬管理与其他人力资源管理环节同样具有密切的联系，有学者认为主要关系如下：

1. 薪酬管理与工作分析的关系

工作分析是薪酬设计的基础，尤其对于岗位工资制来说，更是建立内部公平薪酬体系的必备前提。工作分析所形成的岗位说明书是进行工作评价、确定薪酬等级的依据，工作评价信息大多来自岗位说明书的内容。即使在新的技能工资体系中，工作分析仍然具有重要的意义，因为评价员工所具备的技能仍然要以他们从事的工作为基础来进行。

2. 薪酬管理与人力资源规划的关系

薪酬管理与人力资源规划的关系主要体现在人力资源供需平衡方面，薪酬政策的变动是改变内部人力资源供给的重要手段，例如提高加班工资的额度，可以促使员工增加加班时间，从而增加人力资源供给量，当然这需要对正常工作时间内的工作严格加以控制。

3. 薪酬管理与招聘录用的关系

薪酬管理对招聘录用工作有着重要的影响，薪酬是员工选择工作时考虑的重要因素之一，较高的薪酬水平有利于吸引大量应聘者，从而提高招聘的效果。此外，招聘录用也会对薪酬管理产生影响，录用人员的数量和结构是决定组织薪酬总额增加的主要因素。

4. 薪酬管理与绩效管理的关系

薪酬管理与绩效管理之间是一种互动的关系。一方面，绩效管理是薪酬管理的基础之一，激励薪酬的实施需要对员工的绩效做出准确的评价；另一方面，针对员工的绩效表现及时地给予不同的激励薪酬，也有助于增强激励的效果，确保绩效管理的约束性。

5. 薪酬管理与员工关系管理的关系

在组织的劳动关系中，薪酬是主要的问题之一，劳动争议也往往是由薪酬问题引起的，因此，有效的薪酬管理能够减少劳动纠纷，建立和谐的劳动关系。此外，薪酬管理也有助于塑造良好的组织文化，维护稳定的劳动关系。

第二节　薪酬体系的设计

一、薪酬体系概述

对于薪酬体系，可以从广义和狭义两个方面理解。从广义来说，薪酬体系由决定员工所获得的总薪酬水平及其各部分构成比例的所有制度组成。从狭义来说，薪酬体系则仅指基本工资的决定体系。本章使用的是薪酬体系的狭义定义。

由于基本薪酬是薪酬构成中相对稳定的收入，它为员工提供基本的经济保障，因此，基本薪酬体系在整个薪酬制度中也是非常重要的部分。基本薪酬如何决定、基本薪酬在薪酬构成中的比例大小等，反映了组织文化和组织薪酬管理的理念，同时，也是组织实现内部一致性的重要手段。

如前所述,目前普遍有三种基本薪酬体系。其中,职位薪酬体系以工作本身为确定基本薪酬的依据,是目前运用得最广泛的一种薪酬体系。另外还有技能和能力薪酬体系,分别以员工所掌握的技能和所拥有的能力为确定基本薪酬的依据,是以人为基础的薪酬体系。

(一)职位薪酬体系

1. 职位薪酬体系简介

职位薪酬体系,是指根据职位在组织内的相对价值,而为在该职位工作的员工支付相应薪酬的一种基本薪酬决定制度。

在组织中,不同职位由于其涵盖的职责和责任不一样,对人的技能和能力的要求不一样,对于组织的价值和重要性也是不一样的。因此,对于不同职位上工作的员工,应该根据他们所从事的工作对组织的贡献程度,来支付相应的报酬。在这种薪酬制度下,基本薪酬的确定基本上只考虑工作本身的因素,而对于个人所具有的技能或能力,则很少考虑。

2. 职位薪酬体系的适用条件

第一,职位的职责和责任必须明确,而且是相对固定的。组织各项职位的职责和责任明确了,才能对这些职位进行工作分析,从而对其在组织中的相对价值进行判断。而只有职位的职责和责任相对固定,这一相对稳定的薪酬体系才有存续的基础。

第二,组织中有相对较多的职位等级。在职位薪酬体系中,员工要获得薪酬的增长,主要依靠职位的晋升。因此,组织必须通过相对较多的职位等级,为员工提供较多的职位晋升机会;否则,员工晋升的机会少,薪酬增加的空间小,会严重挫伤其工作积极性。

第三,有按工作能力安排工作岗位的制度。职位薪酬体系实际上暗含了这样一个前提,即在某一工作岗位上工作的员工恰好拥有该工作岗位所要求具备的能力水平;否则,个人能力不足,则不足以担任相应工作;个人能力超过岗位要求,则会产生不公平。因此,在这一体系中,随着个人知识、技能和能力的提高,其职位也应相应提升。

3. 职位薪酬体系的评价

职位薪酬体系的优点:

第一,采用同工同酬的方式,较好地实现了内部公平。

第二,将薪酬的增长与职位的晋升联系起来,激励员工更加努力工作以获得晋升机会。

第三,按照职位体系进行薪酬管理,操作简单,管理成本低。

职位薪酬体系的缺点:

第一,可能因为晋升机会小而影响员工的工作积极性。由于将薪酬与职位直接挂钩,没有晋升机会的员工,就没有相应的薪酬增加,这样必然会影响员工的工作积极性。

第二,相对稳定的制度可能不利于对变化做出迅速反应,也不利于灵活地吸引和留住关键人才。

(二)技能薪酬体系

1. 技能薪酬体系简介

技能薪酬体系,是指组织根据员工所掌握的技能支付相应薪酬的一种基本薪酬决定制度。这种薪酬制度适合于所需技能比较容易被界定出来的技术型员工组织。

近年来,技能薪酬体系的运用已经越来越广泛,成为一种重要的薪酬决定模式。据统计,在 1985 年时,只有大约 8%的美国企业报告说自己至少在下属的某一个工厂中实行了技能薪酬计划,而到 1990 年左右,在对《财富》500 家制造业公司以及《财富》500 家服务业公司进行调查的结果发现,51%的公司报告称自己实行了某种形式的技能薪酬计划。

技能薪酬体系通常又可以划分为深度技能体系和广度薪酬体系。两种薪酬体系对于员工技术发展方向的导向是不一样的。深度技能体系鼓励员工成为“专家”，要求他们在掌握某一类职位所要求的简单技能的同时，还要能够从事一些技能要求较高的工作。广度薪酬体系则鼓励员工成为“通才”，要求他们在具有某一类职位所要求的技能的同时，还要掌握其上游职位、下游职位或同级其他职位所要求的一般性技能。

2. 技能薪酬体系的评价

(1)技能薪酬体系的优点

第一，为专业技术人才提供了专业领域的职业发展通道，有利于留住专业技术人才。同时，还可以避免组织出现“多了一个平庸的管理者，少了一个优秀的技术专家”的现象。

第二，将员工所获得的薪酬与其所具有的技能联系起来，激励员工努力提升自己的知识和技能水平。

第三，员工知识技能水平的提高，有利于对变化特别是人员配置方面的变化做出迅速反应，提高组织灵活性。

(2)技能薪酬体系的缺点

第一，技能薪酬体系要求组织对人力资源特别是培训给予更多的投资。

第二，技能薪酬体系的设计和管理都比较复杂，管理成本高。

(三)能力薪酬体系

能力薪酬体系，是指组织根据员工所拥有的绩效行为能力支付相应薪酬的一种基本薪酬制度。绩效行为能力是指达成某种绩效或表现出有利于绩效达成的行为的能力。

能力薪酬体系实际上是技能薪酬体系的一种延伸，很多方面与技能薪酬体系相似，这里不再赘述。但是，相对来说，能力比技能更加抽象，因此对于能力的界定和区分也就更加困难。目前，实际操作中通常将能力划分为三个层次：第一个层次是核心能力，是指为了达成组织目标，其成员所必须具备的核心素质；第二个层次则是将核心能力转化为一些行为特征，这样便于观察；第三个层次则是将这些行为特征进行等级划分和定义。这样，不同职位对于能力的要求，可以转换为相应行为指标，从而形成一个指标体系。

二、薪酬体系设计

组织薪酬体系的设计，通常要考虑两个方面的问题：一是薪酬的内部一致性，主要通过职位评价来实现；二是薪酬的外部竞争力，主要通过薪酬调查来实现。组织在建立薪酬体系的过程中，尽量要在这两者之间寻求一个平衡。尽管如此，不同组织或同一组织内的不同职位等级，对于薪酬的外部竞争力和内部一致性考虑的侧重点也会不同。下文将以职位薪酬体系的设计流程为例进行介绍。薪酬体系设计的第一个流程是工作分析。通过工作分析，搜集工作信息，明确各职位的职责和责任，编写工作说明书。由于本书第二章对这个问题进行了详细的阐述，这里就不再赘述，直接从第二个流程即职位评价开始。

(一)进行职位评价

职位评价，是指组织根据对职位之间相对价值的评价，建立一个职位等级结构的过程。职位评价的目的，是通过对每一职位的职责、责任等的相互比较，按照职位对组织的贡献，公平地确定各职位的薪酬水平。进行职位评价，首先要考虑以下两个问题：一是评价哪些职位；二是选用哪种职位评价方法。

一般来说，职位评价不可能对组织所有的职位都进行评价，特别是对于职位数量非常多的大型组织更是如此。因此，就要选择在职能、等级等方面都有代表性的关键性职位，对其进行评价。而非关键性的职位，则通过与关键性职位的挂钩，进行职位等级和薪酬等级的划分。

职位评价方法有很多种，具体可以分为量化评价法和非量化评价法。非量化评价法有排序法、分类法等，量化评价法有要素计点法、要素比较法等。

1. 排序法

排序法有简单排序法、交替排序法和配对比较排序法三种。评价工作可以由熟悉所有职位内容的某一个人进行，也可以由这些人组成一个工作委员会来进行。

(1)简单排序法：指按照职位在组织中的相对价值或重要性大小，简单地将组织所有职位从高到低或从低到高进行排序。这是最早也是最简单的一种方法。

(2)交替排序法：指按照职位在组织中的相对价值或重要性大小，从所有待评价职位中选出一个最高职位，再选出一个最低职位，然后，在剩下的待评价职位中，再选出一个最高职位，选出一个最低职位，如此循环，直到所有的职位排列完为止。

(3)配对比较排序法：指按照职位在组织中的相对价值或重要性大小，将每项职位与其他职位逐一比较，然后根据职位的最终得分排定职位顺序。如表8－2所示，分别将列中的职位与行中的职位进行比较，如果行中的职位比列中的职位重要，则在对应方格中标“√”；相反，如果列中的职位比行中的职位重要，则在相应的方格中标“×”，最后，统计列中各职位所得的“√”的个数，根据统计结果对职位进行排序。“√”最多表明该职位最重要，以此类推，则表8－2中，最重要的职位是A职位，而最不重要的职位是F职位。

表8－2　配对比较排序法举例

	A	B	C	D	E	F	总计
A	—	√	√	√	√	√	5
B	×	—	√	√	√	√	4
C	×	×	—	×	×	√	1
D	×	×	√	—	×	√	2
E	×	×	√	√	—	√	3
F	×	×	×	×	×	—	0

排序法的优点在于简单、快捷、费用较低。但是，其缺点也很明显：首先，由于只是笼统地从整体上对职位的相对价值进行判断，受个人主观意志影响较大。其次，排序结果只是解释了职位之间的相对重要性，而具体差异的大小则无法解释。最后，仅仅适用于职位较少的组织，一般来说不能超过15个。

2. 分类法

这是预先设置职位等级，然后将具体的职位放入对应等级的一种评价方法。具体做法如下：

首先，根据组织内职位类型的多少、职位之间差异的大小以及组织薪酬理念等因素，决定合适的职位等级数量。

其次，界定各职位等级，编写职位等级定义。由于不同职位等级包含各种不同类型的职位，因此职位等级定义对职位特征的描述一般都是比较宽泛的。一般包括：职位内容的简单描述、任务的复杂程度、任务的重要程度、对知识和技能的要求和所实施或接受的监管等。

再次，将组织内所有职位进行分类，如管理类、研发类、营销类、操作类等，再将每个工作类别进行等级划分，并编写相应职位等级标准。例如，技术类的职位级别系统如下：

技术 1 级：简单操作，无特殊技能要求，无监管下属职责。

技术 2 级：简单工作，要求初级技工，无监管下属职责。

技术 3 级：中等复杂工作，要求中级技工，有监管下属职责。

技术 4 级：复杂性工作，要求高级技工，有监管下属职责。

最后，可以根据各类各级职位类别的相对价值或重要性程度，分别归入组织事先确定的工作等级内（见表 8—3）。

表 8—3　　分类法举例

工作等级	各工作等级中的工作类型	等级分类标准
6 级	总经理	1 级：从事简单工作，通常处理程序性的问题。非程序性问题的处理一般需要交给其主管人员处理。除直接工作部门的同事和上司外，与外界接触很少。要求从事这一级的工作人员具备基本的技术和能力，并了解自己所从事的工作的办事程序
5 级	高级经理	
4 级	中级经理	
	技术 4 级	
3 级	主管级	
	技术 3 级	
	销售 2 级	
2 级	职员 2 级	
	技术 2 级	
	销售 1 级	
1 级	职员 1 级	
	技术 1 级	

分类法简单、快捷，容易管理。一旦这一等级体系建立起来，就很容易将大量职位纳入这一系统。当职位内容发生变化，或出现新的职位时，也很容易将其归入相应类别。这一方法尤其适用于存在大量相似职位的组织。

这一方法也有其缺点：首先，很难建立起通用的职位等级定义，特别是在职位类型较多、职位差别较大的复杂性组织中，难度就更大。其次，与排序法一样，分类法也不能解释不同职位之间的具体差异的大小。

3. 要素计点法

这是根据各职位在预先设置的报酬要素上的得分，来判断它们相对价值的一种量化的职位评价法。

步骤一：选取报酬要素并对其进行定义。报酬要素即各职位中所包括的有助于组织目标实现的要素。常见的报酬要素有以下四种：工作技能、努力程度、工作责任和工作条件。通常情况下，在主要报酬要素选定以后，还会选择其相关子要素。例如，工作技能的子要素包括专业知识、技术水平、经验等。报酬要素选定以后，还要对报酬要素进行定义（见表 8—4）。

表 8—4　　指导监督责任界定及等级划分

要素名称:指导监督责任 要素定义:指任职者在正常的权力范围内所承担的正式指导、监督、评价等方面的责任。责任的大小根据任职者直接指导和监督的人员数量及其层次进行判断	
等级	等级说明
1	不指导监督任何人,只对自己的工作负责
2	指导、监督 2 名以下普通员工(含 2 名)
3	指导监督 3～6 名普通员工和 1～2 名基层管理人员
4	指导监督 7 名以上普通员工和 3～4 名基层管理人员
5	指导监督 5 名(含 5 名)以上基层管理人员

步骤二:对每一报酬要素进行等级划分。等级划分的依据是组织中各职位在该报酬要素上的差异程度。差异越大,则报酬要素的等级数量越多。表 8—4 给出了一个关于指导监督责任要素定义及等级划分的例子。

步骤三:确定各报酬要素的权重。根据各报酬要素在整个评价体系中的重要程度,确定其所占的百分比,如表 8—5 前两列所示。

步骤四:确定各报酬要素及其内部各等级的点值。首先,要确定整个评价体系的总点数。一般来说,待评价的职位数量越多,总点数就越大。其次,根据各报酬要素所占权重,计算出各报酬要素相应的点数。最后,确定每一报酬要素内部各等级的点值。这一过程可以采取经验判断的方法,但是为了保证评价的客观性,一般采用等比或等差等有规律的方法(见表 8—5)。实际上,表 8—5 是以要素计点法建立的一个评价标准体系。

表 8—5　　报酬要素等级点数确定

要素名称	权重	点数	等级划分	等级点数
战略实现责任	25%	125	1 2 3 4 5	25 50 75 100 125
风险控制责任	20%	100	1 2 3 4	25 50 75 100
指导监督责任	15%	75	1 2 3 4 5	15 30 45 60 75
沟通协调责任	20%	100	1 2 3 4	25 50 75 100

续表

要素名称	权重	点数	等级划分	等级点数
工作伤害	10%	50	1 2 3	18 34 50
工作环境舒适性	10%	50	1 2 3 4	14 26 38 50
合　计	100%	500		

步骤五:运用报酬要素评价标准体系,评价各待评价职位,并根据评价结果建立职位等级结构。在进行评价时,评价者要考虑被评价的职位在各个报酬要素上所处的等级,然后加总这些等级所对应的点数,就得出该职位所获得的总点数,即最终评价结果,如表 8—6 所示。待所有待评价职位的总点数都计算出来以后,根据点数的大小对所有职位进行排列。

表 8—6　　对某职位的评价过程及其结果

职位名称:××××		
要素名称	所处的等级	对应的点数
战略实现责任	5	125
风险控制责任	4	100
指导监督责任	4	60
协调沟通责任	3	75
工作伤害	1	18
工作环境舒适性	2	26
点数合计		404

相对于非量化的职位评价方法,要素计点法有其明显的优点:首先,计点法的评价结果更加精确,且能够解释不同职位之间差异的大小,更容易被员工接受。其次,通过相同的评价体系,可以对不同类型的职位进行比较。正是由于这些优点,这一方法成为运用得最为广泛的职位评价法。这一方法的缺点是成本高,方案的设计和应用需要投入相对较多的时间和资金。

4. 要素比较法

这是根据与标准职位付酬因素的比较,确定其他职位薪酬水平的一种量化的职位评价法。其具体做法如下:

步骤一:选择报酬要素。在进行全面的工作分析,得出标准、规范的职位说明书的基础上,根据组织的具体情况,选择报酬要素。在要素比较法中,常用的因素有技能、智力、体力、责任和工作条件等。

步骤二:选择典型职位并确定典型职位的薪酬水平。典型职位一般具有以下特征:①职位内容众所周知、相对稳定,且得到从事该职位雇员的广泛认可。②这些职位的供求相对稳定,且不受最近变化的影响。③这些职位能代表当前所研究的完整的职位结构。④这些职位有相当数量的劳动力被雇用。⑤典型职位必须能够代表组织的职位结构，要覆盖到组织职位结构的各种类别和各个级别。在确定典型职位后，组织还要根据外部市场状况和组织实际情况，为这些典型职位定价。

步骤三：在每一个报酬要素上，对所有的典型职位进行排序。如表 8—7 所示，以对技能的要求来说，职位 A 对技能的要求最高，职位 C 对技能的要求最低；而从对体力的要求来说，职位 B 的要求最高，职位 A 的要求则最低。

表 8—7　　典型职位在各个报酬要素上进行排序的举例

	技能	智力	体力	责任	工作条件
职位 A	1	1	2	1	2
职位 B	2	3	1	2	1
职位 C	3	2	3	3	2

步骤四：确定各典型职位每一报酬要素的薪酬。如表 8—8 所示，将步骤二确定的典型职位的薪酬水平，按照各要素对职位的重要性，分配到各要素中。

表 8—8　　按报酬要素分配薪酬举例

	技能	智力	体力	责任	工作条件	合计月薪
职位 A	800(1)	520(1)	200(2)	400(1)	80(2)	2 000
职位 B	360(2)	120(3)	360(1)	120(2)	240(1)	1 200
职位 C	320(3)	240(2)	80(3)	80(3)	80(2)	800

步骤五：对比步骤三和步骤四的两种排序结果，剔除不适合的典型职位。一般来说，步骤三和步骤四所得出的各典型职位在各个报酬要素上的两种排序结果应该是一致的。如果差异太大，则该职位就不适合成为典型职位，应该剔除掉。

步骤六：建立典型职位报酬要素等级基准表，如表 8—9 所示。

表 8—9　　报酬要素等级基准表举例

报酬要素 薪酬水平(元)	技能	智力	体力	责任	工作条件
800	职位 A				
760					
720					
680					
640					
600					
560					
520		职位 A			

续表

报酬要素 / 薪酬水平(元)	技能	智力	体力	责任	工作条件
480					
440					
400				职位 A	
360	职位 B		职位 B		
320	职位 C				
280					
240		职位 A			职位 B
200			职位 A		
160					
120		职位 B		职位 B	
80		职位 C	职位 C	职位 C	
40					
0					

步骤七:根据典型职位报酬等级基准表来确定其他职位的薪酬水平。如职位 D 对技能的要求介于职位 B 和职位 C 之间,则其在这一要素上的薪酬可以确定为 340 元;同样,确定职位 D 在其他四个要素上的薪酬分别为 180 元、220 元、100 元、160 元,则职位 D 的月薪为五个要素上的薪酬的总和,即 1 000 元。要素比较法作为一种系统的量化职位评价法,比较客观,也比较准确;同时,比较容易向员工解释。但是,这一方法非常复杂,既耗费时间、精力,也耗费金钱。因此,在实践中这一方法并不常用。

(二)进行市场薪酬调查

所谓市场薪酬调查,就是组织通过搜集、处理信息来了解市场薪酬状况的过程。如前所述,组织在建立薪酬体系的过程中,不仅要关注薪酬的内部一致性,还要关注薪酬的外部竞争力。组织必须提供不低于市场平均水平的薪酬,才能够保证组织对于人才的吸引力。薪酬调查具体做法如下:

1. 调查之前要考虑的问题

调查之前要考虑的问题包括:调查的目的是什么?调查是否有必要?调查采用哪种方式?薪酬调查的目的不同,所需要的相应薪酬信息也会不一样,从而是否有必要进行调查、调查的职位、目标组织以及内容等的选择都会不一样。因此,组织必须首先明确这一问题。组织进行薪酬调查的目的一般包括:①了解竞争对手的薪酬水平,以便进行相应调整,保持本组织薪酬的竞争力;②调整本组织的薪酬结构;③收集与薪酬有关的如保险、休假等相关信息。

在市场经济社会的今天,每年都有很多机构进行各式各样的薪酬调查,其结果是很容易获得的。因此,对于组织来说,如果现有的薪酬调查信息足以或能够在很大程度上满足组织的需要,则没有必要自己进行市场薪酬调查。但是,需要引起注意的是,在选择和利用外部薪酬调查信息时,应注意信息本身的质量及其对于本组织的适用性。如果市场上现有的薪酬调查信息不能满足组织的需要，则组织需要考虑由谁来做调查的问题。组织可以考虑自己来做薪酬调查，也可以考虑聘请商业咨询公司来做，还可以采取自己主持、由商业咨询公司配合的方式。

2. 选择需要调查的职位

考虑到调查的费用和时间，组织不可能对所有的职位都进行调查。因此，根据调查的目的，组织首先需要确定需要调查的职位的级别和类型；然后，在准备调查的职位级别和类型范围内，选择典型职位。需要注意的是，在典型职位选定以后，最好提供一个关于典型职位的职位描述，这样有利于提高调查的准确性。

3. 界定相关劳动力市场，确定调查的目标组织及其数量

现实中，组织在多个劳动力市场进行竞争。因此，组织需要根据薪酬调查的目的，界定相关劳动力市场，确定调查的范围。相关劳动力市场可能包括这样一些组织：与本组织竞争从事同一职业或具有相同技能的员工的组织、与本组织在同一地理区域内竞争员工的组织，或与本组织竞争同类产品或服务的组织等。

从统计学的角度来说，样本越大，参与调查的组织越多，所获得的信息就越接近真实情况。但是，出于时间和预算方面的考虑，参与调查的目标组织数量又不可能太多。因此，组织应综合考虑调查的目的、预算、时间等因素，来选择调查的目标组织及其数量。

4. 选择需要调查的项目

调查项目的选择也是由调查目标决定的。一般来说，薪酬调查包含的项目有：组织性质、规模等方面的信息；典型薪酬构成方面的信息，包括基本薪酬及其结构、可变薪酬的水平及形式、补充福利计划等；典型职位的职责、责任大小及在职者的个人信息等；薪酬政策方面的信息；等等。

5. 进行薪酬调查

一般来说，需要首先设计好调查问卷，调查问卷应该包括所选定的所有调查项目。问卷调查时，可以采取面谈或电话访谈的方式，也可以采取邮寄调查问卷的方式。

6. 处理调查结果

首先要对收回的调查问卷进行审核，确定调查数据的有效性，剔除不合格的问卷，然后运用统计学处理方法，对问卷数据进行处理，得出相关市场薪酬的信息。

(三)将内部薪酬结构与外部市场薪酬水平结合起来

以要素计点法为例，通过职位评价，我们获得了有关职位结构的点数；通过薪酬调查，我们获得了相应典型职位的市场薪酬水平。我们用纵轴代表市场薪酬水平，用横轴代表职位评价点数，则可以得到如图 8—1 所示的要素计点法下的薪酬曲线。

一般来说，市场薪酬水平与职位评价点数之间应当是一种线性的关系。因此，可以通过最小二乘法对这两组数据进行拟合，得到薪酬曲线。假设 Y 为市场薪酬水平数据，X 为职位评价点数，则可以通过计算得出薪酬曲线方程：$Y=a+bX$。

上述薪酬曲线方程是根据市场平均薪酬水平建立的，因此，组织应该根据自己的薪酬政策，对薪酬曲线进行调整。如果组织实行的是领先型的薪酬政策，则应该将薪酬曲线向上平移，平移的幅度取决于组织领先于市场平均水平的幅度，相应的组织薪酬曲线方程为 $Y=a'+bX(a'>a)$；相反，如果组织实行的是滞后型薪酬政策，则应该将薪酬曲线向下平移，相应的组织薪酬曲线方程为 $Y=a'+bX(a'<a)$；如果组织实行的是跟随型薪酬政策，则薪酬曲线不移动，薪酬曲线方程不变。

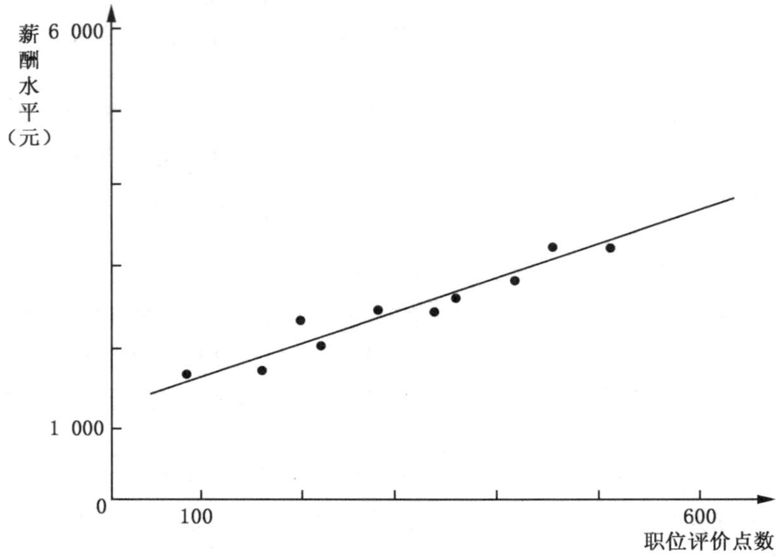

图 8—1　要素计点法下的薪酬曲线举例

(四)划分薪酬等级

如前所述,组织不可能对所有的职位进行职位评价和市场薪酬调查,也不可能为每一个职位都确定一个薪酬水平。因此,为了方便管理,在薪酬曲线确定以后,组织还要进行薪酬等级的划分,一般包括三个方面的内容:

1. 划分职位等级

职位等级划分的依据主要是职位评价的结果。同一职位等级中的职位,其职位评价结果应该是接近的。要素计点法则可以通过点数范围的划分来划分职位等级,如以 100 点为一个等级变动幅度。

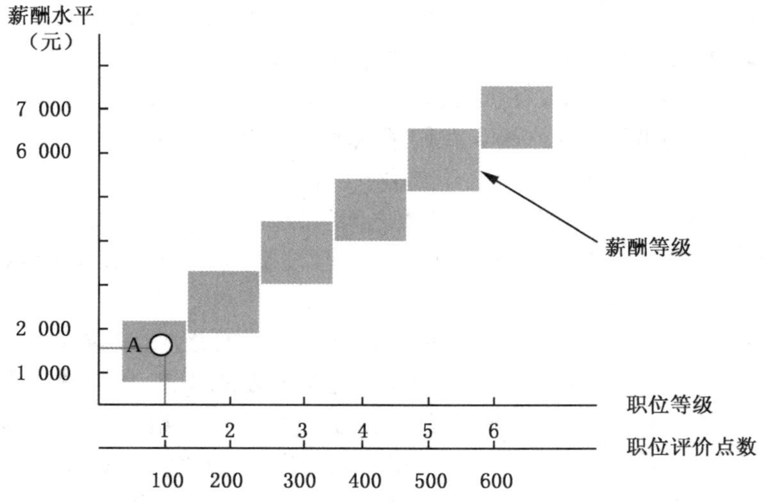

图 8—2　薪酬等级

2. 确定薪酬变动幅度

这一过程一般包括薪酬区间中值和薪酬变动率的确定。薪酬区间中值一般根据市场薪酬水平确定。如职位等级 1 所对应的点数范围为 101～200 点，则其点数的中值为 150 点，将 150 代入组织的薪酬曲线方程，则可以得出相应的区间中值。

区间中值确定以后，还要确定薪酬变动率，以确定薪酬区间的最高值和最低值。薪酬变动率表示最高值或最低值偏离区间中值的幅度，最高值＝区间中值×(1＋薪酬变动率)，最低值＝区间中值×(1－薪酬变动率)。一般来说，薪酬等级的变动率为 10%～120%。当然，对于不同的薪酬等级，组织可以采用相同的薪酬变动率，也可以根据组织的实际情况，采用不同的薪酬变动率。

3. 设定等级交叉重叠幅度

有些企业为了进一步简化管理工作，又将每一个薪酬等级划分成若干个不同的级别，每个级别对应一个具体的薪酬数值(见图 8－3)。等级的交叉重叠是指低一级薪酬等级的最低值高于相邻高一级薪酬等级的最低值的情况。组织可以根据自己的实际情况，将薪酬等级设计成有交叉重叠的，也可以设计成没有交叉重叠的。实践中，许多组织选择有交叉重叠的薪酬结构设计。因为，薪酬等级的交叉重叠意味着除了晋升，低一级的员工还可以因为技能或绩效等的提高而获得与高一级等级员工同样的薪酬水平，从而减少因晋升机会不足而造成的不良影响。

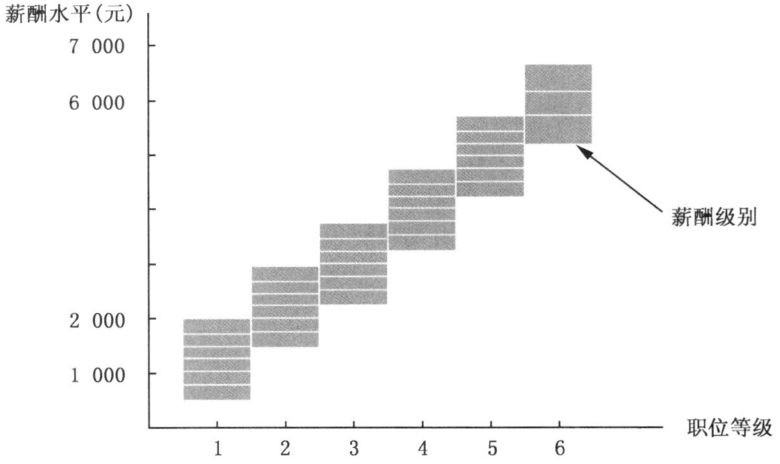

图 8－3　薪酬级别

(五)宽带薪酬

1. 宽带薪酬的定义

宽带薪酬始于 20 世纪 90 年代，是作为一种与企业组织扁平化、流程再造等新的管理战略与理念相配套的新型薪酬结构而出现的。

所谓"宽带薪酬设计"，就是在组织内用少数跨度较大的工资范围来代替原有数量较多的工资级别的跨度范围，将原来十几甚至二十几、三十几个薪酬等级压缩成几个级别，取消原来狭窄的工资级别带来的工作间明显的等级差别。但同时将每一个薪酬级别所对应的薪酬浮动范围拉大，从而形成一种新的薪酬管理系统及操作流程。宽带中的"带"意指工资级别，宽带则指工资浮动范围比较大。与之对应的则是窄带薪酬管理模式，即工资浮动范围小、级别较多。目前，国内很多企业实行的都是窄带薪酬管理模式。

在宽带薪酬体系设计中，员工不是沿着公司中唯一的薪酬等级层次垂直往上走，相反，他们在自己职业生涯的大部分或者所有时间里可能都只是处于同一个薪酬宽带之中，他们在企业中的流动是横向的。随着能力的提高，他们将承担新的责任，只要在原有的岗位上不断改善自己的绩效，就能获得更高的薪酬，即使是被安排到低层次的岗位上工作，也一样有机会获得较高的报酬。

对多个薪酬等级及其薪酬变动范围进行重新组合，从而变成只有相当少数的薪酬等级以及相应较宽的薪酬变动范围。

一般来说，每个薪酬等级的最高值与最低值之间的区间变动比率要达到100％或100％以上。典型的宽带薪酬只有四个等级，每个薪酬等级的最高值和最低值之间的区间变动比率则可能达到200％～300％。

2. 宽带薪酬模式的优势

(1)打破了传统薪酬结构所维护和强化的等级观念。减少了工作之间的等级差别，有助于企业组织结构向扁平化发展，同时有利于企业提高效率以及创造学习型的企业文化，从而提升企业的核心竞争优势和企业的整体绩效。

(2)引导员工重视个人技能的增长和能力的提高。在传统等级薪酬结构中，员工即使能力达到了较高的水平，但是若企业没有出现职位空缺，员工仍然无法获得较高的薪酬；而在宽带薪酬体系下，即使是在同一个薪酬宽带内，企业为员工所提供的薪酬变动范围增大，员工只要注意培养企业所需要的技术和能力，并在本职岗位上不断提高绩效也可以获得较高的报酬。

(3)有利于职位轮换，培育员工在组织中跨职能成长的能力。在传统等级薪酬结构中，员工的薪酬水平与其所担任的职位严格挂钩，同一职位级别的变动并不能带来薪酬水平上的变化，但是这种变化又使得员工不得不学习新的东西，从而工作难度增加、辛苦程度增大，因此，员工往往不愿意接受职位的同级轮换。而在宽带薪酬体系下，由于薪酬的高低是由能力来决定而不是由职位来决定的，员工乐意通过相关职能领域的职务轮换来提升自己的能力，以此来获得更大的回报。

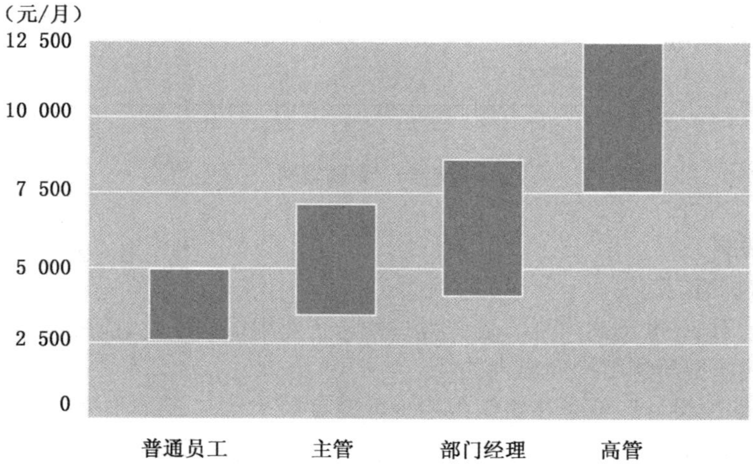

图 8—4　宽带薪酬

第三节　可变薪酬——对员工绩效的奖励

可变薪酬是根据员工是否达到或超过某一事先确立的个体、部门、团队或整个组织的绩效标准而浮动的报酬。相对来说，可变薪酬在薪酬构成中，是激励性最强的一种薪酬形式，在战略性薪酬管理的理念下，可变薪酬在整个薪酬系统中的作用越来越重要。

对于可变薪酬计划，我们一般可以从两个角度来进行分类。根据可变薪酬计划所激励的对象来看，可以分为个人可变薪酬计划和群体可变薪酬计划；从可变薪酬计划所涉及的时间来看，可以分为短期可变薪酬计划和长期可变薪酬计划。

一、个人可变薪酬计划

个人可变薪酬计划是指根据员工个人是否达到某一确定的绩效标准，而提供奖励的一种报酬制度。事实证明，个人可变薪酬计划能够有效激励员工提高生产率、降低生产成本等，从而提高员工个人的整体薪酬水平。但是，在知识经济的今天，组织成功越来越依赖于团队合作，其在实践中的运用有越来越削弱的趋势。个人可变薪酬计划主要有以下几种形式。

(一)计件计划

计件计划即以员工个人的产出水平来支付相应薪酬的一种报酬制度。具体又可以分为以下几种形式：

(1)直接计件计划。这种计划首先确定单位产品的工资率，然后根据员工的实际产出计算员工应得的报酬。显然，在这种制度下，员工所获得的收入直接取决于其生产率，会产生极大的激励效应。但是，实践中，工资率的确定往往是一件比较困难的工作；同时，员工往往只追求产品的数量，而忽视对质量的精益求精。不过，这仍是运用得最为广泛的一种可变薪酬计划。

(2)差额计件计划。它主要包括泰勒差额计件计划和莫里克多级差额计件计划。泰勒制的主要内容为：首先制定一个预定的产量标准，对于低于标准产量的员工，实行低工资率，而对于高于标准产量的员工，则实行较高的工资率。显然，相对于直接计件计划，这种制度的激励效应更大。

相对于泰勒制的两种工资率，莫里克多级差额计件计划包括了三种计件工资率：假定完成标准任务 83%以下的员工，适用的工资率为 R，完成标准任务 83%～100%适用的工资率是 1.1R，完成标准任务 100%以上的适用 1.2R 的工资率。

(二)计时计划

计时计划即以员工完成工作的时间来支付相应薪酬的一种报酬制度。具体有以下几种形式：

(1)标准工时计划。这种计划首先确定完成某种工作任务的标准时间及相应的工资率。当员工在标准时间内完成工作任务时，仍然获得按标准工资率计算的工资。工作时间缩短，实际上也就相当于既定时间内的工资率提高。显然，这种制度对于激励员工缩短工作时间、提高生产率，有很大的激励作用。

(2)以标准工时为基础的收益分享计划。它主要包括海尔塞 50—50 奖金制和罗曼奖金制。海尔塞 50—50 奖金制的主要内容为：如果员工在低于标准工时的时间内完成了工作任务，则员工可以分享因节约时间而产生的收益的一半。罗曼奖金制与海尔塞奖金制的不同之处在于，随着所节约时间的增加，员工因节约时间而获得的收益分享比例也逐渐上升。如某项工作任务的标准工时为5个小时，某位员工只用4个小时就完成了工作，则他可以获得因节约时间而产生收益的20%；如果只用了3个小时就完成了工作，则他可以获得的奖金就是因节约时间而产生收益的40%。

(三)佣金计划

佣金计划一般用于销售行业，即以销售人员所获得的总销售收入的一定比例来计发奖金的一种报酬制度。一般有以下几种形式：

(1)单一佣金计划。其薪酬计发公式为：

收入＝产品单价×提成比例×销出产品数量

(2)混合佣金计划。其薪酬计发公式为：

收入＝底薪＋产品单价×提成比例×销出产品数量

(3)超额佣金计划。其薪酬计发公式为：

收入＝(销出产品数量－定额产品数量)×产品单价×提成比例

(四)一次性可变薪酬计划

一次性可变薪酬计划即指根据员工的绩效考核结果，一次性给予员工其基本薪酬一定百分比的奖金。一次性可变薪酬绩效考核的周期比较随意，可以按月、按季度，也可以按年度计发。例如，某位员工的基本薪酬为2 000元，月绩效考核为优秀，按照规定，组织计发其基本薪酬6%即120元作为其一次性奖金，他以后各月的基本薪酬还是2 000元。

绩效加薪与一次性可变薪酬有明显的区别。绩效加薪属于基本薪酬范畴，是基本薪酬增长的因素之一。在绩效加薪计划下，如果某位员工的基本薪酬为2 000元，其第一年度绩效加薪的比率为6%，则第二年度其基本薪酬就是2 120元。因此，与一次性可变薪酬相比，绩效加薪有以下三个特点：其一是对于组织来说，绩效加薪有累积效应，会给组织未来造成较大的成本压力；其二是绩效加薪的周期一般较长；其三，绩效加薪可能会导致某些员工的基本薪酬超过其等级的薪酬区间，影响组织薪酬制度的规范性。因此，对于组织来说，一次性可变薪酬的优势是很明显的。而对于员工来说，从长远来看，则更愿意选择绩效加薪，长期绩效加薪累积的数额会比一次性可变薪酬高很多。

二、群体可变薪酬计划

顾名思义，群体可变薪酬计划是指以部门、团队或整个组织的绩效为标准，来支付奖金的一种报酬制度。群体可变薪酬计划促使员工更多地从整体绩效角度来思考问题，促进团队合作，从而有利于整体目标的实现。在知识经济的今天，组织成功越来越依赖于团队合作，它在实践中的运用也越来越广泛。但是，群体可变薪酬计划也有一个非常大的潜在问题，即经济学上所说的“搭便车”行为。因此，在实践中，群体薪酬计划最好还是要辅以对个人绩效的考察，奖金在个人之间的分配，并不一定要绝对平均，适当考虑个人绩效，效果会更好。群体可变薪酬计划主要有以下几种形式。

(一)利润分享计划

利润分享计划是指按照某一事先设计好的公式，在组织达到某种绩效指标(通常是组织利润)时，向员工计发奖金的一种报酬制度。利润分享计划一般包括三个方面的内容：其一是员工能够分享的奖金数量。一般来说，组织会规定在利润达到一定标准时，员工可以分享组织整个利润或超过标准部分利润的一定百分比。其二是奖金的分配方式。组织通常会采取平均分配或以职位级别等进行分配。其三是奖金的支付形式。一般有现金支付、与养老金相联系的延期支付、两者相结合的混合制三种形式。利润分享计划有利于引导员工关注组织的整体发展，团结合作以获取较高的利润，同时，也有利于组织根据经营状况灵活地控制成本。但是，利润分享计划的缺点也很明显：对于大多数员工来说，其努力工作对于组织利润增加并没有直接影响，因此这一计划对于员工的激励效应就不会很大。相对来说，利润分享计划更适用于小型组织或大型组织中的小型经营单位。

(二)收益分享计划

收益分享计划是指按照某一事先设计好的公式，员工可以分享组织因生产率提高、成本节约和质量提高而带来收益的一种报酬制度。比较典型的收益分享计划有斯坎伦计划、拉克计划等。相对于利润分享计划，收益分享计划有其自身明显的特点：首先，收益分享计划使用的是某一部门或团队的绩效指标，其激励性更强。由于它与生产率、产品质量和成本节约等指标联系在一起，对于员工来说，相对于利润，这些具体的指标更容易被他们看成是他们可以控制的，员工的工作积极性也就更高。其次，收益分享计划奖金支付的周期更短、更为频繁，能够对员工的绩效进行及时奖励，强化效应更强。

(三)成功分享计划

成功分享计划又称为目标分享计划，是指首先为某个经营单位制定一整套绩效目标，然后根据目标完成的情况进行奖励的一种报酬制度。

与利润分享计划、收益分享计划相比，成功分享计划有其自身明显的特点：首先，成功分享计划关注的目标是部门或团队层次上的广泛绩效指标体系，既包括财务指标，又包括质量、客户满意度、流程等各方面绩效的改善。而利润分享计划关注的主要是组织层次的利润指标；收益分享计划则主要关注部门或团队层次与成本有效性相关的财务指标。其次，成功分享计划通过上下级一起共同参与目标的制定，使员工对这一计划的内容、自身努力与这一计划实现之间的关系等更加了解，从而激励效应更大。

三、短期可变薪酬计划

短期可变薪酬计划是指根据员工短期(一般周期在一年以内)绩效目标达成的情况而提供奖励的报酬计划。上文个人绩效计划与群体绩效计划所涉及的周期基本都在一年以内，因此，都属于短期可变薪酬计划的范畴。

短期可变薪酬计划由于涉及的时间周期短，因此频率相对较高，而且又非常及时，这样，可以对员工有利行为进行及时的强化，使其保持工作积极性，从而促进短期目标的实现。短期可变薪酬计划包括绩效加薪、一次性奖金、月度/季度浮动薪酬、特殊绩效认可计划。但是，短期可变薪酬计划也有明显的缺点，即可能造成员工的短视，使其为了实现短期的绩效目标而损害组织长期的利益。

四、长期可变薪酬计划

长期可变薪酬计划是指根据员工跨年度绩效目标实现的情况，提供相应奖励的报酬计划。长期可变薪酬计划主要采取股票所有权计划的形式，但也有其他的一些经济形式，如按照某一跨年度项目完成的情况，其工作团队可以获得项目收入一定百分比的提成。股票所有权计划是指通过股票的形式，对员工跨年度绩效目标的实现提供奖励的报酬计划。传统的股票所有权计划一般都只针对组织的高层管理人员，以促使他们关注组织长远的发展。但从 20 世纪 50 年代以来，员工持股计划开始逐渐流行。虽然员工并不能看到自己努力工作与组织股票价格上涨之间的联系，从而不可能为了使股票价格上涨而更加努力工作。但是，通过员工持股，心理上使员工真正感受到自己所有者的身份，从而积极地参与组织决策，也更加努力地工作；经济上，股票升值也会增加员工的收益。在国外的一些组织特别是高科技组织，员工持股计划获得了极大的成功。美国相关调查显示，实行员工持股计划的组织与同类组织相比，劳动生产率高1/3，平均利润率高50％，平均工资高25％～60％。

常见的股票所有权计划主要包括：现股计划、期股计划和期权计划。

（一）现股计划

现股计划是指通过公司奖励的方式向员工直接赠予公司股票，或参照股票当前市场价格向员工出售公司股票。这种计划下，员工立即获得了现实的股权，从而也就成为公司现实的所有者，拥有与其股票数量相应的表决权。同时，也就拥有了股票的增值收益权，要承担相应的贬值风险。

（二）期股计划

期股计划是指公司和员工约定，在未来某一时期员工要以一定价格购买一定数量的公司股票。购买股票的价格一般参照股票当前市场价格确定。这样，如果未来公司股票价格上涨，员工则可以获得股票购买价格与市场价格之间的差价；如果未来公司股票价格下跌，则员工也要承担相应的损失。

（三）期权计划

期权计划与期股计划相似，但有一定区别：在这一计划下，公司给员工在未来某一时期以一定价格购买一定数量公司股票的权利，但是，员工到时可以选择行使这一权利，也可以选择放弃这一权利。购买股票的价格一般还是参照股票当前市场价格来确定。这样，如果未来股票价格上涨，员工可以获得相应的收益；但是，如果未来公司股票价格下跌，员工可以选择放弃这一权利，从而可以规避股票贬值的风险。

在这三种计划下，一般都规定，员工在购入股票的一定时期内，不能出售所持有的股票。这样，就促使员工在行使股票购买权利之后，仍然努力工作以提高组织绩效，同时也更加关注组织长远的发展。

第四节　员工福利

一、员工福利概述

福利是指组织为更好地满足员工的生活需要，向员工及其家属提供的各种间接性经济报酬和服务。如前所述，与基本薪酬和可变薪酬相比，福利有其明显的特点：一是一般与员工的劳动能力、绩效和工作时间等的变动没有直接联系；二是往往采取实物、服务或延期支付的方式支付。因此，对于组织来说，福利更类似于一种固定成本。

员工福利包括各种不同的福利项目，在不同的组织中，这些福利项目的选择和运用都是不一样的。一般来说，可以将员工福利划分为两大类：国家强制性福利和组织自愿性福利。

（一）国家强制性福利

它是指由国家相关法律法规强制性规定的组织必须为其员工提供的各种福利保障。从我国目前的情况看，国家法定福利主要包括以下几个项目。

1. 法定社会保险

社会保险是指国家通过立法的形式，在劳动者遭遇年老、失业、疾病、伤残、生育和死亡等风险时，为劳动者及其家属提供物质帮助，以维持其基本生活水平的一种保险制度。它主要包括养老保险、医疗保险、失业保险、工伤保险和生育保险五大基本保险。

(1)基本养老保险。它是指依据国家相关法律法规的规定，在劳动者达到法定退休年龄，退出劳动领域时，由社保机构或其他指定单位给付养老金的一种强制性保险制度。这实际上是国家为其劳动者建立的一种老年收入保障机制。

目前，我国社会养老保险采取的是社会统筹与个人账户相结合的部分积累制模式。从资金来源看，企业缴纳的养老保险费比例最高不得超过其工资总额的20%，具体比例由各省、自治区、直辖市人民政府确定。2006年开始，企业缴纳的养老保险费全部划入社会统筹账户。个人的缴费比例由本人工资的11%调整为8%，全部记入个人账户。从给付条件和标准来看，劳动者达到相应的退休年龄和工龄，个人缴费年限累计满15年，就可以享受相应的养老保险金。养老金由基础性养老金和个人账户养老金两部分构成。其中，基础性养老金一般按不超过当地平均工资的20%(上限为25%)的标准按月发放，个人账户养老金月计发标准为个人账户累计储存余额除以120。个人累计缴费年限不满15年的，不享受基本养老金待遇，其养老金一次性结算，并终止基本养老保险关系。

$$\text{一次性养老金}=\text{参保人员退休时个人账户累计储存额}+\text{本人指数化月平均缴费工资}\times\text{缴费年限}$$

(2)基本医疗保险。它是指依据国家相关法律法规的规定，在劳动者遭遇疾病风险时，为其提供基本医疗保障的一种强制性保险制度。1998年，《关于建立城镇职工基本医疗保险制度的决定》颁布，城镇职工医疗保险制度逐步建立。从资金来源看，我国基本医疗保险费由企业和个人共同负担，企业缴费率一般为其职工工资总额的6%，个人缴费率一般为本人工资的2%。从给付条件与标准来看，我国基本医疗保险基金同样分为统筹基金和个人账户基金两个部分，一般两者的支付范围不同。门诊和小病医疗费用一般从个人账户中支付，不足部分由个人自付；住院或大病费用则主要由统筹基金支付，起付标准原则上控制在当地职工年平均工资的10%左右，最高支付限额原则上控制在当地职工年平均工资的4倍左右。起付标准以下的医疗费用，从个人账户中支付或由个人自付。起付标准以上、最高支付限额以下的医疗费用，主要从统筹基金中支付，个人也要负担一定的比例。超过最高支付限额的医疗费用，可以通过商业医疗保险等途径解决。

(3)失业保险。它是指在员工非自愿失业的情况下，按照规定的时间、条件和标准给付保险金的一种强制性保险制度。我国1999年颁布的《失业保险条例》规定，城镇企业事业单位按照本单位工资总额的2%缴纳失业保险费，职工按照本人工资的1%缴纳失业保险费，招用的农民合同制工人本人不缴纳失业保险费。从给付条件来看，我国失业保险给付必须符合三个条件：其一，按照规定参加失业保险，所在单位和本人已按照规定履行缴费义务满1年的；其二，非因本人意愿中断就业的；其三，已办理失业登记，有求职要求的。从给付时间来看，失业人员失业前所在单位和本人按照规定累计缴费时间满1年不足5年的，领取失业保险金的期限最长为12个月；累计缴费时间满5年不足10年的，领取失业保险金的期限最长为18个月；累计缴费时间在10年以上的，领取失业保险金的期限最长为24个月。重新就业后，再次失业的，缴费时间重新计算。再次失业领取失业保险金的期限可以与前次失业应领取而尚未领取的失业保险金的期限合并计算，但是最长不得超过24个月。从给付标准来看，失业保险金的标准，按照低于当地最低工资标准、高于城市居民最低生活保障标准的水平，由省、自治区、直辖市人民政府确定。

(4)工伤保险。它是指劳动者在就业期间,由于意外事故或职业性质造成疾病、伤残或死亡时,按照规定给付医疗费用和保险金的一种强制性保险制度。2003年4月27日,国务院颁布了《工伤保险条例》,对工伤保险基金、工伤认定、劳动能力鉴定、工伤保险待遇、工伤保险监督管理及相关法律责任等进行了规范,工伤保险制度进一步完善。

(5)生育保险。它是指对因怀孕和生育而暂时丧失劳动能力的妇女,按规定给付医疗费用、生育期间的工资收入以及生育休假福利等。1994年底,原劳动部颁发了《企业职工生育保险试行办法》,1995年,又颁布了《关于贯彻实施〈中国妇女发展纲要〉的通知》,对生育保险进行了规范。从资金来源看,目前,我国生育保险按属地实行社会统筹,生育保险根据"以支定收,收支基本平衡"的原则筹集资金,由企业按照其工资总额的一定比例向社会保险经办机构缴纳生育保险费,建立生育保险基金。生育保险费的提取比例由当地人民政府根据计划内生育人数和生育津贴、生育医疗费等项费用确定,并可根据费用支出情况适时调整,但最高不得超过工资总额的1%。企业缴纳的生育保险费作为期间费用处理,列入企业管理费用。职工个人不缴纳生育保险费。从保险待遇看,女职工生育按照法律法规的规定享受产假;产假期间的生育津贴按照本企业上年度职工月平均工资计发,由生育保险基金支付;女职工生育的检查费、接生费、手术费、住院费和药费由生育保险基金支付。超出规定的医疗服务费和药费(含自费药品和营养药品的药费)由职工个人负担。

2. 住房公积金

为了加强对住房公积金的管理,维护住房公积金所有者的合法权益,促进城镇住房建设,提高城镇居民的居住水平,国务院于1999年4月颁布了《住房公积金管理条例》,并于2002年3月对该条例进行了相应的修改。住房公积金是指单位及其在职员工缴存的长期住房储金,包括员工个人缴存的住房公积金和员工所在单位为员工缴存的住房公积金,属于员工个人所有。员工住房公积金的月缴存额为员工本人上一年度月平均工资乘以员工住房公积金缴存比例。单位为员工缴存的住房公积金的月缴存额为员工本人上一年度月平均工资乘以单位住房公积金缴存比例。我国住房公积金设有专门机构进行管理,且实行专款专用。

3. 法定假期

我国目前法定休假福利包括:

(1)公休假日。它是指对劳动者工作一周后的休息时间的规定。我国目前劳动者每周的公休假日为2天。我国《劳动法》第44条规定,休息日安排劳动者工作又不能安排补休的,支付不低于工资的200%的报酬。同时,第38条规定,用人单位应当保证劳动者每周至少休息一天。

(2)法定休假日,即国家法律规定的法定节日休假。我国目前法定休假日包括元旦、春节、清明节、劳动节、端午节、中秋节、国庆节。我国《劳动法》第44条规定,法定休假日安排劳动者工作的,支付不低于工资的300%的报酬。

(3)带薪年休假。我国《劳动法》第45条规定,国家实行带薪年休假制度。职工在年休假期间享受与正常工作期间相同的工资收入。职工累计工作已满1年不满10年的,年休假5天;已满10年不满20年的,年休假10天;已满20年的,年休假15天。国家法定休假日、休息日不计入年休假的假期。

(4)其他假期。在员工福利中通常还包括病假。病假是指员工因病无法上班时,组织仍然继续给他们支付薪酬的一种福利计划。

(二)组织自愿性福利

它是指组织在法定福利的基础上,自主为其成员及其家属提供的额外的保障和服务。组织自愿性福利没有强制性,组织可以根据自己的实际情况,灵活地进行选择。组织自愿性福利项目非常多,这里我们简要介绍以下几种。

1. 企业年金

它是我国养老保险体系的第二支柱,是企业及其职工在依法参加基本养老保险的基础上,自愿建立的企业补充养老保险制度。根据《企业年金试行办法》规定,企业年金基金实行完全积累,采用个人账户方式进行管理,具体来说,包括:

(1)资金来源。企业年金所需费用由企业和职工个人共同缴纳。企业缴费每年不超过本企业上年度职工工资总额的1/12,企业和职工个人缴费合计一般不超过本企业上年度职工工资总额的1/6。个人账户基金由企业缴费、职工个人缴费及企业年金基金投资运营收益构成。

(2)给付条件和方式。职工在达到国家规定的退休年龄时,可以从本人企业年金个人账户中一次或定期领取企业年金。职工未达到国家规定的退休年龄的,不得从个人账户中提前提取资金。出境定居人员的企业年金个人账户资金,可根据本人要求一次性支付给本人;职工或退休人员死亡后,其企业年金个人账户余额由其指定的受益人或法定继承人一次性领取。

2. 团体人寿保险

它是指组织向商业保险公司投保,为其员工提供人寿保险。团体人寿保险通常适用于组织全体员工,而不论个人的健康状况如何。多数情况下,组织会支付全部的基本保险费,而附加的人寿保险费用则由员工自己支付。团体购买的形式,实际上使员工能够以较低的费率购买到相同的保险。

3. 企业补充医疗保险

它是指组织向商业保险公司集体投保,为其员工提供基本医疗保险更高水平的医疗保障。在员工或家庭成员生病或发生意外事故时,保险公司会部分或全部赔偿其损失,从而降低员工的医疗风险。这一保险形式同样适用于组织全体员工。

4. 员工服务

它是指组织为了满足员工工作、生活的需要而提供的各种服务,包括员工援助计划、咨询服务、教育援助计划、儿童看护服务、老年护理服务、饮食服务、健康服务等。

二、员工福利计划与管理

(一)福利的影响因素分析

1. 外部因素

影响组织福利计划制订的外部因素主要包括以下三点:

(1)政府的法律法规。大多数政府对于劳动者所应享受的基本福利进行了规定,如社会保险、法定假期、产假等。组织在制订福利计划时,必须遵守当地政府的规定。

(2)劳动力市场的标准。虽然组织在自愿性福利计划的制订上有完全的选择自由,但是,为了保证组织薪酬制度在劳动力市场上的竞争力,从而吸引和留住优秀人才,组织必须考虑劳动力市场的平均福利情况,特别是其竞争对手所提供的福利项目及福利水平等。从福利水平来看,组织提供的福利水平不能低于市场平均水平;从福利项目的选择来看,如果劳动力市场上大部分竞争者提供了某一福利项目,则本组织也必须提供这一福利。

(3)工会。在许多市场经济国家,工会作为劳动者的同盟,其集体谈判能力是很强的。而福利常常是工会的关键性目标之一。因此，组织在制订福利计划时，还需要考虑到工会的影响。

2. 组织内部因素

影响福利计划制订的组织内部因素主要包括：

(1)组织的战略。不同的组织战略，要求不同的福利制度与其相匹配。就成长型战略来看，如果组织选择的是成长型战略，则其薪酬计划的重点在于可变薪酬部分，直接激励员工不断创新，相应地，会尽量减少在员工福利方面的投入。而如果组织选择的是稳定型战略，则其基本薪酬和福利在薪酬构成中的比例会比较大，以吸引和稳定现有员工。

(2)组织管理者的经营理念。管理者如果认为人对于组织来说就是劳动力成本，应该尽量节省，则其员工福利水平不会很高；管理者如果认为人对于组织来说是资源，应该尽量满足员工的需求以激励其工作积极性，则组织的福利项目会更加丰富，福利水平也相对较高。

(3)员工偏好。不同的人，由于年龄、收入和家庭等方面的原因，其需求是不一样的。对于福利项目，不同的人，其偏好程度也是不一样的。如年轻人一般收入较低，因此喜欢现金收入多于福利；而对于年龄较大的人来说，则比较关心退休福利。因此，组织在设计福利计划时，应该考虑到员工不同的需要，尽量提供其偏好的福利，以提高福利项目的有效性。

(二)福利方案的设计

福利方案的设计是指组织在综合考虑福利的影响因素的基础上，对员工福利进行规划。一般来说，福利方案的设计包括以下几个方面的内容：

1. 确定福利目标

不同的福利目标，决定了实现这一目标的福利内容、福利水平等也会不同。如果组织的福利目标是保障员工的生活水平，则组织福利的内容更多采取实物和服务的方式，福利水平参考当地的生活水平确定；如果组织福利的目标是为了吸引和留住优秀人才，则福利的内容就要参考劳动力市场特别是竞争对手所提供的福利项目，福利水平则要高于市场平均水平。

2. 进行福利调查

福利调查一般包括两个部分的内容：一是劳动力市场福利状况的调查，包括福利项目、福利覆盖范围、福利水平等信息；二是组织内部员工福利需求的调查，只有了解员工的不同需求，才能有针对性地提供相应的福利计划。

3. 进行福利规划

在了解市场福利状况和组织内部福利需求状况以后，就可以进行福利规划了。当然，在规划时，还需要考虑其他各方面的影响因素，如政府法律法规的规定、组织的福利目标和组织的财务状况等。福利规划主要包括三个方面的内容：首先，选择适合组织的福利项目及了解各个福利项目的覆盖范围；其次，对福利成本进行核算，包括总福利成本、各个福利项目的成本和不同员工群体的福利成本等；最后，制订具体的福利实施计划，包括福利项目的实施程序、员工缴费的比例及缴费方式、福利发放的条件及时间等。

4. 福利方案的再设计

在福利方案实施的过程中，组织需要进行相应的跟踪调查，以发现福利方案存在的问题，从而在福利方案以后的实施阶段不断改进和完善。

(三)福利管理

福利管理是指为了保证福利目标的顺利实现，组织对福利方案的实施进行控制和调整的过程。它主要包括以下几个方面的内容：

1. 福利的宣传和沟通

调查显示，很多员工对于组织提供了哪些福利、组织所付出的福利成本到底是多少等问题并不了解，这也是导致福利有效性低的一个重要原因。因此，组织在福利管理的过程中，要加强宣传和沟通，以使员工对其享受到的福利水平及福利待遇的市场价值有充分的了解，从而对其行为产生有效的激励。在福利宣传方面，组织可以通过编写和印发福利手册，向员工详细介绍组织所提供的福利的基本内容、享受福利待遇的条件、福利发放的标准、福利费用的承担等问题；可以通过宣传栏定期向员工公布与福利相关的信息，包括组织福利项目的增加情况、某一时期内组织福利待遇发放情况、特定福利项目对员工的价值以及组织的福利成本等。

在福利沟通方面，组织可以在内部网络上开辟专门的福利板块。一方面，组织可以发布福利信息；另一方面，员工也可以就有关的问题在网上进行咨询和建议，从而保持福利沟通的畅通。同时，对于具体的福利问题，组织还可以举办福利讨论会，了解员工的意见和建议，并及时进行处理。

2. 处理福利申请

有一些福利项目特别是需要员工分担一部分福利费用的自愿性福利，需要员工向组织提出申请。这就需要对福利申请进行审查和处理。在这一过程中，特别需要注意的问题是：要做好与申请被拒绝的员工的沟通。组织必须向不符合条件的员工解释他不能够享受该项福利的原因，以免造成不必要的误会。

3. 福利的监控

福利领域的变化很快，相关的法律法规、劳动力市场福利状况、员工的偏好等经常发生变化。因此，组织要密切关注福利的变化情况，以及时地进行相应的调整，从而保证本组织福利的竞争性。

三、员工福利项目的优化设计

针对员工需求的动态变化，组织对于福利方案的制订以及实施，纷纷进行了改革的尝试。

(一)优化福利项目，严格控制福利成本

其主要有以下方式：设置享受福利的等待期，如新员工开始时可能会被排除在福利保障之外，直到其试用期满；要求员工承担一部分福利购买的费用；对福利待遇的享受进行限制，如规定某一限额，限额以下的支出由员工自己承担，超过这一限额才能享受福利，或规定享受福利的上限，等等；对不同的员工区别对待，一方面降低总福利成本，另一方面也提高福利的激励性；严格控制福利的管理成本，如将福利管理外包，在获得专业化服务的同时，也可以分享咨询管理公司的规模效应。

(二)实行弹性福利计划

该福利计划又称自助餐式的福利计划、自助食堂计划等，是指在组织设定的福利范围内，由员工自主选择福利项目的福利模式。一般来说，员工的自主选择权会受到以下两个方面的制约：一是组织制定的福利总成本约束线；二是无论在哪种福利组合中，都必须包括一些非选择项目，如法定社会保险等。

从目前的实践来看，弹性福利计划主要有以下几种类型：

(1)附加型弹性福利。它是指在现有的福利项目之外，组织再提供一些福利项目供员工自主进行选择。员工在既定的金额范围内，可以选择增加新的福利项目，也可以选择提高原有福利项目的水平。

例如，组织原来的福利方案包括社会保险、住房资助计划、补充人寿保险和补充医疗保险等。组织实行附加型弹性福利计划，则会在原有福利的基础上，再提供补充养老保险、教育资助等福利项目。员工既可以选择增加教育资助等，也可以选择提高其补充医疗保险的水平。

(2)核心加选择型弹性福利。这一弹性福利计划由两部分组成：核心福利项目和弹性选择福利项目。核心福利项目是组织规定其所有员工必须选择的基本福利项目，而弹性选择福利项目则包括所有可以自主选择的福利项目。每一自主选择的福利项目都附有其购买价格，员工在其限额之内，可以对这些福利项目进行自由组合。

(3)支用账户式弹性福利。这一弹性福利计划中，员工每年可以从其税前收入中拨出一定数额的款项，形成自己的"支用账户"，并以此账户去购买各种福利项目。由于可以税前列支，因此对员工很有吸引力。当然，为了保证专款专用，一般都规定账户中的金额必须在本年度用完。本年度没有用完的既不能以现金支取，也不能留到来年使用。同时，已经确定认购福利的款项也不得挪为他用。

(4)福利"套餐"。在这种弹性福利计划中，组织提供多种固定的福利组合，每一组合所包含的福利项目不一样，其福利水平也不一样。员工只能自由选择某一福利组合，而不能自己选择福利项目进行组合。

(5)选择型弹性福利。在这种弹性福利计划中，组织提供几种项目不等、水平不同的福利组合，作为原有福利计划的替代品，供员工自主选择。这些福利组合的价值，有的高于原有的福利计划，有的低于原有的福利计划。如果员工选择的福利组合价值高于原有福利计划，则可以获得其中的差额，但员工需对所得的差额纳税；如果员工选择的福利组织价值低于原有福利计划，则员工需要补足这一差额。

弹性福利计划将福利计划从一个固定的福利方案转变为固定的资金投入方案，这样使得组织能够根据自身的具体情况来控制福利成本；同时，员工可以根据自己的偏好选择福利项目，福利计划更有灵活性和针对性，员工的需求得到满足，则其工作积极性就会更高。此外，由于弹性福利项目一般都标注了金额，员工对于福利的价值以及组织为其付出的成本更加了解，员工也会由于对组织心存感激而更加努力工作。

第五节　薪酬的税收成本控制

所谓薪酬控制，是指为确保既定薪酬方案顺利落实而采取的相关措施。在企业的薪酬控制方面，一个非常重要的内容是与薪酬有关的税收成本控制。企业的薪酬支付时间不同，企业和员工个人承担的税收成本会存在较大的差异。

《全国人民代表大会常务委员会关于修改〈中华人民共和国个人所得税法〉的决定》已由中华人民共和国第十三届全国人民代表大会常务委员会第五次会议于 2018 年 8 月 31 日通过，自 2019 年 1 月 1 日起施行。按照党中央、国务院部署，社会保险费和先行划转的非税收收入也将逐步由各级税务机关征收。上述事项表明，薪酬管理将要全面融入税务专业知识(含社会保险)。

案例分析

××通信公司的薪酬改革方案

××通信公司已经走过了 115 年的发展历程，是一家大型国有企业。2002 年，该公司进行了重组,重组后拥有员工 33 000 多人。

重组前,××通信公司实施的薪酬分配方案过多考虑了学历、资历和身份因素,平均主义现象比较严重。围绕按岗定酬、同岗同酬并结合实际情况,该公司制订了薪酬改革方案。在薪酬组成上,包含基本薪酬、奖金、生产性补贴和非生产性补贴四个部分;在薪酬结构上,包含技术职位、管理职位和非管理技术职位,划分为 30 个薪等的职位薪酬体系(见表)。

××通信公司的职位薪酬表

档次	职务薪酬	奖金系数	在岗职位津贴			岗位系列								
			管技岗位	技工岗位	普工岗位	管理岗位			技术岗位			其他岗位		
30	1 600	5.0				党委书记 总经理 董事长								
29	1 510	4.8												
28	1 420	4.6												
27	1 330	4.4					副总经理 工会主席							
26	1 250	4.2												
25	1 170	4.0												
24	1 100	3.8						总经理助理 副总	教授级职务					
23	1 030	3.6												
22	970	3.4				部门经理 主任								
21	910	3.2												
20	850	3.0												
19	790	2.9					副经理 部门 副主任			专业职务高级				
18	730	2.7												
17	680	2.6						部门经理						
16	630	2.4				业务助理一级					专业职务中级			
15	580	2.3												
14	540	2.1												技师
13	500	2.0					业务助理二级							
12	460	1.8	170									高级技工		
11	420	1.7	160						助理级职务					
10	390	1.6	150					业务助理三级						高级普工
9	360	1.5	140											
8	330	1.4	130									中级技工		
7	300	1.3	120	60		业务员								中级普工
6	280	1.2	110	55										
5	260	1.1	100	50										
4	240	1.0	90	45								初级技工		初级普工
3	220	0.9	80	40										
2	200	0.8	80	35										
1	180	0.5	50	25								试用工		

以管理人员、技术人员为例,其职位薪酬的定级办法为:

(1)员工从事某职位工作,一般执行本职位薪酬。

(2)员工在某职位上工作业绩显著,经部门领导考核、集团定岗定级小组审定,可执行本职位第二档薪酬标准。

(3)员工工作业绩突出,经部门领导考核、集团定岗定级小组审定,可执行本职位第三档薪酬标准。

(4)员工工作业绩特别突出，经部门领导考核、集团定岗定级小组审定，可执行本职位第四档薪酬标准。

(5)凡职位有变化的，按新职位薪酬标准执行。从高职位降到低职位的员工，执行低职位第二档(或第二档以上)薪酬标准；从高层管理职位免职后未定岗的员工，保留荣誉，其薪酬按降两级执行。

(资料来源：马新建. 薪酬管理与公平分配[M]. 北京：北京师范大学出版社，2008。)

问题：

1. 分析该公司的薪酬结构，指出其职位与薪等的对应关系、薪酬区间、薪酬交叉与重叠、薪酬区间变动比率。

2. 该职位薪酬体系有何不足之处，应如何改进？

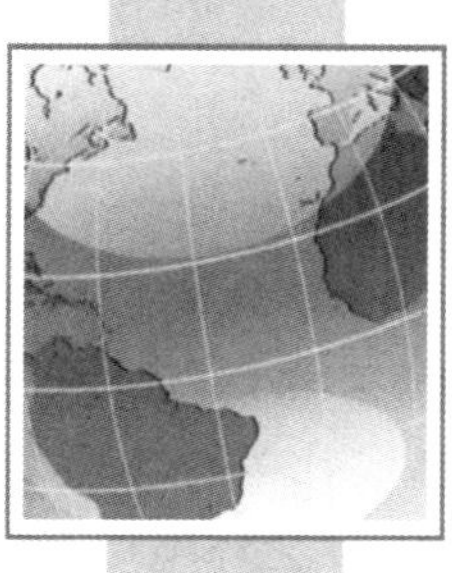

第九章
员工关系与职业生涯管理

【引导案例】

3M 公司的员工职业生涯管理体系

3M 公司的管理层始终尽力满足员工职业生涯发展方面的需求。从 20 世纪 80 年代中期开始，公司的员工职业生涯咨询小组一直向个人提供职业生涯问题咨询、测试和评估，并举办个人职业生涯问题公开研讨班。通过人力资源分析过程，各级主管对自己的下属进行评估。公司采集有关职位稳定性和个人职业生涯潜力的数据，通过电脑进行处理，然后用于内部人选的提拔。公司的人力资源部门可对员工职业生涯发展中的各种作用关系进行协调。公司以往的重点更多地放在评价和人力资源规划上，而不是员工职业生涯发展的具体内容。新的方法强调公司需求与员工需求之间的平衡，为此，3M 公司设计了员工职业生涯管理体系。

1. 职位信息系统。根据员工民意调查的结果，3M 公司于 1989 年年底开始试行职位信息系统。员工们的反应非常积极，人力资源部、一线部门及员工组成了专题工作小组，进行为期数月的规划工作。

2. 绩效评估与发展过程。该过程涉及各个级别(月薪和日薪员工)和所有职能的员工。每一位员工都会收到一份供明年使用的员工意见表。员工填入自己对工作内容的看法，指出主要进取方向和期待值。然后员工们与自己的主管一起对这份工作表进行分析，就工作内容、主要进取领域和期待值以及明年的发展过程达成一致。在第二年，这份工作表可以根据需要进行修改。年底，主管根据以前确定和讨论的业绩内容及进取方向完成业绩表彰工作。绩效评估与发展过程促进了 3M 公司主管与员工之间的交流。

3. 个人职业生涯管理手册。公司向每一位员工发放一本个人职业生涯管理手册，它概述了员工、领导和公司在员工职业生涯发展方面的责任，还明确提出公司现有的员工职业生涯发展资源，同时提供一份员工职业生涯关注问题的表格。

4. 主管公开研讨班。为期一天的公开研讨班有助于主管们理解自己所处的复杂的员工职业生涯管理环境，同时提高他们的领导技巧及对自己所担任的各类角色的理解。

5. 员工公开研讨班。提供个人职业生涯指导，强调自我评估、目标和行动计划，以及平级调动的好处和职位晋升的经验。

6. 一致性分析过程及人员接替规划。集团副总裁会见各个部门的副总经理，讨论其手下管理人员的业绩情况和潜能。然后管理层层层召开类似会议，与此同时，开展人员接替规划项目。

7. 职业生涯咨询。公司鼓励员工主动去找自己的主管商谈个人职业生涯问题，也为员工提供专业的个人职业生涯咨询。

8. 职业生涯项目。作为内部顾问，员工职业生涯管理人员根据员工兴趣印发一些项目，并将它们在全公司推出。

9. 学费补偿。这个项目已实行多年，它报销学费和与员工当前岗位相关的费用，以及与某一工作或个人职业生涯相关的学位项目的全部费用。

(资料来源：人力资源管理案例网，http://www.hrsee.com/。)

第一节 员工关系概述

一、员工关系

(一)员工关系的内涵

员工关系是指员工与公司、员工与员工之间的关系,企业以此引导建立积极向上的工作环境。

员工关系会对企业的发展潜力产生极大的影响,这种关系取决于不同的社会环境以及管理者对员工的基本看法。管理者既要把员工看作是需要通过资源投入才能够形成的一笔财富(即真正的人力资源),也可以将员工仅仅看成是实现最小化支出的一项成本。

对任何一个企业来说,建立积极正向的员工关系可以吸引且留住优秀员工;提高员工生产力,增加员工对企业的忠诚度,提升工作士气和公司绩效,降低旷工、缺席率。员工缺勤率提高,增加了由于员工福利、补充员工、培训和绩效损失带来的企业经营成本。员工离职率提高,增加了由于招聘、培训和绩效损失带来的企业经营成本。有一些知名企业,如雅芳、IBM、宝洁等,都设有员工关系经理,专门负责做好员工关系的管理工作。

(二)影响员工关系的因素

有些管理者认为,对员工的积极、正确的评价是员工关系计划的基础。这些计划在一定程度上是有效的,但是这并不是员工关系的核心。员工关系的核心是一个不断建立关系的过程。企业要想建立积极正向的员工关系,首先要明确影响员工关系的因素有哪些,然后根据影响因素制定管理措施从而改进员工关系。

1. 沟通是影响员工关系最重要的因素

不断进行的双向沟通将会增进员工关系,减少冲突,增加员工对企业的信任。如果员工不信任管理者,上行沟通将会受到阻碍;如果管理者不信任员工,下行沟通将会受到影响。

2. 管理理念影响员工关系

如果员工不支持或不理解管理者的道德理念,他们将间接地对管理者的动机产生疑问。这将使员工产生压力,进而影响员工的工作绩效,同时也影响员工对企业的信念。在员工关系中,信念比现实更重要。员工将根据他们对企业的信念履行工作职责。员工应当被明确地告知工作的真实情况,尽管有时这对管理或员工是不合适的。

3. 冲突是产生负向的员工关系的直接起因

冲突是由于工作群体或个人试图满足自身需要而使另一群体或个人受到挫折时的社会心理现象。企业内冲突表现为由于双方的观点、需要、欲望、利益和要求的不相容而引起的激烈争斗。企业内部的冲突既可发生在个人与个人之间,也可发生在群体与群体之间。企业必须解决冲突,从而避免不适当的压力对员工或绩效产生的负面影响。

4. 管理者对员工的期望不明确将增加员工的压力,进而影响员工关系

员工需要知道管理者对他们的期望是什么,员工不喜欢得到特别的惊喜。知道管理者的期望将极大地减小员工的工作压力。

5. 企业是否公平地对待所有员工是影响员工关系的关键因素

公平可以简单地理解为在相同的情况下,对所有的员工都一视同仁。这并不意味着较高的绩效不应当得到较高的报酬。对员工来说,公平也意味着获得公平的工资和福利。

二、员工关系管理概述

(一)员工关系管理

从广义上讲,员工关系管理是在企业人力资源体系中,各级管理人员和人力资源职能管理人员,通过拟定和实施各项人力资源政策和管理行为,以及其他的管理沟通手段调节企业与员工、员工与员工之间的相互联系,从而实现组织的目标并确保为员工、社会增值。从狭义上讲,员工关系管理就是企业和员工的沟通管理,这种沟通更多采用柔性的、激励性的、非强制的手段,从而提高员工满意度,支持组织其他管理目标的实现。其主要职责是:协调员工与公司、员工与员工之间的关系,引导建立积极向上的工作环境。

(二)员工关系管理中包含的要素

现代的、积极的员工关系管理主要包含:劳动关系管理、法律问题及投诉、员工的活动和协调、心理咨询服务、员工的冲突管理、员工的内部沟通管理、工作丰富化、晋升、员工的信息管理、员工的奖惩管理、员工的纪律管理、辞退、裁员及临时解聘、合并及收购、工作扩大化、岗位轮换 16 项内容。其中,"劳动关系管理"就是指传统的签合同、解决劳动纠纷等内容。

(三)员工关系管理的重要性

1. 员工关系协调是实现企业目标的前提

员工关系在公共关系中占有极其重要的地位。企业内部一切公关工作都从员工关系开始,是因为员工是企业的主体。企业目标的实现,绝非是某一个人的事情,而是要靠全体成员齐心协力来共同完成的。实践证明,如果一个企业的员工团结一致、互相配合,其工作成果就较大,各项任务就完成得比较好;反之,员工关系处理不好,内部就会矛盾重重、步调不一,各项工作就上不去,企业目标也就难以实现。

2. 员工关系协调是塑造企业形象的基础

在很多情况下,外界公众是通过接触企业内部的员工来了解企业的,员工的待人接物,言行举止,乃至气质、风度,都直接或间接地传播企业信息。另外,企业的员工最了解本企业的产品质量和服务方式,他们不一定是推销员、服务员,但他们可以通过家庭、亲友将本企业的产品、服务方式和服务质量的信息扩散给外部公众,这样会增加宣传的可信度,更容易为外界所接受。同时,企业的员工又是产品的消费者和服务方式的选择者,如果他们能率先购买本企业的产品,选择本企业的服务,这种现身说法的渗透和宣传比一般广告更能影响消费公众。

3. 员工关系协调是企业成功的根本条件

员工关系对于企业有着举足轻重的地位,员工关系协调是企业获得成功的根本条件。员工关系协调,必然在企业中产生巨大的内聚力。只要关系融洽,员工就会心情舒畅、团结一致、齐心协力地发挥巨大的潜能,创造企业的业绩和财富。

通过员工关系管理可以实现以下三个目标:协调和改善企业内部人际关系;树立员工的团体价值;增强企业对员工的凝聚力。

第二节　劳动关系管理

一、劳动关系的含义

所谓劳动关系,通常是指用人单位(雇主)与劳动者(雇员)之间在运用劳动者的劳动能力,实现劳动过程中所发生的关系。劳动关系因生产要素属于不同的所有者而产生，是产权关系的另一种表现形式，而与劳动分工并无直接的联系。劳动关系是社会生产过程中生产的客观条件——生产资料(资本)，与生产的主观条件——劳动力相互结合的具体表现形式，两者的结合在使劳动过程得以开始的同时，也形成了现实的劳动关系。

二、劳动法律关系的含义和特征

(一)劳动法律关系

所谓劳动法律关系，是指劳动法律规范在调整劳动关系过程中所形成的雇员与雇主之间的权利和义务关系，即雇员与雇主在实现现实的劳动过程中所发生的权利和义务关系。劳动关系经劳动法律规范、调整和保护后，即转变为劳动法律关系，雇主和雇员双方有明确的权利和义务。这种受到国家法律规范、调整和保护的雇主与雇员之间以权利和义务为内容的劳动关系即为劳动法律关系，它与劳动关系最主要的区别在于劳动法律关系体现了国家意志。

(二)劳动法律关系的特征

1. 劳动法律关系的内容是权利和义务

劳动法律关系是以法律上的权利和义务为纽带而形成的社会关系，运用劳动法的各种调整方式将劳动关系转化为劳动法律关系，是劳动法对劳动关系的第一次调整，雇员与雇主按照法律规范分别享有一定的权利、承担一定的义务，从而使雇主与雇员之间的行为与要求具有法律意义。

2. 劳动法律关系是双务关系

劳动法律关系是一种双务关系，雇主、雇员在劳动法律关系之中既是权利主体，又是义务主体，互为对价关系。在通常情况下，任何一方在自己未履行义务的前提下无权要求对方履行义务，不能只要求对方履行义务而自己只享有权利，否则，违背了劳动法律关系主体地位平等的要求。

3. 劳动法律关系具有国家强制性

劳动法律关系是以国家强制力作为保障手段的社会关系。国家强制力是否立即发挥作用取决于劳动法律关系主体行为的性质；强行性规范而形成的劳动法律关系内容受国家法律强制力的直接保障，如不得使用童工，不得低于最低工资标准雇用员工，雇主提供的劳动安全卫生条件不得低于国家标准等；任意性规范形成的劳动法律关系的内容，当其受到危害时，则需经权利主体请求后，国家强制力才会显现。

(三)劳动法律关系的构成要素

劳动法律关系构成要素分别为劳动法律关系的主体、内容与客体。

1. 劳动法律关系的主体

劳动法律关系的主体是指依据劳动法律的规定，享有权利，承担义务的劳动法律关系的参与者，包括企业、个体经济组织、机关、事业组织、社会团体等用人单位和与之建立劳动关系的劳动者，即雇主与雇员。依据我国《劳动法》的规定，工会是团体劳动法律关系的形式主体。

2. 劳动法律关系的内容

劳动法律关系的内容是指劳动法律关系主体依法享有的权利和承担的义务。因为劳动法律关系为双务关系，当事人互为权利和义务主体，故一方的义务为另一方的权利。根据劳动法的规定，劳动者享有平等就业和选择职业的权利、取得劳动报酬的权利、休息休假的权利、获得劳动安全卫生保护的权利、接受职业技能培训的权利、享受社会保险和福利的权利、提请劳动争议处理的权利，以及法律规定的其他权利。劳动者应当完成劳动任务，提高职业技能，执行劳动安全卫生规程，遵守劳动纪律和职业道德。用人单位应当依法建立和完善规章制度，保障劳动者享有劳动权利和履行劳动义务。

3. 劳动法律关系的客体

劳动法律关系的客体是指主体权利和义务所指向的事物，即劳动法律关系所要达到的目的和结果。例如，劳动、工资、保险福利、工作时间、休息休假、劳动安全卫生等。

三、劳动关系调整的方式

劳动关系的调整方式依据调节手段的不同，主要分为七种，即通过劳动法律、法规对劳动关系的调整；劳动合同规范的调整；集体合同规范的调整；民主管理制度（职工代表大会、职工大会）的调整；企业内部劳动规则（规章制度）的调整；劳动争议处理制度的调整；劳动监督检查制度的调整。

（一）劳动法律法规

劳动法律法规由国家制定，体现国家意志，覆盖所有劳动关系，通常为调整劳动关系应当遵循的原则性规范和最低标准。其基本特点是体现国家意志。

（二）劳动合同

劳动合同是劳动者与用人单位确立劳动关系、明确双方权利和义务的协议。订立劳动合同的目的是在劳动者与用人单位之间建立劳动法律关系，规定劳动合同双方当事人的权利和义务，其基本特点是体现劳动关系当事人双方的意志。劳动者和用人单位签订劳动合同，其法律地位是平等的，但在劳动合同履行过程中，劳动者必须参加到用人单位的劳动组织中，担任一定职务或承担某一岗位的工作，服从用人单位的领导和指挥，遵守用人单位的劳动纪律、内部劳动规则和各项规章制度；同时享有用人单位的工资、劳动保险和福利待遇。

（三）集体合同

在现代市场经济条件下，企业或行业劳动条件的决定并不是由单方面决定的，既不是由雇主（用人单位）也不是由雇员或雇员的组织（工会）单方面决定的，而是在国家法律法规的最低标准基础上，由劳动关系双方经平等协商确定。

集体合同是集体协商双方代表根据劳动法律法规的规定，就劳动报酬、工作时间、休息休假、劳动安全卫生、保险福利等事项，在平等协商一致的基础上签订的书面协议。根据《劳动法》的规定，集体合同由工会代表职工与企业签订，没有成立工会组织的，由职工代表与企业签订。

（四）企业内部劳动规则

企业内部劳动规则是企业规章制度的组成部分，企业内部劳动规则的制定和实施是企业以规范化、制度化的方法协调劳动关系，对劳动过程进行组织和管理的行为，是企业以经营权为基础行使用工权的形式和手段。制定内部劳动规则是用人单位的单方法律行为，制定程序虽然应当保证劳动者的参与，但最终是由单位行政决定和公布的。企业内部劳动规则的基本特点是企业或者说雇主意志的体现。

（五）劳动争议处理制度

劳动争议处理制度是一种劳动关系处于非正常状态，经劳动关系当事人的请求，由依法建立的处理机构、调解机构、仲裁机构对劳动争议的事实和当事人的责任依法进行调查、协调和处理的程序性规范，是为保证劳动实体法的实现而制定的有关处理劳动争议的调解程序、仲裁程序和诉讼程序的规范。

(六)劳动监督检查制度

《劳动法》第 85 条规定:“县级以上各级人民政府劳动行政部门依法对用人单位遵守劳动法律、法规的情况进行监督检查,对违反劳动法律、法规的行为有权制止,并责令改正。”第 87 条规定:“县级以上各级人民政府有关部门在各自职责范围内,对用人单位遵守劳动法律、法规的情况进行监督。”

第三节 劳动合同与集体合同

一、劳动合同

(一)劳动合同的定义

劳动合同是指劳动者与用人单位确立劳动关系、明确双方权利和义务的协议。其条款包括劳动合同期限、工作内容、劳动保护和劳动条件、劳动报酬、劳动纪律、劳动合同终止的条件、违反劳动合同的责任等。订立和变更劳动合同,应当遵循平等自愿、协商一致的原则,不得违反法律、法规。

(二)劳动合同的订立

1. 订立原则

用人单位与劳动者订立(含续订)劳动合同,应遵循平等自愿、协商一致和符合法律三项原则。凡依据三项原则订立的劳动合同,均具有法律的约束力,双方当事人必须履行该合同所规定的义务。

2. 订立程序

用人单位与劳动者是两个平等的社会主体,订立劳动合同一般需要经过的程序是:

(1)双方协商要约和承诺,也就是合同的条款。

(2)达成一致后双方签字或盖章。用人单位盖法人的章,必要时可书面委托所属的有关部门代为盖章,或由法定代表人签字或受委托人代为签字;劳动者应自己签字或盖章,遇有极特殊的情况,如本人因故出远门而合同又需及时订立的,也可书面委托他人代签。

(3)为保证合同的有效性,可以送劳动保障行政部门进行审核、鉴证。

(4)劳动合同一般应一式两份,用人单位与劳动者各持一份,若合同鉴证部门需要,也可一式三份。

(三)劳动合同的内容

劳动合同的内容可分为两方面:一是必备条款的内容,二是协商约定的内容。

1. 必备条款

《劳动法》第 19 条规定了劳动合同的法定形式是书面形式,其必备条款有 7 项:

(1)劳动合同期限。法律规定合同期限分为三种:①有固定期限,如 1 年期限、3 年期限等均属这一种;②无固定期限,合同期限没有具体时间约定,只约定终止合同的条件,无特殊情况,这种期限的合同应存续到劳动者到达退休年龄;③以完成一定的工作为期限,例如劳务公司外派一员工去另外一公司工作,两个公司签订了劳务合同,劳务公司与外派员工签订的劳动合同期限是以劳务合同的解除或终止而终止,这种合同期限就属于以完成一定工作为期限的种类。用人单位与劳动者在协商选择合同期限时,应根据双方的实际情况和需要来约定。

(2)工作内容。在这一必备条款中,双方可以约定工作数量、质量,劳动者的工作岗位等内容。在约定工作岗位时可以约定较宽泛的岗位概念,也可以另外签一个短期的岗位协议作为劳动合同的附件,还可以约定在何种条件下可以变更岗位条款等。掌握这种订立劳动合同的技巧,可以避免工作岗位约定过死,因变更岗位条款协商不一致而发生的争议。

(3)劳动保护和劳动条件。在这方面可以约定工作时间和休息休假的规定,各项劳动安全与卫生的措施,对女工和未成年工的劳动保护措施与制度,以及用人单位为不同岗位劳动者提供的劳动、工作的必要条件等。

(4)劳动报酬。此必备条款可以约定劳动者的标准工资、加班加点工资、奖金、津贴、补贴的数额及支付时间、支付方式等。

(5)劳动纪律。此条款应当将用人单位制定的规章制度约定进来,可采取将内部规章制度印制成册,作为合同附件的形式加以简要约定。

(6)劳动合同终止的条件。这一必备条款一般是在无固定期限的劳动合同中约定的,因为这类合同没有终止的时限。但其他期限种类的合同也可以约定。需注意的是,双方当事人不得将法律规定的可以解除合同的条件约定为终止合同的条件,以避免出现用人单位应当在解除合同时支付经济补偿金而改为终止合同不予支付经济补偿金的情况。

(7)违反劳动合同的责任。一般可约定两种形式的违约责任:一是由于一方违约给对方造成经济损失,约定赔偿损失的方式;二是约定违约金,采用这种方式应当注意根据职工一方的承受能力来约定具体金额,不要出现显失公平的情形。另外,这里讲的违约,或者称违反劳动合同,不是指一般性的违约,而是指违约程度比较严重,达到致使劳动合同无法继续履行的程度,如职工违约离职、单位违法解除劳动者合同等。

2. 约定条款

按照法律规定,用人单位与劳动者订立的劳动合同除上述 7 项必须具备的条款内容外,还可以协商约定其他的内容,一般简称为协商条款或约定条款,其实称为随机条款似乎更准确,因为必备条款的内容也是需要双方当事人协商、约定的。

随着劳动合同制的实施,人们的法律意识、合同观念会越来越强,劳动合同中的约定条款的内容会越来越多。这是改变劳动合同千篇一律状况、提高合同质量的一个重要体现。

3. 商业秘密事项如何约定

劳动合同是用人单位与劳动者的一种协议书,可以在其中约定商业秘密的内容。按照规定,可以约定在劳动合同终止前或该职工提出解除劳动合同后的一定时间内(不超过 6 个月),调整其工作岗位,变更劳动合同的相关内容;也可以约定用人单位对掌握商业秘密的职工规定在终止或解除劳动合同后的一定期限内(不超过 3 年),不得到生产同类产品或经营同类业务且有竞争关系的其他用人单位任职,也不得自己生产与原单位有竞争关系的同类产品或经营同类业务,但用人单位应当给予该职工一定数额的经济补偿。

二、集体合同

(一)集体合同的概念

集体合同是指用人单位与本单位职工根据法律、法规、规章的规定,就劳动报酬、工作时间、休息休假、劳动安全卫生、职业培训、保险福利等事项,通过集体协商签订的书面协议。根据劳动法的规定,集体合同由工会代表职工与企业签订,没有成立工会组织的,由职工代表与企业签订。

集体合同可分为基层集体合同、行业集体合同、地区集体合同等。我国集体合同体制以基层集体合同为主导体制，即集体合同由基层工会组织与企业签订。

（二）集体合同的特征

集体合同除具有一般协议的主体平等性、意思表示一致性、合法性和法律约束性以外，还具有自身的特点。

1. 集体合同是规定劳动关系的协议

集体合同反映的是以劳动条件为实质内容的关系，整体性地规定劳动者与企业之间的劳动权利与义务。现实劳动关系的存在是集体合同存在的基础。

2. 工会或劳动者代表职工一方与企业签订

集体合同的当事人一方是企业，另一方当事人不能是劳动者个人或劳动者中的其他团体或组织，而只能是工会组织代表劳动者，没有建立工会组织的，则由劳动者按照一定的程序推举职工代表。

3. 集体合同是定期的书面合同，其生效需经特定程序

根据劳动法的有关规定，集体合同文本须提交政府劳动行政部门审核，经审核通过的集体合同才具有法律效力。

（三）集体合同与劳动合同的区别

1. 主体不同

协商、谈判、签订集体合同的当事人一方是企业，另一方是工会组织或劳动者按照合法程序推举的代表；劳动合同的当事人则是企业和劳动者个人。

2. 内容不同

集体合同的内容是关于企业的一般劳动条件标准的约定，以全体劳动者共同的权利和义务为内容。它可以涉及集体劳动关系的各个方面，也可以只涉及劳动关系的某一方面；劳动合同的内容只涉及单个劳动者的权利和义务。

3. 功能不同

协商、订立集体合同的目的是规定企业的一般劳动条件，为劳动关系的各个方面设定具体标准，并作为单个劳动合同的基础和指导原则；劳动合同的目的是确立劳动者和企业的劳动关系。

4. 法律效力不同

集体合同规定企业的最低劳动标准，凡劳动合同约定的标准低于集体合同标准的一律无效，故集体合同的法律效力高于劳动合同。

（四）集体合同的作用和意义

集体合同制度在协调劳动关系中处于重要地位，其意义表现在以下几个方面：

1. 订立集体合同有利于协调劳动关系

通过集体合同的协商、签订，可以将经营者与劳动者在劳动关系中的不同利益追求以集体合同的形式统一起来，在劳动主体与用工主体之间建立相互依存、相互合作的关系，为建立利益协调型的劳动关系提供法律保障。

2. 加强企业的民主管理

集体合同约定的各项条款是经过民主协商制定的，签订和履行集体合同，体现了劳动者参加民主管理的原则，因此集体合同是企业管理民主化的重要形式。

3. 维护职工合法权益

由工会代表劳动者与企业订立集体合同，可以改善单个劳动者在劳动关系中的地位，有效地防止企业侵犯劳动者的合法劳动权益。此外，劳动关系各方面的内容都由劳动合同具体规定，必然增加协商、确定劳动合同的成本。集体合同对劳动关系的主要方面和一般条件做出规定后，劳动合同只需就单个劳动者的特殊情况做出约定即可，从而可以提高建立劳动关系的效率。

第四节　劳动争议与劳动保护

一、劳动争议

（一）劳动争议

劳动关系当事人之间因劳动的权利与义务发生分歧而引起的争议，又称劳动纠纷。其中有的属于既定权利的争议，即因适用劳动法和劳动合同、集体合同的既定内容而发生的争议；有的属于要求新的权利而出现的争议，是因制定或变更劳动条件而发生的争议。

（二）劳动争议的主体范围

劳动争议的主体范围包括：①中国境内的企业与职工；②个体工商户与学徒、帮工；③国家机关、事业组织、社会团体与本单位的工人（或称工勤人员）及与之建立劳动合同关系的非工勤人员；④军队、武警部队的机关、事业组织、企业与无军籍职工；⑤用人单位与一部分离退休人员及其聘用的离退休人员；⑥中国境外企业或劳动者与境内劳动者或企业在中国境内签订或履行劳动合同的。

（三）劳动争议的分类

常用的劳动争议分类方式主要有以下几种：①按照劳动争议中是否含有涉外因素来分类，可分为国内劳动争议和涉外劳动争议；②按照劳动争议的内容来分类，可分为权利争议和利益争议；③按照职工一方当事人涉及的人数来分类，可分为集体争议和个人争议（3 人以上为集体争议，3 人以下为个人争议）；④按照劳动争议的客体来划分，可分为履行劳动合同争议、开除争议、辞退争议、辞职争议、工资争议、保险争议、福利争议、培训争议等。

（四）劳动争议的内容

根据《中华人民共和国企业劳动争议处理条例》第二条规定，劳动争议主要包括：①因企业开除、除名、辞退职工和自动离职发生的争议；②因执行国家有关工资、保险、福利、培训、劳动保护的规定发生的争议；③因履行劳动合同发生的争议；④法律、法规规定应当依本法处理的其他劳动争议。

根据《中华人民共和国劳动争议调解仲裁法》第二条规定，劳动争议主要包括：①因确认劳动关系发生的争议；②因订立、履行、变更、解除和终止劳动合同发生的争议；③因除名、辞退和辞职、离职发生的争议；④因工作时间、休息休假、社会保险、福利、培训以及劳动保护发生的争议；⑤因劳动报酬、工伤医疗费、经济补偿或者赔偿金等发生的争议；⑥法律、法规规定的其他劳动争议。

（五）劳动争议的特点

企业劳动争议是发生在企业内部的企业劳动者与企业管理者之间的利益矛盾、利益争端或纠纷。它与一般的民事纠纷或民事争议相比，具有以下几个方面明显的特点：

1. 有特定的争议内容

只有围绕经济利益而发生的企业劳动权利和劳动义务的争议，才是企业劳动争议；凡是在企业劳动权利和劳动义务范围之外的争议，都不属于企业劳动争议。例如，企业因财务问题、营销问题以及员工的股份分红问题而发生的争议就不属于企业劳动争议。

2. 有特定的争议当事人

企业劳动争议的当事人就是也只能是企业劳动关系的双方主体，即一方是企业管理者及其代表，另一方是企业劳动者及其代表。只有劳动者及其代表与企业管理者及其代表之间通过集体合同或劳动合同建立了劳动关系，他们才有可能成为企业劳动争议的双方当事人。只有发生在企业劳动关系双方主体之间的争议，才是企业劳动争议。

3. 有特定的争议手段

争议手段是指争议双方当事人坚持自己主张和要求的外在表达方式。企业劳动争议的手段不仅包括劳动者的怠工、联合抵制排工等方式，也包括企业劳动关系双方主体经常使用的抱怨、旷工、工作周转、限制产量、工业意外事故以及工业破坏活动等方法。这些便构成了企业劳动争议特定的手段。

(六)引发劳动争议的原因

劳动争议的发生，说明劳动关系在运行过程中碰到了障碍，是劳动关系中存在的不稳定因素呈显性化、复杂化状态，是劳动关系这一矛盾诸方面运动的结果。无论什么事物的运动都有两种状态：相对静止的状态和显著变动的状态。两种状态的运动都是由事物内部包含的两个矛盾着的因素相互斗争所引起的。当事物的运动在第一种状态的时候，它只是数量的变化，没有性质的变化，所以好像是静止的。当事物的运动在第二种状态的时候，它已由第一种状态中的数量的变化达到了某一个最高点，引起了统一物的分解，发生了性质的变化，所以显出显著变化的面貌。我们在日常生活中所看见的统一、团结、联合、调和、均势、相持、僵局等，都是事物处在量变状态中所显现的面貌。而统一物的分解、团结、联合、调和、均势、相持等状态的破坏，变到相反的状态，便都是事物在质变状态中，在一种过程过渡到他种过程的变化中所显现的面貌。事物总是不断地由第一种状态转化为第二种状态，而矛盾的斗争则存在于两种状态中，并经过第二种状态使矛盾得到解决。

(七)劳动争议的处理制度

1. 处理体制的选择

各国处理劳动争议所遵循的立法原则不外乎两种：一是自愿原则，二是强制原则。遵循不同的基本原则，就会形成不同的组织体制和办案体制。

根据自愿原则，调解或仲裁机构独立于政府的特征较强，由双方当事人协议是否调解或仲裁；和解协议必须是双方自愿达成；仲裁人员应由当事人选择。这就形成了“裁审自择”“裁审分轨”的双轨体制。

根据强制原则，调解或仲裁机构与政府的联系较多，政府常常从中起主要作用；劳动争议任何一方当事人或者政府无须协商均可依据法律规定交付仲裁解决争议；仲裁人员由仲裁机构指定。在强制原则下，有的国家规定仲裁裁决具有终局效力；有的国家则规定对裁决不服，当事人可向法院起诉，形成“裁审衔接”的单轨体制。

2. 劳动争议处理的一般方法

(1)劳资双方自行解决

劳资协商制度是市场经济国家处理企业劳动争议的一种重要制度，协商解决的办法在处理企业劳动争议中使用的频率相当大。

协商解决的办法，主要是指劳资双方在平等的地位上就彼此争议的问题和焦点进行协商，以求得问题的解决。劳资协商制度，由于各国的国情、历史、传统的不同，形成各自不同的协商风格和协商内容，所以，各国都有自己不同的特点。概括起来，主要有劳资对话制、劳资共决制、工人代表制三种。

在市场经济国家中，企业集体谈判也往往作为解决企业劳动争议的主要手段之一。实际上，企业集体合同在某种程度上也可以看作是企业劳动争议处理的一种结果或结论。因此，可以说，与劳资协商制度一样，集体谈判制度也是市场经济国家一种重要的企业劳动争议的处理制度。

(2)第三方参与解决

由劳资双方自己解决彼此之间的劳动争议或纠纷在市场经济国家已经形成了各种成熟的制度，这就是上文分析的劳资协商制度、集体谈判制度等。而当劳资双方彼此之间根本达不成协议时，即劳资双方自己无法解决彼此之间的劳动争议时，就需要借助第三方参与来解决这种争议。一般来说，企业劳动争议处理中的第三方参与主要有三种基本办法：调解、仲裁和诉讼。

我们所说的处理劳动争议，一般而言，均是指有第三方参与的劳动争议处理。在第三方参与的企业劳动争议处理的三种主要办法中，除诉讼以外，其他两种办法都需要建立相应的企业劳动争议处理的组织机构。

3. 劳动争议的处理原则

(1)合法原则

合法原则是指企业劳动争议的处理机构在处理争议案件时，要以法律为准绳，并遵循有关法定程序。

(2)公正和平等原则

公正和平等原则要求企业劳动争议的任何一方当事人都不得有超越法律和有关规定以上的特权。

(3)调解原则

调解原则是指调解这种手段贯穿于企业劳动争议第三方参与处理的全过程。

(4)及时处理原则

及时处理原则是指企业劳动争议的处理机构在处理争议案件时，要在法律和有关规定要求的时间范围内对案件进行受理、审理和结案，无论是调解、仲裁还是诉讼，都不得违背在时限方面的要求。

4. 劳动争议处理的程序

(1)调解

调解是处理企业劳动争议的基本办法或途径之一。事实上，调解可以贯穿整个劳动争议的解决过程。它既指在企业劳动争议进入仲裁或诉讼以后由仲裁委员会或法院所做的调解工作，也指企业调解委员会对企业劳动争议所做的调解活动。这里所说的调解指的是后者。企业调解委员会所做的调解活动主要是指调解委员会在接受争议双方当事人调解申请后，首先要查清事实、明确责任，在此基础上根据有关法律和集体合同或劳动合同的规定，通过自己的说服、诱导，最终促使双方当事人在相互让步的前提下自愿达成解决劳动争议的协议。目前，劳动争议调解委员会设于企业，由企业的员工代表、行政代表和工会委员会代表组成，主任由各成员共同推举，委员会的工作受员工代表大会的领导。

实施调解的结果有两种：一是调解达成协议，这时要依法制作调解协议书。二是调解不成或调解达不成协议，这时要做好记录，并制作调解处理意见书，提出对争议的有关处理意见，建议争议双方当事人依照有关法规的规定，向劳动仲裁委员会提出仲裁申请。劳动争议调解委员会处理劳动争议，应当自当事人提出申诉之日起 30 日内结案，到期未结案则视为调解不成。

（2）仲裁

仲裁是西方国家另一种解决劳动关系冲突的办法。同时，仲裁也是市场经济国家处理劳动争议的另一种基本办法或途径。仲裁是指劳动争议仲裁机构依法对争议双方当事人的争议案件进行居中公断的执法行为，其中包括对案件的依法审理和对争议的调解、裁决等一系列活动或行为。

（3）审判

劳动争议当事人不服仲裁，可以在收到仲裁决定书之日起 15 日内向法院起诉，由法院依民事诉讼程序进行审理及判决。法院审判劳动争议的最大特点在于它的处理形式的严肃性与权威性及其法律效力。但审判毕竟是解决劳动争议的最后阶段，由于有调解和仲裁程序在前，所以，真正通过审判解决的劳动争议并不多。

二、劳动保护

（一）劳动保护的含义

劳动保护是指国家和单位为保护劳动者在劳动生产过程中的安全和健康所采取的立法和组织、技术措施的总称。

从这个简短的定义中可以看出，劳动保护的对象很明确，是保护从事劳动生产的劳动者。劳动保护的另一个含义是依靠技术进步和科学管理，采取技术措施和组织措施，来消除劳动过程中危及人身安全和健康的不良条件和行为，防止伤亡事故和职业病危害，保障劳动者在劳动过程中的安全和健康的一门综合性学科。

（二）劳动保护的基本任务

（1）不断改善劳动条件，使不安全的、有害健康的作业安全化、无害化，使繁重的体力劳动机械化、自动化，实现安全生产和文明生产。

（2）规定法定工时和休假制度，限制加班加点，保证劳动者有适当的休息时间和休假日数。

（3）根据妇女劳动者生理特点，实行特殊保护。

（三）劳动保护的内容

劳动保护不包括员工其他劳动权利和劳动报酬等方面的保护，也不包括生活中的卫生保健和伤病医疗工作。另外，在劳动过程中还有一些因素对劳动者的安全健康也有影响。例如：劳动时间过长、劳动强度过大，会造成过度疲劳，积劳成疾，并且容易发生工伤事故；女工和未成年工从事过于繁重的或有害妇女生理的劳动，也会给他们的健康造成危害。

劳动保护包括劳动安全和劳动卫生两个方面。

（1）劳动安全是指在生产劳动过程中，防止中毒、车祸、触电、塌陷、爆炸、火灾、坠落、机械外伤等危及劳动者人身安全的事故发生。

（2）劳动卫生是指对劳动过程中的不良劳动条件和各种有毒有害物质的防范，或者是防范职业病的发生。

按照《劳动法》的规定，用人单位必须建立、健全劳动安全卫生制度，对劳动者进行劳动安全卫生教育，防止事故，减少职业危害；为劳动者提供符合国家规定的劳动安全卫生条件和必要的劳动防护用品；对从事有职业危害作业的劳动者进行定期的健康检查；对从事特种作业的劳动者进行专门培训。

(四)劳动保护的措施

1. 组织措施

(1)制定和完善劳动保护法规和规章制度。例如,从机关、部门、企事业单位到管理人员和劳动者个人在劳动保护工作上的职权和责任的规定;劳动安全和劳动卫生的技术标准和现场作业规程;关于伤亡事故的调查、处理、统计和报告的规定;工时和休假制度;妇女劳动特殊保护的规定等。

(2)设置劳动保护国家监察员,负责监督检查单位和个人执行劳动保护规章制度和安全卫生技术标准、作业规程的情况。同时,在企事业单位的班组(或车间)一级建立劳动保护员网,对本单位的劳动保护工作实行群众监督。

(3)加强劳动保护科学研究,为制定劳动保护法规和安全卫生技术标准提供科学依据,为采用新技术、新设备拟定相应的劳动保护技术措施,研制监测仪器设备。

(4)开展劳动保护宣传教育。包括在大专院校设置劳动保护专业,培养高级专门技术人才;培训生产管理人员和劳动保护专职人员;对特殊工种工人实行专业训练和考试发证制度;利用电影、电视、广播、报刊、展览等形式普及劳动保护理论和技术知识。

2. 技术措施

技术措施主要包括对由于物理、化学等因素可能突然发生的不安全因素,对由于机械性的伤害包括机械传动部分的设备和工具引起的砸、割等伤害,对由于高空坠落引起的伤害,对由于从事有毒有害作业而引起的伤害等所采取的相应预防性技术对策和防护措施。

在我国,按照劳动保护立法,各级政府机关、经济部门、企事业单位及其管理人员都必须采取各种组织措施和技术措施,为劳动者建立安全、卫生、舒适的劳动条件;预防和消除劳动过程中的伤亡事故、职业中毒和职业病的发生;保护劳动者的身体健康和生命安全;保持和提高劳动者持久的劳动能力,避免社会劳动力和物质财富不应有的损失。

第五节 离职管理

离职管理是指对员工离职过程的管理,是对员工离开原职务和原单位公司一切事务处理的管理,包括业务设置、申请办理、手续交接、离职处理、查询统计等。

一、离职管理的内容

(一)人员离职流程管理

一般较为规范的公司都规定了一些员工离职的程序,包括填写离职单、离职面谈、核准离职申请、业务交接、办公用品及公司财产的移交、监督移交、人员退保、离职生效、资料存档、整合离职原因以及对离职员工的后续管理。

离职管理必须落实到工作的每一个细节中,并讲求技巧与文字、数据记录。必须重视每一个程序,并有一整套方法去应对,主要有以下几点需要注意:

(1)离职程序管理是为了通过对员工离职的管理,了解组织机能的状况,并对组织机能的变革提供相关的数据与意见,从中得出结论并指导现行的人力资源工作。

(2)每一个程序与环节都必须有相应的表格,并进行严格的文字记录。

(3)规范的离职管理基于之前的管理工作和人事工作,比如办公用品管理、资产管理、股权管理、业务管理、文件资料管理等。

(4)规范办理员工离职程序是尽量减少人员流失造成的损失、规避相关人事纠纷和法律风险的一种方法。

人员的流失往往是无法避免的,只有尽量减少损失,如果规范操作,备用金、重要办公用品、公司重要资产、重要的商业客户资料、技术资料等重要资料就可以有效地避免流失。

(二)加强员工离职的商业秘密管理

商业秘密和核心技术是企业重要的知识资产,在知识经济时代尤为重要,因此,必须注意员工离职时的商业秘密的管理和保护。

1. 企业要建立严格的信息控制制度

经理有权定期检查下属的业务工作资料和电子档案等,下属应定期上报有关业务信息报表及资料,相关的资料应加强管理并入档。并严格规定信息使用的级别制度、设置信息管理中心和专职管理员加强保密工作,同时在办公场所设置加强保密措施。

2. 对于掌握商业机密和核心技术的人员要实行脱秘期和竞业禁止管理

对于去意已决的核心人才,首先就是停止其工作,进入脱秘期,同时对其所有资料,包括工作笔记等全部收缴,并禁止其参加相关的研究。要注意的是脱秘期的操作程序,要让人可以接受。竞业禁止,则须考虑给予补偿,比如有些企业的合同说明在离职后不在同行中就业,如没有给予补偿,实际上是不合法的,也不具有操作价值。

(三)做好人员离职面谈

当员工一旦确定要离开组织,除了标准化的离职程序,包括填写离职单、离职面谈、核准离职申请、业务交接、办公用品移交、监督交接、人员退保、离职生效、资料存档、整合离职原因等一系列程序之外,离职面谈也是相当重要的一环。

1. 离职面谈的参加人员

一般来讲,离职面谈的参加人员要包含三方面的人员:员工本人、人力资源经理、员工的直接主管。

2. 离职面谈的执行原则

(1)面谈不应该草草结束,因为面谈的目的是尽量得知为什么员工要离职,然后针对这些原因进行改进,防止流失更多员工。

(2)面谈地点应该具有隐私性,而且谈话不会被打断。你的目的是向离职员工学习,所以找一个双方容易沟通的地点,让离职员工可以无拘无束地谈论。

(3)安排足够时间供离职员工畅所欲言,记得适时保持沉默,让离职员工有时间思考。面谈时不要只是按照事先列出的问题逐项发问,而是要积极地倾听,如果有不清楚的地方,要仔细询问。

(4)让离职员工感受到你的真诚。如果他觉得你只是在例行公事,你不会得到有价值的回馈。另外,不要让离职员工觉得你要他编造一些关于公司的美好故事;更不要让面谈成为揭人疮疤的事情。

(5)面谈应以开放性的问题为主,让员工能够依照个人经验回答,避免问太笼统或具引导性的问题。

3. 离职面谈的准备工作

(1)准备充裕的时间。

(2)准备离职者的个人资料。

(3)准备离职者的离职申请。

(4)准备离职者以往的考核记录。

4. 离职原因分析

对于员工离职的分析，我们为什么只提“进行”而不是“加强”？坦率地说，这个工作在国内很少有企业真正把它作为一项工作任务去做，我们也只是从翰威特这样的公司的分析报告中看到一些数据，才发出人力资源工作原来可以这么做的感慨。

面谈结束之后，应将面谈纪录汇整，针对内容分析整理出离职的真正原因，并且提出改善建议以防范类似事件再发生。

(1)刚开始要根据自己公司的情况，做好基础性的数据收集工作，这是这个工作成功和科学性的关键之处，否则就可能是一个看起来科学却又极不科学的东西。将离职原因及相关影响因素列出来可以收集关于“员工流失关键要素”的数据，这些可以参考翰威特等公司的有关报告，并根据本公司的人力资源工作可达到的情况，找到自己可以分析的“员工流失关键要素”。

(2)在根据数据做离职分析时，要学一点数理分析知识，保证其科学性，这说明了深入研究人力资源管理，必须要结合多学科。

(3)员工离职分析要与公司其他管理工作和人力资源的其他方面工作结合起来分析，如绩效管理、职类管理、部门职责、工作任务、职业发展渠道、薪酬等。

员工离职对组织会造成很多影响，一旦离职的事实发生双方也都应以开阔的胸襟坦然面对，共同找出问题症结。即使公司与员工双方无法再继续共事下去，也不应有伤害对方的情形发生。离职者的心态多半是对公司产生不满，一旦离开后可能会有诋毁公司的情形发生，对于企业形象会有很大的影响，因此，做好离职管理可以预防很多不利于公司的行为发生。

(四)善待离职者

在麦肯锡公司有个旧雇员关系管理，把旧雇员当作毕业生，并建立旧雇员数据库。这是一个人性化的管理方式，因为它是基于把离职员工当作自己的朋友来看待的，对于朋友，我们不是要经常联系一下，了解一下他的现状吗？当然，在商品社会，没有利益的事情，大多数人不会干，人力资源部门提出这样的方案，老板也不会接受。但实际上，这也是一个潜在合作伙伴、客户、人才的管理问题，这样，在职的员工会看到自己的“下场”。

二、离职管理的防险技巧

(1)用人单位事先须建立包括离职管理在内的规章制度。用人单位须防患于未然，事先在规章制度中设计好离职管理制度，应重点关注以下三点：①必须合法，包括内容合法和程序合法。②不得违反劳动合同或集体合同的约定。③须向员工公示。根据现行劳动法，未经公示的规章制度无效，因此，在员工离职时才交予员工阅知的规章制度，对员工不具有约束力。

(2)严格遵守员工离职时的程序性事项。对于经济性裁员，用人单位必须履行以下法定程序：①提前 30 日向工会或全体职工说明情况，并提供有关生产经营状况的资料；②提出裁减人员方案，征求工会或全体职工的意见，并对方案进行修改和完善；③向当地劳动行政部门报告裁减人员方案以及工会或全体职工的意见，并听取劳动行政部门的意见；④正式公布裁减人员方案，与被裁减人员办理解除劳动合同手续等工作。对于在其他情形下解除与员工劳动合同的，用人单位应根据《工会法》(2001)第 21 条的规定，在单方面解除职工劳动合同时，应当事先将理由通知工会，若工会认为企业有违法、违约而要求重新研究处理时，企业应当研究工会的意见，并将处理结果书面通知工会。此外，企业还需要注意解除劳动合同的提前通知期问题、书面的通知形式问题，以及工会的预先告知问题等，以此做到防患于未然。

(3)完善离职工作交接事务的处理。员工离职时，员工所在的工作部门及人力资源部门应认真处理好以下问题：①用人单位在办理员工入职手续时即应要求提供并核实清楚该员工的相关证件材料，以备追查线索；②在日常管理中应建立起相关工作制度与物品管理制度，对于办公物品的管理、领用、使用实行登记备案制度；③用人单位应分析员工的离职心理，查找到员工离职的动机；④员工擅自带走企业财物且数额较大的，用人单位应及时向公安机关报案以维护企业利益；⑤工作内容的交接，用人单位应针对其工作内容采取一定的措施，包括签署法律文件等，特别是高层员工的离职，比如，企业可以根据《会计法》第 41 条的规定，当离职会计人员不配合办理工作交接手续时，有权暂缓给其办理离职手续。

(4)离职中的薪资处理。离职期也常常是劳动纠纷的多发阶段，通常是员工离职时双方没有就工资、补偿金数额等问题达成一致意见而引起的。建议企业重点关注以下措施防范法律风险：①一次性结清工资。企业在依法解除劳动关系或终止劳动合同时，应一次付清工资。尽量避免要求离职员工在企业下月正常发薪日来领取工资的做法。②支付经济补偿金和赔偿金。在员工离职时，企业应依法或依约向员工支付经济补偿金、赔偿金。③妥善处理其他薪酬福利事项。员工在企业工作期间，企业为员工缴纳各项社会保险及住房公积金等，在员工办理离职时，企业应与员工协商确定转移手续的办理时间及双方如何配合办理等。

(5)进行人事档案转移。员工离职时，企业有义务为员工办理必要的相关手续，包括向员工出具离职证明、转移员工个人人事档案等。实践中诸如以员工在离职时不向企业交付培训费用等理由扣留员工的个人档案，也不给员工办理有关离职手续等做法，应该尽量避免。如果员工拒绝承担违约责任或赔偿责任不辞而别，企业应该通过提起劳动争议仲裁申诉等合法途径来维护其合法权益。

(6)离职手续文件的签署。在员工离职时，企业应要求离职员工签署离职文件，履行必要的内部手续。企业应妥善保管这些离职文件，在内容及形式上均完整准确记录离职环节。若员工离职后针对企业某项行为提起劳动争议仲裁申诉，企业在文件材料这项应对措施上有所准备，可以为劳动争议仲裁或诉讼提供证据。

(7)应对擅自离职员工的法律措施。员工不辞而别，实质是雇员单方面擅自解除与企业的劳动合同关系，违反了劳动法规定的劳动者解除劳动合同，应当严格按照规定，提前 30 日以书面形式向用人单位提出的规定。对于此种情形，企业可以采取以下措施应对：①书面通知该员工限期上班，并提出对逾期不上班的处理措施；②对逾期未上班者，做违纪辞退解除合同的处理，并书面通知其前来办理离职手续，其中包括索赔数额等内容；③若员工不办理手续，则依规定办理解除劳动关系手续，同时可依法申请仲裁，保护其合法权益；④企业可以在平衡利弊的基础上决定是否采取诉讼。

第六节　职业生涯管理

一、职业生涯管理的概念

(一)职业

职业(occupation)，是指不同时间、不同组织中工作性质类似的职务的集合，是人们在社会上从事赖以获得物质报酬作为生活来源的具体工作，是随着人类社会进步、生产力的发展和社会劳动的分工而产生的。此外，职业是联系社会与个人、组织与个体的桥梁。组织与个人、社会与个人都是通过职业紧密联系起来的，个人职业发展的好坏离不开社会的进步和组织的发展。

(二)职业生涯

职业生涯(career)这个概念的含义曾随着时间的推移发生过很多变化。在20世纪70年代，职业生涯专指个人生活中与工作相关的各个方面。随后，又有很多新的意义被纳入“职业生涯”的概念中，其中甚至包含了生活中关于个人、集体以及经济生活的方方面面。

从经济的观点来看，职业生涯就是个人在人生中所经历的一系列职位和角色，它们与个人的职业发展过程相联系，是个人接受培训教育以及职业发展所形成的结果。

从职业发展的过程来看，职业生涯被看成是“在个人的一生中，由于心理、社会、经济、生理及机遇等因素相互作用所造成的工作、职业的发展变化。职业的发展是个人发展中的一个最主要的方面，跨越人的整个一生并涵盖个人的自我概念、家庭生活以及个人所处的环境、文化氛围的方方面面”。这种观点试图把工作和职业的发展作为一个整体看成个人生活的一个部分而不是辅助性的以赚钱为目的的活动。

(三)职业生涯管理

职业生涯管理主要是指对职业生涯的设计与开发。从个人的角度来讲，职业生涯管理就是一个人对自己所要从事的职业进行规划和设计，并为实现自己的职业目标而积累知识、开发技能的过程。一般通过选择职业、选择组织(工作单位)、选择工作岗位、提高工作技能、晋升工作职位、发挥个人才干等途径和方式来实现。

我们每个人都是自己职业生涯的管理者，在对个人的职业生涯进行设计和开发的过程中，个人起着主要作用。但是，我们每个人又属于一定的组织，对于每一位员工来说，其所属的组织会对其职业生涯产生重要的影响。组织是职业生涯赖以存在的载体，如果没有组织，个人职业生涯设计得再好，英雄也无用武之地，职业生涯就不可能实现。同时，组织的存在和发展也依赖个人具体职业的实现。个人职业生涯的开发与发展是组织命运的基本保障。

组织对员工职业生涯的管理不仅体现在分析每一位员工的特质和能力，为组织挑选到适合具体职业的员工，为员工分配合适的部门、合适的职业上，而且还参与到员工的职业生涯管理中，包括充分帮助员工激发兴趣，调动积极性，发挥全部的潜能，促进员工成长。组织进行职业生涯规划的根本目的就是在为组织选到适合人才的同时发挥员工最大的能力，帮助员工进行职业规划，推动员工职业不断发展。

二、职业生涯管理的内容

(一)职业路径

职业路径是指组织为内部员工设计的自我认知、成长和晋升的管理方案。职业路径在帮员工了解自我的同时使组织掌握员工职业需要，以便排除障碍，帮助员工满足需要。另外，职业路径通过帮助员工胜任工作，确立组织内晋升的不同条件和程序，对员工职业发展施加影响，使员工的职业目标和计划有利于满足组织的需要。职业路径设计指明了组织内员工可能的发展方向及发展机会，组织内每一个员工都可以沿着本组织的发展路径变换工作岗位。良好的职业路径设计一方面有利于组织吸收并留住最优秀的员工，另一方面能激发员工的工作兴趣，挖掘员工的工作潜能。因此，职业路径的设计对组织来讲十分重要。下面主要介绍四种职业路径设计方式：传统职业路径、行为职业路径、横向职业路径及双重职业路径。

1. 传统职业路径

所谓传统职业路径，是基于过去组织内员工的实际发展道路而制定的一种发展模式。

2. 行为职业路径

行为职业路径是一种建立在对各个工作岗位上的行为需求分析基础上的职业发展路径设计。

3. 横向职业路径

组织也常采取横向调动来使工作具有多样性，使员工焕发新的活力、迎接新的挑战。虽然没有加薪或晋升，但员工可以增加自己对组织的价值，也使他们自己获得新价值。

4. 双重职业路径

双重职业路径主要是用来解决某一领域中具有专业技能，既不期望在自己的业务领域内长期从事专业工作，又不希望随着职业的发展而离开自己的专业领域。

(二)职业选择

1. 实际性向

具有这种性向的人会被吸引去从事那些包含着体力活动并且需要一定的技巧、力量和协调才能承当的职业。这种职业的例子有：伐木工人、耕作工人及农场主等。

2. 调研性向

具有这种性向的人会被吸引去从事那些包含着较多认识活动(思考、组织、理解等)的职业，而不是那些主要以感知活动(感觉、反应或人际沟通以及情感等)为主要内容的职业。这种职业的例子有：生物学家、化学家以及大学教授等。

3. 社会性向

具有这种性向的人会被吸引去从事那些包含大量人际交往内容的职业，而不是那些包含着大量智力活动或体力活动的职业。这种职业的例子有：诊所的心理医生、外交工作者及社会工作者等。

4. 常规性向

具有这种性向的人会被吸引去从事那些包含大量结构性的且规律较为固定的活动的职业，在这些职业中，雇员个人的需要往往要服从于组织的需要。这种职业的例子有：会计以及银行职员等。

5. 企业性向

具有这种性向的人会被吸引去从事那些包含大量以影响他人为目的的语言活动的职业。这种职业的例子有：管理人员、律师及公共关系管理者等。

6. 艺术性向

具有这种性向的人会被吸引去从事那些包含大量的自我表现、艺术创造、情感表达以及个性化活动的职业。这种职业的例子有：艺术家、广告制作者及音乐家等。

(三)工作—家庭联系

1. 组织中的员工除了过职业生活外同时还在经历家庭生活

家庭对员工本身有重大意义，也会给职业生活带来许多影响。工作—家庭平衡计划是组织帮助员工认识和正确看待家庭与工作的关系，调和职业与家庭的矛盾，缓和由于工作—家庭关系失衡而给员工造成的压力的计划。

2. 工作—家庭计划的目的是帮助员工找到工作和家庭的平衡点

要达到这一目的，组织必须了解家庭各阶段的需求、工作境况对家庭生活的影响，然后给予员工适当的帮助。

3. 对家庭需要的了解可以参考家庭发展周期理论

一般来说，单身成人的主要问题是寻找配偶和决定是否结婚组建家庭。婚后初期，适应两人生活、决定是否生育，做出家庭形式和财务要求的长期承诺变为当务之急。子女出生后，体验为人父母的经验，担负起抚养和教育子女的责任成为首要任务。而且又要开始为自己的父母提供衣食和财务上的照顾。这些需要形成的压力有的会影响员工的工作情绪和精力分配，有的则形成强烈的职业方面的需要和工作动机，最终影响员工对工作的参与程度。

（四）职业咨询

职业咨询是指帮助被解雇职员工找到合适的工作，或是重新选择职业，同时向他们提供一部分资助以帮助他们渡过职业转换期。

三、职业生涯管理的影响因素

一个人所选择的职业道路、职业发展方向和事业成功程度，是与个人、家庭和社会密切相关的。总的来说，影响一个人职业生涯的主要因素包括以下几种。

（一）教育背景

教育是帮助人们学习文化知识、塑造人格魅力、赋予个人才能、促进个人发展的社会活动，奠定了一个人的基本素质，对人的职业生涯影响巨大。首先，获得不同教育程度的人在个人职业选择与被选择时面临的广度和深度是不一样的。其次，人们所学的专业对职业生涯往往起着决定性的作用。此外，不同院校的教育思想不同，其学生的思维模式和意识形态也会不同，最终使得职业的选择和职业生涯的规划与设计方向不同。

（二）家庭影响

家庭也会对一个人的职业生涯产生重要的影响。人在幼年时期就开始受到家庭的熏陶，长期的潜移默化会使人形成一定的价值观和行为模式；人还会受家庭的影响，学习到一定的职业知识和职业技能。这些价值观、行为模式、职业知识和职业技能，必然会影响一个人的职业理想和职业目标，影响其职业生涯管理中的具体行为，如选择职业方向、对职业岗位的态度、从事具体职业中的行为等。

（三）个人需求与心理动机

人们在就业时出于不同的职业评价和价值取向，要从社会众多的职业中选择一项职业，就业后也会进一步调整自己的职业生涯。不同年龄阶段的人，其选择职业的个人需求和心理动机是不同的。一般来说，年轻时，人对于事业成功的心理期望和个性需求比较大，年轻人富有进取精神，敢于冒险，愿意付出，其成功的目标和选择职业的标准比较高。到了中年，人就会变得越来越现实，因为已经有了相当多的职业实践和较为丰富的社会阅历，更容易看到社会环境的制约因素，对于事业成功的心理期望和个性需求减小，选择职业的标准会降低，并趋于实际，主要是适应社会与所在组织的状况，而不是努力改变这种状况，寻求职业的突变和飞跃。

（四）机会

机会是一种随机出现的具有偶然性的事物。机会既包括各种就业岗位，也包括组织提供的培训机会、发展条件和向上晋升的职业环境。

（五）社会环境

社会环境通常是指社会的政治、经济、文化等状况，包括职业管理体制、社会文化与习俗、职业的社会评价以及社会时尚等因素。这些因素决定着社会职业岗位的数量、结构，决定着其出现的随机性与波动性，从而决定了人们对不同职业的认同和步入职业生涯、调整职业生涯的决策。社会环境的变化决定着职业结构的变迁，也决定了个人职业生涯的变动规律。

除了宏观的因素之外，社会环境还包括个人所在的学校、社区、家族关系、个人交际圈等较小的因素。这些小的社会因素决定着一个人的社会活动范围、内容及其所受到的限制，从而也决定了个人职业生涯的具体内容和发展方向。

四、职业生涯管理的意义

从 20 世纪 50 年代末 60 年代初正式出现"职业生涯"概念开始，西方学者从各个角度对职业生涯理论进行了探讨，提出了各种各样的理论和观点，如萨柏的职业发展阶段理论、约翰·霍兰德的职业性向理论、施恩的职业锚理论等。综合他们的各种观点，可以认为，职业生涯管理既能够最大限度地规划好个人职业，挖掘发展潜能，争取事业上的成功，也能够为组织提供充足的人力资源保证，有效地遏制组织内部人才的流失，进一步加强员工对组织的忠诚度。总的来说，职业生涯管理既能够实现个人职业生涯目标与组织发展目标的高度统一，又能极大地促进社会的繁荣和进步。职业生涯管理具有以下三项意义：

（一）提升员工职业能力，促进员工成长

个人和组织在设计和实施职业生涯规划的过程中，都需要依据员工的个体特点、成长需求以及组织的发展需要，有针对性地制订员工的职业生涯规划，设计出适合的职业发展路径，提供有针对性的培训和学习机会，促使员工的职业能力不断提高。

（二）调动员工积极性，促进组织发展

根据马斯洛的需要层次理论，人们寻求职业的最初目的可能仅仅是寻找一份养家的工作，进而可能追求财富、地位和别人的尊重。职业生涯管理可以使员工超越财富和地位，追求更高层次的自我价值实现。同单纯的奖惩措施相比，职业生涯管理具有更强的独特性和排他性。组织不仅根据员工的个体特征为其制订职业发展规划，还为其明确职业发展方向，并提供必要的指导，因而能起到更好的激励作用，在提高员工积极性的同时，提升组织效率，促进组织发展。

（三）为社会培养人才，促进社会进步

员工职业能力的提升，是国民素质提高的表现；员工在组织之间的流动，也是社会资源实现优化配置的一个过程，它使个人有机会寻找到更适合于自己的岗位，为社会财富的增长做出更多的贡献。因此，组织在实施职业生涯管理、提高员工职业能力、提升组织效率的同时，也在为社会培养人才。事实上，组织发展和个人发展是社会进步的前提，社会进步又为组织和个人提供了更好的发展平台。职业生涯管理的整体功能，就是促进员工、组织和社会的共同发展。

五、个人的职业生涯规划

（一）个人职业生涯规划的影响因素

1. 进取心

进取心是决定一个人目标指向性和智谋活力的内部能源。如果说踏实工作是一个人事业成功的前提条件，那么进取心则是一个人事业成功的心理基石。具有较强进取心的人往往能够确定较高的事业目标，并持久地追求这个目标，其事业就容易取得成功。

2. 自信心

自信心是指个人在逆境中开拓、创新的信心和能力，是帮助自己有效克服困难、增强信心的能力。自信心强的人容易取得成功，缺乏自信心的人更容易遭受挫折。自信心强的表现是

喜欢挑战、容易克服困难。

3. 自我力量感

自我力量感是指一个人通过运用自己的能力和智力，以及自己的主观努力，不断总结经验教训，改进策略方法，取得成功的能力。

4. 自我认识和自我调节

自我认识和自我调节是指一个人对自己的情况和所处的环境进行充分了解，并对自己的职业生涯规划进行调整的过程。因为一个人的状态和所处的环境是不断变化的，相应地，其最开始制订的职业生涯规划也要随之改变，这有助于个人职业生涯目标及早实现。

5. 情绪稳定性

情绪稳定性是指稳定情绪为工作的开展提供了一个较为冷静的情绪环境，思考问题不容易受到打扰，也不容易出错。焦虑、抑郁、恐惧和急躁等情绪则会让人陷入紧张、烦恼、无力的境地，会扰乱人的思绪，容易使人出错。

6. 社会敏感性

社会敏感性是指个体对人际交往性质和发展趋势具有的洞察力和预见性。社会敏感性较高的人善于把握人际交往的逻辑关系，能设身处地地体察他人的感受，容易与人交往，形成良好的人际关系。

7. 社会接纳性

社会接纳性是指在承认人与人有差别和缺点的前提下，接纳他人的能力。社会接纳性是建立良好的人际关系的基础，具有良好的社会接纳性的人对人真诚，当别人进行言语表达时能够认真倾听并注视对方，表现出尊重他人和对他人的言语感兴趣。

(二)个人职业生涯的规划

个人职业生涯规划是根据个人自身情况和外部环境制定的发展方向和目标，并设计出实现目标的可行性方案。它是一个通过自我认识、自我肯定、自我成长，最终达到自我实现的个人发展过程。

1. 自我认识

自我认识是指通过对自身情况的分析，找出自己的专业特长、优点、兴趣点，发现自己的缺点和短处。正确的自我认识强调全面性和客观性，不回避短处，同时可以虚心听取别人的意见。

(1)发现自己的优点，从自己已有的人生经历和体验，如在校期间曾担当的学生职务、曾经参与或组织过的实践活动、获得过的奖励等方面分析自己的优点和特长，挖掘自己的能力和潜力。通过分析，发现自我性格优势的一面，如坚强、果断、智慧等，为个人职业规划提供基础。在自我分析时，还要善于利用过去的经验去选择和推测未来的工作方向与机会。

(2)了解自己的弱势，通过寻找自己个性的不足或缺陷，以及自己失败的经历或欠缺的经验等方式对自己的弱势进行充分的了解和分析。对于性格中存在的不足，卡耐基曾说人性的弱点并不可怕，关键是要正确认识、认真对待，尽量寻找弥补、克服的办法，使自我趋于完善。如果曾经历过失败，也不用着急。所谓“人无完人，金无足赤”，这说明我们经验欠缺。欠缺并不可怕，怕的是自己认识不到、不懂装懂。正确的态度是，认真学习，虚心请教，努力丰富自己的人生经历和经验。此外，还要对自己所处的社会形势、政治环境、经济发展趋势等大环境，所处组织的小环境以及自己的人际关系等进行认真分析，发现自己存在的专业、能力、知识等方面的欠缺，并不断完善，以便及早适应不同的环境。

2. 职业生涯的目标设计

职业生涯的目标设计是指在进行自我分析的基础上，确定自己的职业方向和目标。职业方向与目标的确定是职业生涯规划的核心与前提。职业方向直接决定着一个人的职业选择和前途，因而需要非常慎重。通常来说，一个人一生中可以选择职业的机会不止一次，往往会有好多次，但大多数人的职业选择最终会受到自身专业的限制。所以说，从专业特长出发，尽早确定自己热爱的职业，减少职业规划的盲目性是很有必要的。职业生涯目标的确定，是把个人的理想进行具体化和可操作化，是指确定一个可以预想到的、有一定实现可能的长远目标。按照马斯洛的需要层次理论，职业生涯目标可以相应地划分为多项交叉并不互相排斥的目标。例如：经济目标，以经济收入作为判断依据，如在 30 岁时实现经济收入年薪 10 万元；职务目标，以个人职务作为评判依据，如在 30 岁时被提升为处长；能力目标，以自我能力的提高为判断标准，如在 30 岁时组织能力、领导能力都取得很大的进步；价值目标，以实现自我价值为判断依据，如在 30 岁时要创立自己的公司。职业目标的选择有很多种，最关键的是要看是否适合自己的发展。此外，随着社会的发展，个人要不断修订自己的职业目标，以适应社会的要求，不致落伍。

由于现实社会发展迅速，职业规划的时限不宜太长，除了要设定长期职业目标以外，还要考虑到目标的可操作性和灵活性，要把长期的目标分解成短期目标。通常职业生涯规划会设定长期目标、中期目标和短期目标。长期目标通常为 10 年以上，中期目标一般为 5～10 年，短期目标则为 3～5 年。

3. 自我肯定与成长

设定了职业生涯目标以后，就需要实现它。实现自己的职业目标，需要在实践中不断纠正错误，克服缺点和弱势，发挥优势，不断自我肯定和成长。尤其是弱势和不足之处离实现目标所需要的实际水平差距很大，对此，完善自我，弥补不足，就显得尤为重要。

（三）个人职业生涯的发展

个人职业生涯的发展即是职业生涯计划的实施。职业生涯计划好之后，个人要着手实施职业生涯设计。在实施职业生涯设计的过程中，个人将沿着原来设计的发展通道不断地从一个岗位转移到另一个岗位，从比较低的层次上升到比较高的层次，直至实现职业生涯目标。伴随着岗位和层次的变化，个人必须不断接受新岗位和新层次的挑战，不断提高自身素质，改善素质结构。此外，由于个人总是属于某一组织，员工个人目标与组织目标具有同步性和一致性，因此，在个人的职业生涯发展过程中，组织也会不断地为员工成长提供帮助，如提供培训的机会。

六、组织的职业生涯管理

（一）组织职业生涯管理的目标

1. 员工的组织化

员工的组织化即员工融入组织成为合格员工的过程。在这一过程中，个人要实现对职业岗位的适应、组织文化的适应和职业心理转换；组织则要把没有职业经历或者有其他单位职业经历的新招聘人员，塑造成为基本符合本单位需要的员工。

2. 协调组织与员工的关系

任何组织都是由从上到下的各层级的一个个员工组成的，组织与员工之间的协调至关重要。协调组织与员工的关系，一般来说就是承认员工个人的利益和目标，这能够使员工的个人能力和潜能得到较大的发挥，使他们努力为组织工作，实现“双赢”的目标。推行职业规划，是协调组织与员工关系，并使组织目标与员工目标达到统一的重要途径。

3. 为员工提供发展机会

人力资源是一种能动性的资源，具有巨大的开发潜力。通过职业生涯规划，可以使组织更加了解和科学合理地开发员工的潜能。在组织正常发展的情况下，实行职业生涯规划和管理措施，尽量考虑员工的个人意愿，为员工提供发展机会，也是组织发挥员工主动精神的重要手段。

4. 促进组织事业的发展

实行职业生涯规划的目的，还在于提高员工的综合素质，进而提高组织的效益和应对外部变化的能力，从根本上说，是要促进组织的发展。要做到这一点，必须依靠组织中各方面人员的努力，包括睿智的领导者、认真负责的各层次的管理者和员工们的团结协作。

(二)组织职业生涯管理的实施

1. 制定职业生涯规划表

制定职业生涯规划表是组织对员工实施职业生涯规划与管理的第一个步骤。

个人所处的组织不同，职业生涯规划与管理的需要就不同，从而制定的职业生涯规划也表是不同的。马士斌对职业类别、生涯目标体系内容和生涯通道等进行综合考虑，设计了职业生涯规划表(见表9－1)。

表9－1　　**职业生涯规划表**

第　　次生涯计划，上次计划时间：　　年　　月　　日

姓名		员工编号	
年龄		性别	
所学专业		学历	
目前任职岗位		岗位编号	
目前所在部门		部门编号	
计划制订时间		部门负责人	
职业类型(在选定种类的题号上打“√”，可以选择两个或两个以上) 1. 管理　　2. 技术　　3. 营销　　4. 操作　　5. 辅助			
如选择的职业类型更具体、细化，请进一步说明			
人生目标			
人生目标结构： 1. 岗位目标： 2. 技术等级目标： 3. 收入目标： 4. 社会影响目标： 5. 重大成果目标： 6. 其他目标： 人生通道： (1)图示(简略)： (2)简要文字说明： 实现人生			

续表

长期目标(在10年以上)
长期目标结构
长期通道
实现长期目标的战略要点：
中期目标(在3年以上)
中期目标结构
中期通道
实现中期目标的战略要点：
短期目标(在1年以上)
短期目标结构
短期通道
实现短期目标的战略要点：

2. 员工自我分析

员工自我分析是指员工在正确分析自己的基本情况(包括个人的优势、弱点、经验、绩效、好恶等)的基础上，确定职业目标，制订职业规划。通常需要经过较长时期的自我观察、自我体验和自我剖析，才可能进行正确的自我分析和自我评价。

3. 组织对员工的评估

组织对员工的评估是组织指导员工制订职业生涯规划的关键。组织评估的方法主要有三种：①从选择员工的过程中收集有关的信息资料，做出评估；②收集员工在目前工作岗位上表现的信息资料并做出评估；③通过心理测试和评价中心做出评估。这三种方法在发达国家的许多大企业组织被采用。此外，年度评价也是组织对员工进行评价的一种重要方法。年度评价不仅是对组织员工职业生涯规划与管理进行的周期性总结和审视，还有利于检查组织和员工职业生涯规划与管理工作的效果，发现存在的问题，并把组织与环境变化的新情况及时传达给员工，帮助员工调整其职业生涯规划。年度评价以后，组织往往会与员工进行谈话，并采取一定的措施帮助员工调整职业生涯规划。

4. 提供职业岗位信息

员工进入组织后，为了使员工制订的个人职业规划与组织的实际需要和发展方向相符合，组织就有必要将有关员工职业发展方向、职业发展途径以及有关职位候选人在技能、知识等方面的要求及时地利用组织内部报刊、公告或口头传达等形式传递给广大员工，以便感兴趣的员工公平竞争组织提供的职位。此外，组织还要创造更多的岗位或新的职位，以帮助更多的员工实现自己的职业目标。

5. 进行职业生涯发展咨询

制订职业生涯发展规划时，员工往往有许多问题需要咨询：需要掌握哪些技能？技能水平如何？能否胜任目前的工作岗位？胜任这个工作岗位需要具备哪些素质和能力？能否为自己设定更高的职位？想要达到更高的职位需要做哪些准备？如何才能将组织的发展目标与个人的职业目标相结合？这些问题都需要组织中的人力资源开发与管理部门的工作人员进行解答。对于组织来说，做好员工的职业生涯发展咨询或指导，需要组织对从各方面搜集到的信息资料进行分析，对员工的能力和潜能做出正确评价，根据员工的兴趣爱好、组织的实际情况和发展方向，协助员工制订出切实可行的职业规划，并对其职业规划目标的实现和途径进行具体指导，提供必要的支持。职业生涯咨询还包括职业生涯面谈，一般是由组织人力资源部门的职业生涯管理人员与员工面谈。

案例分析

中山佳能的员工管理

作为世界500强企业，佳能于2001年在广东中山成立了佳能(中山)办公设备有限公司。公司主要以生产彩色、黑白激光打印机为主，产品出口至世界各地，是目前全球重要的激光打印机生产基地。目前，整个公司拥有3 190名员工(2019年)，董事长是日本人三浦贤二，年产值约为11亿美元(2017年)。

相关统计调查数据表明，中山佳能入职5年以上的员工占比44.08%。近几年员工稳定率年均94%以上(2019年)。作为一家日资的生产制造企业，中山佳能为什么能在员工管理上有着亮眼的数据？看完下面的文章内容，将不难发现其中的原因。

一、平等而和谐的劳动关系

该企业成立至今，秉承佳能“共生”的企业理念，以“不分文化、习惯、国籍、语言、民族差别，实现长久地共同生存、共同工作、共享幸福的跨国企业”为目标，追求公司与员工的共同发展，构建起一种平等而和谐的劳动关系。

在中山佳能成立之后的第三年，该公司组建工会，发挥其在营造企业和谐氛围与协调劳资关系方面的重要作用。

中山佳能工会设有专门的员工意见箱，安放在食堂、宿舍、更衣室等地方，员工有任何问题或建议，均可以畅所欲言。同时，每周三下午是员工接待日，工会委员接待员工面对面地反映生活、工作等方面的问题。

此外，公司领导在每个月定期与工会举行“协议会”，相互沟通和交流情况，公司可以适时了解大部分员工的状况，工会也能向公司提出意见，并获得公司决策的信息，向员工公布。

在每年年底，工会举行工资集体协商，针对公司经营情况、本地区物价水平和周边企业薪酬水平等进行商讨，制订下年度工资调整方案，将各工种分工、业绩考核、等级设置、等级晋升、奖罚条例、员工福利待遇等作为协商的重点内容。

更为重要的是，中山佳能工会设立了劳动法律部，与公司共同组建了劳动争议调解委员会，并配置了11名协调委员。在员工与公司产生争议后，协调委员与员工进行面谈，积极发挥劳动争议调解作用，把矛盾化解在源头。近几年来，该公司还未发生过劳动争议仲裁案件。

二、人性化管理

“人性化”管理实质就是“充分发掘员工的潜能，尊重员工，通过充分的沟通和激励，让员工在工作中找到自身的价值，最终实现企业与员工的双赢”。佳能明白，如果企业不善待员工，员工就可能把不满发泄在产品上。中山佳能施行工时制，不搞计件工资制，同时结合业绩评价制度对员工的工作成果进行综合评价，以体现公平合理原则。

如果员工在工作中犯错，公司不会对员工进行罚款，而是让其部门班组长负责查找原因，如果是员工能力问题，其部门班组长负责培训该员工，公司管理层常说“学员没有学会，是指导者没有教好，没有学不好的员工，只有教不好的老师”。

另外，该企业推行“报告、联络、商谈”三步骤的高效工作方式，在企业管理者与员工之间建立起良好的沟通机制，从而使员工充满工作动力，以最佳的精神状态全身心地投入工作中，进而直接提高企业的生产经营工作效率。

三、注重人文关怀

该公司非常重视员工的工作生活环境，每年组织员工健康检查，而且公司还设有健康管理室，对一般性疾病提供免费的就诊及拿药。

在员工住宿方面，公司为员工免费提供宿舍。宿舍里空宿舍标配空调、电视、洗衣机、饮水机、风扇、吹风机等大小家电，以及沙发、茶几、床及床品。公司内还设有家属房，电影院、健身房、网吧、图书室、瑜伽室、桌球、篮球场、羽毛球场、足球场等娱乐运动设施和场地，供员工免费使用。

公司食堂每天推出不同菜品，川菜、粤菜、西北面食应有尽有，员工可根据自己的口味选择。

值得一提的是公司的家属房，也称为员工之家。中山佳能非常重视员工家庭团聚，没有员工之家前，员工父母前来看望孩子，公司会将他们安排在临时宿舍里，或者安排到附近的宾馆免费住宿。但考虑到宾馆离公司有一段距离，来往不便，临时宿舍条件不免简陋，于是，公司利用空置的员工宿舍进行装修布置成员工之家，里面生活设施一应俱全，为员工家人团聚提供优越条件，让他们感受到企业的温暖。每位员工的父母来公司探亲，都可以免费入住一周，特殊情况下还可以延长，员工和父母可以在这里实现家庭团聚，享受天伦之乐。

除此之外，员工无论是工作中还是生活上遇到了困难，公司及同事都会向他们伸出援助之手以帮助他们渡过难关，让员工对企业产生了比较强烈的归属感，把企业看作个人生活的依靠和事业发展的基地。因此，该公司员工关心企业的发展与成长，也愿意安心在这里干下去。

四、丰富的企业文化活动

中山佳能以丰富多彩的企业文化活动而著称。从成立至今，每年一度的“纳凉节”大型联欢会是传统节目和重头戏。联欢会从筹备到结束持续5个月左右。从节目的筛选到主持人、礼仪小姐的选拔，从模拟店的设置到水上运动嘉年华等活动，无一不是别开生面的精彩。通过大家一起筹备、一起感受、一起分享的过程，将佳能人的距离一次次拉得更近。

除了纳凉节，公司还会举办其他各种类型的活动，比如春节、端午、中秋等重大节日主题活动，还有日语演讲比赛，员工合唱大赛、趣味运动会、班长慰劳会……这些丰富的企业文化活动不仅能让员工们感受到企业的文化，更能让他们对企业的理念产生认同和共鸣，从而增进企业和员工之间的关系。

（资料来源：中国人力资源开发网，http://www.chinahrd.net/。）

问题：该案例从哪些角度强调了员工关系管理，你从中得到了哪些启示？

参考文献

[1]陈维政，程文文，吴继红. 人力资源管理(第五版)[M]. 北京：高等教育出版社，2020.

[2]张一弛，张正堂. 人力资源管理教程(第三版)[M]. 北京：北京大学出版社，2019.

[3]董克用，李超平. 人力资源管理概论(第五版)[M]. 北京：中国人民大学出版社，2019.

[4]赵曙明，张正堂，程德俊. 人力资源管理与开发(第二版)[M]. 北京：高等教育出版社，2018.

[5]刘昕. 人力资源管理(第三版)[M]. 北京：中国人民大学出版社，2018.

[6]颜爱民，方勤敏. 人力资源管理(第三版)[M]. 北京：北京大学出版社，2018.

[7]萧鸣政，刘追. 人力资源开发(第二版)[M]. 北京：北京大学出版社，2017.

[8]张德. 人力资源开发与管理(第五版)[M]. 北京：清华大学出版，2016.

[9]李燕萍，李锡元. 人力资源管理(第二版)[M]. 武汉：武汉大学出版社，2012.

[10]葛玉辉. 人力资源管理(第三版)[M]. 北京：清华大学出版社，2012.

[11]彭建峰. 人力资源管理概论(第二版)[M]. 上海：复旦大学出版社，2011.

[12]陈维政，余凯成，程文文. 人力资源管理(第三版)[M]. 北京：高等教育出版社，2011.

[13]张一驰，张正堂. 人力资源管理教程(第二版)[M]. 北京：北京大学出版社，2010.

[14]张德. 人力资源开发与管理(第四版)[M]. 北京：清华大学出版社，2012.

[15]董克用. 人力资源管理概论(第三版)[M]. 北京：中国人民大学出版社，2011.

[16]董克用. 人力资源管理概论(第二版)[M]. 北京：中国人民大学出版社，2003.

[17]中国就业培训技术指导中心. 企业人力资源管理师(三级)(第三版)[M]. 北京：中国劳动社会保障出版社，2014.

[18]刘昕. 人力资源管理[M]. 北京：中国人民大学出版社，2012.

[19]郑晓明. 人力资源管理导论(第三版)[M]. 北京：机械工业出版社，2011.

[20]赵曙明. 人力资源战略与规划(第三版)[M]. 北京：中国人民大学出版社，2012.